L'ACADÉMIE

DES

BEAUX-ARTS

DEPUIS LA FONDATION

DE L'INSTITUT DE FRANCE

PAR

Le Cte Henri DELABORDE

SECRÉTAIRE PERPÉTUEL
DE L'ACADÉMIE DES BEAUX-ARTS

PARIS

LIBRAIRIE PLON

E. PLON, NOURRIT et Cie, IMPRIMEURS-ÉDITEURS

RUE GARANCIÈRE, 10

1891

Tous droits réservés

L'ACADÉMIE

DES

BEAUX-ARTS

DEPUIS LA FONDATION

DE L'INSTITUT DE FRANCE

L'auteur et les éditeurs se réservent le droit de traduction et de reproduction à l'étranger.

Ce volume a été déposé au ministère de l'intérieur (section de la librairie) en juillet 1891.

PARIS. TYP. DE E. PLON, NOURRIT ET Cie, RUE GARANCIÈRE, 8.

L'ACADÉMIE
DES
BEAUX-ARTS

DEPUIS LA FONDATION

DE L'INSTITUT DE FRANCE

PAR

L^e Cte Henri DELABORDE

SECRÉTAIRE PERPÉTUEL
DE L'ACADÉMIE DES BEAUX-ARTS

PARIS

LIBRAIRIE PLON

E. PLON, NOURRIT et Cie, IMPRIMEURS-ÉDITEURS

RUE GARANCIÈRE, 10

1891

Tous droits réservés

71

A mes confrères

de l'Académie des beaux-arts

Hommage de gratitude et d'affection

H. D.

11

L'ACADÉMIE

DES

BEAUX-ARTS

DEPUIS LA FONDATION

DE L'INSTITUT DE FRANCE

CHAPITRE PREMIER

ORIGINES

L'ancienne Académie royale de peinture et de sculpture. — Dissidences entre ses membres à partir de 1789. — David provoque et réussit à faire décréter par la Convention, en 1793, la suppression de cette Académie. — Rôle de David pendant la Révolution. — La Commune des arts et la Société populaire et républicaine des arts. — La Commission du Muséum et le Jury des arts. — Fondation de l'Institut.

L'Académie des beaux-arts forme depuis près d'un siècle une des classes de l'Institut de France; mais pendant les premières années qui suivirent la fondation, en 1795, de ce grand corps, elle n'eut encore ni son caractère bien défini, ni sa fonction toute spéciale. Composée, en partie, des débris de l'ancienne Académie française et des débris de l'ancienne Académie royale de peinture et de sculpture, supprimées l'une et l'autre par la Convention deux ans auparavant, — en partie d'éléments empruntés au monde des lettres, de l'érudition, du théâtre même, la troisième classe de l'Institut primitif, celle que l'on avait intitulée *Classe de la littérature et des beaux-arts,* comprenait à la fois des poètes et des archéologues, des grammairiens et des artistes, des humanistes et des acteurs. Aux termes mêmes de la loi constitutive de l'Institut, elle était appelée, concurremment avec les deux autres classes, « à perfectionner les sciences et les arts » et « à suivre les travaux scientifiques ayant pour objet l'utilité et la gloire de la République ». Comme ces deux classes aussi, elle devait se recruter au moyen d'élections faites par l'Institut tout entier; participer à la rédaction du rapport annuellement adressé « aux représentants de la nation pour leur rendre compte des progrès accomplis dans les sciences, les lettres et les arts »; concourir à toutes les publications, à tous les travaux dont l'Institut était chargé : par conséquent s'absorber dans la vie commune, dans l'unité rigoureuse du corps auquel elle appartenait.

Ce fut à partir de 1803 seulement que, tout en restant indissolublement unie à l'ensemble constitué dès le début, elle commença d'avoir son rôle distinct et sa vie propre, de former une réunion d'artistes sans confusion ni partage avec les hommes de lettres et les savants; en un mot, de redevenir à peu près, — sauf le nombre limité des membres appelés à la composer et la place faite parmi ceux-ci aux architectes et aux musiciens, — ce qu'avait été, dans les deux siècles précédents, l'Académie royale de peinture et de sculpture. Pour marquer cette analogie ou pour faire ressortir ces différences, il convient d'indiquer en quelques mots les origines et le rôle de la compagnie que l'Académie des beaux-arts devait remplacer, et par là de rattacher l'histoire de celle-ci aux souvenirs de sa devancière.

On sait dans quelles circonstances et en vue de quelles réformes l'ancienne Académie royale avait été établie, au temps de la minorité de Louis XIV. Nous nous contenterons de rappeler que, jusqu'à cette époque, c'est-à-dire jusqu'à l'année 1648, rien n'avait encore sensiblement modifié les lois qui régissaient les artistes et les conditions en vertu desquelles ils se trouvaient, comme au temps des Valois, partagés en trois classes. La première, sous le nom de maîtrise, comprenait les *maîtres jurés,* simples artisans pour la plupart, — doreurs, marbriers, peintres d'enseignes ou de bâtiments, — auxquels les lettres patentes successives des rois avaient conféré le droit de monopole sur l'art aussi bien que sur le métier, en même temps qu'elles imposaient à quiconque aspirait à être reçu maître, par conséquent à exercer librement la profession de peintre ou de sculpteur, l'obligation d'un apprentissage dont la durée était fixée, sous la discipline d'un des membres de la communauté : après quoi l'aspirant devait encore, pendant quatre années consécutives, « servir et travailler » sous cette même discipline, en qualité de « compagnon ».

La seconde classe, dite des *brevetaires* ou des *privilégiés,* se composait des artistes qui portaient le titre de peintres ou de sculpteurs du roi, de la reine ou des princes, et dont quelques-uns pouvaient, comme tels, obtenir de la faveur royale l'exemption partielle ou totale de certains impôts. Par leur situation même d'officiers de la maison du roi, les brevetaires ne se trouvaient pas assujettis aux règlements de la maîtrise; aussi la jalousie de celle-ci, depuis le règne de Charles VI jusqu'à la fin du règne de Louis XIII, ne cessa-t-elle guère de les poursuivre et de chercher par tous les moyens à entraver leur indépendance relative. Enfin, c'est à la troisième classe qu'appartenaient tous ceux qui ne s'étaient encore ni affiliés à la maîtrise, ni assez distingués pour mériter d'être attachés à la maison du roi.

Nous avons dit que la guerre avait été déclarée de bonne heure par les maîtres jurés aux brevetaires, et que, de tout temps, ceux-ci avaient eu fort à faire pour résister aux prétentions ou aux tentatives usurpatrices de leurs prétendus rivaux. Malgré les procès fréquemment intentés, malgré les arrêts de la justice prévôtale et des autres pouvoirs judiciaires, malgré le Châtelet et le Parlement, les choses pourtant étaient restées à peu près dans le même état que par le passé, et les parties en présence aussi peu en mesure de faire prévaloir leur cause ou d'exercer leurs droits respectifs ; mais le moment vint où il fallut bien sortir des équivoques et trouver dans une organisation nouvelle des arts en France un remède à des abus et à des querelles qui menaçaient de se perpétuer.

Ce fut la maîtrise elle-même qui, par l'audace croissante de ses exigences, fournit à ses adversaires l'occasion qu'ils cherchaient de couper court à ses entreprises et d'annuler une fois pour toutes son autorité. Le 16 janvier 1619, elle présenta au roi en son conseil une requête en trente-quatre articles tendant à l'extension presque illimitée de ses prérogatives. Outre les prescriptions, défenses et prohibitions des anciens statuts, qu'elle rappelait en y ajoutant des mesures de détail plus rigoureuses encore, outre l'interdiction, par exemple, « à toute personne, de quelque condition qu'elle fût, de faire venir aucun tableau des Flandres ou d'ailleurs », et de vendre, en ville ou dans sa maison, un objet quelconque peint ou sculpté, « à moins d'y avoir été expressément autorisée par un maître », — la pièce contenait, à l'adresse directe des brevetaires, la mise en demeure pour eux « de ne point ouvrir boutique », attendu qu'obligés par leur charge même de suivre en tous lieux le roi ou les princes de qui ils tenaient leurs brevets, ils ne pouvaient avoir, comme les maîtres, une résidence fixe à Paris.

Quelque exorbitantes qu'elles fussent, les prétentions des maîtres jurés choquèrent si peu les magistrats appelés à donner préalablement leur avis et les membres du conseil eux-mêmes, que, conformément à leurs conclusions, le roi signa un édit pleinement approbatif. A la vérité, il n'avait pas fallu moins de trois ans pour que la maîtrise arrivât à remporter cette victoire sur les efforts que lui opposaient les représentants de tous les intérêts lésés ou menacés, depuis les artistes proprement dits jusqu'aux marchands d'objets où la peinture et la sculpture n'entraient qu'à titre d'éléments accessoires ; mais enfin, le roi s'était prononcé. Pour achever d'avoir gain de cause, il ne restait plus aux maîtres qu'à obtenir l'entérinement de la décision royale : c'est ce à quoi ils travaillèrent avec un redoublement d'ardeur. Seulement, les difficultés furent plus grandes cette fois et les délais bien autrement longs qu'ils ne l'avaient été pour la première partie de l'affaire, puisque le Parlement hésita pendant dix-sept ans avant de rendre l'arrêt (1639) par lequel il enregistrait définitivement les mesures prises au conseil du roi.

Ne semblait-il pas dès lors que la maîtrise n'eût plus rien à ambitionner et que, désormais en possession d'une autorité absolue sur tous ceux qui, de près ou de loin, se rattachaient au monde des arts, elle ne dût songer qu'à exploiter les énormes privilèges qu'on venait de lui concéder ? Elle n'en jugea pas ainsi cependant. Enivrée jusqu'à l'affolement par un succès qui, pour avoir été longtemps attendu, n'en était pas moins décisif, elle ne tarda pas à reprendre l'offensive en présentant une seconde requête par laquelle elle prétendait réduire à quatre ou à six au plus le nombre, illimité jusque-là, des peintres du roi ou de la reine ; supprimer complètement les titres et les offices de peintres des princes ; enfin faire défense aux brevetaires, sous peine de confiscation et d'amende, de travailler pour les particuliers, pour les églises même, « lorsqu'ils ne seraient pas employés aux ouvrages pour le service de Leurs Majestés ».

Pour le coup, c'en était trop. Les privilégiés et les artistes indépendants, qui auparavant n'avaient guère marché d'intelligence dans leurs tentatives de résistance aux envahissements de la maîtrise, s'unirent cette fois, soulevés par une indignation unanime contre la tyrannie de leurs oppresseurs. D'un commun accord, ils prirent pour chef celui d'entre eux qui, par la haute situation à laquelle il était parvenu déjà, par son titre de peintre de la reine régente et par son crédit auprès du chancelier Séguier, enfin et surtout par la trempe de son esprit, aussi entreprenant que délié, pouvait le mieux diriger le mouvement et le faire aboutir : ce chef était Charles Lebrun.

Ainsi investi de la confiance de ses confrères, Lebrun se mit à l'œuvre avec toute l'activité qu'on devait attendre de sa jeunesse (il n'était alors âgé que de vingt-huit ans), et en même temps avec la prudence qu'aurait pu avoir en pareil cas un homme vieilli dans la pratique des affaires. Tout d'abord il avait compris que, malgré sa précoce renommée, malgré l'estime où la cour le tenait, lui et son talent, il n'avait pas une force suffisante pour entamer ouvertement la lutte ou pour la poursuivre en son nom, et que le mieux était de conduire la campagne sous l'autorité apparente de quelque haut personnage auquel il inspirerait, pour ainsi dire, ses propres desseins en faisant mine de réclamer ses avis. Lebrun alla donc trouver un conseiller d'État qu'il avait connu à Rome, M. de Charmois, homme influent, grand ami des arts d'ailleurs, et que ses souvenirs d'Italie semblaient prédisposer mieux qu'un autre au rôle qu'il s'agissait de lui attribuer. M. de Charmois en effet avait eu, pendant son séjour à Rome, des relations assez fréquentes avec les membres de l'Académie de Saint-Luc et connaissait bien l'organisation de cette compagnie; il y avait tout lieu de croire que la proposition de travailler à établir en France une association analogue ne laisserait pas de lui sourire, surtout si cette proposition était faite de telle sorte qu'elle ressemblât moins à une suggestion formelle qu'à un appel sans arrière-pensée aux lumières et à l'expérience de celui à qui on l'adresserait.

M. de Charmois, comme l'avait pressenti son habile interlocuteur, prit feu dès les premiers mots pour les réformes projetées. Quelques entrevues ménagées par Lebrun avec les principaux des académiciens futurs achevèrent, les jours suivants, d'échauffer son zèle; si bien qu'il se mit sans désemparer à rédiger un long mémoire, moitié réquisitoire, moitié supplique, dans lequel tous les griefs des artistes, privilégiés ou non, contre la maîtrise étaient soigneusement exposés, tous les avantages à retirer d'une organisation nouvelle mis en regard des abus présents. La pièce se terminait par la demande explicite de l'approbation royale pour l'établissement d'une Académie de peinture et de sculpture, absolument indépendante de la communauté des maîtres ou, suivant les termes employés par le porte-parole officiel de Lebrun et de ses amis, « séquestrée pour jamais de ce corps mécanique ».

Lue par M. de Charmois lui-même dans la séance du conseil tenue le 20 janvier 1648, la requête y reçut le meilleur accueil, particulièrement de la part de la reine régente, que les prétentions de la maîtrise, en ce qui concernait les peintres de la cour, avaient personnellement offensée. Lorsque, quelques jours plus tard, il s'agit d'obtenir l'expédition de l'arrêt du conseil et, comme mesure confirmative, la promulgation des lettres patentes signées par le roi, le secrétaire d'État La Vrillière et le chancelier Séguier ne montrèrent ni moins de bonne volonté ni moins d'empressement. Bref, malgré les cabales du dernier moment et les efforts désespérés de la maîtrise, tout était conclu dès le 1ᵉʳ février 1648, tout se trouvait prêt pour la mise en pratique. Les fondateurs de l'Académie s'assemblaient pour procéder à l'élection des douze « anciens » qui devaient, aux termes des statuts, administrer la compagnie et diriger l'école, chacun pendant un mois, et pour choisir les quatorze académiciens « primitifs », en attendant que ces vingt-six membres de la compagnie naissante, où l'on comptait déjà des peintres comme Lesueur et Philippe de Champaigne, des sculpteurs comme Sarrasin et Van Odesta, s'adjoignissent peu à peu des confrères chargés à leur tour de pourvoir dans l'avenir au recrutement de l'Académie, à mesure que les années se succéderaient et que de nouveaux talents viendraient à se produire.

Nous n'avons pas à suivre ici dans ses diverses phases l'histoire de l'Académie royale de peinture et de sculpture; nous n'avons pas à rappeler les luttes que les académiciens durent soutenir contre ce qui restait de la maîtrise, représentée par la communauté, devenue à un certain moment l'Académie de Saint-Luc, et par son chef, l'ambitieux et agressif Pierre Mignard, — jusqu'au jour où la nomination de celui-ci (4 mars 1690) aux fonctions de directeur de l'Académie royale, après la mort de Lebrun, vint mettre fin aux querelles, sinon aux intrigues, et assurer, au dehors comme au dedans, la prééminence de l'Académie sur sa prétendue rivale. Encore moins conviendrait-il d'insister sur les modifications, toutes de détail, d'ailleurs, qui, sous le règne de Louis XV ou sous le règne de Louis XVI, furent apportées à l'organisation primitive ; il nous suffira de résumer les lois générales ou les usages qui régissaient l'ancienne Académie pour marquer la disparité originelle et, jusqu'à un certain point, le contraste entre ces conditions mêmes et celles qui devaient être faites, un siècle et demi plus tard, à la troisième classe de l'Institut.

Aux termes de l'acte officiel qui en autorisait la fondation, l'Académie royale de peinture et de sculpture pouvait recevoir un nombre de membres illimité. « Sa Majesté, est-il dit dans les lettres patentes de 1648, a ordonné et ordonne que tous peintres et sculpteurs, tant français qu'étrangers, comme aussi ceux qui ont été reçus Maîtres, et se sont volontairement départis ou se voudront à l'avenir séquestrer dudit corps de métier, seront admis à ladite Académie sans aucuns frais, s'ils en sont jugés capables par les plus anciens d'icelle. » Les choses se passèrent conformément à ces prescriptions jusqu'à la fin du dix-huitième siècle ; c'est-à-dire que l'Académie fut composée de membres élus les uns par les autres, et, une fois élus, inamovibles, légalement égaux par le titre qu'ils portaient aussi bien que par les privilèges qui leur étaient attribués, en un mot strictement confrères, à la hiérarchie près, des fonctions que plusieurs d'entre eux étaient appelés à remplir dans le sein même de la compagnie (1). Toutefois, même avant les dernières années du règne de Louis XIV, on jugea bon d'adjoindre aux académiciens titulaires des académiciens stagiaires en quelque sorte qui, sous la dénomination d' « agréés », et après l'acceptation d'un ouvrage de peinture ou de sculpture présenté par eux et dit « morceau d'agrément », étaient compris, au moins provisoirement, dans le personnel de la compagnie. Ils n'avaient pas le droit d'assister aux séances qu'elle tenait, mais ils jouissaient, comme les académiciens eux-mêmes, du privilège d'exposer leurs œuvres au Salon (2), en attendant qu'ils confirmassent les preuves

(1) Ces « officiers » de l'Académie étaient au nombre de trente-huit : un directeur, un chancelier, quatre recteurs, deux adjoints à recteur, douze professeurs de peinture et de sculpture, six adjoints à professeur, un professeur de géométrie et de perspective, un professeur d'anatomie, huit conseillers, un trésorier et un secrétaire.

(2) Les académiciens, tant titulaires qu'agréés, demeurèrent seuls en possession de ce privilège depuis la première exposition faite sous Louis XIV (1673) dans la cour du Palais-Royal jusqu'à l'avant-dernière de celles qui eurent lieu au Louvre, sous le règne de Louis XVI (1789). L'exposition suivante, celle de 1791, qui précéda de deux ans la suppression définitive de l'Académie royale, fut, par ordre de l'Assemblée nationale, ouverte « à tous les artistes français ou étrangers, membres ou non de l'Académie de peinture et de sculpture ». Avant cette époque, les peintres qui n'avaient pas reçu encore la consécration académique en étaient réduits à exposer leurs tableaux, depuis six heures du matin jusqu'à midi, « les jours de la grande et de la petite Fête-Dieu, à la place Dauphine et sur le pont Neuf ». Les œuvres dont se composait ce Salon en plein air étaient accrochées le long des tentures au pied desquelles devait passer la procession du Saint Sacrement. Il va sans dire que cette exposition, qui portait le nom d'*Exposition de la Jeunesse,* était subordonnée à l'état de l'atmosphère au moment où elle devait avoir lieu. En cas de pluie le jour de la Fête-Dieu, elle était reculée de huit jours : s'il pleuvait encore le jour de l'octave, on la remettait à l'année suivante. Toutefois, en dehors des « Salons » du Louvre et de l'Exposition

déjà faites par la présentation, dans un délai de trois années, d'un second « morceau » dit « de réception » : après quoi ils appartenaient définitivement à l'Académie et pouvaient, le cas échéant, être appelés à y remplir les fonctions d'officiers de tel ou tel grade.

L'ancienne Académie royale ouvrait donc libéralement ses portes à tous les artistes notables, quels que fussent le genre de leurs talents, leur nationalité, leur âge, leur sexe même, puisque les femmes n'étaient pas exclues (1). Elle accueillait ceux qui venaient de se signaler par de brillants débuts, aussi bien que les peintres ou les sculpteurs plus avancés déjà dans la carrière ; en un mot, elle ne tenait éloignés d'elle ni un talent de quelque valeur, ni un homme dont les tendances, si peu « académiques » qu'elles parussent, méritaient au fond d'être prises en considération (2). De là, sinon l'unité, au moins l'intérêt continu que présente la série des membres qui se succédèrent dans le sein de la compagnie depuis Lebrun et Lesueur jusqu'à Watteau, et depuis Watteau jusqu'à

de la place Dauphine, il y eut à Paris, de 1751 à 1774, sept expositions organisées pour son propre compte et dans un local particulier par l'ancienne Maîtrise devenue Académie de Saint-Luc.

(1) Le nombre des femmes qui, depuis Catherine Girardon jusqu'à madame Vigée-Lebrun, firent partie de l'Académie royale s'élève à treize, dont cinq furent élues avant la fin du règne de Louis XIV et huit entre les années 1720 et 1783.

(2) Le seul obstacle légal à l'admission d'un candidat était la dissidence de celui-ci au point de vue de la foi religieuse. Quiconque aspirait au titre d'académicien devait professer la religion catholique. Encore arriva-t-il plus d'une fois, dans le cours du dix-huitième siècle, que la prohibition fut levée en faveur de certains artistes étrangers, les peintres de portrait Lundberg et Roslin entre autres, dont les noms figurent sur les registres de l'Académie avec cette mention : « Reçus sur l'ordre du roi, quoique protestants. »

David. L'histoire de l'Académie royale de peinture et de sculpture est en réalité l'histoire même de l'art français dans la période qui commence avec la seconde moitié du dix-septième siècle et que clôt l'époque de la Révolution. Sauf Lantara et deux ou trois autres peut-être, on ne trouverait pas à citer, même parmi les *poetæ minores* de la peinture ou de la sculpture au dix-septième et au dix-huitième siècle, des artistes dignes de ce nom que l'Académie ait oubliés ou refusé de s'attacher. Enfin, à côté des peintres, des sculpteurs ou des graveurs de profession, des places étaient réservées dans la compagnie à des historiens de l'art comme Félibien et Bellori, à des archéologues comme Caylus et Choiseul-Gouffier, à des connaisseurs comme Mariette, à des amateurs de haut rang comme le prince de La Tour d'Auvergne, le duc de Rohan-Chabot et le maréchal de Ségur, à tous ceux que recommandaient leurs lumières spéciales ou les services rendus par eux à la cause de l'art et aux artistes. Sous le titre d'abord de « conseillers honoraires », plus tard (à partir de 1747) sous celui d' « honoraires amateurs », ces membres laïques en quelque sorte de la congrégation académique s'associaient à ses travaux, intervenaient utilement dans le règlement de ses affaires extérieures, et tenaient à honneur de se dire les confrères d'hommes que le talent rapprochait d'eux, comme eux-mêmes trouvaient à les fréquenter le profit, suivant les cas, d'un surcroît d'instruction personnelle ou de conseils bons à suivre dans l'exercice de leurs fonctions (1).

(1) Outre une quarantaine d'érudits ou de curieux appartenant tant à la bourgeoisie qu'au monde de la cour, la liste des conseillers honoraires et des honoraires amateurs admis depuis le règne de Louis XIV jusqu'à l'époque de la Révolution comprend plusieurs architectes qui n'auraient pu entrer comme tels à l'Aca-

D'où vient pourtant que les griefs articulés contre une institution aussi libérale en principe et en fait, on dirait presque aussi démocratique, puisqu'elle offrait une sanction à tous les efforts, une récompense aux talents de toutes les origines, — d'où vient que les accusations dont elle se trouva être l'objet vers la fin du dix-huitième siècle portèrent sur sa prétendue intolérance et sur ce qu'on appelait son autorité despotique? Passe encore, si les agresseurs s'étaient rencontrés parmi ceux que la médiocrité de leurs talents devait tout naturellement tenir à distance de ce corps d'élite. On comprendrait que, désespérant d'y entrer jamais, ils eussent, dans l'intérêt de leur vanité, jugé bon de travailler à le détruire; mais les premières dénonciations et, bientôt, les plus violentes attaques ne partirent pas de ce côté. Ce fut dans le sein de l'Académie elle-même que se recrutèrent d'abord les insurgés. Dès l'année 1789, presque au lendemain de la prise de la Bastille, douze académiciens ou agréés s'unissaient à David pour préparer le renversement d'une autre forteresse, de celle-là même dont ils avaient la garde et que, en attendant le moment de la livrer, ils signalaient, sous le nom de « bastille académique », à l'indignation et aux vengeances des amis de la liberté. Dans un mémoire revêtu de la signature de ces treize rebelles, la question était ainsi posée : « Tolérera-t-on plus longtemps qu'un tribunal autocratique et per-

démie de peinture et de sculpture, puisque leur art n'y était pas représenté, et que l'Académie dont ils faisaient partie, l'Académie d'architecture proprement dite, avait son caractère spécial et son existence distincte. C'est ainsi qu'au nombre des « honoraires » de l'Académie de peinture on voit figurer quelques-uns des premiers architectes du roi ou des contrôleurs généraux des bâtiments, Perrault, Mansart, Desgodets, les deux de Cotte, Gabriel, Soufflot, etc.

manent reçoive, place, juge des hommes, des artistes éminents ? » N'est-il pas urgent au contraire d'affranchir ceux-ci d'une « subordination sans exemple » ?

Rien de mieux en conséquence, pour satisfaire au vœu des auteurs du mémoire, que de décréter purement et simplement la suppression de ce tribunal tyrannique. C'était là ce que voulaient sans arrière-pensée, au moins pour le moment, les ennemis les plus intraitables de l'Académie; mais, même parmi les signataires de l'acte d'accusation dressé contre elle, il s'en trouvait plusieurs dont les visées étaient différentes. Ils entendaient bien ne pas laisser se prolonger l'état actuel des choses ; mais, comme certains hommes politiques d'alors, ils songeaient déjà à enrayer le mouvement une fois imprimé, et se seraient volontiers accommodés d'une réforme là où d'autres, plus imprudents ou plus haineux, se proposaient ouvertement d'accomplir une révolution. Aussi, avec le concours de quelques nouveaux adhérents, ne tardèrent-ils pas à rédiger, sous le titre d'*Adresse et projet de statuts et règlements pour l'Académie centrale de peinture, sculpture, gravure et architecture,* une pétition à l'Assemblée nationale dans laquelle ils indiquaient certaines modifications à apporter aux lois ou aux usages académiques, sans exiger pour cela qu'il fût fait table rase des traditions et du régime anciennement établis. La substitution de la dénomination d' « Académie centrale » à celle d' « Académie royale » officiellement employée jusqu'alors, — l'adjonction aux membres dont la compagnie se composait des membres de l'Académie d'architecture qui, depuis l'année 1671, formait une corporation isolée, — la faculté, pour les agréés, d'assister aux séances et de prendre part aux discussions, — enfin l'augmentation du nombre des professeurs et des cours à l'école

CHAPITRE PREMIER.

ouverte au Louvre, et dont l'Académie avait la direction, — telles étaient les innovations principales soumises par les réclamants à l'examen de l'Assemblée nationale.

Cependant, après avoir, au début des hostilités, affecté de ne pas s'émouvoir, la majorité de l'Académie commençait à sentir qu'il ne lui suffirait plus, pour décourager ses agresseurs, de garder cette attitude impassible. Elle avait bien pu, lors de la première levée de boucliers, refuser dédaigneusement le combat et arguer, en faveur d'une résistance tranquille et muette, du petit nombre de ceux-là mêmes qui prétendaient lui déclarer la guerre ; elle avait bien pu, pour toute réponse au mémoire présenté par treize séditieux, — sur plus de cent membres dont se composait alors la compagnie, — mentionner sans commentaire sur le registre des procès-verbaux, à la date du 5 septembre 1789, la communication de ce mémoire qu'elle se contentait de qualifier de « libelle »; mais ce n'était plus assez maintenant du silence ou du dédain. Les accusations une fois rendues publiques et les démarches pour l'accomplissement d'une réforme une fois entamées auprès du pouvoir législatif, il fallait bien essayer ouvertement d'arrêter les unes et de prouver l'injustice des autres. C'est ce à quoi l'Académie se résolut en chargeant Renou, récemment élu secrétaire, de réfuter un à un les arguments produits contre elle, dans un manifeste qui devait être à la fois une défense motivée de ses privilèges et, au point de vue de l'art en général, une démonstration des avantages inhérents à l'organisation actuelle.

Publié sous le titre d'*Esprit des statuts et règlements de l'Académie royale de peinture et de sculpture, pour servir de réponse aux détracteurs de son régime*, cet écrit, bien loin d'apaiser la querelle, ne fit au contraire que l'envenimer. Le langage, il est vrai, un peu plus hautain parfois que de raison, des membres de la compagnie mise en cause, — leur parti pris de se refuser à la moindre modification des anciens statuts, — le défi, assez imprudemment jeté par eux à la jeunesse, de se passer de leurs encouragements, — tout devait avoir et eut en effet pour résultat d'exciter encore le zèle révolutionnaire des adversaires de la veille et de rapprocher de ceux-ci bon nombre d'esprits jusqu'alors désintéressés ou hésitants. L'impression produite au dehors finit par se communiquer à l'intérieur de l'Académie elle-même, si bien que, malgré les efforts de Vien, recteur à ce moment, pour amener une conciliation, l'Académie se trouva partagée presque par moitié en deux camps : celui des réformateurs radicaux, auxquels s'étaient joints les partisans d'une réforme modérée, et celui des « entêtés », comme on les appelait, c'est-à-dire d'hommes vieillis dans l'exercice de leurs prérogatives et qui, convaincus de leur bon droit, ne voulaient entendre à aucun arrangement ni se résigner à aucun sacrifice. Ainsi affaiblie par la division, l'Académie n'offrait déjà plus qu'une proie facile aux ennemis qui avaient projeté de s'en saisir; elle n'était plus qu'un édifice miné près de s'écrouler au premier choc, et dont un rude coup, porté par l'Assemblée nationale elle-même, venait d'ailleurs d'ébranler encore les fondements.

La décision législative en vertu de laquelle l'exposition de 1791 devait, contrairement aux anciens usages, s'ouvrir « à tous les artistes français ou étrangers », entraînait en effet pour les académiciens la ruine d'un de leurs principaux privilèges, et de plus elle semblait être le préambule d'une série de mesures destinées à leur arracher le peu qui leur restait d'influence sur les artistes ou de crédit auprès du public. Ce fut dès lors parmi les prétendus vengeurs de la liberté, si longtemps opprimée, suivant eux, à qui travaillerait avec le plus d'ardeur à précipiter ce résultat final ; ce fut à qui, pour échapper désormais au joug académique, se rangerait avec le plus d'empressement sous le pouvoir dictatorial de David et applaudirait avec le plus de frénésie à toutes les diatribes saugrenues ou cruelles, à tous les réquisitoires, aussi violents dans les intentions que dans les termes, formulés par un homme qui n'en voulait tant à l'Académie que parce qu'il entendait bien être une académie à lui seul.

Le rôle de David est véritablement odieux dans toute la période comprise entre le moment où il a commencé de prêcher la révolte contre la compagnie dont il avait, peu d'années auparavant (1783), sollicité et obtenu les suffrages, et celui où, à force de dénonciations et d'invectives, il a réussi à en faire décréter la suppression. Artiste supérieur par le talent, mais, au point de vue du caractère, un des moins honorables assurément, le peintre des *Horaces*, tant que dure cette période révolutionnaire, ne recule devant aucun moyen coupable, devant aucun outrage en actes ou en paroles, pour satisfaire ses rancunes personnelles et pour assurer sa domination. Un jour, à un appel presque suppliant que lui ont adressé ses confrères, il répond par ce laconique billet : « Je fus *autrefois* de l'Académie », bien qu'en fait il lui appartienne encore et que l'animosité seule, non une démission formelle, l'en ait jusque-là séparé. Un autre jour, il dicte, et fait déposer par les artistes « indépendants » qu'il tient en réalité sous sa dépendance, une pétition à l'Assemblée nationale déclarant sans plus de façons que l'Académie « ne peut subsister avec la liberté ». Enfin, quand David en est venu à siéger lui-même parmi les législateurs, quand son titre de député de Paris lui a permis de passer de la théorie à l'action et des menaces à l'attaque directe, la tribune de la Convention retentit par sa voix d'accusations furieuses contre les personnes ou de lamentations emphatiques sur l'état présent des choses. Tantôt il emprunte les procédés de discussion et le langage de son « ami » Marat, pour « montrer dans toute sa turpitude l'esprit de l'animal qu'on nomme académicien »; tantôt il le prend sur le ton élégiaque pour « intéresser la sensibilité » de ses collègues à la cause des victimes de l'Académie. Il leur raconte la triste aventure d'un jeune sculpteur « dont l'amour avait guidé la main » lorsqu'il travaillait à son dernier ouvrage, et que, malgré cela, l'Académie avait refusé d'admettre au nombre de ses agréés. De là un mariage manqué et, comme conséquence, le suicide du jeune artiste, les parents de celle qu'il aimait ayant mis pour condition expresse à leur consentement le succès qu'il n'avait pu obtenir, et lui de son côté ne s'étant pas senti la force de survivre à la perte de ses tendres espérances. Rien de plus apitoyant, sans doute; mais suivait-il de là, d'une part, que, dans ce cas spécial, l'Académie eût mal jugé, et, de l'autre, que sa fonction générale et son organisation fussent mauvaises ? Quoi qu'il en soit, l'exemple choisi par David pour résumer les méfaits de ses confrères acheva, paraît-il, de convaincre la Convention, puisque ce fut dans la séance où on le lui avait cité (8 août 1793) qu'elle décréta la suppression de l'Académie de peinture et, du même coup, celle de toutes les autres Académies.

Il était naturel, au surplus, qu'un même sort fût fait aux diverses académies, également suspectes depuis quelque temps déjà, maintenant reconnues coupables, et coupables au même titre, non seulement parce que David les avait signalées en bloc comme « le dernier refuge de toutes les aristocraties », mais parce que chacune d'elles avait trouvé, soit comme l'Académie de peinture dans ses propres rangs, soit au dehors parmi les hommes politiques, des dénonciateurs pour révéler ses prétendus attentats contre la liberté et pour en réclamer le châtiment. N'était-ce pas, en effet, un membre de l'Académie française, Chamfort, qui, dans une brochure acrimonieuse, avait le premier persiflé publiquement et voué aux vengeances de l'esprit démocratique ce corps servile dont « l'extinction, disait-il, ne serait que la conséquence nécessaire du décret qui a détaché les esclaves enchaînés dans Paris à la statue de Louis XIV » ? Et tandis que, dans le même pamphlet, Chamfort poursuivait des mêmes insultes l'Académie des inscriptions et belles-lettres, incapable, suivant lui, de rien de plus que d'apprendre au public en quoi consistait « la batterie de cuisine de Marc-Antoine », à l'Assemblée nationale Mirabeau lui-même se préparait, quand la mort le surprit, à dénoncer publiquement l'Académie française comme « une école de servilité et de mensonge (1) ». Le discrédit dans lequel les différentes académies étaient tombées, les défiances tout au moins qu'elles inspiraient étaient telles et les décourageaient elles-mêmes à ce point que, longtemps avant l'acte législatif qui devait les anéantir, elles paraissaient presque avoir cessé de vivre ou n'avoir plus en réalité d'autre ambition que celle de se faire oublier. L'Académie française en particulier se sentait si bien atteinte, ou plutôt si bien condamnée déjà, qu'elle n'osait même pas pourvoir au remplacement des six membres

---

(1) Voy., au sujet du discours que Mirabeau devait prononcer et dont il avait chargé Chamfort d'écrire le texte : *Une Académie sous le Directoire,* par M. Jules SIMON, p. 18 et suiv.

qu'elle avait perdus de 1789 à 1792 (1). Encore le moment ne tarda-t-il pas à venir où ce qui avait été de sa part une mesure spontanée de précaution se changea en prohibition officielle. Par un décret en date du 13 novembre 1792, la Convention défendit à toutes les académies de nommer aux places vacantes dans leur sein, et si, au mois de mai de l'année suivante, l'interdiction fut levée au profit de l'Académie des sciences, celle-ci ne jouit pas longtemps de cette faveur exceptionnelle, puisque, trois mois plus tard, elle était, comme les autres académies, supprimée.

En frappant ainsi de mort les anciennes académies et, avec elles, — pour employer les termes mêmes du décret voté dans la séance du 8 août 1793, — « toutes les sociétés littéraires patentées ou dotées par la nation », la Convention nationale exprimait, il est vrai, l'intention, non pas de les ressusciter un jour, mais de les remplacer par une « Société destinée à l'avancement des sciences et des arts », et elle chargeait (article 3) « son comité d'instruction publique de lui présenter incessamment un plan d'organisation de cette « société ».

Y avait-il là toutefois rien de plus qu'une vague promesse, qu'un engagement d'autant moins sérieux au fond qu'il était plus équivoque dans les termes? Que serait cette « société » qu'on s'occuperait de constituer à un moment ou à un autre, et, jusqu'à ce qu'elle fût établie, comment les choses se passeraient-elles? A l'origine, ceux même qui s'étaient montrés les plus violents avaient du moins fait acte de prévoyance. Avant l'arrêt rendu

---

(1) Les six membres de l'Académie française auxquels, à cette époque, il ne fut pas donné de successeurs étaient : l'abbé de Radonvilliers et le duc de Duras, morts en 1789; Guibert, en 1790; Rulhière, en 1791; Séguier et Chabanon, en 1792.

par la Convention contre les diverses académies, le projet de substituer à celles-ci une institution unique avait été, avec l'assentiment de Mirabeau, soumis à une autre assemblée et soutenu à plusieurs reprises par Talleyrand et par Condorcet; mais la différence était grande entre les mesures proposées alors et celles qui venaient d'être édictées. Les orateurs de la Constituante et de l'Assemblée législative n'entendaient supprimer les académies qu'à la condition d'installer immédiatement à leur place un corps nouveau ayant ses attributions définies; les auteurs du décret soumis au vote de la Convention et adopté par elle renversaient tout, au contraire, sans rien reconstruire. Au lieu d'une décision arrêtée et immédiatement applicable, ils se contentaient de formuler un vœu pour la réalisation duquel ils s'en remettaient à l'avenir. C'était implicitement consacrer le désordre ou, tout au moins, prendre avec une singulière résignation son parti des événements fâcheux qui pourraient se produire, et qui se produisirent en effet dans le domaine des lettres et des arts, jusqu'au jour où la fondation de l'Institut vint couper court aux fantaisies de l'esprit de destruction à outrance.

En attendant, les artistes, y compris même quelques-uns de ceux qui avaient appartenu à l'ancienne Académie de peinture, essayaient de se grouper dans une association semi-officielle et de réparer, s'il était possible, l'échec qui avait suivi un premier essai d'organisation. Dès l'année 1790, en effet, à l'instigation de David et avec le concours d'autres académiciens dissidents, une société s'était formée sous le titre de « Commune des arts ». Elle avait appelé à elle tous les peintres et tous les sculpteurs non privilégiés, dans l'espoir, sinon de contre-balancer auprès du public l'influence de la corporation académique, au moins de détourner à son profit quelque chose du crédit dont celle-ci jouissait depuis plus d'un siècle. Or les espérances de David et des siens avaient, à ce moment, été déçues. L'opinion publique, quoique à demi détachée de l'Académie, était restée indifférente aux entreprises du parti contraire. L'Assemblée nationale, occupée d'autres soins, n'avait accueilli qu'avec une bienveillance un peu distraite les adresses présentées au nom de la nouvelle société, et, plus tard, tout en reconnaissant par un décret l'existence légale de la Commune des arts, la Convention elle-même n'avait pas paru disposée à se mêler fort activement de ses affaires. Enfin, entre les associés si bien unis au début contre l'ennemi commun, certaines difficultés s'étaient élevées qui les avaient partagés en deux groupes : d'un côté, les « avancés » ou les « patriotes »; de l'autre, les « rétrogrades », c'est-à-dire, suivant l'explication donnée par un journal du temps, « ces hommes qui se blottissaient dans les angles obscurs de la salle de réunion, cabalaient sourdement et avaient fait de la Commune une nouvelle Académie ». En vain les prétendus conspirateurs s'étaient-ils soumis de bonne grâce aux exigences des « avancés » ; en vain, sur l'injonction de ceux-ci, s'étaient-ils empressés de livrer les brevets accordés jadis par les gouvernements et les princes étrangers, « pour que ces parchemins, monuments de l'aristocratie, fussent détruits » ; ils en avaient été pour leurs frais de conversion ou de désintéressement extérieurs. Aux yeux de David et des réformateurs de son espèce, le passé pesait sur eux d'un poids trop lourd pour leur permettre de marcher résolument dans les voies qu'on appelait alors celles de la liberté, et qui ne tendaient en réalité qu'à l'abdication de tous entre les mains d'un seul. L'œuvre était donc à recommencer. Puisque la Commune des arts n'avait abouti qu'à l'anarchie, il fallait bien renoncer à continuer une expérience désormais condamnée, pour tenter quelque expérience nouvelle. C'est ce qui eut lieu dans des conditions plus libérales en apparence, au fond avec des arrière-pensées tout aussi contraires à l'indépendance individuelle et au libre exercice des droits acquis ou des facultés de chacun.

Transformée en *Société populaire et républicaine des arts,* la Commune en effet ne fit guère que changer de titre. L'esprit de tolérance et de vraie confraternité n'inspira pas plus les organisateurs de la nouvelle société qu'il n'avait régné entre les membres de l'ancienne. Il y eut même progrès dans le sens de la désunion, la nécessité s'étant fait sentir, pour sauvegarder à l'avenir les intérêts de l'art et des artistes, d'un « creuset épuratoire dont le feu sans cesse entretenu écarterait les faux patriotes ». Aussi lorsque la députation de la Société populaire et républicaine des arts fut admise pour la première fois à la barre de la Convention (28 nivôse 1793), celui qui portait la parole en son nom, le citoyen Bienaimé, architecte, ne manqua-t-il pas, dès les premiers mots de son discours, de célébrer comme il convenait les bienfaits de ce procédé d'élimination : « La Société populaire et républicaine, composée d'hommes libres, dit-il, ne reçoit maintenant dans son sein que des citoyens d'un patriotisme épuré. » Et pour que le progrès ainsi obtenu pût se confirmer et s'étendre encore, il ajoutait cet appel direct au zèle et à la persévérance des « courageux Montagnards » de l'Assemblée : « Vous avez détruit tous les ridicules monuments qu'éleva le sot orgueil de la tyrannie... ; mais, pour que les efforts des sciences et des arts ne soient pas étouffés, il est encore un monstre que vous devez abattre : c'est l'intrigue...

Que son souffle empoisonné ne vienne pas troubler l'air pur de la liberté! Songez que dans les arts elle trouve un champ plus facile à parcourir. » Réflexion, soit dit en passant, peu flatteuse pour les artistes, au point de vue de leurs habitudes morales et de la fermeté de leur caractère, mais que l'orateur ne se permettait qu'en comptant bien sur l'heureux changement qu'allait produire, là comme ailleurs, l'intervention de ceux qui représentaient à ses yeux l'élite de la Convention. « Oui, Montagne sainte et vénérée, s'écriait-il en terminant, c'est de ta cime que doivent émaner les bienfaits destinés à faire le bonheur éternel de la République. La République les versera sur l'Europe, et l'Europe convertira l'univers ! »

Le jour où le délégué de la Société populaire et républicaine des arts débitait à la barre de la Convention cette pièce d'éloquence, David occupait le fauteuil de président; c'était à lui que revenait la tâche de répondre à la harangue. Il répliqua sur le même ton, se servit presque des mêmes termes pour affirmer que, grâce à la nouvelle société, les arts allaient « reprendre toute leur dignité; qu'ils ne se prostitueraient plus, comme autrefois, à retracer les actions d'un tyran ambitieux, etc. »; quant aux inquiétudes sur les querelles intestines ou sur les menées à venir, David en faisait d'avance bonne justice et rassurait celui qui les avait exprimées, par ces simples mots : « Vous craignez l'intrigue, dites-vous. Son règne a fini avec la royauté; elle a émigré. Le talent seul est resté, et les représentants du peuple iront le chercher partout où il sera. » Comment douter encore après cela? comment ne pas se fier à de pareilles promesses? Le difficile seulement était d'attendre sans trop d'impatience le moment où elles se réaliseraient, car, en attendant, il fallait vivre et trouver dans le présent des occasions de travail. Or, quelque mouvement qu'elle se donnât pour établir son influence, ce n'était pas la Société populaire et républicaine qui pouvait les procurer. On y discourait fort, mais tout se bornait à ces luttes de parole; ou bien on rédigeait adresses sur adresses à la Convention, tantôt pour lui « présenter quelques jeunes artistes, victimes », à Rome ou à Florence, « du fanatisme et de la rage des ultramontains, et revenus, à travers mille dangers, au sein de leur patrie », — tantôt pour lui proposer de faire en sorte que les ouvrages des peintres émigrés, que « ces ouvrages de leurs mains scélérates auxquels ils avaient dû les faveurs du despotisme n'irritent plus les regards des républicains, et que tout ce qui peut retracer des traîtres à la patrie soit offert en holocauste aux mânes des patriotes (1) »; mais, en dehors de la satisfaction

(1) *Pétition de la Société populaire et républicaine des arts appuyant la dénonciation, lue à la séance du 29 nivôse par le citoyen Wicar, de la conduite des artistes restés en Italie.* Cette pièce, où la sottise des intentions est égale à la brutalité des termes, se terminait ainsi : « Législateurs, nous vous demandons à être autorisés à arracher des salles de la ci-devant Académie de peinture les portraits de quelques scélérats, ainsi que plusieurs tableaux, productions de leur génie corrompu. Nous les traînerons au pied de la statue de la Liberté, et, en présence de nos concitoyens, nous les livrerons aux flammes... Nous demandons aussi que les noms de ces traîtres soient envoyés à tous les départements, afin que leurs crimes y soient connus et qu'ils ne puissent jamais y trouver que le châtiment de leurs forfaits. » — Les « traîtres » dont il s'agit ici étaient, entre autres « vils satellites du satrape d'Angiviller, ce monstre de turpitude qui a fait plus de mal aux arts que dix siècles de barbarie », Doyen, l'auteur du beau tableau, *la Peste des ardents,* conservé dans l'église de Saint-Roch, à Paris; — « l'infâme Ménageot, ci-devant directeur de l'Académie de France à Rome »; — madame Vigée-Lebrun, occupée à « conspirer à Naples avec la digne sœur de l'ignoble Marie-Antoinette »; — enfin, Fabre de Montpellier, « dont toute la famille est émigrée », écrivait naïvement le rédacteur de ce honteux factum, un peintre paysagiste bien oublié aujourd'hui, Pierre-Etienne Lesueur.

donnée à un lâche sentiment d'envie ou à un besoin inepte de vengeance, quel bénéfice personnel pouvaient retirer d'une pareille mesure ceux-là mêmes qui la réclamaient ? En quoi leur situation actuelle s'en serait-elle améliorée ? Les sources d'activité étaient taries partout pour les artistes ; tout leur manquait par la force des choses, les fonctions régulières aussi bien que les tâches accidentelles. Pour les membres de l'ancienne Académie qui avaient consenti à s'accommoder des confrères de hasard que les circonstances leur imposaient, rien n'existait plus des ressources qu'ils trouvaient autrefois dans leurs emplois de professeurs ou de professeurs adjoints à l'école établie au Louvre ; et, d'un autre côté, l'état des finances publiques ne permettait guère d'engager des dépenses ayant pour objet l'acquisition de sculptures ou de peintures, fussent-elles sorties du ciseau ou du pinceau des républicains les plus avérés. Sauf quelques concours ouverts par ordre du Comité de salut public pour des projets de monuments à élever au *Peuple* sur le pont Neuf, à la *Nature* sur la place de la Bastille, à la *Liberté* sur la place de la Révolution ; sauf d'autres projets fournis par David pour des cérémonies ou des fêtes populaires, — comme cette fête, par exemple, en l'honneur des soldats rebelles du régiment de Châteauvieux que les vers d'André Chénier ont vouée à une immortelle infamie, et la fête dite de l'Être suprême, qui précéda de si peu la chute de Robespierre, — les travaux commandés par l'État aux artistes, à partir de 1792 (1), se réduisirent à

---

(1) Au mois de mai de cette année, une somme de quatre-vingt-dix mille livres, votée par l'Assemblée législative « pour être employée en encouragements aux artistes », fut répartie entre vingt-six peintres, sculpteurs, architectes et graveurs dont les ouvrages avaient figuré au Salon de 1791. Dans les deux années

peu près à néant. Rien de plus explicable sans doute, mais aussi rien de moins propre à justifier les efforts assez récemment tentés par quelques historiens pour réhabiliter au point de vue de l'art la période révolutionnaire, même à ses plus horribles moments.

Non, quoi qu'on ait dit, quelques informations nouvelles qu'aient prétendu nous donner à ce sujet des écrivains aussi convaincus que M. Jules Renouvier (1), aussi prompts à l'enthousiasme que M. Eugène Despois (2), l'époque comprise entre le renversement de l'Académie de peinture et la fondation de l'Institut de France a été dans notre pays, pour l'art comme pour les lettres, une époque de perturbation pure et de violences stériles. Qu'y a-t-il dans les rares œuvres des peintres ou des sculpteurs alors à leurs débuts qui se ressente de l'élan héroïque imprimé ailleurs au génie de la nation? A l'heure des formidables luttes si glorieusement soutenues aux frontières par des soldats et des généraux improvisés, où trouver, dans le domaine de l'art, l'équivalent de cette renaissance spontanée, de ces efforts, de ces succès? Sans parler des innombrables monuments du passé détruits par des mains stupides ou systématiquement sacrilèges, quels faits à l'honneur de notre école signalent les années qui se succèdent et les recommandent au respect de la postérité? Tristes années où les talents qui s'étaient, à une autre époque, produits avec le

qui suivirent, on ne trouverait guère à citer d'autres récompenses importantes décernées aux artistes que les prix obtenus par quelques-uns d'entre eux en 1794, à la suite d'une exposition d'œuvres de divers genres représentant des scènes de la Révolution, le *Dix Août* de Gérard entre autres et *Une scène vendéenne*, par Vincent.

(1) *Histoire de l'art pendant la Révolution*. Paris, 1863.
(2) *Le Vandalisme révolutionnaire*. Paris, 1868.

plus d'éclat, s'avilissent ou tout au moins se compromettent dans des travaux indignes d'eux; où le peintre des *Horaces* et de la *Mort de Socrate* descend au rôle de panégyriste de *Marat;* où d'anciens sculpteurs du roi et un graveur délicat comme Saint-Aubin fabriquent au jour le jour, celui-ci des vignettes appropriées aux mœurs et à l'esthétique des sans-culottes, ceux-là des bustes de *Brutus* pour les clubs ou des figures pour les autels de la déesse inventée par Chaumette; où Grétry enfin s'associe à Sylvain Maréchal pour outrager effrontément sur la scène la religion et la morale, et de cette même plume qui naguère écrivait *Richard Cœur de lion* écrit maintenant la musique, heureusement bien médiocre, d'ignobles pantalonnades telles que le *Congrès des rois* et la *Fête de la Raison!*

Cependant, à côté de la Société populaire et républicaine des arts, sorte de club sans attributions bien précises, sans autre pouvoir effectif que celui de propager les idées révolutionnaires par des procédés de rhétorique jacobine ou par des menaces aux indifférents, deux autres sociétés ou plutôt deux institutions fonctionnaient, ayant chacune un caractère officiel et une autorité administrative absolue. David, qui en avait provoqué la création, s'était, bien entendu, chargé d'en désigner les membres, et les choix faits par lui avaient paru si heureux à la Convention nationale qu'elle s'était empressée de les ratifier sans discussion. L'une était le *Conservatoire du Muséum,* appelée à statuer sur toutes les questions relatives à l'organisation de cet établissement, alors nouveau dans notre pays, au recrutement de son personnel, à l'entretien ou à l'accroissement des richesses qu'on venait d'y rassembler. En 1791, l'Assemblée constituante, qui d'ailleurs ne faisait en cela que réaliser un projet conçu dès l'année 1775 par le dernier surintendant des bâtiments du roi, le comte d'Angiviller (1), l'Assemblée constituante avait décrété que les tableaux du roi, disséminés dans les palais, seraient réunis au Louvre pour y former un « muséum », où l'on déposerait aussi les objets d'art provenant de l'aliénation des biens ecclésiastiques. Plus tard, au mois de juillet 1793, la Convention avait, sur la proposition de Sergent, voté une somme annuelle de cent mille livres pour l'acquisition de tableaux et de statues dignes de prendre place dans cette collection de chefs-d'œuvre. Malheureusement, aux yeux de David du moins, les hommes auxquels la direction du Muséum avait été originairement confiée se montraient incapables de remplir leur mission. Dans deux rapports adressés coup sur coup à la Convention, le peintre jacobin les dénonce comme « des inhabiles et des intrigants »; il propose de les remplacer par d'anciennes « victimes de l'orgueil académique », et, après avoir énuméré les réformes qu'exige le régime actuel du Muséum proprement dit, David profite de l'occasion pour demander que les logements dans les entresols du Louvre, accordés suivant un vieil usage aux artistes, deviennent la possession exclusive de ceux d'entre eux que recommande « leur patriotisme prononcé », au lieu d'être, comme aujourd'hui, détenus par « les viles créatures et les anciens valets de Roland et de ses dignes amis ».

On le voit, si le souvenir des prétendus méfaits commis jadis par les membres de l'Académie royale n'a pas cessé d'être exploité, pour faire ressortir les avantages

(1) Voy. D'ARGENVILLE. *Voyage pittoresque de Paris,* édition de 1788, p. 58, et les très curieux renseignements fournis par M. Courajod dans son ouvrage intitulé *Alexandre Lenoir,* t. I, Introduction, p. 27 et suiv.

qu'implique ou que promet le nouvel ordre de choses, le temps est loin déjà où les haines se concentraient uniquement sur les artistes représentant l'ancien régime. Elles poursuivent maintenant ceux-là mêmes qui s'étaient dès le début empressés de rompre avec les traditions monarchiques, mais qui n'avaient été et ne voulaient être que des révolutionnaires mitigés, des girondins à leur manière. C'est à ces hommes « d'un patriotisme sans couleur », comme il le dit de Vincent, l'un de ses lieutenants les plus actifs pourtant dans ses premières campagnes contre l'Académie, que David en veut surtout lorsqu'il entreprend de substituer un conservatoire de sa façon à la commission du Muséum préalablement établie. Aussi, sauf Fragonard, que la nature assurément peu austère de son talent et ses antécédents, fort étrangers aux mœurs républicaines, ne semblaient nullement destiner à figurer en pareille compagnie (1), les artistes ou soi-disant tels choisis par David pour composer le nouveau conservatoire n'ont-ils guère, pour la plupart, d'autre titre que leur intraitable « civisme ». Les noms, par exemple, justement oubliés aujourd'hui, des peintres Bonvoisin et Picault, du sculpteur Dupasquier, de l'antiquaire Varon, ne sauraient être remis en lumière que comme des témoignages de l'esprit de parti qui prévalait alors.

Veut-on une autre preuve, et plus significative encore?

---

(1) Les rapports d'amitié qui existaient de longue date entre David et Fragonard expliqueraient seuls la faveur accordée en cette occasion par le peintre des *Horaces* au peintre de la *Fontaine d'amour,* du *Sacrifice de la rose,* des *Heureux hasards de l'escarpolette* et de tant d'autres scènes du même genre. Une lettre de David, écrite en 1806 et publiée par MM. de Goncourt (*L'art au dix-huitième siècle,* t. II), prouve d'ailleurs la persévérance de cette affection de David pour Fragonard et pour la famille de celui-ci.

On la trouvera dans les considérations présentées et dans les désignations de personnes faites par ce même David pour la formation, en regard de la commission du Muséum, d'une seconde commission, dite *Jury national des arts*, ayant pour office de juger les concours à la suite desquels des récompenses nationales pourraient être décernées. Le concours pour les prix de Rome était un de ceux-là. En dépit de son origine monarchique, il avait été maintenu, sauf pour ceux qui auraient à en apprécier les résultats à ne rien continuer sur ce point des principes ou des coutumes de l'ancienne Académie royale, et, comme les y invitait un jour leur président, Dufourny, à tenir moins de compte, dans l'examen d'un ouvrage, « de la perfection pratique de l'art que de la manière de rendre un sujet en homme libre, en véritable républicain ». David, apparemment, partageait cet avis, ou plutôt il proclamait plus résolument encore l'insuffisance, en matière de jugement, de l'expérience personnelle et des connaissances spéciales, puisqu'en présentant à la Convention son projet d'institution d'un jury et la liste des membres qui devaient le composer, il commentait le tout en ces termes :

« Votre comité a pensé qu'à cette époque où les arts doivent se régénérer comme les mœurs, abandonner aux artistes seuls le jugement des productions du génie, ce serait les laisser dans l'ornière de la routine, où ils se sont traînés devant le despotisme qu'ils encensaient. C'est aux âmes fortes, qui ont le sentiment du vrai, du grand, à donner une impulsion nouvelle aux arts en les ramenant aux principes du vrai beau. Ainsi l'homme doué d'un sens exquis sans culture, le philosophe, le poète, le savant, dans les différentes parties qui constituent l'art de juger l'artiste, élève de la nature, sont les juges les plus capables de représenter le goût et les lumières d'un peuple entier, lorsqu'il s'agit de décerner en son nom à des artistes républicains les palmes de la gloire. »

Quelles étaient donc ces « âmes fortes » que David appelait à réprimer les entraînements des esprits faibles ou à corriger les erreurs des gens du métier? Quels philosophes associait-il dans le jury des arts au jeune Gérard et à Prud'hon, à Julien et à Chaudet, à quelques autres peintres ou sculpteurs encore d'un talent déjà éprouvé, pour les « ramener aux principes du vrai beau » par l'élévation de leurs sentiments et de leurs doctrines ? C'étaient, — pour ne citer que ceux-là, — le substitut du procureur de la Commune, l'abominable Hébert, Fleuriot, substitut de l'accusateur public, Ronsin, commandant général de l'armée révolutionnaire, Pache, Dorat-Cubières, le mathématicien Hassenfratz, et, — entre autres, représentants sans doute de la classe des illettrés « doués d'un sens exquis », — un cordonnier du nom de Hazard.

On devine ce que pouvaient être, entre les membres d'un tribunal ainsi composé, les discussions sur les mérites relatifs des œuvres en cause, et à quels étranges aperçus sur l'art en général ces œuvres devaient servir de prétextes. Les comptes rendus des séances fournissent, du reste, à ce sujet des renseignements d'une singulière précision. S'agit-il, par exemple, de juger le concours pour le grand prix de peinture ? Un des jurés, Hassenfratz, commence par déclarer que, à son avis, « tous les objets de peinture peuvent être faits avec la règle et le compas », et que « les peintres ne mériteront ce nom que quand ils rendront l'expression par ces procédés mathématiques » ; un autre s'inquiète avant tout de savoir si les concurrents sont « réquisitionnaires ou enrôlés, s'ils supportent les

CHAPITRE PREMIER. 33

fatigues de la guerre depuis six mois ou depuis dix-huit mois »; un autre enfin, le substitut de l'accusateur public, Fleuriot, n'hésite pas à confesser que « quand il voit un tableau, son âme n'éprouve rien ». Et, le jour où il est appelé à se prononcer sur les résultats du concours de sculpture, le même Fleuriot ne se sent pas plus touché qu'il ne l'est ordinairement, suivant son propre aveu, en face des productions de la peinture : « Les bas-reliefs que nous avons sous les yeux, s'écrie-t-il, ne sont pas imprégnés du génie que fomentent les grands principes de la Révolution... Et d'ailleurs, ajoute-t-il aux applaudissements d'Hébert et de plusieurs autres de ses collègues, qu'est-ce que des hommes qui s'occupent de sculpture pendant que leurs frères versent leur sang pour la patrie? » Vienne la séance où l'on aura à statuer sur les projets présentés au concours d'architecture : le président les réprouvera tous, parce que tous plus ou moins accusent, chez ceux qui les ont faits, le goût suranné du luxe, et que désormais « il faut que les monuments soient simples comme la vertu ».

On ne finirait pas si l'on se condamnait à rapporter ici toutes les insanités proférées, toutes les résolutions ineptes ou cruelles prises dans les assemblées qui se succèdent, à l'époque révolutionnaire, depuis la Commune des arts et la Société républicaine jusqu'au Jury des arts, lequel, d'ailleurs, ne tarda pas à échanger son titre contre celui de Club révolutionnaire des arts. Il était temps, grandement temps, qu'une digue fût imposée à ce débordement de colères aveugles et de sottises; il était temps que les intérêts des artistes véritables cessassent d'être sacrifiés à la frénésie des sectaires ou à l'ignare étourderie des brouillons politiques, et que la légitime aristocratie du talent fût rétablie sur les ruines de la démagogie, comme, cent cinquante ans auparavant, elle avait été, par la fondation de l'Académie royale, vengée des outrages de la maîtrise et désormais préservée de ses usurpations.

En décrétant l'établissement de l'Institut de France, la Convention nationale renouait donc, dans une certaine mesure, la chaîne interrompue de nos traditions. Elle s'inspirait des exemples du passé pour restaurer, dans le triple domaine des sciences, des lettres et des arts, le crédit des plus expérimentés et les privilèges des plus dignes. Après les tristes épreuves qui venaient d'être faites d'un régime institué en haine des anciennes académies, elle empruntait à ces académies mêmes, à ces compagnies qu'elle avait naguère condamnées, quelque chose de leurs conditions essentielles et de l'organisation particulière à chacune d'elles. Mais ce qui lui appartenait en propre, ce qu'il y avait d'entièrement nouveau dans la conception de son œuvre, c'était l'idée, la grande et belle idée de réunir en un seul faisceau des forces qui jusqu'alors s'étaient exercées séparément; de les employer au même titre, de les diriger vers le même but, et par là de montrer que toutes les productions de l'esprit humain se tiennent, comme tous les progrès qui en résultent ou tous les succès qu'elles procurent sont solidaires les uns des autres. Voilà ce qui donne à l'acte législatif du 25 octobre 1795 sa signification caractéristique et sa haute originalité; voilà ce qui assure la gratitude de tous aux promoteurs de cette noble mesure, quelques réserves qu'autorisent d'ailleurs les souvenirs de l'époque où elle était prise, et les souvenirs plus terribles encore des années qui avaient précédé.

Le décret que la Convention nationale rendait ainsi, à son grand honneur, la veille même du jour où elle allait se dissoudre, cette « première charte de l'Institut », suivant l'expression de M. Rossi (1), ne faisait au reste que réaliser un vœu exprimé, nous l'avons dit, par la Convention elle-même, lors de la suppression des Académies, et que, antérieurement à cette époque, Mirabeau et Talleyrand (en 1790), Condorcet (en 1792), n'avaient pas laissé pour leur propre compte de mêler à leurs attaques contre les corps savants ou littéraires anciennement établis. Le mérite de la loi édictée, à la suite du rapport présenté par Daunou (2), était de résumer dans des termes précis des aspirations jusqu'alors plus ou moins vagues, de faire passer dans la pratique ce qui était demeuré à l'état de promesse incertaine ou de simple projet. Reste à savoir si l'Institut, tel qu'il fut originairement organisé, satisfaisait de tous points aux besoins

---

(1) *Discours prononcé dans la séance publique annuelle de l'Académie des sciences morales et politiques*, le 27 juin 1840.

(2) De tous les hommes qui coopérèrent à la fondation de l'Institut, Daunou a plus de titres qu'aucun autre à la reconnaissance publique. C'est lui qui dans le Comité d'instruction publique concourut avec le plus de zèle aux travaux préparatoires ou les dirigea avec le plus d'autorité ; c'est lui qui, le plan général une fois adopté par ses collègues du Comité, lui donna sa forme pratique et le fit décréter par la Convention ; c'est donc à lui que revient le rôle principal dans les entreprises poursuivies en 1795 pour organiser l'Institut et pour en assurer le premier fonctionnement. Lakanal, à qui l'on prête en général ce rôle prépondérant, — peut-être parce qu'il semble se l'être attribué lui-même dans une brochure intitulée *Suum cuique* et, plus tard, dans un *Exposé sommaire* de ses travaux publié en 1838, — Lakanal n'a fait en réalité que rédiger le règlement voté par le conseil des Cinq-Cents et que dresser la liste, proposée au Directoire, des quarante-huit premiers membres de l'Institut. Si le nom de Lakanal mérite de rester inséparable des souvenirs attachés aux origines de l'Institut, il ne saurait cependant ni faire oublier les noms d'autres personnages mêlés d'aussi près, comme Grégoire par exemple, à l'histoire de l'établissement de ce grand corps, ni, à plus forte raison, être retenu de préférence au nom de Daunou.

auxquels on entendait pourvoir, et si, à force de tout réduire au principe de l'unité, de tout subordonner à des conditions de solidarité et de fonction commune, on n'arrivait pas en réalité à exagérer la logique et, par là, à restreindre d'autant l'étendue des moyens d'action.

On ne saurait trop le redire, la réunion dans un corps unique des principaux représentants des lettres, des sciences et des arts, était, au point de vue théorique, une innovation aussi heureuse qu'elle se trouvait dans la pratique bien justifiée par les nécessités de l'heure présente, et par les désastres qu'il s'agissait de réparer. Après tant de bouleversements et de ruines, il y avait à la fois une expiation des méfaits récemment commis et un hommage éclatant aux droits et à la dignité des savants et des artistes dans l'établissement de cet Institut, où les talents de tous les genres devaient être rapprochés les uns des autres et, en raison de l'uniformité même du titre qui les récompensait, également recommandés à l'estime publique. Tout ne se bornait pas d'ailleurs à ces privilèges honorifiques. L'Institut n'était pas seulement une sorte de Panthéon ouvert à des vivants d'élite pour qu'ils s'y reposassent dans leur gloire; c'était aussi et surtout, — les articles de la loi organique et du règlement primitif en font foi, — un atelier où des ouvriers particulièrement habiles devaient, « par des recherches non interrompues, par la publication des découvertes, par la correspondance avec les sociétés savantes et étrangères », travailler à la diffusion des lumières, prendre l'initiative de tous les progrès ou seconder tous les efforts « ayant pour objet l'utilité générale et la gloire de la République (1) ». Rien de mieux ; mais fallait-il pour cela, dans

---

(1) Loi du 3 brumaire an IV (25 octobre 1795), tit. IV, art. 1.

les affaires intérieures de la communauté, faire intervenir au même titre, appliquer à la même tâche, investir des mêmes droits, des hommes que leurs occupations spéciales et leur compétence limitée rendaient forcément impropres à trancher des questions d'ordres très différents, ou à apprécier avec une égale sûreté de jugement tous les genres de mérite? Convenait-il par exemple que, comme le prescrivait l'article 10, les nominations aux places vacantes dans chaque classe fussent faites, non par les membres de la classe même, mais par l'Institut tout entier, en sorte que dans un scrutin ouvert pour l'élection d'un mathématicien ou d'un artiste, les voix de ceux qui n'étaient ni artistes ni mathématiciens pesaient du même poids et influaient sur le résultat avec la même autorité légale que les voix des juges les mieux informés par leurs études personnelles et par les travaux de toute leur vie? N'était-ce pas aussi, de la part du législateur, pousser bien loin le souci de la concentration que de faire concourir toutes les classes indistinctement aux travaux, quels qu'ils fussent, dont l'Institut était chargé, et d'exiger du corps lui-même un rapport annuel collectif, au lieu de demander à chaque classe un rapport sur ses travaux particuliers? Enfin l'égalité numérique des membres résidants et des associés non résidants, c'est-à-dire la répartition dans des proportions identiques des deux cent quatre-vingt-huit places créées par la Convention entre les savants, les littérateurs, les artistes fixés à Paris et ceux qui habitaient la province, ne correspondait assurément ni aux situations respectives des personnes, ni à l'importance relative des travaux accomplis. A Paris, où de tout temps les plus grands talents ont été naturellement attirés, il était facile de trouver cent quarante-quatre hommes dignes de siéger dans les diverses classes de l'Institut ; mais pouvait-on, dans les villes des départements, recruter les cent quarante-quatre autres sans abaisser forcément le niveau des conditions exigées et des mérites dont les candidats devaient avoir fait preuve ? Pour ne citer que cet exemple, la section, dans la troisième classe, de musique et de déclamation, se composait réglementairement de six membres résidants et de six associés non résidants ; afin d'arriver à compléter le nombre de ceux-ci, il fallut bien se résigner aux choix les plus humbles et donner pour confrères à des maîtres universellement célèbres, tels que Méhul et Grétry, des musiciens à peu près ignorés en dehors des localités où ils exerçaient leur art tant bien que mal.

On ne tarda pas, il est vrai, à reconnaître ce que quelques-unes des théories ou des prescriptions primitives avaient au fond de trop absolu et, dans l'application, d'au moins difficile. Sept années n'avaient pas achevé de s'écouler encore que déjà une réforme considérable était introduite dans l'organisation décrétée vers la fin de 1795 ; mais jusqu'au jour où s'opéra ce changement (23 janvier 1803), le caractère d'unité rigoureuse que la Convention avait voulu imprimer à son œuvre fut maintenu dans son intégrité. En essayant, dans les pages qui vont suivre, de raconter l'histoire de l'Académie des beaux-arts durant cette période, — ou plutôt de ce qui devait être un jour l'Académie des beaux-arts, — nous ne pourrons donc isoler complètement cette histoire des faits qui concernent l'Institut tout entier, puisque les nominations aux places vacantes dans chaque classe, les rapports à adresser au gouvernement sur les travaux en cours d'exécution ou sur les travaux accomplis, les séances même où l'on rendait compte de quelque importante découverte faite au dehors, — tout alors était commun à l'ensemble de l'Institut, tout engageait au même degré la responsabilité de ses membres, quels qu'ils fussent.

Les choses, dans la pratique, ont progressivement changé depuis cette époque; mais la doctrine en vertu de laquelle l'Institut était fondé, il y a près d'un siècle, n'a pas cessé d'être respectée dans ce qu'elle avait d'essentiellement juste et de profitable à la dignité de tous. Si les diverses classes jouissent maintenant d'une indépendance relative qu'on avait refusé de leur attribuer au début, elles n'en restent pas moins unies entre elles par des liens qui, pour n'être plus gênants comme autrefois, ne se sont pas, tant s'en faut, relâchés outre mesure. Une commission centrale administrative composée de membres délégués par chacune des cinq académies pour régler les affaires ou pour préparer les mesures d'un intérêt général, — des séances trimestrielles dans lesquelles ces cinq académies examinent en commun des questions à l'ordre du jour ou entendent la lecture de récents travaux, — la présidence annuelle de l'Institut déférée au président de chaque classe, à tour de rôle, — certains prix périodiquement décernés, sur la proposition de l'Académie compétente, par l'Institut tout entier, — d'autres traditions restées en vigueur, d'autres coutumes encore prouvent assez qu'aucune scission sérieuse ne s'est produite, qu'aucune transformation imprudente n'est venue compromettre, encore moins démentir, la grande et généreuse pensée dont l'institution même est issue.

A quoi bon insister du reste et renouveler, au risque de l'affaiblir, une démonstration faite ailleurs dans les termes les plus concluants? Pour mettre en relief les différences entre les conditions qui régissent aujourd'hui l'Institut et celles qui lui avaient été imposées à l'origine, le plus sûr comme le plus court sera de rappeler ici les paroles par lesquelles un juge excellent caractérisait naguère les deux situations. « L'Institut actuel, a dit M. Jules Simon (1), est comme une république fédérative où chaque état garde son autonomie, sauf quelques réserves d'intérêt général. L'Institut de l'an IV était une république une et indivisible qui s'efforçait d'astreindre un géomètre et un musicien aux mêmes préoccupations et aux mêmes labeurs : assujettissement également insupportable à l'un et à l'autre, et qu'on ne pouvait tenter sérieusement de mettre en pratique que dans un moment de nivellement universel et d'intrépidité à toute épreuve. »

(1) *Une Académie sous le Directoire*, p. 84, 85.

CHAPITRE II

LA CLASSE DE LA LITTÉRATURE ET DES BEAUX-ARTS AU TEMPS DU DIRECTOIRE.

Organisation de la classe. — Quatre sections seulement y sont réservées aux artistes. — Inconvénients de la mesure par laquelle des comédiens sont appelés à faire partie d'une de ces sections. — Premiers membres de la troisième classe choisis parmi les artistes. — Première séance publique de l'Institut. — Rétablissement des concours pour les Grands Prix de Rome. — Fête pour célébrer l'arrivée à Paris des monuments de l'art recueillis en Italie. — La Commission d'Égypte et l'Institut du Caire.

Une des préoccupations principales des fondateurs de l'Institut avait été de ne point paraître, par cette création, s'en tenir à une innovation de surface et se proposer au fond le simple rétablissement, sous un autre nom, des anciennes académies. De là, malgré ce qu'une pareille répartition pouvait avoir en soi d'arbitraire, malgré le pêle-mêle qui devait nécessairement en résulter, la division en trois classes seulement du corps appelé à remplacer les cinq académies détruites (1); de là en particulier, dans la troisième classe, dite *de la Littérature et des Beaux-Arts,* le rapprochement passablement forcé

---

(1) L'Académie française fondée en 1635, l'Académie royale de peinture et de sculpture (1648), l'Académie des inscriptions et belles-lettres (1663), l'Académie des sciences (1666) et l'Académie d'architecture (1671).

d'hommes et de talents séparés en réalité par la diversité des origines, des situations et des travaux.

Aux termes mêmes du décret qui organisait l'Institut, cette troisième classe se subdivisait en huit sections, dont quatre étaient réservées à des érudits et à des écrivains de différents genres, et quatre à des artistes proprement dits. Contrairement à l'esprit dans lequel avaient été constituées les deux premières classes, — comprenant exclusivement, l'une les représentants les plus accrédités des sciences physiques et mathématiques, l'autre des hommes éminents dans l'ordre des sciences morales et politiques, — la troisième classe de l'Institut avait donc un caractère mixte, une double physionomie qui faisait d'elle une sorte de Janus personnifiant, suivant le côté d'où on l'envisageait, tantôt les lettres, tantôt les arts.

Il eût été, à ce qu'il semble, aussi naturel qu'équitable de distribuer dans deux séries distinctes les éléments confondus ici, et d'isoler le groupe des écrivains de celui des artistes, comme on traçait ailleurs une ligne de démarcation précise entre le domaine des sciences exactes et le champ des études philosophiques ; mais en procédant ainsi, on se fût sans doute attiré le reproche qu'on craignait par-dessus tout d'encourir, le reproche de complaisance secrète pour les souvenirs du passé. Faire dans l'institution nouvelle une place à part, si légitime qu'elle fût, à un certain nombre d'hommes de lettres qu'il eût bien fallu, bon gré, mal gré, aller rechercher parmi les membres de la ci-devant Académie française, c'eût été en réalité rendre la vie à la plus impopulaire des compagnies qu'on venait de supprimer, à celle qui, dans les assemblées politiques comme au dehors, avait eu le privilège de susciter les récriminations les plus ardentes. Pour sauver au moins les apparences, on prit le parti de dissé-

CHAPITRE II.

miner un peu partout ceux des membres de l'Institut qui avaient appartenu à l'Académie française ou qui auraient mérité de lui appartenir. Plusieurs entrèrent dans la seconde classe, les uns, comme Gaillard, en qualité d'historiens, les autres, comme Bernardin de Saint-Pierre, à titre de moralistes. Restaient des poètes et des auteurs dramatiques, Delille et Ducis par exemple, d'autres encore que leur brillante réputation acquise sous l'ancien régime et un passé académique plus ou moins long désignaient d'avance aux choix de ceux qui seraient chargés de recruter le personnel du nouvel Institut. On jugea prudent de les reléguer dans la troisième classe et d'y créer pour eux, aussi bien que pour quelques survivants de l'Académie des inscriptions, ces quatre sections dont nous avons parlé et que l'on constitua sous les chefs de : *Grammaire, Langues anciennes, Poésie, Antiquités et Monuments*. Chacune d'elles comprenait six membres, sans compter un nombre égal d'associés non résidants, en sorte que, dans la composition primitive de l'Institut, vingt-quatre places seulement étaient accordées aux représentants en France des lettres savantes à tous les degrés ou de la littérature d'imagination sous toutes ses formes. Encore arriva-t-il plus d'une fois durant cette première période que, pour introduire dans les rangs des membres de la troisième classe un écrivain plus ou moins renommé, on ne se fit pas scrupule de l'attacher à une section sans correspondance directe avec les œuvres auxquelles il avait dû sa réputation. C'est ainsi qu'un des anciens lieutenants de Voltaire et des Encyclopédistes, Marmontel, fut appelé à faire partie de la section de « Grammaire » comme associé non résidant, et qu'un professeur de rhétorique sorti de la congrégation de l'Oratoire pour devenir, il est vrai, un révolutionnaire fougueux, Leblanc de Guillet, fut élu dans la section de « Poésie ».

Des anomalies de cette espèce devaient plus difficilement se produire dans le classement des artistes qui formaient les quatre autres sections. On avait bien pu, à la rigueur, transformer, pour les besoins de la cause, l'auteur de *Bélisaire* et des *Incas* en grammairien et l'auteur des *Mémoires du comte de Guines* en poète : mais quel prétexte aurait-on pris pour ranger Houdon, par exemple, parmi les peintres ou David parmi les sculpteurs ? Il ne fallut pas moins, comme on le verra plus loin, que la suppression au bout de quelques années d'une des subdivisions primitives, — celle de la « Déclamation », — pour que les membres évincés fussent parqués tant bien que mal dans une des sections qu'on jugeait bon de maintenir ou, tout aussi arbitrairement d'ailleurs, dans une de celles qu'on venait de créer.

L'idée qu'on avait eue à l'origine d'appeler des comédiens à faire partie de l'Institut était d'ailleurs une idée fausse, périlleuse même jusqu'à un certain point pour la dignité du nouveau corps. Elle pouvait avoir son explication, sinon son excuse, dans l'importance exagérée que, depuis la seconde moitié du dix-huitième siècle, on avait pris l'habitude d'attribuer aux choses et aux gens de théâtre; mais elle n'en tendait pas moins à dénaturer le caractère et à compromettre l'unité de la fondation que l'on substituait au régime des anciennes académies ; elle introduisait une confusion aussi contraire à l'esprit de cette fondation même que fâcheuse pour les élus dans la pratique. Il n'y avait, en effet, il ne pouvait y avoir qu'un semblant d'égalité ou, si l'on veut, qu'une confraternité factice entre des hommes qui devaient leur notoriété, les uns à des œuvres tirées de leur propre fonds, — que ces œuvres fussent des tableaux, des sculptures, des compositions musicales ou des poèmes, — les autres à leur simple talent d'interprètes. Pourquoi s'en tenir d'ailleurs dans la désignation des éligibles à une classe spéciale d'acteurs, à ceux qui, aux termes des statuts, représentaient l' « art de la déclamation » ? Puisqu'on admettait des acteurs comiques ou des tragédiens à siéger auprès des auteurs dramatiques, il aurait fallu, en vertu du même principe, que des chanteurs eussent leur place à côté des compositeurs de musique, et qu'Elleviou, par exemple, pût devenir un jour le confrère de Méhul, comme Molé l'était déjà de Marie-Joseph Chénier et de Collin d'Harleville.

Au reste, quels qu'eussent été sous les règnes de Louis XV et de Louis XVI le crédit extérieur et les faveurs accordés, jusque dans les plus hautes régions de la cour, à des acteurs, la profession que ceux-ci exerçaient n'en était pas moins restée en dehors des conditions ordinaires de la vie sociale et, même aux yeux des patrons les plus accommodants en apparence, en dehors des garanties ou des lois protectrices des autres citoyens. Des gentilshommes de la chambre du roi, tels que le maréchal de Richelieu ou le duc d'Aumont, pouvaient bien, à l'occasion, admettre dans leur familiarité des « marquis » ou des « valets » de la Comédie française ; mais ils ne se faisaient pas faute, dans un moment de mauvaise humeur, d'envoyer sans plus de façons leurs clients au For-l'Évêque, comme ils étaient les premiers sans doute à trouver tout naturel que, dans un procès qui l'intéressait, Lekain ne fût pas reçu à témoigner en justice. Il pouvait arriver aussi que quelques grandes dames s'abandonnassent publiquement à leur passion pour des acteurs, et que deux d'entre elles poussassent un jour l'effronterie jusqu'à se disputer dans un duel le cœur de Chassé, de l'Opéra ; mais aucune de ces hardies pécheresses aurait-elle, en cas de veuvage, consenti à racheter par un mariage la faute commise et à prendre le nom de celui qui en avait été le complice ?

La contradiction était donc flagrante entre la bienveillance excessive avec laquelle des acteurs se voyaient accueillis dans les salons ou dans les boudoirs et, — sans parler des rigueurs canoniques, — l'indignité légale, l'espèce d'infamie civile qui s'attachait à leur état. Toutefois, affaire de mode ou non, engouement involontaire ou bravade, la partialité des gens de cour pour la personne des gens de théâtre s'était, dans tout le cours du dix-huitième siècle, manifestée avec assez d'éclat pour que la vanité de ceux qui en étaient l'objet y trouvât largement son compte. Aussi se donnait-elle carrière sans mesure ni scrupule d'aucune sorte. Tenus, il est vrai, à l'écart par la bourgeoisie, qui, comme l'écrivait J.-J. Rousseau, « craignait de fréquenter ces mêmes hommes qu'on voyait tous les jours à la table des grands », les acteurs se vengeaient de cette exclusion par l'impertinence de leurs dédains pour « les petites gens » et par la fatuité naïve avec laquelle ils s'exhaussaient au rang des seigneurs, dont ils parodiaient les coutumes ou dont ils invoquaient au besoin les traditions. N'est-ce pas un d'entre eux, le danseur de l'Opéra Vestris, qui disait à son fils, en le réprimandant sur ses prodigalités : « Souvenez-vous, Auguste, que je ne veux pas de Guéménée dans ma famille » ? Un autre, le comédien Dallainville, frère de Molé, ne trouvait-il pas tout naturel, quand celui-ci vint à mourir, de réclamer un deuil public, comme le deuil qu'eût prescrit naguère la perte d'un prince du sang, — sauf cette différence pourtant qu'il se serait contenté d'un simple crêpe au bras de chacun des spectateurs réunis, à un jour donné, dans les divers théâtres (1) ?

Tout en faisant des acteurs des citoyens comme les autres, tout en mettant un terme, en ce qui concernait les conditions légales de leur existence, aux rigueurs exceptionnelles ou aux injustices qui depuis si longtemps pesaient sur eux, la Révolution ne les avait pas pour cela corrigés de leurs prétentions à constituer une sorte d'aristocratie. L'admission de quelques-uns d'entre eux à l'Institut n'était certes pas un fait propre à dissiper leurs illusions sur ce point. Elle semblait, au contraire, consacrer pour les acteurs le droit de se regarder comme les égaux en importance et en mérite des écrivains et des artistes les plus éminents. Il y avait là en réalité de la part du législateur une exagération de bon vouloir et, de plus, une inconséquence, puisque, tandis qu'il accordait ainsi droit de cité à ces traducteurs de la pensée d'autrui, il le refusait aux graveurs, c'est-à-dire en arguant apparemment contre ceux-ci de l'insuffisance, au point de vue de l'invention personnelle, de titres qu'il considérait comme parfaitement valables chez ceux-là.

Nulle place en effet dans la troisième classe de l'Institut primitif pour les successeurs de Nanteuil, de Gérard Audran, de tant d'autres encore qui avaient assuré à

(1) Voici le texte même de cette étrange motion que nous extrayons d'un journal du temps : « Ce que je demande, écrivait Dallainville au directeur de ce journal, c'est que, par votre intermédiaire ou par un autre moyen, on propose au public et qu'on lui fasse agréer, décréter, qu'un jour quelconque qui sera déterminé, tout le monde, hommes ou femmes, ne puisse venir au spectacle qu'un crêpe au bras. Cette marque d'honneur, ce signe ostensible de regret, sera digne des Français, si amateurs de beaux-arts. » Molé-Dallainville, du reste, fut, comme son frère, un des membres de la troisième classe de l'Institut primitif, mais seulement à titre d'associé non résidant.

notre école de gravure le premier rang parmi les écoles modernes; nulle récompense pour eux des efforts qu'ils poursuivaient, les uns, comme Tardieu, avec le pieux respect des traditions léguées par les maîtres du dix-septième siècle, les autres, comme Bervic, avec une habileté technique nouvelle à certains égards. Ce ne fut qu'au bout de plusieurs années qu'on sentit la nécessité de combler cette lacune, et que l'art de la gravure en taille-douce et l'art, aussi mal à propos écarté d'abord, de la gravure en médailles, commencèrent d'avoir leurs représentants à l'Institut. Jusqu'au jour (1803) où fut prise cette mesure de stricte justice, la part faite aux artistes dans la composition de la troisième classe se borna aux vingt-quatre places que contenaient les quatre sections de *Peinture,* de *Sculpture,* d'*Architecture,* de *Musique* et de *Déclamation*. Reste à savoir comment on entendait procéder au recrutement des membres qui devaient occuper ces vingt-quatre places, et de quels éléments on se servit à l'origine pour constituer le corps électoral.

Le décret qui organisait l'Institut avait été, nous l'avons dit, rendu en vue de rattacher les unes aux autres toutes les puissances de la pensée humaine, de faire des hommes voués avec le plus de succès aux différents travaux de l'intelligence les membres d'une seule famille, fortement unie par la dignité des titres et l'élévation des principes, et, dans la pratique, par l'égalité des privilèges. Au lieu des anciennes académies, qui n'agissaient et ne pouvaient agir qu'isolément, il y avait désormais un ensemble d'académies diversement occupées, mais soumises sous le même toit à la même discipline, intéressées à la défense de la même cause, statuant sur toutes les questions avec la même autorité légale, sinon avec la même compétence, — ou plutôt il y avait, sous une dénomination nouvelle, une académie unique divisée en trois classes pour la facilité du travail ou pour la préparation des affaires à régler en commun.

L'élection par l'Institut tout entier des membres de chaque classe, au fur et à mesure des vacances qui viendraient à se produire, était une des prescriptions réglementaires les plus propres à confirmer pour l'avenir cette unité dans l'exercice des fonctions et des prérogatives dont on avait posé le principe comme une base fondamentale. Nous ne reviendrons pas sur les inconvénients ou sur les périls inhérents au mode de scrutin adopté, sur la difficulté, pour la plupart des votants, de se décider en pleine connaissance de cause, soit que les savants ou les littérateurs eussent à choisir l'architecte ou le sculpteur le plus digne de leurs suffrages, soit que, à leur tour, les artistes fussent appelés à apprécier les mérites spéciaux d'un astronome ou d'un orientaliste, d'un jurisconsulte ou d'un physicien. Nous nous bornerons à faire remarquer que, pour les premières nominations du moins, la procédure réglée par les statuts ne pouvait naturellement pas être suivie, puisque les électeurs futurs étaient encore eux-mêmes à l'état d'éligibles. Aussi, pour mettre en train les choses, le Directoire exécutif prit-il le parti de créer, par deux arrêtés successifs en date du 20 novembre et du 6 décembre 1795, quarante-huit membres fondateurs qui devaient, une fois nommés, en élire quarante-huit autres : après quoi ces quatre-vingt-seize membres auraient à désigner d'un commun accord ceux qui, dans les diverses classes, compléteraient le personnel de l'Institut. La troisième classe pour sa part reçut du gouvernement l'ordre de se constituer avec les seize membres qu'il venait de nommer et dont les artistes formaient la moitié. Ces huit artistes hors concours dès le début, ces huit « anciens », comme on les aurait appelés un siècle et demi auparavant, étaient : dans la section de peinture, David et Van Spaendonck; dans la section de sculpture, Houdon et Pajou; dans celle d'architecture, Gondoin et de Wailly; enfin dans la section de musique et de déclamation, Méhul et Molé.

Sauf les deux derniers, qui ne pouvaient avoir aucun précédent académique, puisque les arts qu'ils représentaient l'un et l'autre étaient pour la première fois admis à partager les privilèges officiels exclusivement réservés jusqu'alors aux arts du dessin, tous les artistes choisis par le Directoire avaient appartenu soit à l'Académie royale de peinture, soit à l'Académie d'architecture. D'ailleurs, à l'exception de Van Spaendonck, que son agréable talent comme peintre de fleurs n'élevait pas en réalité au niveau des maîtres dont on semblait ainsi le proclamer l'égal, tous s'imposaient aux préférences des chefs de l'État par la notoriété de leurs noms et de leurs œuvres. Quelques souvenirs, par exemple, que l'on dût garder, dans le monde des *Thermidoriens* aussi bien que dans l'ancien monde académique, du rôle joué par David durant les années précédentes, et quelques ressentiments que ces souvenirs justifiassent, on ne pouvait méconnaître, même avant l'apparition du tableau des *Sabines* (1), la haute valeur personnelle du peintre des *Horaces*, de *Brutus* et de la *Mort de Socrate*, encore moins l'influence toute-puissante qu'il exerçait sur la jeune école, tant par ses exemples que par ses leçons. Il était donc tout natu-

---

(1) On sait que ce tableau, le chef-d'œuvre de David, ne fut achevé et exposé qu'en 1799.

rel que son nom figurât un des premiers sur la liste des artistes destinés à former le noyau des diverses sections de la troisième classe, et que, malgré la défaite du parti politique qui l'avait compté parmi les siens, l'ex-député de Paris conservât aux yeux de tous le prestige qu'il s'était acquis par son talent.

David, au reste, dès le lendemain du 9 thermidor, n'avait-il pas, à la tribune de la Convention comme dans ses écrits, publiquement désavoué les opinions qu'il avait affichées et la conduite qu'il avait tenue pendant la Terreur? Outre le discours par lequel, dans la séance du 13 thermidor, il adjurait ses collègues de croire que « personne ne pouvait l'inculper plus que lui-même », les lettres adressées par lui, après son incarcération au Luxembourg, tantôt à Boissy d'Anglas pour maudire « les fripons qui l'avaient précipité dans l'abîme », tantôt à la Convention pour expliquer comment « son patriotisme avait pu se laisser égarer par les fausses vertus et les sentiments hypocrites de Robespierre », bien d'autres pièces encore prouvent de reste que, longtemps avant le jour où il entrait à l'Institut, David, sincèrement converti ou non, n'hésitait point à renier son passé politique. Et quant à ses récentes invectives contre les académiciens et les corps académiques, quels qu'ils fussent, elles lui inspiraient apparemment le même repentir ou, tout au moins, le même besoin dans le présent de les faire oublier, puisque, lors de la fondation de l'Institut, il acceptait sans nulle difficulté la place qu'on lui offrait d'y occuper, et qu'il participait ainsi pour son propre compte à la restauration indirecte de ce qu'il avait, plus que personne, contribué naguère à renverser.

Les deux sculpteurs nommés par le Directoire en même temps que David n'avaient pas, eux, de pareils antécédents à démentir. Ils avaient traversé les années qui venaient de s'écouler, aussi étrangers l'un que l'autre aux passions et aux excès révolutionnaires; ils avaient été parfois menacés d'en devenir les victimes, témoin le jour où, dépossédé d'ailleurs par la Révolution d'une fortune laborieusement acquise, Pajou fut accusé de conspirer avec les « aristocrates », parce qu'il avait été jadis garde des antiques du cabinet du roi et qu'il avait sculpté les bustes de nombreux personnages de la cour. Houdon de son côté était, vers la même époque, incriminé d'incivisme, parce qu'on avait découvert dans son atelier une statue de sainte exécutée par lui. De là une dénonciation en règle, bientôt suivie d'une perquisition domiciliaire. Sans la présence d'esprit de sa femme, seule au logis quand Barère, escorté de quelques clubistes du quartier, vint pour constater le fait, l'illustre sculpteur aurait été sans doute rejoindre ou précéder dans les prisons, et peut-être sur l'échafaud, André Chénier, Lavoisier, tant d'autres martyrs encore de la dignité de leurs talents ou de leur vie. Madame Houdon s'empressa sans le moindre trouble de mettre sous les yeux de ses sinistres visiteurs la statue réputée séditieuse, et, profitant de ce que celle-ci n'était accompagnée d'aucun attribut mystique, d'aucun accessoire particulièrement significatif, elle la leur présenta résolument comme une image de la *Philosophie,* caractérisée, ainsi qu'ils le pouvaient voir, par la gravité de l'expression et par la majesté de l'attitude. Barère et les siens se le tinrent pour dit; si bien qu'ils ne songèrent plus qu'aux moyens d'attirer la lumière sur une œuvre aussi respectueuse des droits de la raison humaine, aussi directement appropriée aux exigences actuelles et aux progrès de l'esprit public. Par leurs soins, la sainte débaptisée sortit, au bout de quelques jours, de l'atelier de l'artiste pour aller prendre une place d'honneur dans le vestibule de la salle des séances de la Convention.

Est-il besoin d'ailleurs de rappeler les ouvrages auxquels Houdon devait l'honneur d'être choisi le premier parmi les sculpteurs, pour siéger dans la troisième classe de l'Institut? Qui ne connaît sa statue en bronze de *Diane,* aujourd'hui au musée du Louvre, sa *Frileuse* que tant d'exemplaires en plâtre, tant de répétitions de toutes les grandeurs et en toutes matières ont depuis si longtemps popularisée, — ses beaux bustes, entre beaucoup d'autres, de *Molière* et de *J.-J. Rousseau,* de *Diderot* et de *Franklin,* — enfin et surtout cette admirable statue de *Voltaire assis,* le chef-d'œuvre de la sculpture de portrait dans l'école française moderne et peut-être dans les écoles de tous les pays? Houdon, né en 1741, avait dépassé l'âge de cinquante ans quand il fut nommé membre de l'Institut. Pendant les trente-trois années qui s'écoulèrent encore entre la date de cette nomination et celle de sa mort, il ne cessa d'être pour tous ses confrères l'objet d'une vénération d'autant plus affectueuse que l'extrême droiture du caractère s'unissait chez lui à l'élévation du talent; et lorsque, vers la fin, l'affaiblissement graduel de ses forces physiques eut amené l'anéantissement presque complet de ses facultés intellectuelles, chacun à l'Académie n'en continua pas moins de reconnaître et d'honorer pieusement dans ce vieillard, qui semblait ainsi se survivre à lui-même, une des gloires les plus pures et les mieux assurées de notre art national (1).

(1) Houdon mourut à Paris le 16 juillet 1828, laissant trois filles, dont la seconde avait épousé en 1810 M. Raoul Rochette, plus tard membre de l'Académie des inscriptions et secrétaire perpétuel de l'Académie des beaux-arts. Mariées, l'une à un frère d'Amaury Duval, de l'Académie des inscriptions, et d'Alexandre

Moins éclatants, quoique plus nombreux encore en raison de l'âge même du sculpteur entré dans la carrière plus de dix ans avant Houdon, les titres de Pajou étaient cependant assez sérieux pour légitimer la place que lui assignait, à la tête de la troisième classe, l'arrêté du Directoire exécutif. Il suffira de citer, parmi près de deux cents ouvrages dus au ciseau du fécond et très habile artiste, le charmant buste de *Madame Dubarry*, dont le seul tort est d'atténuer à force de grâce, d'abolir presque des souvenirs ignominieux et, par la chasteté même de l'art avec lequel il est traité, de relever à nos yeux et en quelque sorte de purifier la mémoire souillée du modèle, — les bustes de *Buffon* et de l'académicienne *Madame Guyard* exposés présentement, comme celui que nous venons de mentionner, dans une salle du musée du Louvre, — la statue de *Turenne,* pour la décoration de l'École militaire, et les statues de *Bossuet* et de *Descartes,* qui ornent aujourd'hui la salle des séances publiques de l'Institut.

De Wailly et Gondoin, appelés les premiers à faire partie de la section d'architecture dans la troisième classe, ont beaucoup perdu, de nos jours, de l'importance qu'on leur reconnaissait au moment où ils furent choisis. Il ne suit pas de là toutefois qu'en préférant à d'autres l'architecte du *Théâtre de l'Odéon* et l'architecte de l'*École de médecine,* à Paris, on commît sciemment une injustice

---

Duval, de l'Académie française, l'autre au docteur Louyer-Villermé, la fille aînée et la troisième fille de Houdon comptèrent à leur tour parmi leurs alliés ou parmi leurs descendants plusieurs hommes bien connus, à divers titres. Par elles, l'architecte Mazois, le célèbre chimiste Regnault et le fils de celui-ci, le jeune et à jamais regrettable peintre tué en 1871 à Buzenval, appartiennent directement ou se rattachent à la famille dont Houdon est le chef.

ou, involontairement, une méprise. Sans doute trois architectes, dont les noms sont restés à bon droit célèbres, venaient, dans la seconde moitié du dix-huitième siècle, d'honorer l'école française avec une force de talent supérieure; mais de ces trois grands artistes celui qui avait édifié à Paris l'École militaire, les monuments de la place Louis XV et, au palais de Versailles, la salle de spectacle, Gabriel, n'existait plus en 1795; le second, à qui l'on doit le théâtre de Bordeaux, — le plus beau des théâtres construits en France avant notre siècle, — Louis, achevait alors, au milieu des agitations et des embarras de toutes sortes, une vie rendue de plus en plus difficile par l'insociabilité d'un caractère orgueilleux à l'excès (1), malveillant en général pour autrui et particulièrement incapable de se plier aux exigences de la confraternité académique. C'était là ce qui, à deux reprises, en 1767 et en 1780, avait fait fermer à Louis les portes de l'ancienne Académie d'architecture; il est plus que probable que les mêmes motifs empêchèrent qu'on songeât à lui, lors de la formation de l'Institut.

Quant à Antoine, qui devait d'ailleurs être élu trois ans plus tard dans cette troisième classe où il peut paraître surprenant qu'il ne soit pas entré dès le premier jour, la rare habileté dont il avait fait preuve dans la construction de l'Hôtel des monnaies, à Paris, lui avait valu la direction d'une entreprise analogue à Berne, sans compter d'autres travaux importants à exécuter dans la même ville. En outre, Antoine avait été chargé de construire

---

(1) Entre beaucoup de témoignages, plus que défavorables, rendus à ce sujet par des contemporains, on trouve dans les *Lettres* de madame Geoffrin au roi de Pologne Stanislas-Auguste de curieux détails relatifs à ce que la signataire de ces lettres appelle « l'insolence sans pareille de ce faquin de Louis ».

pour le prince de Salm un palais à Salm-Kyrburg. Obligé, en raison de ces travaux, de séjourner plus ou moins souvent hors de France, il perdait forcément l'avantage que pouvait procurer à ses confrères la continuité de leur résidence à Paris. Gondoin et de Wailly, en réalité, bénéficiaient donc assez largement des circonstances, mais on ne saurait pour cela voir dans leur nomination, à l'époque où elle était faite, que le résultat d'une faveur.

Ce n'était pas non plus à la faveur seule que Méhul, — le plus jeune de beaucoup des membres fondateurs de la troisième classe (1), — devait d'être choisi avant des vétérans illustres de la musique tels que Gossec et Grétry. A cette époque, il est vrai, Méhul n'avait écrit encore ni *Joseph*, ni l'*Ouverture du jeune Henri*, ni l'*Irato*, c'est-à-dire les œuvres qui en réalité ont le plus contribué à sa gloire; mais il avait fait représenter déjà

(1) Lorsqu'il fut désigné pour faire partie de cette troisième classe, Méhul, né le 24 juin 1763, n'était âgé que de trente-deux ans. De tous les artistes français ayant appartenu, depuis la fondation de l'Institut jusqu'à nos jours, non seulement à la section de composition musicale, mais à une section quelconque de l'Académie des beaux-arts, Méhul est, avec le sculpteur Etienne-Jules Ramey, — élu, lui aussi, à trente-deux ans, en 1828, — celui qui comptait le moins grand nombre d'années, à la date de sa nomination. Parmi les associés étrangers, un seul, Rossini, devint, plus jeune encore, membre de l'Académie des beaux-arts, puisqu'il n'avait encore que trente et un ans quand, en 1823, il fut appelé à remplacer Paisiello. En revanche, les autres académies fournissent des exemples de membres élus même avant qu'ils eussent atteint l'âge de trente ans. C'est ainsi que sont entrés dans l'Académie des sciences : Arago à vingt-trois ans, Cuvier et Cauchy à vingt-six, Napoléon Bonaparte à vingt-huit, Regnault à vingt-neuf, et dans l'Académie des inscriptions : Raoul Rochette à vingt-six ans, Abel Rémusat à vingt-sept, et Letronne à vingt-neuf. A l'Académie française et à l'Académie des sciences morales et politiques, les deux membres qui siégèrent les plus jeunes furent M. Villemain, élu en 1821 à trente ans et onze mois, et M. de Tocqueville, élu à trente-deux ans, en 1838.

Euphrosine et Coradin en 1790, *Stratonice* en 1792, et l'opinion exprimée plus tard par Grétry lui-même sur le premier de ces deux ouvrages ne suffirait-elle pas pour expliquer, sinon pour justifier, la préférence accordée tout d'abord à son jeune rival? « Le duo d'*Euphrosine et Coradin,* dit l'auteur de *Richard Cœur de lion* dans ses *Essais sur la musique,* est peut-être le plus beau morceau d'effet qui existe. Je n'excepte même pas les beaux morceaux de Gluck... Ce duo vous agite pendant toute sa durée ; l'explosion qui est à la fin semble ouvrir le crâne des spectateurs avec la voûte du théâtre. » De plus, le célèbre *Chant du départ,* et d'autres hymnes patriotiques dont plusieurs ont mérité de survivre aux circonstances qui les avaient inspirés, venaient d'acquérir au nom de Méhul une popularité d'autant plus grande qu'elle était indépendante des animosités aveugles et des passions démagogiques.

Enfin, Molé, dont le nom se trouvait à côté de celui de Méhul sur la première liste des membres de la troisième classe, Molé, déjà sexagénaire à cette époque, était, de l'aveu de tous, le meilleur acteur de la Comédie française, où il avait débuté en 1754 et où il n'avait cessé depuis lors de tenir brillamment les premiers emplois. Une fois le principe admis de l'admission des comédiens à l'Institut, il n'y avait donc que justice à y appeler Molé avant tout autre de ses camarades, comme, un siècle plus tôt, on eût sans doute choisi Baron.

Avec les huit littérateurs ou érudits appartenant comme eux à la troisième classe et les trente-deux membres choisis par le Directoire pour former les éléments des deux autres, les huit artistes dont nous venons de rappeler les noms avaient la mission de compléter, par des membres élus en dehors de toute intervention gouvernementale, chacune des sections dont la classe se composait. Ces élections, auxquelles il fut immédiatement procédé, ne se firent pas toutefois suivant les formes adoptées pour les élections postérieures. Elles eurent lieu directement, au scrutin de liste et à la majorité des suffrages, tandis que, à partir de 1796, les élections, tout en continuant de dépendre des votes de l'Institut tout entier, se firent non plus au hasard de ses propres prédilections ou de ses inspirations spontanées, mais, ce qui semble plus sage, sur la présentation d'une liste de candidats formée par la classe même où une place était devenue vacante (1). Le principe qu'avaient établi les statuts d'une égalité absolue entre les membres des diverses classes n'en demeurait pas moins respecté dans la pratique, mais du moins une certaine garantie était offerte contre les erreurs pouvant résulter de l'incompétence personnelle ou des entraînements fortuits: garantie insuffisante sans doute, puisqu'il arriva plus d'une fois à l'ensemble de l'Institut de ne tenir nul compte de l'ordre dans lequel les propositions lui étaient soumises, et de se prononcer un peu capricieusement en faveur du candidat qui, aux yeux des premiers juges, — les seuls tout

---

(1) Encore, avant d'être soumise à la décision souveraine de l'Institut, cette liste n'était-elle arrêtée qu'à la suite de deux épreuves dans le sein de la classe où la vacance s'était produite. La section à laquelle avait appartenu le membre qu'il s'agissait de remplacer présentait à la classe une liste de cinq candidats, au moins. La classe à son tour désignait trois d'entre eux, qu'elle inscrivait dans l'ordre de ses préférences, et, sur ces trois, l'Institut, réuni en assemblée générale, en choisissait un, quelque rang que la classe lui eût préalablement assigné. En d'autres termes, l'Institut ne pouvait élire le nouveau membre en dehors des candidats dont les noms avaient été portés sur la liste, mais il était maître de prendre, si bon lui semblait, celui qui y figurait le dernier.

CHAPITRE II.

à fait compétents en réalité, — avait paru le moins digne ; mais, néanmoins, garantie plus sérieuse que la liberté originairement laissée à tous les membres de l'Institut d'agir en matière d'élections à leurs propres risques, c'est-à-dire sans avoir reçu les avis qui eussent pu le plus sûrement les éclairer et influer le plus utilement sur leurs décisions.

Cependant, quelques inconvénients, quelques dangers même que comportât en soi la procédure suivie, dans les derniers mois de l'année 1795, pour compléter le chiffre de cent quarante-quatre auquel devait s'élever le nombre total des membres résidants (1), les nominations qu'elle amena étaient de nature à donner au nouveau corps un éclat et une autorité au-dessus de toute contestation. Sans parler des savants illustres ayant appartenu à l'ancienne Académie des sciences qui, comme Fourcroy et de Jussieu, venaient rejoindre dans la première classe leurs confrères d'un autre temps, les Laplace et les Monge, les Guyton de Morveau et les Berthollet, ni des représentants de la science sociale et de la législation, de l'économie politique et de la morale, appelés à siéger dans la seconde classe à côté de Daunou, de Sieyès et de Bernardin de Saint-Pierre, — on ne trouverait guère, en parcourant la liste des peintres et des sculpteurs, des architectes et des musiciens choisis à cette époque, à regretter l'omission de quelque nom plus digne d'y figurer que celui de tel des nouveaux élus. Si certains artistes que de brillants antécédents semblaient désigner

---

(1) Les élections des associés non résidants n'eurent lieu que dans le cours de l'année suivante. Quant aux associés étrangers, ils ne furent élus, dans la troisième classe, comme dans les deux autres classes de l'Institut, qu'à partir du mois de décembre 1801.

aux suffrages de leurs confrères, si Doyen par exemple, — le peintre de cette *Peste des Ardents* qui devait, quelques années plus tard, inspirer à Gros, de son propre aveu, l'admirable tableau des *Pestiférés de Jaffa*, — si Antoine, l'architecte de l'*Hôtel des monnaies*, et un ou deux autres encore ne se trouvèrent pas compris dans le nombre des premiers membres de l'Institut, de pareilles exclusions ne sauraient être imputées à l'oubli, encore moins à un parti pris d'injustice ; elles s'expliquent tout naturellement par l'obligation, que les intéressés n'auraient pu remplir alors, de résider à Paris (1). Il fallait donc s'en tenir au choix d'artistes satisfaisant à cette condition expresse, mais il suffit de se rappeler les noms de ceux qui furent élus pour reconnaître qu'ils avaient bien d'autres titres à la haute distinction qu'on leur accordait. C'étaient, pour n'en citer que quelques-uns : Vien, le précurseur convaincu, sinon très hardi, de la réforme que son élève David poursuivait, depuis plus de dix ans déjà, avec une force de volonté et une rigueur intraitables ; Regnault, à qui son tableau de l'*Éducation d'Achille* avait valu, dès 1783, une célébrité presque égale à celle qu'allait conquérir deux ans plus tard le peintre des *Horaces*; Roland, le plus habile sculpteur de l'époque après Houdon et Pajou, de qui il avait été l'élève ; Peyre, architecte savant, homme de caractère et de courage qui, entre autres services rendus à la cause de l'art, avait, sous le règne de la Terreur, sauvé d'une destruction certaine les statues antiques du palais de Fontainebleau, en les signalant à la horde venue pour les briser

---

(1) Doyen, qui avait émigré en 1791, s'était fixé à Saint-Pétersbourg, où il mourut en 1806. Quant à Antoine, nous avons indiqué plus haut les motifs probables du retard apporté à son élection, qui n'eut lieu qu'en 1799.

comme des images, — y compris même celles des empereurs romains, — consacrées à la mémoire des républicains par excellence des anciens âges. C'étaient enfin Grétry, depuis bien des années en possession de sa gloire, et Gossec, le créateur en France de la symphonie instrumentale, à une époque où Haydn lui-même n'avait encore produit dans son pays aucun de ses chefs-d'œuvre (1).

L'ensemble du personnel de l'Institut se trouvait donc constitué avant la fin de l'année 1795. Restait maintenant pour ceux qui le composaient à entrer réellement en fonction, à faire publiquement acte de vie, et, pour commencer, à tenir sous les yeux de tous une séance générale dans laquelle les attributions de l'Institut seraient, une fois pour toutes, exposées, ses travaux à venir ou déjà en train promis à une publicité prochaine. Cette séance solennelle pourtant ne pouvait avoir lieu qu'après que les mesures de réglementation et de discipline intérieures auraient été discutées dans le sein des trois classes et approuvées ensuite par qui de droit. Aussi se mit-on immédiatement à l'œuvre, en vue de ces résultats préalables. Le projet de règlement fut promptement terminé. Préparé par une commission mixte de douze membres, où la première classe avait pour représentants Laplace, Fourcroy, Lacépède et Borda, la seconde Daunou, Sieyès, Delisle de Sales et Grégoire, la troisième enfin trois écrivains ou érudits, Chénier, Villar, Mongez, et un seul artiste, l'architecte Boullée, — ce projet dont

---

(1) Plusieurs symphonies de Gossec furent publiées à Paris en 1754, mais on ne les exécuta que plus tard dans des concerts spirituels. La première symphonie en *ré* composée par Haydn en 1758, lorsqu'il était second maître de chapelle du comte de Mortzin, fut exécutée à Vienne au commencement de l'année suivante.

l'Institut avait approuvé la rédaction le 15 janvier 1796 était, le 21 du même mois, porté au conseil des Cinq-Cents et, un peu plus tard, au conseil des Anciens. Bientôt les deux assemblées législatives nommaient à leur tour, pour l'examen des propositions qui leur étaient soumises, deux commissions composées de membres appartenant déjà pour la plupart à l'Institut, et dont les rapporteurs, Lakanal et Muraire, conclurent à l'adoption sans réserve d'aucune sorte. Bref, le conseil des Anciens statuant en dernier ressort approuvait, le 4 avril 1796, le projet élaboré par l'Institut et lui donnait ainsi le caractère d'une loi de l'État.

Le tout, il est vrai, ne s'était pas opéré sans quelque emphase de part et d'autre dans les formes, sans quelques-unes de ces exagérations de langage rendues presque obligatoires par les usages et les goûts du temps ; mais, en constatant le fait, on a le devoir de reconnaître, sous ce style et ces habitudes déclamatoires, un fond de zèle sincère et de juste fierté patriotique, un vif sentiment de la grandeur inhérente à l'institution nationale qu'on venait de créer. Quand Lacépède, portant la parole au nom de ses confrères, présentait au conseil des Cinq-Cents le règlement qu'il avait contribué à établir, il pouvait bien terminer sa harangue par ces mots, assez hors de place sans doute, puisqu'ici la forme du gouvernement n'était nullement en cause, « nous jurons haine à la royauté » ; mais il avait auparavant, et avec plus d'à-propos, parlé de la reconnaissance due à ceux qui, par la création de l'Institut, « installaient la fraternité entre les différentes familles des sciences et des arts ». Et si de son côté le président de l'Assemblée, Treilhard, — un futur comte de l'Empire d'ailleurs, comme Lacépède lui-même, — se hâtait un peu trop de prédire dans sa réponse que le serment prêté par Lacépède et par d'autres républicains aussi fragiles « comprimerait à jamais les partisans de la monarchie », il n'en était pas moins autorisé à se féliciter hautement des grandes œuvres récemment faites ou entreprises. « Cette constitution méditée au sein des orages, disait-il, les encouragements donnés aux sciences et aux arts au milieu du chaos de la plus profonde révolution, ces découvertes utiles qui dans le court intervalle de quelques mois nous ont fait franchir l'espace de plusieurs siècles, tout annonce à l'univers que les fondateurs de la République, en assurant l'édifice constitutionnel, n'ont pas néanmoins négligé les sciences et les lettres. Pour eux, la République a été assise sur deux bases indestructibles, la victoire et la loi : une troisième reste encore, l'instruction publique ; ils vous délèguent le soin de la poser... »

Les progrès de l'instruction publique et le « perfectionnement des arts et des sciences », tel était en effet, aux termes mêmes de la loi organique de l'Institut, l'objet des efforts imposés au corps tout entier. C'est ce que Daunou sut faire ressortir avec autant de clarté que de force dans le discours qu'il avait été chargé de prononcer le jour de cette première séance publique dont nous parlions tout à l'heure : séance imposante par le caractère élevé du programme que l'orateur avait à développer, par le nombre des assistants et par la majesté architectonique du lieu où ils étaient réunis ; enfin et surtout par la valeur personnelle et l'indépendance légale de ces hommes — savants, littérateurs ou artistes, — auxquels, suivant la fière parole de Daunou, le gouvernement « avait le droit de demander des travaux sans avoir le pouvoir de leur commander des opinions ». Et Daunou ajoutait, pour achever de définir le rôle assigné à ses confrères et pour expliquer la fermeté studieuse de leur zèle, au lendemain des terribles commotions politiques que le pays avait subies : « Nous gardons l'émotion de la bataille avec cette espèce d'héroïsme sauvage qu'elle fait naître dans les âmes ; et maintenant, en pleine possession de la liberté, la République nous appelle pour rassembler et raccorder toutes les branches de l'instruction, reculer les limites des connaissances, en rendre les éléments moins obscurs et plus accessibles, provoquer les efforts des talents, récompenser leurs succès, recevoir, renvoyer, répandre toutes les lumières de la pensée, tous les trésors du génie. Tels sont les devoirs que la loi impose à l'Institut. » Enfin, l'organisation intérieure de l'Institut et les motifs qui l'avaient déterminée étaient ainsi exposés dans ce grave et substantiel discours : « En divisant l'Institut national en classes et en sections particulières, on n'a pas prétendu offrir un système rigoureusement analytique de toutes les connaissances humaines, mais seulement réunir d'une manière plus spéciale les hommes qui, dans l'état présent des sciences et des arts, ayant un plus grand nombre d'idées et de méthodes communes, parlant en quelque sorte la même langue, peuvent avoir entre eux des communications plus habituelles et plus immédiatement utiles. L'Institut n'en conserve pas moins l'unité qui le caractérise ; ce sont ses travaux qui sont divisés plutôt que ses membres, et cette répartition qui distribue et ne sépare pas, qui ordonne tout et n'isole rien, n'est qu'un principe d'harmonie et un moyen d'activité. »

Étrange contraste d'ailleurs ! La salle du Louvre où cette fête si pleine de promesses réunissait, le 4 avril 1796 (1),

---

(1) Cette première séance publique de l'Institut eut lieu le jour

l'élite de la nation, avait été dans les deux siècles précédents le théâtre de quelques-unes des scènes les plus lugubres de notre histoire. C'était dans cette même salle des Cariatides que, presque au lendemain du jour où elle y avait rassemblé la cour pour célébrer les noces de sa fille et du roi de Navarre, Catherine de Médicis tenait conseil avec les Guise et préparait la Saint-Barthélemy; c'était là que, dix-neuf ans plus tard, le duc de Mayenne, pour venger la mort du président Brisson, faisait pendre aux barreaux des fenêtres quatre des plus fougueux partisans des Seize; c'était là enfin, dans la tribune que soutiennent les cariatides sculptées par Jean Goujon, que le corps de Henri IV, après le tragique événement de la rue de la Ferronnerie, avait été déposé, tandis qu'on allait porter à la reine la funeste nouvelle.

Il est assez probable toutefois que, à l'exception peut-être de Marie-Joseph Chénier, auteur du drame de *Charles IX*, représenté quelques années auparavant, personne dans l'assemblée n'avait l'imagination hantée par ce passé sinistre : pas plus que, dans un tout autre ordre de souvenirs, on n'était disposé à se rappeler les représentations données en 1658 par la troupe de Molière au lieu même où l'on se trouvait maintenant. La grandeur de l'événement présent suffisait de reste pour occuper la pensée de chacun, et d'ailleurs la transformation qu'on avait fait subir à la salle pour l'approprier à sa nouvelle destination ne permettait guère même aux regards d'être indifférents ou distraits.

Décorée pour la circonstance des statues d'illustres personnages français empruntées à divers monuments et

---

même et presque immédiatement après l'heure où le projet de règlement mentionné ci-dessus avait été définitivement approuvé par le conseil des Anciens.

dont quelques-unes, — les statues de *Sully,* de *Descartes* et de *Bossuet* entre autres, — ont été depuis lors transportées au palais qu'occupe actuellement l'Institut (1), couverte depuis la base des murs jusqu'aux voûtes des plus belles tapisseries des Gobelins et de trophées des drapeaux récemment conquis par les soldats de Valmy et de Jemmapes, de Hontdschoot et de Fleurus, la salle des Cariatides présentait, dans cette éloquente parure, un aspect bien différent de celui qu'elle gardait depuis la fin du règne de Louis XIV. Elle n'avait plus été, à partir de cette époque, qu'un magasin de hasard où l'on entassait pêle-mêle des fragments antiques, des plâtres, des objets mobiliers de toute espèce ; elle devenait maintenant le sanctuaire du génie national personnifié dans ses représentants les plus glorieux, et pour donner une sanction officielle à cette prise de possession par l'Institut du local qui lui était livré, tous les membres du Directoire en grand costume, tous les ministres, accompagnés du corps diplomatique, étaient venus assister à la séance d'installation. Une estampe de l'époque nous a conservé la physionomie de cette scène où, malgré les habits d'une magnificence théâtrale et les chapeaux plus empanachés

(1) Ces trois statues, ainsi que celle de *Fénelon,* ornent aujourd'hui les murs de la salle des séances publiques de l'Institut. Quant au mobilier proprement dit, qu'on avait fabriqué tant pour les séances publiques des trois classes réunies dans la salle des Cariatides que pour le service particulier de chacune de ces classes au rez-de-chaussée et dans les appartements du premier étage, — appartements situés, soit dit en passant, sur l'emplacement actuel de la salle Lacaze, de la pièce qu'elle précède et de la salle dite des *Sept cheminées,* — une partie en est restée au Louvre même, une autre se trouve maintenant à la Bibliothèque de l'Institut. Ainsi, les tables avec des griffons bronzés pour supports qui garnissent la galerie principale de cette bibliothèque et, au Louvre, deux des salles de l'ancien Musée Charles X, proviennent de l'ameublement dont l'Institut primitif avait fait usage.

que de raison des directeurs, malgré ces contrefaçons de l'antique, à la fois fastueuses et maigres, que David avait mises à la mode jusque dans la forme des sièges et l'ajustement des draperies de tenture, tout respirait une gravité conforme au caractère moral de l'assemblée et aux idées qu'elle représentait.

La première séance publique de l'Institut ne dura pas moins de quatre heures. Outre le discours de Daunou, dont nous avons rapporté quelques passages, et ceux de Letourneur, président du Directoire, de Dussaulx, président de l'Institut, on y entendit la lecture de neuf mémoires sur des questions spéciales, rédigés par des délégués des deux premières classes; un à-propos en vers, la *Grande Famille réunie,* par Collin d'Harleville; une autre pièce de vers par Andrieux, et une ode de Lebrun sur l'*Enthousiasme.* Enfin, Vauquelin termina la séance par des expériences « sur les détonations du muriate suroxygéné de potasse, lorsqu'il subit une pression ou un choc », sorte de commentaire en action d'un travail sur ce sujet que Fourcroy venait de lire.

Dans tout cela, on le voit, la part de la troisième classe avait été absolument nulle pour les quatre sections réservées dans cette classe aux artistes, puisque aucun de ceux-ci n'avait pris la parole. Les séances publiques, qui se succédèrent de trimestre en trimestre dans le cours de la même année et jusqu'à la fin de l'année suivante, n'apportèrent aucun changement à cet état de choses. Chaque fois le programme demeura aussi chargé quant au nombre des communications scientifiques, philosophiques ou littéraires, aussi vide d'enseignements concernant l'art proprement dit. Rien de plus explicable sans doute, étant donné la répugnance en général des artistes à se servir, pour traduire leur pensée, d'autres intermédiaires que leurs instruments ordinaires de travail ; mais en réalité rien de plus préjudiciable aux intérêts intellectuels d'un public réduit par là à s'accommoder d'instructions ou d'avis sans correspondance avec ses aspirations, encore moins avec ses habitudes. Quelles qu'eussent pu être les imperfections de la forme littéraire, n'aurait-on pas été par exemple plus heureux d'entendre Grétry parler de son art que de se sentir initié, par les dissertations de certains savants, à des secrets de physiologie chimique ou médicale divulgués au moins inopportunément dans un pareil milieu (1)? La longueur démesurée des séances publiques d'une part, de l'autre la nature de bon nombre des travaux dont il était donné communication, ne tardèrent pas à refroidir le zèle, sinon des auteurs de ces travaux eux-mêmes, au moins de ceux qui étaient appelés à les connaître. On commençait au dehors à se désintéresser de ce qui avait été d'abord accueilli avec un empressement unanime : il était temps de prendre des mesures, et c'est ce qui fut fait, pour que l'opinion déjà sur la pente de l'indifférence ne glissât pas jusqu'au détachement formel.

Cependant un événement politique renouvelé du régime de la Terreur et qui nous apparaît aujourd'hui comme la préface, sinon comme la justification anticipée, du 18 brumaire, le coup d'État de fructidor 1797 allait,

---

(1) Parmi les sujets le plus intrépidement traités à cette époque dans les séances publiques par les orateurs de l'Institut, il suffira de citer une étude descriptive et analytique de Fourcroy, en collaboration avec Vauquelin, *sur les calculs dans la vessie,* et une autre par le même savant, intitulée : *Comparaison de l'urine humaine et de celle des animaux herbivores, particulièrement du cheval.* En rendant compte de la séance où ce dernier travail avait été lu, le *Moniteur* avoue que « le sujet n'a pas paru heureusement choisi ».

en frappant entre autres victimes cinq membres de l'Institut, porter une cruelle atteinte à l'indépendance de ce grand corps, si hautement proclamée, l'année précédente, par ceux-là mêmes qui la sacrifiaient maintenant. Bien plus, parmi les proscripteurs, il s'en trouvait un, La Réveillère-Lépeaux, qui appartenait à l'Institut; de sorte qu'en mettant hors la loi ses collègues du Directoire, Carnot et Barthélemy, il supprimait aussi en eux deux de ses confrères, comme il se débarrassait sans plus de façon de trois autres, en prononçant la déchéance de Pastoret, de l'abbé Sicard et de Fontanes. Ces deux derniers faisaient partie de la classe de la littérature et des beaux-arts, et l'on ne devine guère les prétextes que les auteurs du coup d'État purent invoquer pour traiter en conspirateurs le vénérable instituteur des sourds-muets et un poète d'inclinations aussi peu agressives que le chantre du *Verger*. Quoi qu'il en soit, Fontanes et l'abbé Sicard ayant été rayés de la liste des membres de la troisième classe, on procéda presque aussitôt à leur remplacement, tandis que dans la première classe le général Bonaparte prenait possession du fauteuil d'où Carnot venait d'être chassé (1), et que dans la seconde classe

(1) On a plus d'une fois reproché à Napoléon d'avoir, pour entrer à l'Institut, profité de l'expulsion d'un homme qui l'avait aidé au début de sa carrière. François Arago a, plus sévèrement que personne, condamné cet oubli des obligations contractées, sinon cet acte formel d'ingratitude : « Est-il aucune considération au monde, dit-il dans son *Éloge de Carnot,* qui doive faire accepter la dépouille académique d'un savant victime de la rage des partis, et cela surtout lorsqu'on se nomme le général Bonaparte ? Je me suis souvent abandonné à un juste sentiment d'orgueil en voyant les admirables proclamations de l'armée d'Orient signées : « Le membre de l'Institut, Général en chef » ; mais un serrement de cœur suivait ce premier mouvement lorsqu'il me revenait à la pensée que le membre de l'Institut se parait d'un titre qui avait été enlevé à son premier protecteur et à son ami. »

Champagne et Lescallier devenaient les successeurs de Pastoret et de Barthélemy.

Peut-être sera-t-il permis de dire qu'en consentant à remplacer des confrères dépouillés de leur titre contre toute justice et tout droit, l'Institut ne laissait pas, au moins en apparence, d'accepter le fait accompli un peu facilement et un peu vite ; peut-être, sans recourir à des protestations bruyantes, sans tenter des efforts de résistance inutiles d'avance dans les circonstances où l'on se trouvait, lui eût-il été possible, au nom de cette solidarité même établie par la loi organique, de témoigner quelque chose du sentiment de l'injure reçue et de prendre une autre attitude que celle d'une résignation toute passive. Sans doute, quand de nouvelles vacances viendront plus tard à se produire dans les classes décimées en 1797, l'Institut rouvrira ses rangs à ceux que le triste pouvoir d'alors avait proscrits ; les quatre premières années du dix-neuvième siècle ne se seront pas écoulées encore que tous, sauf Barthélemy, auront été réélus par leurs anciens confrères ou réintégrés par arrêtés du gouvernement ; mais au moment où l'iniquité était commise, fallait-il donc la subir sans donner même un signe de désapprobation, sans essayer, par quelque rappel, si réservé qu'il fût dans les termes, aux règlements et à la loi, de prévenir au moins le retour de pareilles violences ? Cette docilité si générale et si prompte créait en réalité un dangereux précédent. Qui sait si le gouvernement de la Restauration n'en gardait pas le souvenir lorsque, à près de vingt ans d'intervalle, il entreprenait à son tour de sévir dans le sein de l'Institut contre d'autres ennemis ou d'autres suspects ? Peut-être les ministres de Louis XVIII auraient-ils hésité à exclure de leurs académies respectives David, Monge, Grégoire et plusieurs autres, si la mesure prise autrefois par le Directoire avait rencontré chez les confrères des hommes qu'elle frappait moins d'empressement à se soumettre ou moins de disposition à se taire.

Aucun des artistes appartenant à la troisième classe n'avait été, nous l'avons dit, atteint par le coup d'État de fructidor. Les quatre sections formant la seconde moitié de cette classe demeuraient donc, quant au personnel qu'elles comprenaient, dans le même état qu'à l'origine ; mais, en dehors de leur participation obligatoire aux travaux, aux élections, aux tâches, de quelque nature qu'elles fussent, imposées à l'ensemble de l'Institut, elles n'avaient eu jusqu'alors pour leur propre compte ni une existence fort remplie, ni des moyens d'influence fort directs. L'unité d'action en toutes choses dont on avait entendu faire la condition essentielle et comme la raison d'être de l'Institut, était un principe si littéralement observé qu'on avait été jusqu'à établir que les jeunes artistes à envoyer chaque année à Rome seraient désignés, non par leurs juges naturels les peintres, les sculpteurs et les architectes de la troisième classe, ni même sur les propositions de ceux-ci, mais par l'Institut en corps, statuant dans la plénitude de son pouvoir et suivant ses inspirations propres. A la différence près de la situation sociale des juges et des garanties que pouvaient offrir leurs caractères personnels, c'était au fond retomber dans l'erreur commise en 1793 ; c'était reconstituer avec d'autres éléments le *jury des arts,* sorti de l'imagination révolutionnaire de David et ayant fonctionné un moment de la manière que l'on sait.

On ne tarda pas heureusement à revenir sur cette imprudente décision. Lorsque, par une lettre en date du 4 mai 1796, le ministre de l'intérieur Benezech eut informé l'Institut que les concours aux prix de Rome, suspendus depuis trois ans, allaient être repris l'année suivante pour se succéder désormais sans interruption, on comprit que le mieux serait de laisser aux artistes seuls le soin d'apprécier les mérites relatifs des concurrents et de prononcer un jugement qu'il n'y aurait plus ensuite pour l'ensemble de l'Institut qu'à ratifier de confiance.

Quelque bonne volonté qu'on y mît pourtant, tout d'abord n'alla pas de soi. Il fallait, pour ce qui concernait les prix de Rome et le séjour en Italie des lauréats, compter avec les événements tragiques qui venaient de se produire de l'autre côté des monts, avec le meurtre du secrétaire de la légation de France, Bassville, assassiné en plein Corso par la populace romaine ; avec les périls qu'avaient courus le directeur et les treize pensionnaires de l'Académie, — Girodet entre autres et le sculpteur Lemot, — obligés, à la veille d'une invasion de leur palais, d'aller chercher un refuge à Naples. Le Directoire exécutif avait bien pu, dès l'année 1795, décréter le rétablissement des fonctions de directeur de l'Académie de France à Rome, supprimées trois ans auparavant par la Convention (1) ; il avait bien pu nommer Suvée à cette place de directeur vacante depuis la révocation de Ménageot en 1792 : le tout n'en restait pas moins lettre morte. Suvée, dans l'attente d'un moment propice, continuait de séjourner à Paris, où il devait même forcément s'attarder jusqu'au commencement de 1801, et, de leur côté,

(1) Le décret du 25 novembre 1792 par lequel la Convention supprimait la place de directeur de l'Académie de France à Rome, occupée alors par Ménageot, n'avait pas pour cela porté atteinte à l'institution elle-même. L'Académie de France était maintenue ; seulement, au lieu de continuer à être régie par un artiste, elle se trouvait « désormais placée sous la surveillance de l'agent français près le Saint-Siège ».

les jeunes artistes auxquels le prix de Rome était décerné ne pouvaient profiter des avantages que cette récompense semblait leur assurer. C'est ainsi qu'un des lauréats du concours de 1797, Guérin, le futur peintre de *Clytemnestre* et de *Didon,* dut se résigner à ajourner indéfiniment son départ pour l'Italie et à remplir ses obligations de pensionnaire en exécutant à Paris les tableaux qui, dans d'autres circonstances, eussent constitué ses envois de Rome. Bien lui en prit d'ailleurs, puisqu'il dut à l'un de ces *envois* sur place le plus éclatant succès que, dans tout le cours de sa carrière, il lui ait été donné d'obtenir. L'apparition au Salon de 1799 de son *Marcus Sextus,* aujourd'hui au musée du Louvre, et qu'il peignit lorsqu'il n'était encore âgé que de vingt-cinq ans, produisit dans le public une sensation telle, elle procura du jour au lendemain au nom du jeune peintre une popularité si grande qu'on trouverait difficilement, même dans l'histoire des artistes le plus promptement arrivés à la gloire, l'équivalent d'un triomphe aussi universel et aussi rapide.

Peut-être, quelle qu'en soit au fond la très sérieuse valeur, le tableau de Guérin ne semble-t-il, à l'heure présente, justifier qu'incomplètement les applaudissements enthousiastes qui l'ont autrefois accueilli ; peut-être les allusions qu'impliquait cette scène antique au retour récent des émigrés français dans leur pays, n'ont-elles plus pour nous toute l'éloquence qu'on leur prêtait à la fin du dix-huitième siècle. Enfin, si le fait très exceptionnel d'un talent formé à une autre école que celle de David (1) put, au moment où il se produisit, ajouter

---

(1) Guérin était élève de Regnault, dans l'atelier de qui il était entré en 1791.

à l'étonnement du public et l'intéresser d'autant plus à la cause de ce talent, une pareille curiosité historique ne saurait à beaucoup près exercer la même influence sur l'opinion de ceux qui, en face de l'œuvre de Guérin, cherchent, à plus de quatre-vingts ans d'intervalle, à s'en expliquer le succès. Quoi qu'il en soit, Guérin eut le rare mérite de ne se laisser ni étourdir par le bruit fait autour de son nom, ni détourner des efforts qu'il s'était promis de poursuivre par l'orgueil d'avoir du premier coup si pleinement réussi. Le peintre acclamé de tous, depuis les membres de l'Institut eux-mêmes jusqu'aux élèves des ateliers, l'auteur de ce tableau publiquement couronné dès les premiers jours de l'exposition, n'eut garde de se croire pour cela passé maître. Aussitôt que les circonstances politiques le permirent, il s'empressa de réclamer le privilège que lui conférait son titre de « Grand Prix » pour aller en Italie compléter ses études, comme si l'épreuve dont il venait de sortir vainqueur, et vainqueur avec tant d'éclat, n'eût été pour lui qu'un modeste début ou un simple encouragement à mieux faire (1).

Tandis que, de 1796 à 1800, le directeur *in partibus* et les pensionnaires théoriques pour ainsi dire de l'Académie de France à Rome attendaient à Paris que les armes françaises eussent achevé en Italie de leur déblayer le terrain, et que les traités successifs de Tolentino et de Campo-Formio eussent eu pour conséquence certaine une paix générale et durable, les routes conduisant d'Italie en France étaient activement utilisées; elles se couvraient de chariots chargés d'objets d'art de tous genres, dont le jeune général Bonaparte venait de dépouil-

(1) Malheureusement la santé de Guérin, gravement compromise dès les premiers mois de son séjour à Rome, le força de revenir en France bien avant le terme de sa pension.

ler les villes qu'il avait soumises, pour en enrichir la capitale de son pays. Marbres antiques, tableaux des plus grands maîtres de la Renaissance, médailles et pierres gravées, tapisseries à sujets et manuscrits à miniatures, — tout avait été impitoyablement enlevé ; et pendant que cet inestimable butin était dirigé vers Paris, à un autre bout de la France nos frontières allaient s'ouvrir pour livrer passage aux caisses dans lesquelles étaient renfermés, avec la même destination, les plus précieux tableaux de la Belgique et de la Hollande. Bientôt le tout affluait au Louvre, trop petit pour contenir ces innombrables richesses, ou du moins pour leur assurer des places également en lumière et en vue. Il fallut se résigner à l'obligation de faire un choix entre tant de chefs-d'œuvre, et se contenter, faute d'espace, d'exposer seulement les plus universellement renommés ; mais, avant de les installer sous le toit qui devait désormais les abriter, on résolut de les promener solennellement dans Paris, tant pour éblouir les regards de la foule par l'éclat d'une fête que pour avoir raison des objections qu'avait soulevées, même dans le monde des artistes, la première annonce des projets de spoliation.

La question en effet avait été, dès l'année 1796, publiquement discutée, tant au point de vue des intérêts de l'art qu'au point de vue des principes généraux et de la morale politique. Dans une brochure intitulée : *Lettres sur le préjudice qu'occasionnerait aux arts et à la science le déplacement des monuments de l'art de l'Italie,* Quatremère de Quincy s'était efforcé de plaider une double cause : celle des anciens maîtres dont les œuvres perdraient certainement une partie de leur éloquence et de leur féconde influence en apparaissant hors de leur milieu naturel, — et celle des peintres français eux-mêmes qui, une fois en possession de ces monuments de l'art italien, ne seraient en mesure d'en étudier et d'en comprendre que la lettre. « C'est une folie, écrivait-il, de s'imaginer qu'on puisse jamais, par des échantillons réunis dans un magasin de toutes les écoles de peinture, produire l'effet que produisent ces écoles dans leur pays. » Et ailleurs : « Ces statues antiques, ces peintures ainsi dépaysées, arrachées à toutes les comparaisons qui en rehaussent la beauté, perdront sous un ciel étranger la vertu instructive que les artistes allaient chercher en Italie... C'est avec vérité qu'on peut dire que le pays fait partie du muséum de Rome. Que dis-je ? Le pays est lui-même le muséum. » L'énergique protestation de Quatremère de Quincy se terminait par ces mots : « Si l'exemple une fois donné de la violation du dépôt commun vient à être suivi par toutes les puissances, voisines ou éloignées, que les hasards de la guerre ou les révolutions politiques rendraient maîtresses de l'Italie ; si les richesses de l'art et de la science ne sont plus qu'un butin dont tout conquérant pourra faire sa proie,... de quel danger, je vous le demande, ne seraient pas pour la science et pour l'art les conséquences de cette manière de procéder nouvelle ? »

Les journalistes, de leur côté, — ceux du moins qui n'étaient pas aux gages du Directoire, — soutenaient la même thèse, et quelquefois dans un langage plus irrité encore. Un d'entre eux, rédacteur du *Journal littéraire*, allait jusqu'à dire : « Quel autre qu'un barbare peut applaudir à la spoliation qu'on veut accomplir ? » Enfin, huit membres de la troisième classe de l'Institut, — les peintres Vien, David et Vincent, les sculpteurs Pajou, Roland, Dejoux, Julien, et l'architecte Dufourny, — signaient, avec quarante-trois autres artistes diversement notables, une pétition au Directoire exécutif (1), dans laquelle ils exprimaient la crainte « que l'enthousiasme pour les productions du génie n'égarât sur les véritables intérêts des arts même leurs amis les plus ardents » Aussi conjuraient-ils le Directoire de « juger avec maturité cette importante question de savoir s'il serait utile à la France, s'il serait avantageux aux arts et aux artistes en général de déplacer de Rome les monuments de l'antiquité et les chefs-d'œuvre de peinture et de sculpture qui composent les galeries et les musées de cette capitale des arts ». Et, pressentant sans doute que la question serait résolue par le Directoire dans le sens de ce « déplacement », les pétitionnaires demandaient qu'au moins, avant de rien enlever, « on chargeât de faire un rapport général sur cet objet une commission formée d'un certain nombre d'artistes et de gens de lettres choisis par l'Institut national, en partie dans son sein, en partie au dehors ».

Les choses n'en suivirent pas moins leur cours comme le général Bonaparte et le Directoire l'avaient originairement entendu. On réfuta tant bien que mal les objections de Quatremère et de ses adhérents dans des articles de journaux concluant, suivant l'usage, « au nom de l'immense majorité du public », à l'exécution immédiate d'une mesure qui devait « faire de Paris le muséum universel de la France et de l'Europe ». La pétition des

(1) Parmi les noms des signataires de la pétition, nous relevons ceux de Girodet, Percier, Fontaine, Le Barbier, Lethière et Meynier, qui, à cette époque, n'appartenaient pas à l'Institut, mais qui devaient, dans le cours des années suivantes, être appelés à y siéger. On lit également au bas de cette pétition les noms du célèbre dessinateur-graveur Moreau jeune, du paysagiste Valenciennes, et de Denon, devenu un peu plus tard, malgré ce précédent, directeur des Musées impériaux.

artistes membres de l'Institut et de leurs confrères du dehors demeura sans réponse ; on s'arrangea pour qu'une contre-pétition tendant au transport dans notre pays des œuvres en cause pût au besoin être opposée au vœu des réclamants, et des commissaires nommés sous sa seule responsabilité par le Directoire reçurent l'ordre de procéder en Italie, aussi rapidement que possible, à l'emballage et à l'expédition des objets destinés au musée du Louvre ou aux grands établissements scientifiques de Paris ; après quoi l'on s'occupa des préparatifs de la fête dont nous avons parlé. On comptait, nous l'avons dit aussi, sur la grandeur du spectacle pour enflammer l'orgueil patriotique de la foule et pour subjuguer de haute lutte l'imagination de ceux-là mêmes qui avaient d'abord résisté, au nom du droit et de la raison.

Le double résultat que l'on se proposait d'atteindre fut effectivement obtenu. Ce fut avec un enthousiasme unanime que les Parisiens de toutes les classes virent passer devant eux la longue série de ces incomparables dépouilles, et les artistes à leur tour, — ceux qui s'étaient montrés jusqu'alors les plus récalcitrants, aussi bien que les autres, — n'eurent plus, en face de ce qui leur était livré, que le sentiment passionné et, en quelque sorte, l'enivrement de la possession. Ainsi s'explique l'apparent démenti résultant de la présence à cette fête de l'Institut tout entier, c'est-à-dire y compris les membres de la troisième classe qui, avec Vien et David, avaient protesté d'avance contre le fait maintenant accompli. Tous les hommes d'ailleurs appartenant, à un titre quelconque, au monde des sciences, des lettres ou des arts, avaient été invités à prendre place dans le cortège qui devait parcourir d'un bout à l'autre les boulevards pour se rendre au Champ de Mars, où l'attendraient les ministres et les membres de l'Institut ; tous, depuis les hauts fonctionnaires de l'enseignement et les administrateurs des musées jusqu'aux étudiants du quartier latin, jusqu'aux élèves de l'École des beaux-arts et du Conservatoire, avaient été appelés à l'honneur de participer, non pas à ce que l'on appelait, avec autant de niaiserie que d'emphase, « l'installation sur une terre libre des monuments arrachés à l'asservissement (1) », mais aux hommages que commandaient tant de glorieux chefs-d'œuvre.

Le jour venu, 9 thermidor an VI (27 juillet 1798), chacun était à son poste sur le quai voisin du Jardin des plantes, choisi comme lieu de rendez-vous, parce que c'était là qu'avaient été débarqués les *Chevaux* colossaux de Venise et les autres monuments trop volumineux pour être expédiés d'Italie par la voie de terre (2). Bientôt le cortège se mit en mouvement ; il était partagé en trois grandes divisions, accompagnées chacune de détachements de cavalerie et de corps de musique militaire.

En avant de la première division, comprenant six chars chargés de minéraux, de pétrifications de Vérone, de végétaux de toute espèce, palmiers, cactus, etc., marchaient les professeurs du Muséum d'histoire naturelle ; ces six premiers chars étaient suivis de quatre autres

(1) Dans un discours prononcé au Champ de Mars, à l'occasion de la fête dont il s'agit, un des commissaires envoyés en Italie, Thouin, paraphrasait cette sottise en termes plus ridicules encore. « Remercions tous », s'écriait-il au pied d'une statue de la Liberté érigée pour la circonstance, « cette Liberté vengeresse des arts longtemps humiliés, qui a enfin brisé les chaînes de la renommée de tant de morts fameux. »

(2) Le *Moniteur* du 24 floréal an VI (13 mai 1798) annonçait que « le convoi des monuments recueillis en Italie avait mouillé à Lyon dans la Saône le 7 de ce mois, et qu'il continuait sa marche vers le canal du Centre, devant aller chercher le canal de Briare pour arriver à Paris ».

supportant, comme dans les anciens triomphes romains, des cages où l'on voyait des lions et des lionnes d'Afrique, d'autres animaux féroces, suivis eux-mêmes encore de chameaux et de dromadaires qu'avait fournis la forêt du Gombo, près de Pise.

Sur la bannière flottant en tête de la seconde division on lisait : « Livres, manuscrits, médailles, musique, caractères d'imprimerie de langues orientales »; le tout remplissant six chars qu'accompagnaient les professeurs du Collège de France, les professeurs de l'École polytechnique et les élèves de cette école, les gardes des archives et des bibliothèques publiques, en un mot le personnel complet des établissements scientifiques, précédant les délégués des étudiants, des correcteurs d'imprimerie, des éditeurs et des libraires.

Enfin les administrateurs et les divers fonctionnaires du Musée central des arts, du Musée spécial de l'École française, du Musée des monuments français, les professeurs des écoles de peinture, de sculpture et d'architecture entourés de leurs élèves, marchaient aux premiers rangs de la troisième division, composée de vingt-neuf chars sur lesquels apparaissaient, au milieu de trophées symboliques, de drapeaux et de guirlandes (1), les prin-

(1) Aux termes d'un *État* manuscrit que je possède *des dépenses faites en main-d'œuvre, couronnes et guirlandes, pour l'entrée triomphale des monuments d'Italie, d'après les ordres du citoyen Chalgrin, architecte, par Gabriel Thouin, rue des Plantes, n° 6,* l'ensemble de ces dépenses, après le règlement fait en marge, s'élevait à quatorze cent quatre-vingt-dix-neuf francs quatre-vingts centimes, dont quinze francs pour « cinq couronnes de laurier franc », destinées « aux commissaires du cortège », et cent francs « pour trois mille branches de chêne, d'environ deux pieds de long, pour être, lesdites, distribuées aux élèves artistes de tous genres ». Le reste de la somme s'appliquait au payement de « 706 mètres de guirlandes courantes pour les chars » et de quelques

cipales œuvres de la peinture et de la sculpture enlevées à l'Italie. C'étaient d'abord deux chars portant les quatre célèbres *Chevaux* de bronze, pris à Venise ainsi que le *Lion de Saint-Marc*, et qui devaient, sous l'empire, orner, celui-ci une fontaine au centre de l'esplanade des Invalides, ceux-là l'arc de triomphe de la place du Carrousel. Puis, sur les chars suivants, se dressaient les statues antiques les plus renommées dont, par un euphémisme officieux, on se vantait d'avoir obtenu du gouvernement pontifical « la cession » : l'*Apollon du Belvédère* et le *Laocoon*, le *Gladiateur mourant* et le *Discobole*, vingt autres marbres admirables encore. Enfin, pour clore ce long défilé de chefs-d'œuvre, la *Vierge de Foligno* et la *Transfiguration* de Raphaël, des tableaux de Titien, du Corrège, de Paul Véronèse, achevaient d'étonner les regards des uns, de saisir et d'émouvoir l'intelligence des autres, d'inspirer à tous la même fierté en face de ces témoignages matériels des récentes victoires de la France.

Qui eût dit alors que tant de trésors, dont nous nous croyions à jamais les possesseurs, ne seraient entre nos mains qu'un dépôt qu'il nous faudrait rendre à courte échéance ; qu'avant vingt ans nous serions obligés de

centaines de « couronnes de fleurs analogues aux objets », c'est-à-dire à l'importance relative des œuvres ou au caractère particulier des personnages représentés. Ainsi une couronne de laurier était le lot de l'*Apollon du Belvédère;* les tableaux de Raphaël recevaient, eux aussi, des couronnes de laurier, mais « garnies », par surcroît, « de beaucoup de fleurs d'immortelles, mêlées de pensées et de quelques roses », tandis que des guirlandes « forcées en roses » ornaient la statue de *Vénus* et celle d'*Adonis*. Des couronnes de lierre, de roseaux ou de « chêne mêlé de peu de fleurs » avaient paru suffisantes pour les figures des *Muses*, d'*Hercule* et même pour le célèbre groupe de *Laocoon et de ses enfants*. Seule, une statue de *Vestale* avait ce privilège d'être couronnée « d'olivier, de giroflée blanche et d'autres fleurs de même couleur ».

livrer, à notre tour, ce qui était devenu notre bien; qu'en un mot, on invoquerait contre nous ces mêmes droits de la force dont nous avions au moins imprudemment usé? Sans doute, — nous aurons l'occasion de revenir plus tard sur ce sujet, — les restitutions opérées en 1815 ne furent pas seulement les résultats de la violence, et, pas plus que la *Messénienne* irritée de Casimir Delavigne, les vers railleurs de Béranger ne sauraient aujourd'hui donner le change sur les vrais caractères du prétendu « vol fait par des rois »; mais on comprend de reste qu'au moment où ils s'accomplirent, les recouvrements dont il s'agit durent paraître des déprédations, et que, à l'exemple de leur confrère Denon, les membres de l'Institut, autrefois hostiles aux projets du Directoire, n'aient plus ressenti que l'amertume de l'humiliation imposée à la patrie. — Mais revenons aux heures où l'on n'en est encore qu'à l'orgueil du triomphe et à la joie sans préoccupation qu'inspire l'éclat du spectacle présent.

Lorsque, après avoir traversé Paris dans l'ordre que nous avons indiqué, le cortège fut arrivé au Champ de Mars, « tous les chars, dit un témoin de la scène (1), se rangèrent dans l'arène sur trois lignes, ceux qui les avaient accompagnés formant un demi-cercle devant la statue de la Liberté. Les artistes du Conservatoire exécutèrent le *Poème séculaire,* d'Horace, mis en musique par Philidor; puis une *Ode* de Lebrun, musique de Lesueur; après quoi les commissaires envoyés en Italie se sont avancés vers l'autel de la Patrie, et ont remis au ministre de l'intérieur, entouré des membres de l'Institut, la liste des objets qu'ils avaient recueillis... »

« Le lendemain, 10 thermidor, à trois heures, les auto-

---

(1) MILLIN, *Magasin encyclopédique,* année 1798, t. II.

rités constituées et les ambassadeurs se sont réunis dans la Maison du Champ de Mars (1). Le Directoire exécutif s'y est rendu accompagné des ministres. A quatre heures, le Directoire et le cortège ont été de la Maison du Champ de Mars à l'autel de la Patrie, au son de la musique militaire. Les chars attelés étaient rangés dans le Cirque. Le Directoire et tout le cortège ayant pris place, le Conservatoire a exécuté une symphonie et ensuite l'*Invocation à la Liberté*. Puis le ministre de l'intérieur a présenté au Directoire les commissaires d'Italie, et les monuments recueillis par eux. Le président a remis à chacun de ces commissaires une médaille sur laquelle était gravée une figure de la France et, de l'autre côté, cette légende : « Les sciences et les arts reconnaissants. » Ensuite, un aérostat orné de guirlandes et de drapeaux tricolores s'est élevé dans les airs. Au moment où le Directoire a levé la séance, le Conservatoire de musique a exécuté le *Chant du départ*. Le soir, on a renouvelé l'illumination de la veille, et il y a eu dans le cirque des orchestres pour les danses. »

Sauf ces danses et ces lampions, assez hors de place, à ce qu'il semble, dans le voisinage des monuments les plus sévères de la science et des plus nobles œuvres de l'art, le programme de la fête célébrée les 9 et 10 thermidor avait été réglé de manière à donner à cette solennité publique plus de sérieux et de dignité que n'en avaient eu les représentations en plein air organisées, quelques années auparavant, tantôt au bénéfice de la *Nature régénérée*, tantôt comme témoignage de bienveillance pour l'idée d'un *Être suprême*. Aussi, en participant à cette fête où il ne s'agissait plus d'aller, comme autrefois,

(1) L'ancien hôtel de l'École militaire.

boire, avec plus ou moins de componction, l'eau qui jaillissait des mamelles d'une statue de la *Nature*, ou d'assister à l'embrasement de mannequins figurant le « monstre de l'athéisme » et ses « acolytes ordinaires », — y compris, on ne sait trop pourquoi, la *fausse simplicité*, — les membres de l'Institut ne descendaient pas au rôle de comparses dans une comédie révolutionnaire. Ils exerçaient tout naturellement la haute fonction qui leur appartenait.

Tandis que les membres de l'Institut faisant partie de la troisième classe s'associaient ainsi, dans nos murs, à une manifestation toute à la gloire de l'art antique et de l'art italien, un certain nombre de leurs confrères de la première classe travaillaient, loin de la France, à ouvrir une voie nouvelle aux études scientifiques. La commission d'Égypte, sous la direction de Monge et de Berthollet, préparait les *Mémoires* dont la publication par les soins du général Bonaparte révélait au monde savant, dès le commencement de l'année 1800 (1), les premiers secrets arrachés à la terre et aux monuments des Pharaons. Elle recueillait les éléments du grand ouvrage qui, sous le titre de *Description de l'Égypte,* devait, en attendant les découvertes décisives de Champollion et les travaux complémentaires de ses successeurs, mettre

---

(1) Cuvier, alors secrétaire de la première classe de l'Institut, adressait, le 25 février 1800, une lettre au général Bonaparte, devenu premier consul, pour le remercier, au nom de ses confrères, de l'envoi d'un exemplaire de ces *Mémoires* : « L'amour des sciences, lui écrivait-il, et le soin de les propager vous ont toujours occupé, même au sein des plus brillantes victoires, et l'Europe entière attendait les fruits qu'ils produiraient dans cette antique patrie des connaissances humaines que vous venez d'ajouter à vos conquêtes. C'est avec le plus vif intérêt que l'Institut national en a reçu les prémices. »

sous les yeux du public un ensemble de renseignements aussi précieux qu'imprévus sur l' « état ancien » et sur l' « état moderne » du pays qu'elle avait reçu la mission d'explorer. Enfin, une sorte d'annexe de l'Institut de France, l'Institut du Caire, fondé le 20 août 1798, réunissait des savants, des lettrés, des artistes, les uns déjà membres de l'Institut national, les autres simplement attachés à la commission qui avait suivi l'armée, tous soumis à la même obligation de communiquer régulièrement leurs travaux à leurs confrères de France et de répondre, par l'envoi de mémoires développés, aux questions que ceux-ci jugeraient à propos de leur adresser sur quelque point d'histoire, de science ou d'archéologie.

Les deux premières classes de l'Institut national s'empressèrent d'user du droit qui leur était ainsi conféré. Une correspondance active s'établit entre les commissaires désignés par ces deux classes et les membres de l'Institut du Caire appartenant aux sections de physique et d'économie politique (1); il ne paraît pas toutefois que les membres de la troisième classe aient été animés du même zèle, ni stimulés par la même curiosité. Ils avaient bien chargé trois d'entre eux, antiquaires ou orientalistes de profession, — Dupuis, Mongez et Langlès, — de demander des informations sur quelques problèmes d'archéologie ou de linguistique; mais ils semblaient par là s'être désintéressés des questions relatives à l'art proprement dit, ou tout au moins avoir, volontai-

(1) L'Institut du Caire était composé de trente-six membres et divisé en quatre sections : Mathématiques, Physique, Économie politique, Littérature et Arts. Parseval-Grandmaison, le futur auteur d'un poème sur Philippe-Auguste, Denon, le très habile dessinateur Dutertre et le peintre de fleurs Redouté, faisaient partie de cette dernière section, qui comprenait en tout huit membres.

rement ou non, laissé de ce côté péricliter leurs privilèges. Rien de plus explicable, d'ailleurs, que ce rôle un peu effacé des artistes membres de la troisième classe, dans tout ce qui concerne à cette époque l'action extérieure et, à l'intérieur, les occupations réglementaires de l'Institut. Mal préparés, sinon étrangers, par la nature même de leurs études et de leurs occupations habituelles, à la plupart des affaires qu'il s'agissait de régler en commun ; perdus pour ainsi dire, en raison de leur petit nombre, au milieu d'une foule de savants, de philosophes, d'hommes politiques dont ils n'étaient en mesure ni de discuter à bon escient les opinions, ni même de parler couramment la langue, — ils leur abandonnaient le soin d'engager et de poursuivre toutes les entreprises, de tout diriger, de statuer sur tout, et se contentaient le plus ordinairement, à l'heure des votes, d'accepter de confiance des décisions qu'ils étaient censés devoir contrôler.

Le moment était proche, heureusement, où cette situation toute dépendante allait changer ; où, grâce à une répartition moins arbitraire des éléments et des forces qu'on avait d'abord confondus, les diverses fractions de l'Institut acquerraient, sans préjudice pour l'ensemble, l'homogénéité qui manquait plus ou moins à chacune d'elles ; où la troisième classe, enfin, exclusivement composée d'artistes, aurait désormais son caractère bien particulier et sa physionomie bien nette.

CHAPITRE III

LA CLASSE DES BEAUX-ARTS SOUS LE CONSULAT ET SOUS L'EMPIRE.

Première réorganisation de l'Institut (1803). — La classe de la littérature et des beaux-arts est partagée en deux classes, dont l'une, sous le titre de classe des beaux-arts, forme la quatrième section de l'Institut. — Arrêté consulaire déterminant le costume des membres de l'Institut. — L'Institut est transféré du Louvre à l'ancien collège des Quatre-Nations. — Première séance publique (1806) de la classe des beaux-arts. — Lebreton, premier secrétaire perpétuel de la classe. — Les prix décennaux. — Mort et funérailles de Grétry. — Élection de Monsigny. — Fin du règne de Napoléon.

Lorsque le dix-neuvième siècle s'ouvrit, les quatre sections des beaux-arts comprises dans la troisième classe de l'Institut se trouvaient encore composées à peu près comme elles l'avaient été à l'origine. Sauf Grandménil, de la Comédie française, qui, dans la section de musique et de déclamation, avait remplacé son camarade Préville, démissionnaire, sauf les successeurs des architectes Boullée et de Wailly morts, l'un en 1798, l'autre en 1799, les membres de ces quatre sections étaient ceux-là mêmes qui avaient été appelés à en faire partie dès 1795. Quant aux vingt-quatre associés non résidants que l'Institut avait nommés au commencement de l'année 1796, deux d'entre eux seulement n'existaient plus. Les autres, dont quelques-uns devaient, comme Prud'hon et l'architecte Heurtier, devenir plus tard membres résidants, continuaient de figurer sur la liste du personnel de l'Institut, mais en réalité à titre presque uniquement honorifique. Forcément étrangers aux travaux que leurs confrères de Paris avaient la mission d'accomplir, ils ne servaient guère qu'à compléter le chiffre réglementaire que les fondateurs de l'Institut avaient jugé bon de fixer, et qu'il n'avait été d'ailleurs possible d'atteindre qu'en assimilant avec une singulière complaisance des talents à peine secondaires pour la plupart, et des réputations toutes locales, à la vaste renommée et à l'habileté supérieure des maîtres véritables. Aussi, même avant le jour où un arrêté consulaire vint supprimer les associés non résidants, l'inutilité était-elle généralement reconnue de ces prétendus coopérateurs qui, loin de contribuer à fortifier la vie et à étendre l'influence du corps auquel ils appartenaient, ne faisaient que compromettre l'autorité de celui-ci, aussi bien par leur propre inaction présente que par la valeur équivoque ou l'insuffisance de leurs titres dans le passé.

Et ce n'était pas seulement de ce côté qu'il y avait des réformes à faire ou des améliorations de détail à tenter. Quoique plusieurs années se fussent écoulées déjà depuis la fondation de l'Institut, plus d'une question de discipline intérieure n'était pas encore résolue, plus d'une prescription relative aux occupations en commun des diverses classes demeurait à peu près à l'état théorique. En outre, l'expérience avait démontré la nécessité de modifier l'organisation même de ces classes, de composer chacune d'elles d'éléments moins mélangés, et, pour ce qui concernait en particulier la troisième classe, d'en renouveler les conditions en la dédoublant, de manière à donner aux deux groupes d'écrivains et d'artistes dont

CHAPITRE III.

elle avait été primitivement formée, des attributions indépendantes et un champ d'action séparé.

Le premier consul avait gardé, pour tout ce qui intéressait l'honneur ou l'influence de l'Institut, les sentiments professés et le zèle témoigné par le général Bonaparte. Même à l'époque où la seconde campagne d'Italie le retenait loin de la France, il s'occupait des affaires intérieures du corps auquel, dans ses bulletins militaires d'alors, comme naguère dans ses proclamations à l'armée d'Égypte, il se glorifiait d'appartenir. Sept jours avant la bataille de Marengo, le 5 juin 1800, il écrivait à ses collègues du consulat pour désapprouver une mesure tendant à la suppression d'un journal qui avait raillé l'Institut, à propos d'une décision récemment prise. « Le rapport du ministre pour la suppression de l'*Ami des lois,* disait-il dans sa lettre, ne me paraît pas du tout fondé en raison. Il me semble que c'est rendre l'Institut odieux que de supprimer un journal parce qu'il a lâché quelques quolibets sur cette Société, qui est tellement respectée en Europe qu'elle est au-dessus de pareilles misères. Je vous assure que, comme président de l'Institut (1), il s'en faut de peu que je ne proteste. Qu'on dise, si l'on veut, que le soleil tourne, que c'est la fonte des glaces qui produit le flux et le reflux, et que nous sommes des charlatans : il doit régner la plus grande liberté (2)... »

Que celui qui proclamait ainsi les droits de la liberté n'ait pas toujours par ses propres actes soutenu la cause dont il se faisait ce jour-là le champion, c'est ce qu'il serait sans doute assez superflu de rappeler ; mais il n'y

---

(1) Bonaparte avait été élu président de la première classe le 22 mars 1800.
(2) *Correspondance de Napoléon,* t. VI, p. 432.

a que justice à reconnaître qu'il resta beaucoup plus fidèle à sa confiance dans l'autorité morale de l'Institut. S'il lui est arrivé quelquefois, — lors de l'élection de Chateaubriand, par exemple, — de se laisser aller à des emportements de mauvaise humeur contre les personnes, il n'a jamais cessé de se montrer ouvertement favorable à l'institution même et de travailler, soit à en consolider les bases, soit à en faciliter les développements.

La réorganisation de l'Institut, en 1803, est un des premiers et des plus éclatants témoignages de cette sollicitude de Napoléon pour les intérêts du grand corps que la Convention avait eu la gloire d'établir, mais dont elle s'était hâtée de fixer les conditions réglementaires avec plus de générosité peut-être dans les intentions que d'esprit pratique et de prévoyance. Nous avons essayé, dans les chapitres qui précèdent, d'indiquer quelques-uns des inconvénients inhérents à l'organisation primitive de l'Institut, particulièrement ceux qu'entraînait, pour le libre fonctionnement et même pour le recrutement de chaque classe, cette doctrine de l'unité à outrance qu'on avait entendu faire prévaloir sur tout le reste. Ce fut pour corriger ces imperfections du décret de 1795, et aussi pour en combler sur plus d'un point les lacunes, qu'un arrêté consulaire, en date du 3 pluviôse an IX (23 janvier 1803), vint modifier la lettre et, dans une certaine mesure, l'esprit même des lois qui avaient jusqu'alors régi l'Institut.

Aux termes de cet arrêté, — œuvre personnelle du premier consul et signée de son nom, à l'exclusion de ceux de ses deux collègues, — l'Institut se trouvait divisé en quatre classes, au lieu des trois qui l'avaient d'abord composé. La première, dite des *Sciences physiques et mathématiques,* comprenait soixante-cinq membres, plus huit associés étrangers et cent correspondants, en remplacement des associés non résidants, désormais supprimés dans cette classe comme dans les autres. En outre, elle s'augmentait d'une nouvelle section, celle de la *Géographie*, qui avait depuis 1795 appartenu à la classe des Sciences morales et politiques.

La seconde classe, *Langue et littérature françaises*, avait quarante membres, dont plusieurs membres de l'ancienne Académie française, laissés de côté lors de la première organisation de l'Institut ; d'autres sortant, comme Volney, Garat, Bernardin de Saint-Pierre, etc., de la classe maintenant supprimée des Sciences morales et politiques ; d'autres enfin, comme Delille, Lebrun, Ducis, etc., de la classe de la Littérature et des beaux-arts.

Dans la troisième classe, *Histoire et littérature anciennes*, comprenant également quarante membres, on avait fait entrer, outre plusieurs membres de l'ancienne seconde classe ou de l'ancienne Académie royale des Inscriptions, les six érudits qui, dans la classe de la Littérature et des beaux-arts, avaient composé la section dite des *Antiquités et monuments*.

Enfin, le nombre des artistes réunis dans la quatrième classe, au lieu de rester limité à vingt-quatre comme dans l'ancienne classe de la Littérature et des beaux-arts, était élevé à vingt-huit, non compris un secrétaire perpétuel, et devait se compléter tout d'abord par des nominations que le gouvernement ou plutôt que le premier consul se réservait de faire directement. De plus, une nouvelle section, la section de *Gravure* (1), venait s'ajou-

---

(1) Les trois membres nommés par arrêté du gouvernement pour composer cette nouvelle section furent : Bervic, graveur en taille-

ter aux sections maintenues de Peinture, de Sculpture, d'Architecture et de Musique, — sauf pour celle-ci la réduction à trois des six membres dont elle se composait quand elle était à la fois section de Déclamation et de Musique, et l'obligation de n'admettre à l'avenir aucun représentant de l'art de la déclamation. Or, ceux qui étaient devenus membres de l'Institut à ce titre, Grand-ménil et Monvel (1), n'avaient pas personnellement démérité et ne pouvaient par conséquent être expulsés sans une iniquité véritable. On prit le parti, pour leur faire place, de laisser deux fauteuils vacants dans la section de Peinture, de manière que le nombre réglementaire des membres composant l'ensemble de la quatrième classe ne fût pas dépassé. Monvel et Grandménil demeurèrent annexés à la section de *Musique,* le premier jusqu'à ce que sa mort, survenue en 1812, permît à la section de Peinture de lui donner un successeur dans ses propres rangs ; le second, en attendant qu'on le casât dans la section de *Théorie et histoire de l'art,* créée en 1815, supprimée au bout de quelques mois, après quoi il fut attaché de nouveau à la section de Musique, à laquelle il appartenait encore lorsqu'il mourut en 1816. Le nombre des associés étrangers destinés à compléter la quatrième classe restait d'ailleurs fixé à huit (2), et celui des

douce, Dumarest, graveur en médailles, et Jeuffroy, graveur en pierres fines.
(1) Molé, nommé par arrêté du Directoire exécutif au mois de novembre 1795, et Préville, élu quelques jours plus tard par l'Institut, n'existaient plus en 1803.
(2) Tel avait été en effet le chiffre déterminé par la loi du 3 brumaire an IV (25 octobre 1795). Seulement, aucun de ces huit associés étrangers dont chaque classe de l'Institut devait faire choix dès lors n'avait été nommé encore quand le dix-huitième siècle prit fin. Ce ne fut qu'en 1801 qu'on se décida à se conformer

correspondants appelés dans la classe des Beaux-Arts, comme dans les trois autres classes de l'Institut, à remplacer désormais les associés non résidants, ne devait pas dépasser trente-six.

Ainsi, d'une part, simplification des rouages trop compliqués; de l'autre, suppression des rouages inutiles ; répartition plus logique que par le passé des membres de l'Institut dans les diverses classes ; restrictions prudemment apportées à l'exercice de leurs fonctions collectives, sans que pour cela les liens les unissant les uns aux autres risquassent de se relâcher plus que de raison, encore moins de se rompre, — tels étaient, tels sont encore, malgré quelques modifications de détail, les avantages résultant des mesures prises en 1803. « L'amour de l'unité, a dit à ce sujet M. Jules Simon (1), n'aveugla pas le premier consul sur les exagérations de la Convention. Il vit bien que si l'on pouvait plier les hommes à un même règlement, il était absurde de les employer à une même tâche. Il s'empressa de donner aux différentes classes de l'Institut les moyens d'action qui leur étaient nécessaires pour remplir leur mission spéciale et concourir d'autant mieux à la mission commune... L'Institut, tel qu'il sortit des décrets de la Convention, était une grande pensée qui ne tenait pas compte des néces-

---

sur ce point aux prescriptions de la loi. La classe de la Littérature et des beaux-arts élut cette année-là même l'illustre Haydn, l'année suivante le sculpteur Canova et les poètes Klopstock et Wieland. Lorsque, en vertu de l'arrêté qui réorganisait l'Institut, la troisième classe fut devenue en 1803 la classe des Beaux-Arts exclusivement, elle nomma aussitôt, pour compléter le nombre de ses huit associés étrangers, les peintres Appiani et Benjamin West, le sculpteur Sergel et l'architecte Calderari, le compositeur de musique Guglielmi et le graveur Morghen.

(1) *Une Académie sous le Directoire,* p. 42.

sités humaines ; on le ramena, en 1803, aux proportions de la vie réelle. »

Est-ce à dire toutefois que dans l'arrêté consulaire qui réorganisait l'Institut tout doive être absolument approuvé ? Quelques-unes des dispositions de cet arrêté nous semblent au contraire autoriser les réserves, particulièrement celle qui conférait à chacune des quatre classes de l'Institut le droit de se recruter dans les autres classes. La première classe, par exemple, pouvait élire jusqu'à six de ses membres parmi les membres appartenant déjà à l'Institut; la seconde pouvait en élire douze, et la troisième neuf. Enfin la classe des Beaux-Arts, dont le caractère tout spécial ressortait des titres mêmes donnés aux sections qui la composaient, cette compagnie de peintres, de sculpteurs et d'architectes, de graveurs et de musiciens, devenait maîtresse d'ouvrir ses rangs, si bon lui semblait, à des mathématiciens de la première classe ou à des écrivains de la seconde, et de les transformer ainsi de sa propre autorité en artistes. Était-ce raisonnable? était-ce juste? Que des savants de profession pussent se rencontrer dont le mérite comme tels fût doublé d'un talent littéraire assez remarquable pour que l'on songeât à récompenser l'un après avoir une première fois récompensé l'autre : passe encore, bien que, le plus souvent, cette seconde consécration ne dût guère accroître qu'en apparence l'importance de ceux qui la recevraient; mais comment admettre que les mêmes hommes ou leurs pareils, que des érudits ou des lettrés, si considérables qu'ils fussent, se trouveraient en mesure de justifier le choix qu'on pourrait faire d'eux à titre de peintres ou de sculpteurs ? Aussi, en ce qui concerne la quatrième classe, l'article de l'arrêté de 1803, qui lui permettait d'emprunter aux autres classes de l'Institut jusqu'à six membres pour les faire entrer dans ses sections, demeura-t-il en tout temps et en toute occasion comme non avenu. Sauf quelques-uns de ses secrétaires perpétuels ou de ses académiciens libres (1), aucun membre de cette quatrième classe, aussi bien avant qu'après l'époque où elle eut reçu le nom d'Académie des beaux-arts, ne fut choisi ailleurs que parmi des candidats étrangers jusqu'alors à l'Institut et dans les rangs des artistes proprement dits.

En outre, la faculté laissée aux différentes classes de se compléter ainsi par l'élection de trente-trois membres appartenant déjà à l'Institut, — ce qui en réalité pouvait réduire à cent trente-huit le nombre des membres fixé à cent soixante et onze pour l'ensemble du corps, — cette sorte d'invitation officielle au cumul ne risquait-elle pas d'apporter un grave préjudice aux intérêts des candidats du dehors et, à l'intérieur, de compromettre, sinon de démentir les principes d'égalité qu'on s'était appliqué à faire prévaloir ? Ne semblait-on pas par là tendre à introduire le régime de la faveur, du privilège tout au moins, dans une assemblée composée d'hommes réputés dignes des mêmes honneurs, investis des mêmes droits, classés par leurs pairs au même rang, et entre lesquels, au point de vue de leur valeur relative, il ne devait appartenir qu'à l'opinion publique d'établir des comparaisons et de relever des différences ? Les fondateurs de l'Institut

(1) Des six secrétaires perpétuels que l'Académie des beaux-arts a eus jusqu'à ce jour, quatre ont appartenu à l'Académie des inscriptions ; les deux autres ont été pris dans le sein de l'Académie même. Quant aux académiciens libres, depuis 1816, c'est-à-dire depuis l'époque où ils furent institués, quatre d'entre eux, — le comte de Choiseul-Gouffier, le duc de Richelieu, M. Charles Blanc et M. le duc d'Aumale, — ont fait partie à la fois de l'Académie des beaux-arts et de l'Académie française.

avaient apparemment pressenti le danger, puisqu'un des articles de la loi de 1795 (1) déclarait « qu'aucun membre de l'Institut ne pourrait faire partie de deux classes différentes ». En levant cette interdiction, le législateur de 1803 commettait une imprudence que devait aggraver encore, treize ans plus tard, l'ordonnance par laquelle Louis XVIII décidait que « les membres de chaque académie pourraient être élus aux trois autres académies ».

On ne s'est pas fait faute depuis lors de profiter de la latitude, et, aujourd'hui moins que jamais, la jurisprudence admise sur ce point ne paraît pas près de tomber en désuétude. L'Académie française, à l'heure présente (mai 1891), ne compte pas moins de douze membres, — plus du quart de la compagnie, — appartenant à d'autres classes de l'Institut. Il n'y a rien là que de parfaitement légal sans doute ; mais n'y a-t-il pas là aussi quelque abus dans l'exercice du droit conféré, et ne serait-il pas plus avantageux pour tout le monde qu'on usât désormais de ce droit avec plus de réserve ou, mieux encore, qu'on prît le parti d'y renoncer?

Cette égalité absolue entre tous les membres de l'Institut dont on avait entendu à l'origine faire la condition fondamentale de leur association, et que l'arrêté de 1803 ne laissait pas, au moins sur un point, de mettre en péril, on s'était d'autre part donné le soin de la confirmer par des résolutions secondaires et par des mesures de détail. Pour la rendre sensible aux regards comme on s'était efforcé d'en faire pénétrer l'idée dans les esprits, il avait paru utile de soumettre les membres des quatre classes à l'obligation de porter un costume uniforme, tant dans les séances publiques qu'ils devaient tenir, ou le jour des

---

(1) Tit. IV, art. 4.

funérailles d'un des leurs, que dans les cérémonies où ils seraient appelés à figurer à leur rang avec les grands corps de l'État (1). C'était là, du reste, une innovation. Les anciennes académies n'avaient pas eu de costume officiel; les membres des assemblées politiques de la Révolution postérieures à la Constituante avaient siégé en habit de ville; mais, à l'époque du Directoire, le goût des marques distinctives et des accoutrements fastueux avait si bien remplacé les habitudes de simplicité ou l'indifférence en pareille matière que, depuis les représentants du pouvoir exécutif et les législateurs des deux conseils jusqu'aux administrateurs de tout ordre, on en était venu, sous prétexte de s'assurer le respect, à s'affubler de vêtements d'un caractère niaisement théâtral.

Les membres de l'Institut n'avaient eu garde, pour leur compte, de se faire les complices de cette manie qui, soit dit en passant, avait gagné jusqu'aux pensionnaires de l'Académie de France à Rome (2). Ils savaient trop bien

(1) La place qu'il appartenait à l'Institut d'occuper en pareil cas avait été déterminée dès l'année 1798. Dans une fête que le Directoire avait eu l'idée, très fâcheuse d'ailleurs, de consacrer à la célébration du premier anniversaire du 18 fructidor, l'ordre de préséance pour les quarante-quatre groupes dont se composait la procession officielle avait été réglé de telle sorte que le groupe formé par l'Institut venait le trente-neuvième, n'ayant derrière lui que le « Tribunal de cassation, les ambassadeurs étrangers, l'Etat-Major de Paris, les ministres et le Directoire ». Aujourd'hui c'est dans un ordre inverse que se forment les cortèges officiels. Les grands corps de l'État prennent la tête, au lieu de marcher, comme autrefois, à la fin. Le Parlement (Sénat et Chambre des députés) passe le premier; puis viennent le Conseil d'État, la Cour de cassation, la Cour des comptes et l'Institut, qui précède immédiatement la Cour d'appel.

(2) Ceux-ci en effet, par une pétition en date du 5 nivôse an VII (25 septembre 1798), avaient tenté d'obtenir du « citoyen ministre de l'intérieur » l'autorisation de porter un costume dont ils lui envoyaient le dessin, et que, pour plus de sûreté, ils décri-

que leur dignité morale et leur crédit n'avaient nul besoin de s'empanacher pour être sentis, et que l'un et l'autre s'imposeraient d'autant mieux qu'ils affecteraient de moins pompeux dehors; mais encore fallait-il qu'on pût reconnaître entre tous les autres des hommes qui par leurs mérites exceptionnels honoraient si hautement le pays. Dans la correspondance entamée par eux avec le ministre de l'intérieur au commencement de l'année 1801, les membres de l'Institut s'étaient contentés de faire ressortir la convenance, la nécessité même d'ajouter à la médaille qui consacrait leur titre, et qu'ils recevaient après leur élection, un insigne extérieur quelconque, ruban, brassard ou écharpe. On leur répondit, au nom du premier consul, par l'offre d'un costume spécial, avec la faculté pour eux d'en indiquer la forme et les couleurs. C'était plus qu'ils n'avaient demandé ; ce n'était pas trop, même à leurs propres yeux, puisque, en leur laissant le soin de régler à leur gré ce costume, — et la classe des beaux-arts fut naturellement chargée d'en fournir le projet, — on leur ôtait d'avance toute crainte d'avoir à subir les intempérances du goût pittoresque qui venait de sévir ailleurs. Aussi s'acquittèrent-ils de leur tâche sans retard et avec la réserve qui convenait. Approuvé

vaient ainsi : « 1° Habit français *bleu national,* revers en velours de la même couleur, avec une étroite broderie en argent, ganses et olives pareilles. 2° Gilet et pantalon de casimir *serin,* boutonnières à la hussarde et cordonnet *bleu ciel.* 3° Bottines avec un petit gland tombant sur le devant, chapeau rond avec une ganse »; le tout, ajoutaient-ils, dans l'intérêt de « la dignité de la nation », et pour que les artistes pensionnaires pussent « faire reconnaître et respecter un établissement que le gouvernement honore d'une protection particulière ». La minute de cette requête, dont le ministre, qui était alors Letourneur, ne paraît pas d'ailleurs avoir tenu compte, est conservée dans les archives de la villa Médicis.

par un arrêté du premier consul en date du 23 floréal an X (13 mai 1801), l'uniforme qu'ils avaient choisi est celui que leurs successeurs portent encore aujourd'hui. Dès la seconde séance publique, tenue dans le cours de la même année 1801 par les quatre classes, les membres de l'Institut se montrèrent pour la première fois revêtus de l'habit noir à broderies vertes.

Cependant, aux conditions nouvelles faites en 1803 à l'Institut par l'arrêté du premier consul, l'empereur Napoléon allait bientôt ajouter l'installation des quatre classes dans des bâtiments exclusivement affectés à leur service et qui, de nos jours, ont gardé la même destination. On a vu qu'à l'époque de sa fondation l'Institut avait été établi au Louvre dans les locaux occupés jusqu'à leur suppression par les anciennes académies, c'est-à-dire qu'on l'avait mis en possession de la salle des Cariatides pour ses séances publiques et, pour les séances particulières, des salles du premier étage précisément au-dessus de celle-ci. Un peu plus tard ces locaux s'augmentèrent, au profit de la classe des beaux-arts, d'une partie des salles consacrées aujourd'hui à l'exposition des dessins, en sorte que, au temps du Consulat, l'Institut avait à sa disposition la presque totalité du premier étage de l'aile dont le pavillon de l'Horloge forme le centre; mais ni le reste de cet étage, ni le rez-de-chaussée qu'il surmonte ne lui appartenaient. Là, comme dans les trois autres corps de bâtiment encadrant la cour du Louvre, se trouvaient des magasins encombrés d'objets d'art de toutes sortes ou de meubles; des logements et des ateliers concédés par l'État à un certain nombre d'artistes ou même à de simples artisans, mouleurs, ébénistes, ciseleurs, etc. Depuis des pièces sans destination fixe et qu'on livrait tantôt aux restaurateurs des tableaux du muséum, tantôt aux entrepreneurs de quelque exposition (1), jusqu'aux ateliers de plusieurs jeunes peintres déjà célèbres, Gérard et Girodet entre autres, ou de survivants de l'ancienne Académie royale tels que Valenciennes et Taillasson, jusqu'aux ateliers que David avait un peu partout, tant pour lui-même que pour ses nombreux élèves (2), — c'était, d'un bout à l'autre du Louvre, une succession de salles ou de galeries coupées dans leur hauteur par des entresols ou divisées tant bien que mal par des cloisons, suivant les besoins de chaque habitant ; des escaliers interrompus ou détournés de leur direction primitive; des corridors dont on avait fermé une des issues pour y établir des cabinets de débarras ou des chambres ; c'était, suivant le témoignage d'un homme qui avait vécu dans ce dédale de voies incertaines et de demeures bizarre-

(1) C'est ainsi que le tableau de David, *les Sabines,* fut exposé, du 21 décembre 1799 au mois de janvier 1804, dans la partie du Louvre où se trouvent aujourd'hui la salle dite des pastels et la première de celles qui renferment les objets provenant des collections de M. Thiers. On sait que, par une innovation qui lui fut vivement reprochée à cette époque et depuis lors, David, s'autorisant des usages admis pour les *exhibitions* anglaises, exigea de ceux qui venaient voir son tableau le payement d'un droit d'entrée. La somme qu'il se procura par ce moyen s'éleva, dit son petit-fils, « à soixante-douze mille livres ». (*Le peintre Louis David*, p. 387.) Lorsque David eut ouvert cette exposition au Louvre, Regnault voulut en organiser une pour son propre compte sous le même toit et dans les mêmes conditions ; mais, loin d'attirer la foule comme les *Sabines,* ses tableaux, — *Hercule délivrant Alceste,* la *Mort de Cléopâtre* et les *Trois Grâces,* — obtinrent à peine les regards et les offrandes de quelques curieux.

(2) Des ateliers à l'usage de David ou à celui des jeunes gens auxquels il donnait ses leçons, plusieurs se trouvaient dans ce qui forme aujourd'hui la cage du grand escalier construit, sous le premier Empire, à l'angle de la colonnade et de la face nord du Louvre. Un autre atelier, dans lequel David exécuta son tableau des *Sabines,* avait été pratiqué dans les combles de la partie du palais qui fait face au pont des Arts.

ment enchevêtrées, « une suite de cahutes qu'on avait laissé maçonner intérieurement, quand l'État ne les faisait pas construire, et qui, tirant toutes leur jour de la grande cour, mettaient dans l'obscurité le reste des vastes galeries dont les murs, ainsi que les charpentes de la toiture, étaient à nu (1) ». Encore faut-il ajouter, sur la foi du même écrivain, que les outrages dont la grossièreté des mœurs romaines souillait alors le seuil des plus somptueux palais se renouvelaient ici effrontément. Il était grand temps qu'un autre Hercule entreprît de nettoyer ces modernes écuries d'Augias, contiguës aux lieux mêmes où s'assemblait le Sénat des lettres, des sciences et des arts, et à ce musée d'anciens chefs-d'œuvre maintenant plus riche, plus glorieusement peuplé que jamais.

Il y avait donc un double motif pour que l'Institut ne continuât pas d'être logé au Louvre : d'une part, la cessation nécessaire d'une promiscuité compromettante pour sa dignité; de l'autre, l'obligation de laisser le champ libre aux travaux qu'exigeraient la restauration et l'achèvement du palais dans un coin duquel on l'avait établi un peu à l'aventure. Mais où trouver un monument approprié d'avance aux services qu'il s'agissait d'installer? Comment, à moins de les construire tout exprès, mettre à la disposition de l'Institut des murs qui ne fussent en désaccord, ni par trop de faste avec le caractère d'un établissement scientifique, ni par trop de simplicité avec l'importance des hommes et des travaux qu'ils auraient à abriter? Faute de mieux, on s'accommoda de l'ancien collège des Quatre-Nations, que son aspect monumental et sa situation à proximité d'autres grands édifices publics

---

(1) DELÉCLUZE, *Louis David, son école et son temps,* p. 16.

semblaient, malgré les inconvénients des distributions intérieures, rendre digne de la haute destination qu'on prenait le parti de lui donner (1). Un architecte qui devait, vingt ans plus tard, devenir membre de l'Académie des beaux-arts, M. Vaudoyer, fut chargé de transformer en salle de séances publiques l'ancienne église du collège et d'utiliser les autres bâtiments de manière à y aménager, outre des pièces réservées à chacune des quatre classes, une bibliothèque spéciale, indépendante de la Bibliothèque Mazarine et exclusivement à l'usage des membres de l'Institut, des bureaux pour le secrétariat, enfin des salles de diverses grandeurs, tant pour les concours annuels des aspirants aux prix de Rome que pour les études quotidiennes des élèves admis à dessiner ou à modeler d'après le modèle vivant, sous la direction de professeurs pris dans le sein de la classe des beaux-arts (2).

(1) On sait que le collège des Quatre-Nations ou collège Mazarin, fondé par les héritiers de Mazarin en exécution d'une de ses dernières volontés, était destiné à recevoir soixante élèves originaires des provinces limitrophes de l'Italie, de l'Allemagne, de la Flandre et de l'Espagne, conquises sous le ministère du cardinal. Le collège des Quatre-Nations conserva sa destination jusqu'à la Révolution. A cette époque, il fut converti en prison pour dettes ; un comité révolutionnaire y tint ensuite ses séances, et, lors de la réorganisation générale de l'instruction publique, une des écoles centrales supérieures créées par la Convention y fut momentanément installée. Enfin, après avoir été, en 1801, affecté à l'Ecole des beaux-arts, l'ancien collège des Quatre-Nations fut attribué à l'Institut de France par un décret en date du 10 ventôse an XIII (1er mars 1805).

(2) Sans être, à proprement parler, un corps enseignant, comme l'avait été l'ancienne Académie royale de peinture, la quatrième classe de l'Institut ne se trouvait pas pour cela privée de toute influence sur l'éducation des jeunes artistes. Cette influence, elle l'exerçait par le choix même de ceux de ses membres qu'elle jugeait bon d'appeler aux fonctions de professeurs et que, jusqu'en

CHAPITRE III.

Étant donné le plan des bâtiments dont il fallait, bon gré, mal gré, tirer parti et, en particulier, celui de l'ancienne église, la tâche n'était pas de nature à exciter beaucoup l'imagination d'un architecte. M. Vaudoyer se contenta de demander conseil à son bon sens et, là où il ne pouvait en réalité faire acte d'invention personnelle, de travailler de son mieux à adapter l'œuvre d'autrui aux exigences du programme qu'il avait à remplir, dût-il, en raison même des conditions imposées par les constructions primitives, n'obtenir que des résultats incomplets. Il ne dépendait pas de lui, par exemple, d'avoir pleinement raison des difficultés que présentaient, — soit pour la sonorité des murs dans lesquels les orateurs prononceraient leurs discours, soit pour l'aménagement des places destinées aux auditeurs, — la hauteur excessive du corps de bâtiment principal et le renfoncement des anciennes chapelles du pourtour, aussi bien que celui du sanctuaire qui se trouvait sous la coupole du petit dôme, au fond de l'église (1). En établissant des amphithéâtres dans le

---

1863, elle continua de désigner aux ministres à qui appartenait le droit de nomination définitive ; mais son rôle en matière d'enseignement officiel ne s'étendait pas au delà de cette intervention indirecte. C'est donc bien à tort qu'on le confond assez ordinairement avec la fonction, indépendante en réalité, et les attributions toutes spéciales de l'École des beaux-arts. Cette école n'a jamais été et n'est pas plus une annexe de l'Académie des beaux-arts que l'École polytechnique ne relève de l'Académie des sciences ou l'École de droit de l'Académie des sciences morales. Seule, l'Académie de France à Rome est sous le patronage légal et sous l'autorité immédiate de l'Académie des beaux-arts.

(1) L'espace réservé au sanctuaire était celui qu'occupent aujourd'hui le bureau dans les séances publiques et la travée centrale du vestibule qui s'étend derrière la cloison à laquelle ce bureau est adossé. Aux deux côtés, — c'est-à-dire dans la première et dans la troisième travée du vestibule actuel, — s'ouvraient deux chapelles qui devaient servir de lieu de sépulture aux membres de

centre du monument et dans la partie inférieure des chapelles, des tribunes dans la partie supérieure, en construisant à mi-hauteur du dôme une coupole intermédiaire, ayant pour effet d'empêcher jusqu'à un certain point la déperdition de la voix, on fit à peu près tout ce qu'il était possible de faire pour atténuer les inconvénients inhérents à la forme même et aux dimensions du local qui avait été choisi ; mais il ne s'ensuit pas, tant s'en faut, que tout soit au mieux pour cela. Certes, au point de vue pratique, la salle des séances publiques de l'Institut n'est pas, à beaucoup près, la plus avantageuse qu'on puisse imaginer ; et, quant aux décorations qu'elle recevait au commencement de ce siècle, — depuis les tristes *Muses* en grisaille de la coupole jusqu'au maigre mobilier à l'usage des orateurs et des membres du bureau, — il serait, je le crains, assez difficile pour le regard de s'y intéresser ou de s'y plaire. Et pourtant, si défectueuses qu'en soient forcément les dispositions architectoniques, si surannés ou si pauvres qu'en puissent paraître les ornements, cette salle emprunte, de son histoire même, des traditions qu'elle perpétue et des souvenirs qu'elle évoque, une majesté dont nulle part, fût-ce en face des murs les plus beaux ou les plus riches, on ne saurait trouver l'équivalent.

Plus d'une fois, notamment sous le second Empire, on

---

la famille Mazarin et dans l'une desquelles avait été érigé le tombeau du cardinal, par Coysevox. Ce monument magnifique s'élevait le long du mur de fond de la chapelle dont il s'agit, à la place même où se trouve maintenant la statue de Napoléon Ier, sculptée en 1807 par Roland. Transporté pendant la période révolutionnaire au musée des Petits-Augustins et, après la destruction de ce musée, au Louvre, le tombeau de Mazarin orne aujourd'hui dans ce palais une des salles consacrées aux chefs-d'œuvre de la sculpture française.

a eu la pensée de déplacer l'Institut pour lui donner, disait-on, une demeure plus digne de lui, en même temps qu'on exprimait l'intention d'augmenter le chiffre, resté invariable jusqu'alors, de l'indemnité allouée aux membres des diverses académies. Ce double projet heureusement n'a pas eu de suites, et il faut souhaiter qu'à aucune époque on ne soit tenté de le reprendre, parce qu'en prétendant honorer davantage ceux qu'il intéresse, on courrait le risque en réalité de les amoindrir, eux et leur situation. La petite somme de quinze cents francs que chaque membre de l'Institut reçoit annuellement ne peut, aux yeux de personne, représenter rien de plus qu'une simple indemnité, et c'est en effet comme telle qu'elle est, et qu'elle a été dès l'origine, inscrite au budget de l'Institut. La grossir, ce serait, au moins en apparence, la convertir en traitement, par conséquent assimiler une dignité à une fonction et les hommes qui en sont revêtus à ceux que l'État rémunère pour des travaux accomplis par son ordre; ce serait, en un mot, dénaturer le caractère tout honorifique, tout indépendant, tout désintéressé, que comporte le titre même de membre de l'Institut, et introduire une question de profit pécuniaire là où il ne saurait y avoir de place que pour les privilèges du talent. Le déplacement de l'Institut pourrait également, dans une certaine mesure, diminuer le prestige attaché à des coutumes déjà presque séculaires, et affaiblir auprès du public l'autorité de ces communications académiques auxquelles manqueraient, dans le lieu où elles seraient faites, les échos pour ainsi dire qu'elles éveillent si sûrement aujourd'hui. C'est dans ces murs, où tant d'hommes illustres ou justement respectés se sont succédé depuis plus de quatre-vingts ans, où tant de voix éloquentes ont, chacune à leur tour, célébré le beau sous toutes ses formes, le bien à tous ses degrés, où beaucoup de ceux-là mêmes qui devaient un jour les décerner sont venus, dans leur jeunesse, recevoir les couronnes promises aux débutants d'élite, — c'est dans ces murs imprégnés des souvenirs glorieux du passé que l'Institut de France est à sa vraie place et qu'il doit continuer de siéger, sous peine de compromettre quelque chose de sa signification historique et de son crédit extérieur.

L'honneur d'inaugurer cette salle, maintenant si bien consacrée, revint à la classe des beaux-arts. La première des six cent vingt séances tenues jusqu'à ce jour (mai 1891) dans l'ancienne église du collège Mazarin (1) eut lieu le 4 octobre 1806, sous la présidence de l'architecte Heurtier. Elle fut remplie presque entièrement par la lecture d'un morceau de circonstance dans lequel, suivant le goût du temps, le secrétaire perpétuel de la classe, Joachim Lebreton, ne manquait pas de rappeler à propos du fait présent les exemples d'Athènes et de Rome. « Quand les anciens, disait-il, inauguraient un temple, ils commençaient par invoquer la divinité qui devait y être honorée... Ainsi, je me représente Périclès consacrant à Athènes le temple de Minerve, mettant sous la protection de la déesse les arts, les sciences et les lettres, la suppliant de les faire prospérer... Ainsi, je me représente encore les Augures consacrant dans Rome les temples de l'Honneur, de l'Espérance, de la Bonne Foi, de la Concorde,

---

(1) Le chiffre total des séances publiques de l'Institut, à partir du mois d'octobre 1806, se décompose ainsi : quatre-vingt-quatre séances tenues par les Académies réunies, trois cent quatre-vingt-dix par les Académies à tour de rôle, enfin cent quarante-six par l'Académie française, pour la réception de chacun des membres successivement élus.

et le Panthéon à tous les dieux. S'il était dans nos mœurs, dans les opinions modernes de diviniser de même les idées morales, les vertus, les affections de l'âme, quels beaux rapprochements, messieurs, ne pourrions-nous pas faire aujourd'hui que les arts, les sciences et les lettres prennent possession de ce nouveau temple!... Mais si nous sommes moins riches que les anciens en fictions ingénieuses, moins heureux en allusions sentimentales, qu'il nous soit permis cependant de les imiter en quelque chose dans cette solennité. Nous invoquerons le génie de la France : puisse-t-il ne pas cesser d'être fécond en grands artistes, en grands talents dans tous les genres ! » Après quoi, et pour utiliser apparemment ce qui restait de l'antique fonds des « allusions sentimentales », l'orateur s'empressait de « déposer sur l'autel de Minerve », autrement dit de présenter à ses confrères et au public, le compte rendu des travaux de la classe à laquelle il appartenait.

L'importance et la variété de ces travaux prouvaient d'ailleurs que, depuis que son action avait cessé de se confondre avec celle de l'Institut tout entier, depuis le jour où elle avait commencé d'avoir sa responsabilité propre et sa fonction distincte, la classe des beaux-arts s'était vaillamment acquittée des tâches qu'elle s'était prescrites. Grâce à elle, l'Académie de France à Rome, déserte depuis 1792, s'était repeuplée, et parmi les jeunes artistes qui s'y trouvaient réunis, plusieurs déjà en rajeunissaient avec éclat les traditions. Les musiciens et les graveurs qui ne pouvaient, aux termes des anciens statuts, aspirer au titre de pensionnaires, avaient été officiellement reconnus aptes à l'obtenir, ceux-ci depuis 1804, ceux-là depuis 1802. En outre, à la suite d'une correspondance échangée entre Suvée, alors directeur de l'Académie de France, et les membres de la classe des beaux-arts qui avaient gagné les pouvoirs administratifs à leur cause, un arrangement avait été négocié par lequel le gouvernement de Toscane cédait à la France la villa et les jardins qu'il possédait à Rome sur le Pincio. Le 1ᵉʳ novembre 1804, le directeur et les pensionnaires quittaient en conséquence leur palais délabré du Corso (1), pour aller s'établir dans cette incomparable villa Médicis dont tous ceux qui s'y sont succédé depuis cette époque ont gardé ou gardent encore un si cher souvenir, et comme la vision toujours présente au milieu des vicissitudes de leur vie.

La nouvelle classe des beaux-arts avait d'ailleurs provoqué ou réalisé d'autres progrès, pris ou fait prendre d'autres décisions aussi profitables aux études qui se poursuivaient à l'Académie de France, à Rome, qu'à la discipline intérieure ou à l'autorité de la compagnie elle-même. Elle avait ajouté aux obligations que les pensionnaires architectes avaient eu jusqu'alors à remplir celle d'exécuter, pendant les deux dernières années de leur séjour en Italie : « 1° la restauration d'un édifice ou monument antique ; 2° un projet de monument ou d'édifice de leur invention, applicable à la France ». De ces deux prescriptions, la première seulement a été maintenue jusqu'à nos jours ; mais si, pour des motifs qu'il serait peut-être inutile de rapporter ici, l'Académie a cru devoir modifier sur le second point le règlement qu'elle avait édicté, la tradition, fondée par elle au commencement de ce siècle, n'en a pas moins été invariable-

---

(1) A l'angle du Corso et de la via Lata. Avant d'être installée en 1725 dans ce palais dit de Nevers ou palais Mancini, l'Académie de France occupait une partie du palais Capranica, aujourd'hui transformé en théâtre.

ment féconde en ce qui concerne les travaux de restauration. Lorsqu'on examine à la Bibliothèque de l'École des beaux-arts la belle série de ces travaux, où la sagacité archéologique et l'érudition de nos jeunes architectes se manifestent avec la même évidence que les efforts de leur imagination personnelle ou que l'habileté déjà sûre de leur main, on comprend de reste l'utilité de la mesure prise, dès les premiers jours de sa réorganisation, par la classe des beaux-arts (1), et l'heureuse influence qu'a pu exercer ce régime de fortes études sur l'avenir des talents qui, d'abord, y avaient été soumis. A de bien rares exceptions près, tous les architectes qui ont honoré l'école française dans notre siècle, depuis Huyot jusqu'à Duban et depuis celui-ci jusqu'aux architectes aujourd'hui membres de l'Institut, tous ont été pensionnaires de l'Académie de France et, par conséquent, se sont acquittés chacun à leur tour des tâches dont il est question ici ; croit-on que, s'ils n'avaient pas eu à les remplir, le talent dont ils ont fait preuve plus tard, en produisant des œuvres de leur invention, se serait montré aussi châtié dans les formes et, au fond, aussi bien muni ?

Dans l'énumération des travaux entrepris ou projetés en 1806 par la classe des beaux-arts, le secrétaire perpétuel ne manquait pas de comprendre celui qui avait pour objet d'initier le public à la connaissance des termes

---

(1) Antérieurement à cette époque, il est vrai, plusieurs des jeunes architectes que le roi pensionnait à Rome avaient envoyé des *restaurations*. Ainsi Percier, qui avait remporté le prix en 1786, fit pour son envoi de dernière année une *restauration de la colonne Trajane;* mais des travaux de ce genre n'étaient pas absolument obligatoires. Ils ne le devenaient pour les pensionnaires que dans le cas, — et ce fut précisément ce qui eut lieu pour Percier, — où l'Académie d'architecture elle-même avait désigné le monument qu'il s'agissait de restaurer.

particuliers dont les artistes se servent pour désigner soit les instruments qu'ils manient, soit les procédés ou les matériaux qu'ils emploient. « La classe, disait-il, s'est persuadé qu'elle ferait une œuvre utile si elle déterminait les acceptions des mots usités dans les beaux-arts, et elle s'est livrée avec beaucoup de zèle à la formation d'une espèce de dictionnaire des termes techniques. Il y en a beaucoup qui n'ont aucun de ces rapports d'analogie, d'étymologie, de composition ou de décomposition qui peuvent faire connaître d'où ils dérivent ou ce qu'ils signifient ; cependant ils ont un sens déterminé et un droit de possession dans la langue des arts. C'est à la classe chargée de faire le *Dictionnaire de la langue française* qu'il appartiendra de choisir ceux qui pourraient mériter d'y être admis; mais ceux mêmes qu'elle rejetterait ont leur sens qu'il est utile de déterminer. Tel est le but que s'est proposé la classe des beaux-arts ; dans le cours de l'année, elle a discuté environ la moitié des mots de la lettre A. »

Le plan adopté en 1806 pour la confection de cette « espèce de dictionnaire des termes techniques » restreignait donc, on le voit, la tâche de la quatrième classe à l'examen et à la solution de pures questions de métier. Tout ce qui aurait pu avoir le caractère d'un avis doctrinal, au point de vue esthétique ou au point de vue de l'histoire de l'art, demeurait en dehors du programme ; en un mot, au lieu d'un dictionnaire raisonné contenant à la fois des enseignements théoriques et des explications pratiques, on entendit d'abord s'en tenir à un simple vocabulaire. Ce ne fut que beaucoup plus tard, — à l'époque du second Empire, — qu'après bien des essais en divers sens, bien des propositions faites ou des travaux successivement entrepris en vue d'agrandir le cadre primitif, un plan à la fois plus précis et plus large fut irrévocablement adopté, et que la publication si longtemps ajournée du *Dictionnaire de l'Académie des beaux-arts* commença, pour se continuer désormais sans interruption : mais revenons au moment où la quatrième classe venait d'accomplir ses premiers actes et où, pour la première fois, celui qui parlait en son nom s'acquittait de cet office en qualité de secrétaire perpétuel.

Il y avait là une nouveauté, en effet, aussi bien dans l'organisation même de la compagnie que dans le titre et la condition personnelle de l'orateur. Sans doute, antérieurement à 1803, c'est-à-dire avant qu'on eût fait cesser la confusion établie à l'origine entre les littérateurs et les artistes, les fonctions de secrétaire de la classe avaient été exercées par des hommes choisis dans son sein; mais ces fonctions, toutes temporaires d'ailleurs (1), étaient restées le lot de quelques membres appartenant aux sections de *Grammaire,* de *Poésie* ou de *Langues anciennes;* aucun artiste de profession, ni même aucun érudit familiarisé avec les études relatives à l'art ou à son histoire, n'avait été appelé à les remplir. Or, l'arrêté du premier consul, modifiant le régime auquel l'Institut avait été soumis jusqu'alors, portait que dans chaque classe il y aurait « un secrétaire perpétuel », au lieu des secrétaires qui s'y succédaient annuellement, et comme, aux termes de

(1) Aux termes des règlements en vigueur de 1795 à 1803, le secrétaire était nommé pour une année seulement. Toutefois, il pouvait être réélu, pourvu qu'une année au moins se fût écoulée depuis le jour où il avait quitté ses fonctions. C'est ainsi que dans la classe de la littérature et des beaux-arts, Mongez, de Fontanes et Villar furent élus chacun plusieurs fois; les autres secrétaires de la classe, jusqu'à 1802 inclusivement, furent Andrieux, Collin d'Harleville, François de Neufchâteau, de la Porte du Theil et Sicard.

cet arrêté, l'ancienne classe de la *Littérature et des beaux-arts* devenait celle des *Beaux-Arts* exclusivement, il était tout naturel que les membres qui la composaient choisissent pour les représenter un d'entre eux ou, tout au moins, un érudit qui parlât leur langue et que sa propre expérience eût initié à leurs secrets. Celui qu'ils honorèrent de leurs suffrages, Joachim Lebreton, s'en était rendu digne par la part active qu'il venait de prendre à la formation et aux enrichissements du Muséum, par le zèle et par l'intelligence dont il avait fait preuve, au ministère de l'intérieur, comme chef du bureau des beaux-arts, au Tribunat, comme rapporteur d'un projet de loi relatif aux monnaies; enfin et surtout par une indépendance de caractère qui, tout en lui méritant l'estime de ses confrères, devait, treize ans plus tard, attirer sur lui les rigueurs du pouvoir.

Avant d'être nommé secrétaire perpétuel de la quatrième classe, Lebreton d'ailleurs avait, dans une autre classe de l'Institut, rempli à plusieurs reprises, et toujours très utilement, les fonctions de secrétaire temporaire et de rapporteur. Membre, dès la fondation, de la classe des Sciences morales et politiques, il s'y était signalé par des services rendus avec un complet dévouement et avec une parfaite justesse d'esprit.

Ce qu'il avait été depuis 1795 dans la classe des Sciences morales et politiques, Lebreton le fut encore dans la classe des Beaux-Arts. Dès les premières années qui suivirent son entrée en fonction, il avait largement donné la mesure de son zèle et de ses aptitudes spéciales. Grâce à lui, les travaux en commun de ses confrères s'étaient succédé avec une régularité inusitée jusqu'alors, et les comptes rendus analytiques de ces travaux lus dans les séances publiques, d'autres rapports adressés au gouver-

CHAPITRE III.

nement en réponse à des questions posées, montrent assez quelle conscience le nouveau secrétaire perpétuel apportait dans l'accomplissement de sa tâche. Le tout montre aussi la fécondité de l'influence exercée au dehors par la compagnie dont Lebreton était l'interprète, et l'activité avec laquelle les membres de la quatrième classe s'employaient pour encourager les jeunes talents, pour stimuler les études archéologiques intéressant directement l'histoire de l'art, ou pour signaler à qui de droit les découvertes dont l'application semblait utile, — le transport sur toile, par exemple, d'anciens tableaux peints sur panneau ou la restauration de ces tableaux sans l'emploi de moyens dangereux ou incomplètement efficaces (1). Enfin, lorsque, au commencement de l'année 1808, le rapport général prescrit en 1802 par un arrêté du premier consul fut présenté à l'empereur Napoléon pour lui rendre compte des « progrès accomplis depuis 1789 dans les sciences, les lettres et les arts », la partie de ce rapport que Lebreton lut au nom de ses confrères résumait avec une précision remarquable non seulement les opinions de ceux-ci sur le mouvement de l'art français durant la période indiquée, mais encore les résultats plus ou moins heureux auxquels ils avaient personnellement

(1) Parmi les chefs-d'œuvre de l'art italien momentanément rassemblés au Louvre à la suite des campagnes du général Bonaparte, plusieurs n'ont échappé à une ruine imminente que grâce aux soins qu'ils ont reçus et à l'habile traitement auquel ils ont été soumis chez nous. C'est ainsi, — pour ne citer que ces exemples, — que la *Vierge de Foligno,* de Raphaël, arrivée à Paris dans un état déplorable, fut en 1802 sauvée de la destruction au moyen d'un transport sur toile pratiqué par M. Hacquin sous les yeux d'une commission composée de membres de l'Institut, et que la *Sainte Cécile,* aujourd'hui la gloire du musée de Bologne, subit ici une opération analogue, à la même époque et avec le même succès.

contribué et les titres particuliers qu'ils s'étaient acquis par leurs talents. Sans doute, au point de vue littéraire, le travail du secrétaire perpétuel de la quatrième classe n'avait pas le même éclat que tel des travaux dus à la plume d'autres rapporteurs, à celle de Cuvier par exemple ou à celle de Marie-Joseph Chénier, auteur de cet éloquent mémoire publié plus tard en volume sous le titre de *Tableau de la littérature française depuis* 1789 : toujours est-il que les pages écrites à cette occasion par Lebreton gardent au moins une sérieuse valeur historique, et que, pour apprécier l'évolution opérée dans notre école à partir des dernières années du dix-huitième siècle, il y aura profit à les consulter.

Cependant, en dehors des récents progrès que les délégués des différentes classes avaient reçu la mission d'étudier dans le domaine des sciences, des lettres et des arts, d'autres événements étaient survenus, d'autres changements s'étaient produits qui, sans atteindre l'Institut dans l'exercice de sa fonction même, modifiaient singulièrement les conditions d'égalité officielle établies d'abord entre ses membres. Un de ceux-ci, vers la fin de 1804, avait pris, ou, si l'on veut, accepté la couronne impériale, et ce fait, — que naturellement les règlements n'avaient pu prévoir, — ne laissait pas de donner à penser aux membres de l'Institut pour leurs relations à venir avec leur tout-puissant confrère. Le nouveau César, toutefois, y mit pendant quelque temps de la bonne grâce et presque de la coquetterie. Lorsque, à l'occasion de la cérémonie du sacre qui avait eu lieu quelques jours auparavant, il reçut la députation des quatre classes chargée de le féliciter, il l'accueillit en déclarant bien haut que, plus que jamais, il « se faisait gloire d'appartenir au corps célèbre » dont il avait les représentants devant lui. Une

autre fois, il disait à ses confrères de la première classe :
« J'ai voulu connaître ce qui me restait à faire pour
encourager vos travaux, afin de me consoler par là de ne
pouvoir plus y concourir »; mais bientôt c'est d'un autre
ton qu'il répond aux discours que les membres de l'Institut lui adressent ou aux rapports qu'ils lui soumettent.
« J'attache du prix à vos travaux, leur dit-il en 1808 ;
ils tendent à éclairer mes peuples et sont nécessaires à la
gloire de ma couronne. Vous pouvez compter sur ma
protection. »

Quoi de plus naturel, d'ailleurs, à ce moment, qu'un
pareil langage ? Ce titre de protecteur par lequel Napoléon remplaçait celui qu'il s'était honoré de porter jusqu'alors, l'Institut lui-même ne le lui avait-il pas décerné
d'avance en sollicitant, dès les premiers jours de l'année
1806, l'autorisation d'ériger au nouveau souverain,
comme au dieu du temple, une statue dans la salle des
séances publiques ? Bien entendu, ni Napoléon, ni ses
ministres n'avaient marchandé leur consentement. Par
une lettre en date du 13 février 1806, M. de Champagny
informait le président de l'Institut que « Sa Majesté avait
vu avec satisfaction cet hommage de la première société
savante et littéraire de l'Europe, à qui il appartient,
ajoutait le ministre, autant que des contemporains peuvent le faire, de devancer le jugement de la postérité ».
En conséquence, il avait été décidé que l'exécution de la
statue serait confiée à l'un des plus habiles sculpteurs de
la quatrième classe, Roland, et que les frais seraient
acquittés par une retenue sur l'indemnité mensuelle
allouée à chacun des membres de l'Institut. Roland eut
bientôt accompli sa tâche. Le 3 octobre 1807, l'œuvre
due à son ciseau était solennellement inaugurée dans la
séance annuelle tenue par la classe des Beaux-Arts pour

la distribution des grands prix, et un hymne de circonstance, dont Arnault avait écrit les paroles et Méhul la musique, achevait de consacrer ce « monument de la reconnaissance, élevé, disait-on, sur un socle éternel ». Socle et statue, pourtant, durèrent assez peu, au moins là où ils avaient été érigés, c'est-à-dire au centre de l'espèce de *cella* que forme l'emplacement réservé aujourd'hui au bureau. L'une et l'autre, au bout de huit ans, disparaissaient de la salle des séances publiques, pour rester jusqu'à la fin de la Restauration relégués dans un magasin destiné à recevoir les objets mobiliers de rebut. Retirée de ce cachot sous le gouvernement de Juillet, la statue de Napoléon fut installée tant bien que mal au fond du vestibule qui s'étend derrière la salle des séances, et dans lequel, par un assez étrange rapprochement, elle figure entre les images de Molière et de La Fontaine.

Peu après l'époque où l'Institut rendait avec tant d'empressement à l'Empereur l'hommage que nous venons de rappeler, la classe des beaux-arts s'occupait de remplir une tâche à tous égards moins facile et qui, imposée aussi aux autres classes, exigeait peut-être plus de travail et plus d'efforts d'impartialité encore que n'en avait coûté le rapport présenté en 1808 sur le mouvement des sciences, des lettres et des arts depuis 1789 : je veux parler de l'examen des ouvrages admis aux concours pour les prix décennaux.

Par un décret rendu en 1805 pendant son séjour à Aix-la-Chapelle, Napoléon avait institué ces prix destinés à récompenser, « de dix ans en dix ans, les meilleurs ouvrages qui auront été produits dans les sciences, les lettres et les arts » ; et, par un second décret daté du 28 novembre 1809 à Paris, il avait complété les premières mesures prises en formulant les dispositions suivantes :

« Voulant étendre les récompenses et les encouragements à tous les genres d'études et de travaux qui se lient à la gloire de notre règne ;

« Désirant donner aux jugements qui seront portés le sceau d'une discussion approfondie et celui de l'opinion du public ;

« Ayant résolu de rendre solennelle et mémorable la distribution des prix que nous nous sommes réservé de décerner nous-même,

« Nous avons décrété et décrétons ce qui suit :

« ARTICLE 1er. — Les grands prix décennaux seront au nombre de trente-cinq, dont dix-neuf de première classe et seize de seconde classe (1).

« ART. 5. — Les ouvrages seront examinés par un jury composé des présidents et des secrétaires perpétuels de chacune des quatre classes de l'Institut.

« ART. 8. — Chaque classe fera une critique raisonnée des ouvrages qui ont balancé les suffrages, de ceux qui ont été jugés dignes d'approcher du prix, et qui ont reçu une mention spécialement honorable.

« ART. 9. — Les critiques seront rendues publiques par la voie de l'impression.

« ART. 12. — La première distribution des prix aura lieu le 9 novembre 1810, jour anniversaire du 18 brumaire. Les distributions se renouvelleront ensuite tous les dix ans à la même époque de l'année.

---

(1) La valeur de ces grands prix était de dix mille francs pour les prix de première classe, et de cinq mille francs pour les autres. Les dix-neuf grands prix de première classe mis à la disposition de l'Institut devaient être ainsi répartis : sept à décerner par la classe des sciences, cinq par la classe de la langue et de la littérature française, un par la classe d'histoire et de la littérature ancienne, et six par la classe des beaux-arts, qui disposait en outre de quatre grands prix de deuxième classe.

« Art. 13. — Elles seront faites par nous, en notre palais des Tuileries, où seront appelés les princes, nos ministres et nos grands officiers, des députations des grands corps de l'État, le grand maître et le conseil de l'Université impériale et l'Institut en corps... »

La fondation des prix décennaux, à laquelle Napoléon prétendait donner le caractère d'une institution durable, ne fut en réalité dans l'histoire de son règne qu'une tentative éphémère. Non seulement le concours ouvert en 1809 ne fut jamais renouvelé, mais, après le jugement rendu en 1810, cette « première distribution des prix » si solennellement annoncée n'eut pas lieu. Tout se borna aux rapports présentés, au nom des diverses classes de l'Institut, par les membres qui composaient le jury, et dont la tâche avait été dans certains cas d'autant plus délicate que les travaux des concurrents se montraient moins conformes à la lettre, à l'esprit même des conditions prescrites. La classe de la langue et de la littérature françaises, par exemple, avait été chargée de décerner un des premiers grands prix « à l'auteur du meilleur poème épique publié en France depuis dix ans ». Comment eût-elle pu de ce côté remplir à souhait sa mission, alors qu'elle se trouvait réduite à l'obligation de prendre, faute de mieux, pour objets d'examen trois œuvres à peine remarquées au moment où elles parurent, bien oubliées sans doute aujourd'hui, — *Charles Martel, ou la France délivrée des Sarrasins,* par M. de Saint-Marcel; *Oreste,* par M. Dumesnil, et la *Bataille d'Hastings, ou l'Angleterre conquise,* par M. Dorion? Aussi, pour sortir d'embarras, le jury, estimant « qu'une excellente traduction en vers était l'ouvrage de poésie qui approchait le plus du genre de talent et de l'étendue de travail qu'exigeait l'épopée », proposait-il tout uniment d'attribuer aux traductions publiées par Delille, de l'*Énéide* et du *Paradis perdu,* la récompense promise « au meilleur poème épique ».

La classe des beaux-arts, heureusement, n'avait pas eu besoin de recourir à ces subterfuges ou, si l'on veut, à ces interprétations un peu libres, pour répartir entre les plus dignes les hautes récompenses qu'elle était chargée de distribuer. Pendant les dix années qui venaient de s'écouler, l'art français avait produit en tous genres des œuvres assez considérables pour que les juges appelés à signaler les meilleurs travaux accomplis dans notre école pussent rendre leurs arrêts sans forcer le sens d'aucune partie du décret. Dira-t-on qu'un certain jour pourtant ils parurent accommoder, un peu complaisamment, les prescriptions de ce texte officiel aux exigences politiques du moment? En désignant le *Sacre* de Napoléon, peint par David, comme le tableau représentant le mieux « un sujet honorable pour le caractère national », ne laissaient-ils pas de confondre trop volontiers l'éclat de la gloire impériale avec les mérites inhérents au génie français et aux belles actions qu'il inspire? Soit; mais, sans parler de l'incontestable valeur pittoresque de l'œuvre en cause, il convient de faire remarquer que le peintre que l'on récompensait ainsi avait concouru sans succès pour un autre grand prix, — celui qui était réservé « au meilleur tableau d'histoire », et que l'on avait décerné à la *Scène de déluge* peinte par Girodet, de préférence même au tableau des *Sabines*. Comment, à moins d'une iniquité flagrante, eût-il été possible de s'obstiner à ne pas inscrire le nom de David sur la liste des lauréats, et de sacrifier une seconde fois le chef reconnu de l'école à quelqu'un de ses élèves moins savant en réalité, et moins justement célèbre que lui?

En dehors de la peinture, au surplus, il ne pouvait y avoir dans le travail du jury matière à équivoque ou à hésitation pour le jury lui-même, ni, dans les résultats de ce travail, occasion de surprise pour le public. Des dix grands prix destinés aux artistes, sept, il est vrai, furent décernés à des membres de l'Institut par leurs propres confrères ; mais serait-il venu à l'esprit de personne de soupçonner dans les jugements rendus quelque parti pris de faveur, quelque arrière-pensée de camaraderie, alors que les membres de la quatrième classe récompensés étaient, entre autres, un musicien comme Méhul, un sculpteur comme Chaudet, un graveur comme Bervic ? Pour que les choses se passassent différemment, il eût fallu, — ou que les membres de l'Institut fussent, en raison de leur titre même, préalablement exclus du concours, ce qui en aurait infailliblement abaissé le niveau, — ou bien qu'ils n'eussent figuré parmi les concurrents qu'à la condition de ne pas siéger parmi les juges, ce qui n'aurait pas manqué d'affaiblir l'autorité morale de ceux-ci et les garanties qu'ils devaient offrir, au point de vue de la compétence et de l'expérience personnelles.

De nos jours on a quelquefois, dans des circonstances analogues, — à la suite de certaines grandes expositions, par exemple, — essayé de faire prévaloir cette doctrine, plus démocratique que de raison, de l'inhabileté des maîtres à recevoir les récompenses qu'ils avaient eux-mêmes la mission de décerner. On a cru sauvegarder par là leur dignité, en même temps que les intérêts de la justice ; on n'a réussi, en réalité, qu'à servir la cause de la médiocrité ou, tout au moins, des talents secondaires, sur lesquels il a bien fallu se rabattre, à défaut des talents supérieurs qui se trouvaient légalement mis en interdit. Les mesures prises pour l'organisation et le jugement des concours décennaux étaient à la fois plus larges et plus libérales. Elles procédaient d'une confiance plus fière dans l'indépendance des artistes, d'un respect plus judicieux des droits acquis, et il est permis de regretter que, depuis lors, on ait paru craindre d'en renouveler les exemples et d'en continuer la tradition.

Quant à l'institution même des prix décennaux, on peut regretter aussi qu'elle n'ait pas été maintenue, à la durée près de l'intervalle entre les concours qu'il eût convenu peut-être de prolonger. A ne considérer ici que la fonction spéciale confiée à la quatrième classe, et sans parler des tâches également utiles que les autres classes de l'Institut étaient appelées à remplir, il y avait dans cette consécration solennelle des plus belles œuvres produites en France depuis un certain nombre d'années, il y avait dans ces récompenses nationales décernées par des juges autorisés entre tous un puissant encouragement pour les artistes, et, pour le public, un enseignement d'autant plus sûr qu'il était plus indépendant des petites querelles de parti ou des influences de la mode. Sans doute, les chefs-d'œuvre ne sauraient naître par ordre, à un moment donné ; aux années fécondes peuvent succéder les années stériles; mais, dans notre siècle et dans notre pays, le risque n'eût pas été grand de ne se trouver, au terme du délai fixé, qu'en face de travaux d'une importance insuffisante ou d'une valeur contestable. Si le concours jugé en 1810 s'était, depuis cette époque, rouvert trois ou quatre fois, croit-on que, — sans compter les maîtres qui honorent présentement l'école française, — Prud'hon et Géricault, Ingres et Delacroix, plusieurs autres encore, depuis le peintre de l'*Hémicyle de l'École des beaux-arts* jusqu'au peintre de la *Frise de Saint-Vincent de Paul,* et depuis celui-ci jusqu'à Baudry, n'eussent pas mérité à leur tour la haute distinction obtenue par quelques-uns de leurs devanciers ? Eût-il été plus difficile d'apprécier les titres et moins juste de couronner les ouvrages de Chérubini et de Boïeldieu, d'Hérold et d'Auber ? de reconnaître dans Rude un sculpteur de premier ordre et d'inscrire successivement à côté de son nom ceux de Pradier et de David, de Duret et de Barye, de Dumont et de Perraud ? Enfin, dans les monuments élevés à Paris par Huyot ou par Debret, par Lesueur ou par Duban, par Duc ou par Lefuel, et en province par Vaudoyer, Questel, Espérandieu,— dans les planches dues au burin de Desnoyers ou au burin, plus savant encore, de M. Henriquel, — n'aurait-on pas relevé sans peine des témoignages de talent assez solides pour qu'on dût les signaler publiquement, au grand honneur de l'architecture et de la gravure françaises ?

A la vérité, depuis la suppression des concours décennaux, plusieurs prix d'une importance exceptionnelle par le chiffre de la somme attribuée aux lauréats ont été fondés au nom de l'État, notamment sous le second empire. Plus récemment, d'autres donations faites par des particuliers sont venues augmenter les ressources dont l'Académie dispose pour encourager les efforts des jeunes artistes ou pour honorer des talents déjà mûrs ; mais, quelle qu'en soit l'utilité, ces diverses fondations ne remplacent pas celle dont Napoléon avait eu la pensée. Elles n'ont pour effet que de récompenser des entreprises toutes spéciales, isolées les unes des autres, accidentelles pour ainsi dire, au lieu de comporter, comme l'institution des prix décennaux, une comparaison d'ensemble entre les chefs-d'œuvre en tous genres, une sorte de récapitulation publique de tous les progrès accomplis. Mais c'est trop anticiper sur ce qui n'appartient pas à la période dont nous avons à résumer l'histoire : il convient de revenir au moment où les juges du grand concours clos en 1810 ont achevé de remplir leur fonction temporaire pour reprendre leurs fonctions accoutumées et les exercer, sans interruption comme sans trouble, jusqu'à la fin du premier empire.

Les dernières années du règne de Napoléon, en effet, n'amenèrent pour la quatrième classe ni changements dans les lois qui la régissaient depuis 1803, ni difficultés intérieures ou extérieures dans le règlement des affaires de son ressort. Rapports officiels lus dans les séances publiques annuelles, non seulement sur les travaux de la classe, mais sur ceux du dehors qui avaient mérité son attention (1), — direction et jugement des concours pour les prix de Rome, examen périodique des travaux envoyés par les pensionnaires de l'Académie de France, — tout se

(1) Pour donner une idée de la variété des questions examinées par la quatrième classe, de 1810 à 1814, il suffira de citer parmi les découvertes techniques dont les rapports annuels contiennent des comptes rendus détaillés : l'invention par les frères Erard d'un piano « infiniment plus sonore » que les instruments antérieurs du même genre, et celle de « l'orgue expressif » par M. Grenié, — la composition d'un enduit pour la conservation des monuments, — les perfectionnements introduits dans les procédés de transport sur toile ou sur un panneau neuf d'une peinture adhérente à un panneau détérioré, — et, parmi les principaux ouvrages sur les beaux-arts : le *Traité théorique et pratique de l'art de bâtir,* par RONDELET, l'*Histoire de l'art par les monuments,* de SÉROUX D'AGINCOURT, — les *Monuments français inédits,* de WILLEMIN, — les premières livraisons du grand ouvrage de la commission d'Égypte, — le *Musée français,* de ROBILLARD et LAURENT, — plusieurs recueils encore, considérables à divers titres. Enfin les plus importantes publications dues à des artistes ou à des savants étrangers étaient, aussi bien que les œuvres parues en France, mentionnées et appréciées dans ces rapports annuels de la quatrième classe, l'*Histoire de la sculpture,* par CICOGNARA, entre autres, et le *Voyage aux régions équinoxiales du nouveau continent,* de HUMBOLDT.

continua, tout s'accomplit avec une régularité et une méthode dues en grande partie au zèle et à l'influence de Lebreton. En outre, sur l'initiative de celui-ci, certaines mesures avaient été prises, certaines coutumes s'étaient introduites qui, en resserrant les liens de la confraternité académique, avaient aussi ce résultat d'associer le public aux affaires privées en quelque sorte de la compagnie, à ses deuils tout au moins, et au renouvellement de son personnel. Ainsi, depuis 1807, l'usage s'était établi d'employer une partie des séances annuelles à la lecture de *Notices* sur la vie et les ouvrages des membres récemment décédés, lecture suivie de la proclamation des noms de leurs successeurs. Haydn, que Paisiello venait de remplacer, avait été l'un des premiers (en 1810) l'objet de ces hommages posthumes : quatre ans plus tard, c'était à la mémoire d'un autre grand musicien qu'ils étaient rendus. Les funérailles triomphales que la population de Paris tout entière avait naguère faites à Grétry recevaient à l'Institut leur complément et comme leur consécration suprême dans la séance publique du 1er octobre 1814.

De tous les artistes appartenant à l'Institut depuis l'époque de sa fondation, Grétry était celui dont la foule connaissait le mieux le nom et les ouvrages, celui qui, aux yeux de tous, représentait avec le plus d'éclat les progrès accomplis en France vers la fin du dix-huitième siècle et au commencement du dix-neuvième. Ni Houdon, ni Méhul, malgré leur célébrité déjà longue, ni David lui-même, malgré le prestige de son rôle de réformateur et l'étendue de son influence, n'étaient arrivés à posséder une gloire aussi populaire. De là l'émotion universelle à la nouvelle de la mort du maître et les honneurs sans précédents, au moins dans notre pays, dont on entoura son cercueil. Peut-être faudrait-il remonter jusqu'au souvenir des pompes déployées à Rome, lors des obsèques de Raphaël, ou, à Londres, le jour où les restes de Garrick reçurent dans l'abbaye de Westminster une sépulture quasi royale, pour trouver à l'étranger l'équivalent de ce qui se passa chez nous à l'occasion de la mort de Grétry. En tout cas, notre propre histoire ne fournirait pas à une date antérieure l'exemple d'un deuil aussi unanime, des témoignages aussi solennels de vénération pour un homme qui n'avait été ni un grand de ce monde par la naissance ou par les fonctions, ni un de ces héros que Dieu suscite à son heure pour la défense du territoire ou des institutions de leur pays.

De nos jours seulement, au lendemain de la mort d'un autre artiste fameux, on a vu les mêmes empressements se produire, les mêmes enthousiasmes en apparence précipiter la foule à la suite du char funèbre qui portait la dépouille de Victor Hugo ; mais, — sans parler de l'absence ici de toute cérémonie religieuse, de tout appel par conséquent à la foi spiritualiste et aux espérances qu'elle comporte, — pourrait-on dire que, dans ces manifestations extérieures du deuil et de la gratitude publics, tout s'adressait au génie de celui qui n'était plus ? Des souvenirs fort étrangers à la poésie ne se mêlaient-ils pas à l'admiration pour le poète, tandis que, soixante-douze ans auparavant, au convoi de Grétry, il n'y avait eu place dans le cœur de chacun que pour des sentiments d'un ordre unique ? En un mot, parmi ceux qui accompagnaient Victor Hugo jusqu'au seuil du Panthéon, beaucoup entendaient surtout promener par les rues leur adhésion aux doctrines politiques qu'il avait professées dans les dernières années de sa vie : l'auteur de *Richard Cœur de lion*, de *Zémire et Azor*, et de tant d'autres bienfaisants chefs-d'œuvre, n'avait dû les hommages rendus à sa mémoire qu'au charme que, dans le pur domaine de l'art, il avait de tout temps exercé.

Grétry était mort le 24 septembre 1813 dans cette petite maison de l'*Ermitage,* près de Montmorency, que J.-J. Rousseau avait autrefois habitée. C'était de là que, bien peu de jours avant celui dont il ne devait pas voir la fin, il avait adressé aux membres de la quatrième classe une lettre d'adieu qui se terminait ainsi : « J'attends maintenant le résultat de mes souffrances. Je suis résigné ; mais je sens qu'en quittant cette vie, un de mes plus vifs regrets sera de ne plus me réunir à mes chers confrères que j'aime autant que je les honore... Adieu, je vous embrasse tous du fond du cœur. » Il va sans dire que, en réponse à cette lettre, les confrères de Grétry étaient accourus à l'Ermitage, et que beaucoup d'entre eux ne l'avaient quitté que pour y revenir les jours suivants ; mais quand Grétry eut succombé, tous comprirent qu'ils avaient envers lui de nouveaux devoirs à remplir, et que leur deuil particulier ne pouvait, sans une sorte d'usurpation, s'isoler de celui de la nation elle-même. Aussi, de concert avec les représentants officiels du gouvernement, prirent-ils les mesures nécessaires pour que, au bout de cinq jours (29 septembre 1813), une solennité dédiée à cette illustre mémoire rassemblât sans distinction ni privilège tous ceux qui avaient à cœur de l'honorer.

Rapporté de l'Ermitage et exposé pendant quelques heures au seuil de la demeure du maître, à Paris (1), le corps de Grétry fut placé sur un char où s'amoncelaient les palmes et les couronnes, et qu'entouraient les mem-

---

(1) Cette maison sise sur le boulevard des Italiens, assez près du théâtre Favart, devenu plus tard le théâtre de l'Opéra-Comique, est celle qui porte aujourd'hui le n° 9.

bres, au grand complet, des quatre classes de l'Institut. Derrière eux et derrière la famille, des députations du Conservatoire et d'autres établissements publics, des sociétés musicales ou littéraires de Paris et de la province, du personnel des divers théâtres, etc., s'avançaient entre deux haies doubles chacune et formées, d'une part, par les troupes de la garnison immobiles le long de la chaussée, de l'autre, par les élèves du Conservatoire et des écoles, marchant un à un sur les flancs du convoi. Deux cents musiciens partagés en deux corps, dont l'un dirigé par Persuis, l'autre par Kreutzer, exécutaient alternativement la marche funèbre que Gossec avait composée pour les obsèques de Mirabeau. Lorsque, après avoir parcouru les boulevards jusqu'à la hauteur de la rue Montmartre, le cortège se fut détourné pour s'arrêter devant le théâtre Feydeau, dont la façade tout entière était tendue de noir, les artistes de ce théâtre, groupés sur les marches du péristyle autour du buste de Grétry, firent entendre, au milieu de l'émotion générale, l'air admirable de *Zémire et Azor,* « *Ah ! laissez-moi la pleurer !* » transformé en chœur pour la circonstance. Devant le théâtre de l'Opéra, situé alors rue de Richelieu, nouvelle station et nouveaux chants, nouvelles couronnes ajoutées à celles sous lesquelles disparaissait le cercueil ; puis, à l'église de Saint-Roch, trop petite pour contenir à la fois la foule qui, depuis le matin, en assiégeait les portes et la totalité de ceux qui composaient le convoi, le *Requiem* de Mozart fut exécuté, sous la direction de Lesueur, par l'orchestre et les chanteurs de la chapelle impériale. On n'atteignit que vers la fin de la journée le cimetière de l'Est, où « plusieurs milliers de personnes », dit un journal du temps, attendaient l'arrivée du cortège. Méhul, au nom des membres de l'Institut, Bouilly, au nom des auteurs dramatiques, prononcèrent chacun un discours; des chœurs de jeunes filles chantèrent le trio de *Zémire et Azor* sur des paroles adaptées par Marsollier à la musique : après quoi le corps de Grétry fut, sous une pluie de fleurs que versaient les mains des mêmes jeunes filles, déposé dans la sépulture préparée pour le recevoir, auprès de la tombe de Delille et à quelques pas de l'emplacement où devait s'élever un peu plus tard le monument à la mémoire de Molière.

Le vide que la mort de Grétry laissait dans la classe des beaux-arts était certes difficile à combler. Quels que fussent les mérites des artistes qui se portaient candidats, — Berton, Martini et Chérubini, — aucun de ceux-ci ne paraissait jouir auprès du public d'un crédit assez sûr et assez étendu pour que la succession d'un musicien populaire entre tous pût lui être dévolue, sans donner lieu à des rapprochements fâcheux entre l'immense renommée du défunt et la notoriété personnelle de l'héritier. Afin d'éviter ce danger, on s'avisa d'aller chercher, dans la retraite où il vivait depuis près de quarante ans, un devancier de Grétry lui-même, et un devancier resté célèbre, — l'auteur, entre autres ouvrages qui n'avaient pas cessé d'occuper la scène, de *Rose et Colas* et de *La belle Arsène*, du *Déserteur* et de *Félix*. Ce dernier opéra avait été représenté en 1777, et Monsigny depuis lors n'avait plus écrit une seule ligne de musique (1). C'était

(1) A un certain moment pourtant, Monsigny avait paru tenté de faire trêve aux occupations que lui imposait sa double charge d'administrateur des domaines du duc d'Orléans et d'inspecteur général des canaux, pour revenir à l'art qu'il avait si heureusement pratiqué jusqu'à l'âge de quarante-huit ans. Ce fut quand Sedaine, dont il avait été tant de fois le collaborateur, lui eut proposé d'écrire la musique de *Richard Cœur de lion*. Monsigny avait d'abord accepté cette tâche, mais il ne tarda pas à la

donc en réalité le passé, et un passé déjà lointain, que la classe des beaux-arts entendait honorer dans sa personne ; mais du moins elle satisfaisait ainsi aux exigences particulières de la situation, en même temps qu'elle accomplissait un acte de justice, presque de réparation, envers un artiste trop facilement oublié, à ce qu'il semble, lors du recrutement primitif de l'Institut.

Les trois candidats de la première heure n'hésitèrent pas à s'effacer devant le vieux maître devenu maintenant leur compétiteur. A la nouvelle de la candidature de Monsigny, ils écrivirent chacun aux membres de la quatrième classe une lettre de désistement. Celle de Berton se terminait par ces mots : « Mon respect pour l'âge et pour le caractère de M. Monsigny, mon admiration pour son grand talent, m'imposent la loi de cesser, pour le moment, de prétendre à l'honneur de siéger parmi vous : trop heureux de pouvoir donner à l'auteur divin de *Félix,* du *Déserteur* et de tant d'autres chefs-d'œuvre, ce témoignage de ma vénération. » Martini exprimait en termes différents des sentiments identiques, et il ajoutait : « C'est incontestablement à M. Monsigny qu'appartient le droit d'occuper la place de Grétry. » Enfin, le plus important des trois candidats par l'élévation de son talent et, à ce titre, le mieux autorisé à solliciter pour lui-même les suffrages de la compagnie, Chérubini, avait signé une lettre ainsi conçue :

décliner, en conseillant à Sedaine de la confier à Grétry. Une lettre, aujourd'hui en ma possession, établit clairement le fait. « Ne doutez pas que Grétry ne fasse votre pièce, écrivait Monsigny à Sedaine, le 2 octobre 1784... Il aurait tort de se fâcher de la préférence que vous m'aviez donnée. Si elle ne m'était pas due pour le talent, je la méritais à un autre titre. Dans ce moment, ce n'est pas à mon refus que vous lui offrez l'ouvrage dont il s'agit ; c'est au contraire moi qui vous dis : « Prenez M. Grétry... »

« N'ayant pas la présomption de croire que mon nom, porté sur la liste des candidats qui aspirent à la place vacante dans la section de musique, puisse nuire à la nomination de M. Monsigny, je ne demanderai pas à être rayé de cette liste; mais comme il est aussi loin de mon cœur que de ma pensée de vouloir lutter contre un artiste respectable par son âge, ses vertus et son talent, je prie messieurs les membres de la classe qui pourraient avoir l'intention de m'accorder leurs suffrages de les réunir sur le doyen des compositeurs français, afin qu'il soit élu comme il mérite de l'être, c'est-à-dire à l'unanimité. »

Ce fut en effet par un vote unanime que les anciens confrères de Grétry lui donnèrent pour successeur Monsigny, alors âgé de quatre-vingt-quatre ans. Pour la dixième fois, depuis la réorganisation de l'Institut en 1803, la classe venait de pourvoir au remplacement d'un de ses membres (1); mais des neuf élections antérieures à celle de Monsigny aucune n'avait eu lieu à la suite du décès d'un compositeur. Les vacances s'étaient produites : dans la section de peinture, par la mort de Vien et par la suppression, au profit de cette section, de la place qu'occupait Monvel dans la section de musique et de déclamation ; dans la section de sculpture, par les pertes qu'elle avait faites, presque coup sur coup, de Julien et de Pajou, de Chaudet et de Moitte ; dans la section d'architecture, par la mort, à quelques jours d'intervalle, au mois de janvier 1811, de Raymond et de Chalgrin; enfin, dans

(1) Parmi les membres de la classe nommés en 1795 par arrêté du Directoire exécutif ou élus dans le cours de cette même année ou des années suivantes, quatre seulement étaient morts et avaient été remplacés avant 1803 : les architectes Pâris, Boullée, Antoine, et l'acteur Molé.

la section de gravure, par celle du graveur en médailles Dumarest.

Tous ces artistes diversement considérables avaient plus ou moins emporté avec eux ce qui survivait encore de l'art et des traditions du dix-huitième siècle ; la plupart de ceux qui venaient de les remplacer, — Gérard entre autres, Percier et Fontaine, Lemot et Cartellier, — représentaient au contraire l'école nouvelle, celle qui s'était formée sous la discipline même de David ou sous son influence indirecte. En outre, à l'exemple du maître, que son passé révolutionnaire n'avait pas empêché de devenir un des courtisans de l'Empereur, mais sans avoir à se désavouer comme lui, presque tous avaient célébré dans leurs œuvres l'Empire et ses gloires. Gérard devait surtout sa réputation au tableau qu'il avait peint de la *Bataille d'Austerlitz* et à ses *portraits* des membres de la famille impériale ; Percier et Fontaine avaient élevé l'Arc de triomphe de la place du Carrousel et construit l'Escalier du musée Napoléon ; Lemot et Cartellier avaient exécuté sur les frontons du Louvre des compositions allégoriques en l'honneur du conquérant transformé, pour les besoins de la cause, en héros pacificateur; d'autres sculpteurs de la quatrième classe, quelques-uns des bas-reliefs qui décoraient la colonne de la Grande-Armée. En un mot, la classe des beaux-arts, telle qu'elle était composée vers la fin de l'Empire, avait à la fois dans les doctrines et dans les coutumes plus d'homogénéité qu'au début. Au point de vue esthétique, David n'y comptait guère que des coreligionnaires ou des disciples ; et quant au soldat couronné qui depuis près de vingt ans éblouissait la France de son génie et de sa gloire, c'est avec le même bon vouloir, au moins en apparence, que, à l'Institut comme ailleurs, on en subissait l'ascendant.

Cependant le moment était proche où l'autorité de ce souverain tout-puissant lasserait, en raison de ses excès mêmes, la confiance et la docilité publiques ; où celui qui se disait et que l'on croyait le chef d'une dynastie, allait disparaître sans laisser derrière lui rien de plus que l'éclat de son nom et le souvenir de sa prodigieuse fortune. Encore quelques mois, et Louis XVIII prenait possession du trône d'où Napoléon venait d'être précipité.

L'Institut, tant que dura le gouvernement de la première Restauration, ne se ressentit qu'extérieurement pour ainsi dire de la révolution accomplie. Devenu « Institut royal » d' « Institut impérial » qu'il était, il en fut quitte d'abord pour ce changement de titre, un peu plus tard pour quelques modifications dans la tenue de ses séances solennelles, ou tout au moins pour le renouvellement partiel du public qu'il y avait convié jusque-là. Le jour, par exemple, où cet *Éloge de Grétry,* dont nous parlions tout à l'heure, fut lu, au mois d'octobre 1814, dans la séance annuelle de la classe des Beaux-Arts, ce n'étaient plus les ministres de l'Empereur ou les princes de sa famille qui figuraient aux premiers rangs des auditeurs : ce jour-là, le neveu du Roi, le duc d'Angoulême, assistait à la séance, ou plutôt il présidait, car ce fut lui qui, au lieu du président de la classe et par une dérogation aux usages dont l'histoire de l'Académie des beaux-arts ne devait pas d'ailleurs offrir un second exemple, couronna de sa main les lauréats. Il serait sans doute assez superflu d'ajouter que, dans la salle où cela se passait, la place occupée naguère par la statue de Napoléon était vide, et que dans le discours consacré à la mémoire de Grétry la nomenclature des œuvres du maître ne comprenait naturellement ni le *Congrès des rois,* ni la *Rosière républicaine.*

CHAPITRE IV

L'ACADÉMIE DES BEAUX-ARTS
AU TEMPS DE LA PREMIÈRE RESTAURATION
ET PENDANT LES CENT-JOURS.

Attitude de David à cette époque. — Démarches tentées par les membres de l'ancienne Académie de peinture pour obtenir la suppression de la quatrième classe de l'Institut. — La quatrième classe est supprimée par une ordonnance royale, quelques jours avant le retour de Napoléon. — Napoléon annule cette ordonnance et la remplace par un décret qui augmente le nombre des membres de la classe. — Création d'une nouvelle section sous le titre de : Théorie et histoire de l'art. — Fin du gouvernement des Cent-jours.

Si, pour apprécier l'influence exercée sur l'art et sur les artistes par les événements politiques qui se produisirent en France dans le cours de l'année 1814 et dans les premiers mois de l'année 1815, on se contentait de consulter les procès-verbaux des séances de la quatrième classe à cette époque, on courrait grand risque de n'aboutir qu'à des résultats négatifs. Rien, en effet, dans le calme inaltérable de ces textes, ne semble se ressentir des émotions du dehors ; rien ne permettrait même de soupçonner que, dans l'intervalle d'une séance à une autre, le gouvernement qui existait a été renversé et un nouveau régime établi. Au lendemain de l'abdication de Napoléon à Fontainebleau, la classe s'occupe, sans la moindre distraction apparente, de la direction ou du jugement des concours de Rome. Lorsque, l'année suivante, Louis XVIII vient de quitter les Tuileries et que Napoléon s'y est réinstallé, elle semble n'avoir d'autre souci que celui de se renseigner, par les lectures qui lui sont faites, sur les caractères particuliers de certains monuments de l'architecture arabe en Espagne, sur la valeur des antiquités découvertes à Brindes, sur plusieurs autres questions du même ordre. A peine quelques lettres ministérielles successivement écrites, tantôt au nom du gouvernement du Roi pour demander avis à la compagnie sur les moyens de réédifier dans les meilleures conditions la statue équestre de Henri IV, tantôt au nom du gouvernement impérial pour accorder l'exemption du service militaire à une dizaine de jeunes artistes « distingués par leurs efforts et par leurs succès » et recommandés à ce titre par la classe; — à peine quelques autres communications relatives, suivant les circonstances, au passé de la monarchie légitime ou aux actes présents de la dictature, viennent-elles interrompre le cours régulier et méthodique des occupations auxquelles la compagnie, en 1814 et en 1815, entend exclusivement se livrer.

Était-ce donc, chez les membres de la classe des Beaux-Arts, indifférence ou crainte de se compromettre? On serait au contraire autorisé à dire qu'ils faisaient par là preuve de dignité. Sous le coup de malheurs publics qu'il n'avait certes pas dépendu d'eux de conjurer, comme sous la menace des événements qui allaient suivre, à l'époque de la première invasion comme au lendemain du retour de l'île d'Elbe ou à la veille de Waterloo, ils eurent au moins ce mérite de rester strictement fidèles à leur rôle et de se renfermer, avec une persévérance qui n'était pas sans fierté, dans la pratique de leurs devoirs spéciaux.

Une exception pourtant est à noter dans ces témoignages unanimes de constance patriotique et d'assiduité. Tant que dura la première Restauration, le nom de David ne figure pas une fois sur la liste des membres présents aux séances hebdomadaires ; il ne reparaît dans les procès-verbaux de ces séances que le 25 mars 1815, c'est-à-dire aussitôt que Napoléon s'est ressaisi du pouvoir et que l'ancien « premier peintre » de l'Empereur a pu, de son côté, se croire en mesure de recouvrer de haute lutte le crédit qu'il avait perdu.

Les confrères de David, en effet, malgré l'admiration qu'ils continuaient de professer pour son talent, étaient depuis assez longtemps déjà fort loin de nourrir des sentiments d'affection, d'estime même pour sa personne. Ils lui en voulaient à bon droit de l'orgueilleuse violence avec laquelle il prétendait en toute occasion peser sur leurs décisions ou condamner celles-ci après coup, du bruyant dépit, par exemple, que lui avait causé la préférence accordée à son compétiteur, Pajou, pour les fonctions de président de la classe, et, par suite, de la résolution qu'il avait prise de ne plus venir que de loin en loin à l'Institut. David, nous l'avons dit, avait fini par cesser absolument d'y paraître ; il s'en tint éloigné pendant toute la durée de la première Restauration, sauf le jour où eut lieu cette séance publique de 1814 dont nous avons parlé dans le chapitre précédent, séance au cours de laquelle il eut à subir un affront aussi imprévu, aussi injustifiable au fond que regrettable à tous égards dans les formes.

Contrairement à la règle qu'il s'était imposée et qu'il observait rigoureusement depuis quelques mois, David, ce jour-là, s'était joint aux autres membres de la quatrième classe. Deux de ses élèves se trouvaient au nombre des jeunes artistes qui avaient remporté les grands prix, et, suivant l'usage consacré en pareil cas pour tous les lauréats, ils devaient, une fois en possession de leurs couronnes, s'approcher de leur maître et recevoir ses embrassements sous les yeux du public. La présence du duc d'Angoulême, qui, d'ailleurs, n'avait formulé à ce sujet aucune exigence, aucun désir même, décida bien malencontreusement certains officieux à supprimer cette partie du cérémonial accoutumé. Après avoir été couronnés par le prince, les deux élèves de David furent reconduits directement à leurs places. Bien plus : au moment de la proclamation des prix, on avait passé sous silence le nom du peintre auprès duquel ils s'étaient formés, quoique ce nom figurât sur le programme imprimé dont le duc d'Angoulême avait, comme chacun des assistants, un exemplaire sous les yeux, et, pour comble de maladresse, l'un de ces deux lauréats sortis de l'atelier de David, Léopold Robert, avait été formellement signalé au public comme « n'ayant pas eu de maître ». Il y avait là non seulement une énonciation mensongère, mais un procédé d'élimination déloyal, une sorte de mise hors la loi par prétérition à l'adresse d'un homme qui n'était à cette époque l'objet d'aucune exception décrétée, d'aucune mesure de réprobation légale, et contre qui le gouvernement royal lui-même ne devait songer que deux ans plus tard à sévir. Si tristes que fussent les antécédents politiques de David, ceux qui prétendaient ainsi venger sur lui la morale publique n'arrivaient en réalité qu'à le rendre intéressant, puisqu'il devenait, grâce à eux, une victime de l'arbitraire, et que, sans avoir été même accusé, il était traité en coupable reconnu.

CHAPITRE IV.

Il ne semble pas, au surplus, que David ait ressenti fort douloureusement l'outrage public qu'il venait d'essuyer. Peut-être même le sentiment excessif qu'il avait de sa propre importance, et le besoin, habituel chez lui, de faire figure aux dépens ou en dehors de ses confrères, ne laissèrent-ils pas d'y trouver jusqu'à un certain point leur compte. C'est du moins ce que permettrait de supposer le passage suivant d'une lettre adressée par Léopold Robert à ses parents, peu de jours après celui où l'incident rapporté ci-dessus s'était produit :

« Le lendemain du 1er octobre, écrit Robert, nous allâmes, Rioult (le second prix de peinture de cette année) et moi (1), faire visite à M. David ; il nous reçut parfaitement. « Eh bien, nous dit-il....., vous voyez comme l'envie et la jalousie sont toujours éveillées lorsqu'elles trouvent quelque endroit à mordre. Mes ennemis, sans qu'ils s'en doutassent, m'ont fait bien grand hier en me mettant en parallèle avec les Bourbons. » Nous eûmes l'air de demander une explication. « Comment, mes amis, vous ne savez pas que j'ai été député avec Carnot, Cambacérès et autres grands hommes, enfin que j'ai figuré dans la Révolution, et que nous avons fait notre possible pour rendre la France heureuse? — Nous étions bien jeunes alors, lui dîmes-nous, nous n'en avons entendu parler que vaguement. — Eh bien, hier, le président de la classe vint me dire : « Monsieur David, je « vous estime beaucoup ; je viens en conséquence vous « engager à vous retirer ; vous seriez sans doute fâché de « vous trouver avec un Bourbon. — Monsieur Taunay, « lui ai-je répondu, le vin est tiré, il faut le boire ; je suis

---

(1) Léopold Robert, encore graveur à cette époque, avait, comme tel, remporté le second grand prix.

« ici à ma place, je resterai. » Mes ennemis, voyant ma fermeté, cherchèrent les moyens de taire mon nom. Le maître des cérémonies alla vous avertir de ne pas embrasser votre maître..... Mais les programmes qu'on avait répandus firent faire beaucoup de réflexions aux assistants. »

David, on le voit, se méprenait assez ridiculement, ou il se consolait avec une singulière complaisance, quand il attribuait au procédé dont on avait usé envers lui la veille la signification « d'un parallèle » entre sa personne et la famille des Bourbons. Il se trompait plus gravement encore en s'applaudissant de la manière dont il s'y était pris jadis pour faire le bonheur de la France, — sauf, il est vrai, à omettre prudemment de citer Robespierre et Marat parmi « les grands hommes » qu'il avait eus pour collaborateurs dans cette généreuse entreprise ; mais il avait raison de se féliciter d'être, à l'heure de l'injure, resté à la place qui lui appartenait sur les bancs de l'Institut. Son tort est de ne l'avoir, en 1814, occupée que cette fois et de s'être, seul parmi ses confrères, dérobé jusqu'au printemps de l'année suivante aux devoirs que son titre lui imposait.

Tandis que, tout entiers à leur tâche réglementaire, les membres de la quatrième classe s'appliquaient sans bruit à la continuer, au dehors plus d'un effort était tenté, plus d'une intrigue se nouait, en vue de les déposséder de leur situation officielle, et pour arriver, sous prétexte de justes représailles, à reconstituer à peu près ce qui avait été détruit avant la fin du dix-huitième siècle. Pendant les dix-neuf années qui venaient de s'écouler depuis la fondation de l'Institut, les survivants de l'Académie royale de peinture auxquels la classe des Beaux-Arts n'avait pas ouvert ses rangs, s'étaient bien gardés

CHAPITRE IV. 139

d'exprimer trop haut leurs regrets, à plus forte raison de faire acte d'opposition ouverte. L'époque ne permettait guère les essais de résistance, quels qu'ils fussent, et le gouvernement impérial en particulier se serait mal accommodé, dans le domaine de l'art comme ailleurs, d'actes ou de plaidoyers en faveur de l'ancien régime ; mais, dès que la royauté eut été restaurée en France, les artistes victimes ou soi-disant tels des violences révolutionnaires, continuées à leur avis sous l'Empire, jugèrent le moment venu de revendiquer des droits liés, suivant eux, aux intérêts mêmes et à la dignité du trône. Un de ces académiciens hors d'emploi depuis que l'Institut avait remplacé les académies supprimées par la Convention, le sculpteur Deseine (1), n'hésita pas à se faire publiquement l'interprète des ambitions jusque-là refoulées de ses anciens confrères et de leurs espérances actuelles. Dans un volume publié en 1814 sous ce titre : *Notices historiques sur les anciennes académies royales de peinture, de sculpture et d'architecture,* il formulait en termes très vifs leurs griefs et surtout les siens ; il dressait un véritable réquisitoire contre le personnel de la quatrième classe, « divisant tout, disait-il, pour gouverner despotiquement », aussi bien que contre l'institution elle-même, sans aucune raison d'être selon lui, et il concluait en signalant le rétablissement pur et simple de l'ancienne Académie royale comme l'unique moyen pour le gouvernement « d'encourager et de récompenser le mérite ».

(1) Cet artiste, d'un talent fort secondaire d'ailleurs, est l'auteur, entre autres ouvrages de sculpture, du groupe représentant la *Mise au tombeau* dans la chapelle dite du Calvaire, au fond de l'église de Saint-Roch, à Paris, et des statues de *L'Hôpital* et de *D'Aguesseau* placées au bas de l'escalier extérieur du Corps

A côté de Deseine pourtant, d'autres membres de l'ancienne Académie étaient loin d'afficher le même radicalisme. Tout aussi mécontents au fond de l'état présent des choses, tout aussi désireux en principe d'un changement, mais plus conciliants ou mieux avisés dans la pratique, ils se fussent sans difficulté arrangés d'une réforme qui, en augmentant le nombre des privilégiés, eût à peu près supprimé à leurs yeux les inconvénients du privilège par cela même qu'ils eussent pu, le cas échéant, en profiter. De là les propositions, beaucoup moins agressives que les prétentions exprimées par Deseine, qu'ils crurent devoir soumettre aux représentants du pouvoir et les négociations dans lesquelles ils essayèrent d'entrer avec les membres de l'Institut eux-mêmes.

Un comité des anciens académiciens s'était formé, sous la présidence de Le Barbier, pour rechercher les moyens de rattacher leur cause à celle des artistes qui composaient la classe des beaux-arts et pour travailler à amener de part et d'autre une entente ou, tout au moins, une transaction. Le ministre de l'intérieur, l'abbé de Montesquiou, s'était prêté de bonne grâce aux démarches tentées auprès de lui par les réclamants. Il les avait autorisés à se réunir, leur avait même accordé, pour les séances qu'ils comptaient tenir, une salle dans un des bâtiments de l'État, mais sans pour cela s'engager sur le fond de l'affaire, et sans promettre rien de plus en son propre nom qu'une intervention éventuelle. De leur côté, les membres de la classe des beaux-arts n'avaient paru ni s'offenser des tentatives faites, ni même les désapprouver, dans la mesure, bien entendu, où elles ne porteraient pas

législatif. Deseine avait été nommé membre de l'Académie royale de peinture le 26 mars 1791, c'est-à-dire dans la dernière séance tenue par l'Académie pour une élection.

CHAPITRE IV.

atteinte à la constitution organique ou à la dignité du corps auquel ils appartenaient ; mais ils n'avaient pas voulu prendre part aux pourparlers entamés autour d'eux, et s'étaient contentés d'en attendre sans hostilité préconçue les résultats. Bref, la campagne entreprise par les anciens académiciens menaçait fort de traîner en longueur. En voulant en précipiter le dénouement par un simulacre d'accord conclu entre les deux parties, le comité que présidait Le Barbier ne réussit qu'à marquer plus nettement ce qui les séparait, et à envenimer la querelle en feignant de la croire supprimée. L'extrait d'une lettre adressée aux membres de la quatrième classe, le 5 août 1814, permettra d'apprécier cette situation nouvelle et de pressentir la rupture qui devait s'ensuivre bientôt.

« Messieurs, écrivait Le Barbier au nom des artistes qui s'étaient depuis quelques mois groupés autour de lui, vos anciens confrères de l'Académie royale de peinture et de sculpture... ont appris avec joie que vous étiez dans les dispositions les plus fraternelles pour vous rapprocher d'eux. Son Excellence le ministre de l'intérieur nous a autorisés à vous dire qu'il nous avait fait part de vos sentiments. Dites les moyens que nous avons à prendre pour arriver à un résultat si heureux. »

Quelque réservée qu'elle fût dans les formes, cette lettre, au fond, ne tendait pas à moins qu'à obtenir d'une des classes de l'Institut sa scission complète avec ce grand corps, son propre suicide en quelque sorte. Il n'était plus question maintenant pour les ci-devant membres de l'Académie royale, ou tout au moins pour certains d'entre eux, d'aller rejoindre leurs anciens confrères, grâce à une augmentation possible du nombre des places attribuées à la quatrième classe ; c'étaient eux au contraire qui, pour le « rapprochement » à opérer, affectaient de compter sur un mouvement dont ils ne prendraient pas l'initiative. En d'autres termes, ils entendaient que les membres de la quatrième classe vinssent à eux pour travailler en commun au renversement de ce qui existait, et au rétablissement de ce qui avait été aboli. Leurs projets sur ce point étaient si bien arrêtés et leurs prétentions si peu équivoques, que le signataire de la lettre rapportée ci-dessus, escomptant sans plus de façon l'avenir, s'intitulait déjà « président de l'Académie royale de peinture, de sculpture et de gravure ».

A la séance où fut lue cette lettre, la classe déclara par un vote unanime sa volonté de passer à l'ordre du jour; mais tout en refusant de donner suite à d'aussi étranges ouvertures, elle chargea son secrétaire perpétuel de porter à la connaissance de qui de droit les motifs de son refus. C'est ce que Lebreton fit dès le jour même en adressant la lettre suivante au soi-disant président de l'Académie royale.

« Monsieur, écrivait-il à Le Barbier, la classe des beaux-arts de l'Institut royal de France a eu communication, dans sa dernière séance, de votre lettre en date de la veille, par laquelle vous demandez quels seraient les moyens de rapprochement entre les artistes dont vous présidez la réunion et la classe. Celle-ci ne s'est pas crue compétente pour délibérer sur une pareille proposition. Toutes les académies ayant été supprimées par une loi, ne peuvent avoir d'existence légale que quand cette loi aura été abrogée. Jusque-là ce serait pour la classe des beaux-arts une démarche irrégulière d'agir comme si la loi n'existait pas. Ici se borne ce que je suis autorisé à vous répondre.

« Mais je puis ajouter, comme en ayant la certitude,

que Son Excellence le ministre de l'intérieur a pu vous dire, avec vérité, que la classe des beaux-arts, qui avait demandé au dernier gouvernement une augmentation de membres, a renouvelé cette demande en l'appuyant des motifs qu'elle a jugés les plus puissants dans l'intérêt de l'art et des artistes (1). Elle n'a pas autre chose à faire que d'attendre l'effet légal qu'auront ses démarches. L'Académie de peinture et de sculpture n'existe donc pas pour nous; mais le ministre et vous, Monsieur, serez justes envers la classe toutes les fois que vous lui attribuerez le désir de soutenir l'éclat de l'école française et d'être agréable aux artistes qui ont acquis des droits à l'estime publique. »

La situation et le rôle des deux partis en présence se dessinaient donc nettement. D'un côté, les représentants de l'ancien régime académique, désavoués et repoussés par ceux-là mêmes qu'ils avaient voulu attirer, en étaient réduits, pour essayer d'arriver à leurs fins, à ne plus compter que sur leurs forces personnelles et sur la faveur, encore problématique, il est vrai, mais cependant assez probable, d'un pouvoir politique naturellement peu enclin à prendre la défense des institutions d'origine révolutionnaire. De l'autre côté, les artistes membres de l'Institut, si bien disposés qu'ils fussent à accepter une augmentation du nombre des places attribuées à leur classe, n'en étaient pas moins résolus à ne rien céder de leurs préro-

(1) Lebreton, en s'exprimant ainsi, n'avançait rien que de strictement exact. On lit en effet dans le procès-verbal de la séance du 16 juillet 1814 : « Le secrétaire perpétuel propose d'adresser à Son Excellence le ministre de l'intérieur la demande que la classe des beaux-arts avait faite au dernier gouvernement, d'augmenter le nombre des membres de la classe et de le porter à quarante. La classe autorise le secrétaire perpétuel à transmettre cette demande au ministre, avec tous les motifs à l'appui. »

gatives essentielles et à soutenir jusqu'au bout une cause intéressant, autant que leur existence propre, celle du corps tout entier auquel ils appartenaient. Sauf la différence des personnages et des temps, il y avait dans cet antagonisme des deux groupes quelque chose d'analogue à la lutte engagée, plus d'un siècle et demi auparavant, entre les confrères de Lebrun à l'Académie royale de peinture et les membres de l'ancienne corporation des maîtres jurés dépossédés de leurs privilèges par la nouvelle compagnie. Ceux-ci toutefois avaient eu dans la personne de Pierre Mignard un chef en mesure, par l'importance que lui donnaient ses talents, de le prendre de haut avec ses adversaires et, par les instincts de son caractère agressif, en humeur de mener hardiment la campagne. La hardiesse dans l'attaque n'était pas au contraire, non plus que l'éclat de la renommée, le propre de l'homme que les assaillants de 1814 avaient mis à leur tête. Peintre médiocre, dont on ne connaît plus guère aujourd'hui que ces « modèles de dessin » copiés, depuis le commencement du siècle, dans les lycées et dans les maisons d'éducation de tout ordre, avec un ennui que chacun de nous se rappelle, vieillard de mœurs douces et d'habitudes fort étrangères jusqu'alors à la polémique, Le Barbier avait été choisi, faute de mieux, pour couvrir de son nom et pour justifier en apparence les aventures que de plus remuants ou de plus ambitieux se proposaient de tenter à côté de lui.

Les choses suivirent leur cours en conséquence. Tandis qu'après l'insuccès de sa lettre, Le Barbier semblait à peu près renoncer au combat, et que déjà peut-être il songeait à part lui à se réconcilier avec cet Institut qui pourrait un jour lui ouvrir ses rangs, et où il devait en effet entrer quelques mois plus tard, ses lieutenants poursuivaient plus activement que jamais les hostilités. Ils redoublaient d'instances auprès du ministre de l'intérieur pour qu'il se déclarât en faveur d'une réforme dont il avait, nous l'avons dit, accueilli d'abord le projet avec une certaine bienveillance, mais en ajournant toute décision personnelle sur le fond même de la question. Peu à peu, l'abbé de Montesquiou se départit de sa réserve. Il consentit à écouter plus souvent et de plus près les mécontents, et se laissa à la fin si bien persuader par eux que, le 5 mars 1815, une ordonnance royale rendue sur sa proposition venait pleinement leur donner gain de cause.

Aux termes de cette ordonnance, la quatrième classe de l'Institut était supprimée, l'ancienne Académie royale de peinture et de sculpture rétablie, ainsi que l'ancienne Académie d'architecture. Elles devaient l'une et l'autre être régies par les règlements en vigueur avant la Révolution, et si les trois autres classes de l'Institut demeuraient, au moins quant à présent, maintenues, c'était à la condition de reprendre leur nom d'*Académie* et de subir dans le personnel des changements considérables. On le voit, le coup porté à la quatrième classe atteignait aussi le corps tout entier; mais il ne faisait encore que l'ébranler sans l'abattre, tandis que la partie qu'il séparait ainsi de l'ensemble perdait immédiatement par cela même sa raison d'être et son caractère propre. Condamnée à se fondre dans l'Académie royale reconstituée, la classe des Beaux-Arts n'allait plus être qu'un groupe d'artistes associés à d'autres en nombre illimité, vivant avec eux d'une vie banale, dans une sorte de promiscuité d'autant moins profitable à leur dignité que l'inégalité entre les talents serait plus grande et l'égalité des droits plus hasardeusement consacrée.

La décision officielle prise à ce sujet devait heureusement rester lettre morte. Quinze jours après celui où l'ordonnance royale avait été signée, c'est-à-dire avant qu'on eût eu le temps de l'insérer au *Bulletin des lois* et même de la notifier à l'Institut, le gouvernement de la première Restauration s'effondrait, et Napoléon reprenait possession du trône. Le Barbier et les siens en étaient donc pour les frais de leur victoire théorique, les membres de l'Institut pour leurs craintes passées et pour leur défaite d'un moment : car il paraissait peu probable que Napoléon ratifiât une mesure en contradiction aussi formelle avec ce qu'il avait lui-même autrefois établi et organisé. Il n'eut garde d'y adhérer, en effet. Dès le 24 mars 1815, presque au lendemain par conséquent de sa réinstallation aux Tuileries, il annulait l'acte de son prédécesseur, et, le même jour, le nouveau ministre de l'intérieur Carnot écrivait au président de l'Institut pour l'informer que « l'ordonnance du 5 mars devait être considérée comme non avenue ».

Convenait-il néanmoins de ne rien faire de plus ? Suffisait-il de proclamer le maintien, sans modifications d'aucune sorte, de l'organisation établie douze ans auparavant, et, jusque dans le sein de l'Institut, ne reconnaissait-on pas l'opportunité, la nécessité même de certaines réformes ? On a vu qu'à deux reprises déjà, en 1809 et en 1814, les membres de la classe des Beaux-Arts avaient demandé une augmentation du nombre des places fixé à vingt-neuf par l'arrêté consulaire de 1803. La première fois, leur demande était restée sans réponse ; la seconde fois, on y avait répondu par la suppression de la classe et par le rétablissement au dehors de l'ancienne Académie. Maintenant que le principe de l'unité de l'Institut était sauvegardé, et que la quatrième classe, comme les autres, se trouvait assurée de conserver sa fonction et son titre, le moment semblait venu pour elle de renouveler avec plus de confiance l'expression de son vœu, et, pour le pouvoir, de l'écouter avec une meilleure volonté d'y donner suite.

Tout d'ailleurs s'engagea sans difficultés d'un côté ni de l'autre, et se résolut promptement. Un mois à peine s'était écoulé depuis la chute du dernier gouvernement qu'un décret impérial, en date du 27 avril 1815, faisait droit aux observations présentées, en élevant au chiffre de quarante et un, y compris le secrétaire perpétuel, l'ensemble des artistes à répartir dans les diverses sections de la quatrième classe, et en laissant à celle-ci le soin de choisir elle-même les douze nouveaux membres qu'elle était autorisée à s'adjoindre.

Aussitôt que le décret qui réorganisait ainsi la classe des Beaux-Arts eut paru, on procéda aux élections. Commencées dès les premiers jours de mai, les opérations étaient terminées avant la seconde semaine de juin, et elles avaient eu pour résultat d'ouvrir les portes de l'Institut aux artistes qui pouvaient le mieux en accroître ou en renouveler le prestige. C'étaient, dans la section de peinture, Gros, Guérin, Girodet, jeunes encore, hautement recommandés par l'éclat de leurs succès récents, et déjà chefs chacun d'une école d'où devaient sortir la plupart des peintres qui, devenus des maîtres à leur tour dans des genres différents, honoreraient le plus la génération suivante (1) ; c'était, dans la section d'ar-

(1) Outre Gros, Guérin et Girodet, outre Carle Vernet et Meynier, qui furent élus en même temps qu'eux, les candidats aux places récemment créées dans la section de peinture avaient été : Ansiaux, Lemonnier, Serangeli, Robert-Lefèvre, Hue, Thévenin et Prud'hon. Deux de ces compétiteurs, Hue et Lemonnier, avaient appartenu à l'ancienne Académie royale ; leur candidature prouvait donc chez les irréconciliables de la veille l'intention maintenant

chitecture, Rondelet, le savant continuateur de l'œuvre de Soufflot, au Panthéon, et l'auteur d'un livre classique, alors comme aujourd'hui, — le *Traité de l'art de bâtir;* c'étaient enfin, dans la section de composition musicale, Cherubini, Lesueur, Berton, tous trois en possession d'une brillante renommée, tous trois dignes par leurs talents de prendre place auprès de Méhul, de Gossec et de Monsigny. Quant aux sections de sculpture et de gravure, le nombre des membres dont elles se composaient depuis 1803 n'ayant pas été changé par l'acte du 27 avril, il n'y avait eu de ce côté aucune élection à faire.

Cependant l'augmentation du personnel de la classe des Beaux-Arts, dans les termes où le décret impérial l'avait prescrite, ne s'appliquait pas seulement aux peintres, aux architectes et aux compositeurs de musique. Aux cinq sections établies sous le Consulat, ce décret en ajoutait une nouvelle qui devait comprendre cinq membres et, sous le titre d'*Histoire et Théorie des beaux-arts,* représenter un ordre de travaux et de mérites se rattachant de près à ceux des artistes proprement dits. Il y avait là une innovation heureuse, en ce sens qu'elle tendait à encourager en France un genre d'érudition spécial et qu'elle assurait une place et une récompense fixes à des talents que la troisième classe, dite d'*Histoire et de littérature anciennes,* n'était pas ou ne pouvait être que bien accidentellement en mesure d'accueillir ; mais si ce principe, excellent en soi, méritait d'être consacré

---

de faire cause commune avec ceux qu'ils avaient voulu renverser. Quant à Prud'hon, à qui l'on s'étonnera peut-être que la quatrième classe ait cru devoir préférer Meynier, il n'attendit pas longtemps la réparation de son échec, puisqu'il fut élu en 1816, lors de la première vacance qui se produisit dans la section de peinture.

comme la réparation d'un oubli et comme un stimulant pour l'avenir, la pratique dans le présent ne laissait pas d'en être assez malaisée.

Au commencement de ce siècle, en effet, les critiques d'art et les historiens de la peinture, de l'architecture ou de la musique, étaient loin encore d'avoir dans notre pays la juste autorité que plusieurs de leurs successeurs ont su acquérir de nos jours. Autant il eût été facile, quarante ou cinquante ans plus tard, de trouver des écrivains ou des érudits dignes de figurer dans ce groupe d'élite que l'on avait voulu former en 1815, autant à cette époque les titres des hommes entre lesquels il s'agissait de choisir étaient incertains et les garanties qu'ils offraient insuffisantes. Sauf Émeric David, Quatremère de Quincy et un ou deux autres peut-être, que leur compétence éprouvée et leur science solide mettaient en réalité hors de pair, mais qui avaient refusé de se porter candidats, quels pouvaient être parmi les futurs membres de la nouvelle section ceux qui s'imposaient aux suffrages de la classe par l'importance des services rendus ou par la notoriété personnelle? Aussi, en attendant mieux, se contenta-t-on, pour remplir le cadre, d'emprunter à la section de peinture deux de ses membres, Denon et Visconti, à la classe des correspondants un peintre paysagiste, auteur par surcroît de quelques récits de voyages, Castellan, et un habile dessinateur d'architecture, Thibault, qui devint plus tard professeur de perspective à l'École des beaux-arts et membre de la section d'architecture à l'Académie.

Pour le cinquième fauteuil, on prit le parti d'y caser à tout hasard le dernier survivant à l'Institut des représentants de la « déclamation », le vieux Grandménil, dont une fois déjà on n'avait trop su que faire, et qui, promené de la place qu'il occupait originairement à une place dans la section de Composition musicale, ne devait pas, en entrant dans la section d'Histoire et de Théorie, arriver pour cela au terme de son odyssée académique. Dix mois plus tard, en effet, il était de nouveau transformé en musicien, et il reprenait, à la faveur de ce déguisement, c'est-à-dire sans plus de titres au fond qu'auparavant, la place qu'on lui avait fait quitter. Il n'y fut d'ailleurs réintégré que pour bien peu de temps, puisqu'il mourut le 24 mai 1816, après avoir été, sous les diverses étiquettes successivement attachées à son nom, un des membres de la classe les plus scrupuleux, les plus assidus aux séances, et, dans les rapports avec ses confrères, un des plus faciles et des plus courtois. Si donc il est permis de trouver que, par sa profession et par le genre de son talent, Grandménil ne remplissait pas les conditions nécessaires pour être appelé à siéger à l'Institut, il n'y aura que justice à reconnaître, une fois cette réserve faite, que, au point de vue de la probité de l'esprit et de la modération du caractère, il n'y était nullement déplacé (1).

(1) A l'époque de la Terreur, cette modération que, contrairement à la conduite tenue par plusieurs de ses camarades du Théâtre de la République, Grandménil ne craignait pas de témoigner, faillit plus d'une fois lui être fatale : le jour entre autres où il avait montré quelque chose de moins que de l'enthousiasme en entendant la lecture d'une pièce ultra-révolutionnaire, *Le Jugement dernier des rois,* œuvre du trop fameux Sylvain Maréchal. Celui-ci, pour mieux s'assurer apparemment la bienveillance de ses juges, s'était fait accompagner, quand il vint présenter sa pièce aux comédiens, de trois membres de la Convention. La lecture finie, Grandménil seul se permit quelques observations. On pouvait craindre, objectait-il, « d'être pendu si jamais les rois revenaient ». « Voulez-vous donc être pendu dès à présent pour n'avoir pas accepté la pièce ? » répliqua un des compagnons de l'auteur. Grandménil se le tint pour dit ; *Le Jugement dernier des rois* fut reçu, mais il s'abstint d'y jouer un rôle.

Complétée comme elle venait de l'être, au moins dans les sections de peinture et de composition musicale, par l'adjonction des artistes du dehors les plus éminents, la quatrième classe semblait plus que jamais à l'abri des hostilités contre les personnes et, en raison de sa constitution même, mieux préservée pour l'avenir de toute atteinte à sa stabilité. On verra tout à l'heure comment, sur ce dernier point, les espérances qu'on avait pu concevoir se trouvèrent bientôt démenties, et avec quel empressement à son tour le gouvernement de la seconde Restauration annula les mesures par lesquelles le gouvernement des Cent-jours s'était hâté de remplacer celles qui avaient été prises en mars 1815, au nom de Louis XVIII ; mais pour le moment, quels que fussent les périls de la situation politique et l'imminence de la guerre, à l'Institut, et particulièrement dans la classe des Beaux-Arts, on pouvait croire définitivement close l'ère des changements plus ou moins radicaux, des réformes alternativement prescrites et désavouées.

Aussi les nouveaux élus, comme ceux dont ils étaient devenus les confrères, ne songeaient-ils qu'à se conformer de leur mieux aux conditions qui leur étaient actuellement faites et à prendre en main, suivant les cas, soit la direction des affaires de l'art en général, soit les intérêts particuliers des jeunes artistes que les récents événements avaient forcément détournés de leurs études ou dépossédés de certains droits. C'est ainsi que, à la prière de deux jeunes architectes, dont l'un, M. Hittorff, devait, trente-huit ans plus tard, être appelé à siéger parmi les membres de l'Académie des beaux-arts, la quatrième classe intervenait auprès du ministre de l'intérieur Carnot pour obtenir que ces jeunes gens, nés l'un et l'autre sur un territoire qui en 1814 avait cessé d'être annexé à la France (1), fussent autorisés, malgré la perte de leur nationalité, à participer au concours ouvert pour le grand prix de Rome. C'est ainsi encore qu'elle accordait à un autre de ses futurs membres, à M. Léon Cogniet, comme aux peintres admis à concourir avec lui, quelques jours supplémentaires de travail, en compensation de ceux que leur avait pris le service, très actif à cette époque de crise, de la garde nationale. En même temps, elle renouait avec le directeur de l'Académie de France, à Rome, la correspondance régulière que la suspension ou le retard des *envois* l'avaient forcée d'interrompre, sans parler de certaines circonstances fort étrangères à l'art qui n'avaient pas laissé de rendre assez difficile la situation à Rome du directeur et celle des pensionnaires.

L'artiste chargé alors des fonctions que Suvée avait remplies tant bien que mal jusqu'en 1807, était Lethière, auteur du grand tableau, aujourd'hui au Louvre, la *Mort des fils de Brutus*. Quoique, à l'époque de sa nomination, Lethière n'appartînt pas encore à l'Institut, et que, malgré le succès de l'ouvrage susmentionné, sa réputation personnelle n'eût pas, à beaucoup près, l'éclat de celle qu'avaient acquise David, Regnault et même des peintres plus récemment entrés dans la carrière, le choix de la quatrième classe s'était porté sur lui, parce qu'on le savait homme à couper court aux abus que la faiblesse de Suvée avait laissés s'introduire à la villa Médicis, et, en cas de troubles extérieurs, à faire respecter l'indépendance du grand établissement dont il aurait la garde. La confiance qu'il avait inspirée ne tarda pas à être justifiée ;

(1) M. Hittorff, alors âgé de vingt et un ans, était né à Cologne, devenu en 1801 chef-lieu d'arrondissement dans le département de la Roër.

elle s'accrut même d'année en année, en proportion des services rendus, si bien qu'une fois arrivé au terme de son mandat, Lethière fut invité à continuer ses fonctions pendant quatre ans encore. Il se trouvait donc en 1814 à la tête de l'Académie de France, lorsque la double nouvelle de la chute de Napoléon et de la restauration des Bourbons parvint à Rome, où elle provoqua, tant parmi les pensionnaires que dans la population même, d'ardents mouvements d'opinion en sens contraire. Le directeur eut à la fois assez de bon sens pour éviter de se mêler personnellement à la lutte et assez d'autorité pour accomplir, malgré les essais d'opposition, son devoir. Grâce à lui, le calme fut maintenu aux abords comme à l'intérieur de la villa Médicis, et le drapeau qui consacrait le changement survenu dans le gouvernement de notre pays put surmonter l'entrée d'un palais appartenant à la France, sans que personne désormais osât faire mine de s'en scandaliser; mais quand, au bout de quelques mois, une nouvelle révolution eut jeté bas ce qui venait d'être rétabli et rétabli ce qui avait été naguère renversé, Lethière dut redoubler de fermeté et de prudence pour faire accepter à Rome les conséquences de ce revirement subit, sans compromettre la dignité du pays qu'il représentait et sans paraître avoir cédé trop tôt aux exigences de la situation que les événements lui avaient faite. Aussi se montra-t-il cette fois moins empressé qu'il ne l'avait été, l'année précédente, à prendre officiellement les mesures imposées par le nouvel ordre de choses.

« L'an passé, écrivait-il le 14 avril 1815 au président de la quatrième classe, je me suis trouvé ici dans une position difficile dont la classe fut instruite, et j'ai su qu'elle avait approuvé ma conduite. Le ministre de l'intérieur m'en a également témoigné sa satisfaction. En dernier lieu, nous n'avons été instruits de ce qui se passait en France que par la voix publique et par des articles de journaux italiens souvent mensongers et contradictoires..... Il y avait plus de trois semaines qu'il n'arrivait ici ni lettres, ni journaux de Paris. Ils arrivèrent enfin le 11 du courant, et, la nouvelle du retour de l'Empereur étant par là tout à fait notoire, je fis supprimer les armoiries royales à l'entrée du palais de l'Académie. Je ne m'étais point, jusqu'à ce moment, rendu aux sollicitations qui m'avaient déjà été faites par plusieurs Français..... Mon devoir était d'attendre l'arrivée des journaux de France, ne fût-ce que pour être en règle vis-à-vis du gouvernement romain, très susceptible dans ces sortes d'affaires ; mais j'attendrai les instructions du ministre, à qui je rends compte de ces détails, pour faire replacer les armes de l'Empire.

« Cette suppression des armoiries royales a fait l'entretien de toute la ville ; chacun en a parlé dans son sens. Quelques-uns ont voulu y voir autre chose que le simple accomplissement de mon devoir ; le gouvernement pontifical lui-même s'en est inquiété....., et, parmi un bon nombre de Français qui se trouvent à Rome, trois, à ma connaissance, non seulement m'ont blâmé, mais excitent encore contre moi, autant qu'il dépend d'eux, l'indignation publique. On accuse aussi les pensionnaires, bien que ces jeunes gens n'aient donné aucune prise aux reproches. J'ai cru, Monsieur le président, devoir, par votre organe, instruire la classe de ces faits, qui ne peuvent lui être indifférents..... »

L'indifférence des membres de la quatrième classe pour les incidents dont il leur était ainsi rendu compte, était effectivement d'autant moins présumable, et leur approbation de la conduite tenue à Rome par Lethière

CHAPITRE IV.

d'autant plus naturelle qu'eux-mêmes, à Paris, avaient observé une réserve pareille durant la période qu'ils venaient de traverser. Tout en se soumettant au pouvoir établi à l'époque de la première Restauration, ils s'étaient abstenus de ces engagements hâtifs, de ces bruyantes protestations de zèle au moyen desquelles d'autres hommes, mêlés de beaucoup plus près qu'eux aux affaires sous le dernier gouvernement, s'efforçaient de faire oublier la part qu'ils y avaient prise et répudiaient sans vergogne le passé.

Après le retour de Napoléon, l'attitude de la classe des Beaux-Arts avait été la même. Ce n'était pas un des siens, c'était un membre de l'Académie française, Étienne, qui, lors de la première réception de l'Institut aux Tuileries, avait, dans une harangue louangeuse jusqu'à la flagornerie, remercié l'Empereur des bienfaits « qu'il répandait ou qu'il allait répandre » sur la France délivrée par lui du joug des Bourbons. Enfin, la classe ne s'était pas plus associée aux diatribes de David contre les partisans, vrais ou supposés, de l'ancien régime qu'à son enthousiasme impérialiste et à son adhésion publique aux articles de l' « acte additionnel ». Les confrères du peintre avaient vu dans la visite que, peu après son retour, l'Empereur lui avait faite un hommage légitime au talent d'un artiste célèbre entre tous (1), et, de plus,

(1) Cette visite de Napoléon à l'atelier que David occupait alors à la Sorbonne, et où il venait d'achever le tableau des *Thermopyles,* eut lieu dans le courant du mois d'avril 1815. Après un examen de quelques instants, Napoléon, moins sensible sans doute aux mérites pittoresques de l'œuvre qu'aux souvenirs héroïques et aux exemples qu'elle impliquait, dit au peintre en se retirant : « Très bien, monsieur David, continuez à honorer la France. J'espère que des copies de votre tableau ne tarderont pas à être placées dans les écoles militaires. Elles rappelleront aux jeunes

le décret qui, conformément à leurs vœux, venait d'augmenter le nombre des membres de la quatrième classe, leur avait inspiré des sentiments de reconnaissance dont ils avaient chargé David de transmettre l'expression au souverain ; mais tout s'était borné de leur part à ces témoignages par procuration de gratitude et à une correspondance officielle avec le ministre compétent pour des affaires intéressant la compagnie.

La classe des Beaux-Arts tout entière s'était donc, aussi bien pendant les Cent-jours que durant les onze mois qui avaient précédé, soigneusement tenue à l'écart des agitations politiques et des querelles de parti. Elle n'avait voulu se rendre complice ni de ceux qui s'étaient hâtés de condamner sans merci le pouvoir tombé la veille, ni des courtisans du pouvoir nouveau, pressés de lui offrir dès la première heure leur dévouement de circonstance et leurs services intéressés ; mais quand le moment fut venu pour la France des luttes et des désastres suprêmes, quand, après Waterloo, nos revers eurent amené une seconde fois les armées étrangères sur le sol de la patrie outragée, les artistes qui appartenaient à l'Institut ressentirent trop unanimement, ils partagèrent avec une trop profonde émotion les amertumes de la douleur publique, pour continuer de se livrer, comme si rien n'était survenu dans l'intervalle, à leurs occupations accoutumées. Ils ne suspendirent pas leurs séances, parce que l'époque de l'année où l'on se trouvait était celle des concours ouverts pour les grands prix de Rome, et que les jugements ne pouvaient être ajournés ; mais, en dehors de la tâche absolument obligatoire qu'ils avaient

---

élèves les vertus particulières de leur état. » Le jour même, l'Empereur nommait son premier peintre commandeur dans l'ordre impérial de la Légion d'honneur.

à remplir de ce côté, ils s'imposèrent le devoir de ne rien entreprendre ni de rien poursuivre des travaux qui les auraient, au moins en apparence, distraits de leur affliction patriotique. Pendant plusieurs semaines, ils refusèrent d'entendre aucune lecture, de recevoir aucune communication, de laisser aucune discussion s'engager sur des sujets étrangers aux concours dont ils avaient alors à juger les résultats. Plus d'un mois s'était écoulé déjà depuis que les événements avaient replacé Louis XVIII sur le trône, lorsque la quatrième classe de l'Institut, d'ailleurs décimée, comme on le verra tout à l'heure, dès les premiers jours du gouvernement royal, se décida à reprendre, pour l'exercer désormais dans sa plénitude et avec la même activité qu'autrefois, la fonction dont les malheurs du temps l'avaient momentanément forcée de ne s'acquitter qu'en partie.

CHAPITRE V

L'ACADÉMIE DES BEAUX-ARTS DEPUIS LA SECONDE
RESTAURATION JUSQU'A LA FIN DU RÈGNE DE
LOUIS XVIII.

Les objets d'art provenant des conquêtes sont retirés du musée. — Lebreton cesse de remplir les fonctions de secrétaire perpétuel. — Annulation du décret impérial qui avait élevé à quarante le nombre des membres de la quatrième classe. — Ordonnance royale du 21 mars 1816, aux termes de laquelle ce chiffre est rétabli et la quatrième classe de l'Institut devient l'Académie des beaux-arts. — Création dans l'Académie de la classe des Académiciens libres. — Exclusion de l'Académie et exil de David. — Quatremère de Quincy élu secrétaire perpétuel. — Fondation du prix de paysage historique. — Organisation de l'Ecole des beaux-arts et son installation en dehors des bâtiments de l'Institut.

Il ne conviendrait pas, sans doute, d'insister ici sur la situation particulière où se trouvait le gouvernement royal à l'époque de la seconde Restauration, et de prétendre démontrer, jusqu'à l'épuisement des preuves, combien les dispositions qu'il rencontrait alors dans l'opinion publique différaient de celles qui, au printemps de l'année précédente, avaient semblé lui venir en aide ou, tout au moins, lui faire crédit. Encore faut-il cependant en rappeler quelque chose, ne fût-ce que pour expliquer certaines mesures dont nous aurons bientôt à parler, et pour rattacher ainsi à l'histoire de l'Académie des beaux-arts elle-même les faits généraux accomplis au préalable et le souvenir des circonstances politiques dans lesquelles ils s'étaient produits.

Le retour des Bourbons, en 1814, avait été salué dans notre pays sans enthousiasme assurément pour leurs personnes, mais avec un sentiment de bon vouloir à peu près unanime pour les idées et le régime qu'ils paraissaient représenter. Lasse des excès du despotisme impérial, épuisée par les dernières guerres et comme saignée à blanc par des levées de troupes qui, à la fin, s'étaient renouvelées jusqu'à quatre fois dans le cours d'une seule année (1813), la France avait soif de repos à tout prix. Elle croyait en trouver les gages dans le nouveau gouvernement, et se jugeait à juste titre assez riche de gloire pour demander seulement à celui-ci de lui assurer la paix au dehors, et, au dedans, la liberté que, pas plus que les gouvernements révolutionnaires, l'Empire ne lui avait donnée. Aussi, malgré les fautes ou les maladresses commises pendant les onze mois qui précédèrent le retour de l'île d'Elbe, la chute du pouvoir royal, au mois de mars 1815, laissa-t-elle dans beaucoup d'esprits des regrets que ne purent d'abord effacer ni le succès de la prodigieuse aventure menée à fin par Napoléon avec l'audace et la rapidité que l'on sait, ni les efforts, sincères ou non, qu'il tenta durant les Cent-jours pour réformer dans un sens plus libéral les anciennes « constitutions de l'Empire ». Mais quand le désastre de Waterloo eut été la préface du second retour des Bourbons, quand on les eut vus se réinstaller aux Tuileries sous la protection de ceux-là mêmes qui venaient de triompher de l'armée française, on les rendit instinctivement responsables des malheurs qu'un autre, en réalité, avait attirés sur la patrie ; on confondit leur cause avec celle de l'ennemi, leur fortune renaissante avec l'échec subi sur le champ de bataille, leur résistance même, — si courageuse qu'elle fût parfois, — à certaines exigences des alliés avec l'humiliation de l'orgueil national.

Pour avoir raison de ces injustices ou de ces défiances, il eût fallu que le gouvernement de la seconde Restauration y répondît dès le début par des mesures d'apaisement et par la pratique scrupuleuse des engagements formulés dans la proclamation de Cambrai. Il crut, au lieu de cela, pour démontrer sa prétendue force, devoir recourir à des violences qui ne pouvaient qu'achever de lui aliéner les esprits ; dresser, sous l'inspiration d'un Fouché, des listes de proscription en contradiction formelle avec les paroles de clémence et les promesses des premiers jours ; en un mot, essayer d'intimider la conscience publique, au risque de n'arriver qu'à l'exaspérer ou, tout au moins, de la rendre plus rebelle à la confiance dans le pouvoir nouveau. C'est ce qui résulta en particulier d'un fait lié de près à notre sujet, de cette spoliation du Musée accomplie au commencement du mois de juillet 1815, et dont le souvenir est encore aujourd'hui l'un des plus amers que la seconde invasion ait laissés dans la mémoire de la population parisienne.

Sans doute, — nous avons eu l'occasion et le devoir de le constater dans un autre chapitre, — les richesses d'art mises en notre possession à la fin du dernier siècle ne nous avaient pas été livrées dans des conditions telles que la morale historique et le droit n'eussent eu au fond à en souffrir. L'exemple donné semblait en principe autoriser les représailles, et les vaincus d'autrefois, devenus les vainqueurs à leur tour, pouvaient bien, à la rigueur, vouloir user de leurs avantages pour rentrer, après tout, dans leur bien. D'où vient pourtant que, à l'époque de la

CHAPITRE V.

première Restauration, ils n'aient rien témoigné de leurs intentions sur ce point? Bien plus : comment, sans leur assentiment exprès, Louis XVIII aurait-il pu dire, dans le discours qu'il adressait au Corps législatif le 4 juin 1814 : « Ce que la France ne garde pas de ses conquêtes territoriales ne doit pas être considéré comme retranché de sa force réelle. La gloire des armées françaises n'a reçu aucune atteinte ; les monuments de leur valeur subsistent, et les chefs-d'œuvre des arts nous appartiennent désormais par des droits plus stables et plus assurés que ceux de la victoire. » N'y avait-il pas là une déclaration sans réplique, une consécration qu'on devait croire irrévocable de ces « droits », que, apparemment, les étrangers eux-mêmes nous reconnaissaient, puisqu'ils ne songèrent nullement alors à démentir le langage du Roi et à rien revendiquer des richesses enlevées autrefois à leurs pays, au profit de nos musées et de nos bibliothèques ? Enfin, le traité de paix du 30 mai 1814 ne garantissait-il pas implicitement à la France la conservation de ces richesses, puisqu'il ne contenait aucun article qui en prescrivît l'abandon ?

En 1815, tout était bien changé. Dès le 3 juillet, dans une des conférences que tenaient à Saint-Cloud les chefs des armées alliées et les commissaires français chargés de défendre les intérêts de Paris, le feld-maréchal Blücher et le duc de Wellington s'étaient opposés à ce qu'il fût fait une mention spéciale du Musée dans l'article qui stipulait l'inviolabilité des propriétés publiques (1). Blücher avait nettement déclaré, pour son compte, qu'il « reprendrait dans le Musée tout ce qui était prussien ». Il entendait par là non seulement les tableaux trans-

(1) Voy. *Collection des dépêches et ordres du jour de lord Wellington.* — Édition de Bruxelles, n°s 983 et 997.

portés de Berlin à Paris, mais ceux aussi qui provenaient des provinces allemandes et des départements français de la rive gauche du Rhin cédés à la Prusse par les traités de Paris et de Vienne. Quant à lord Wellington, tout en reconnaissant que la question n'intéressait pas directement l'Angleterre, puisque celle-ci n'avait pas été atteinte dans ses possessions, il réclamait en faveur de la Belgique, de la Hollande et de plusieurs principautés germaniques dont les troupes faisaient partie de l'armée qu'il commandait, la restitution des objets d'art ayant autrefois appartenu à ces divers pays. « D'ailleurs, ajoutait-il, les souverains d'autres États auront aussi des répétitions à exercer ; nous ne pouvons nous arroger le droit d'y renoncer pour eux. »

Le mot « Musée » une fois supprimé de l'article relatif aux propriétés publiques dont l'intégrité devait être sauvegardée, les revendications ne tardèrent pas de tous côtés à se produire. Tandis que Blücher, qui avait installé deux bataillons dans les cours et dans les galeries du Musée, faisait enlever militairement les tableaux destinés à la Prusse, le ministre des Pays-Bas adressait à lord Castlereagh une note que celui-ci, au nom des ministres des puissances alliées, transmettait au prince de Talleyrand, avec prière d'y faire droit. Bientôt des commissaires nommés *ad hoc* par les gouvernements étrangers, le sculpteur italien Canova entre autres, arrivaient à Paris pour exercer les « répétitions » prédites par le duc de Wellington, et le directeur des Musées, Denon, qui s'était énergiquement efforcé d'arrêter ce débordement de réclamations et de violences, était obligé de donner sa démission, faute de l'appui qu'il avait espéré trouver dans les conseils, sinon dans la volonté personnelle du Roi.

Il est juste de le reconnaître toutefois, le gouvernement français s'était, au début, prononcé dans un sens tout contraire aux prétentions des alliés. Aux objections tirées de la convention du 3 juillet, aux termes de laquelle le Musée se trouvait excepté des mesures générales de préservation, M. de Talleyrand répondait alors que le gouvernement provisoire n'avait pu engager la royauté ; que si les agents de ce gouvernement avaient cru devoir consentir à l'abandon d'objets d'art dont la possession avait été garantie à la France par le traité de paix de 1814, « le Roi, plus soucieux de la dignité de sa couronne et des intérêts du royaume, ne pouvait pas ratifier ce sacrifice; qu'en un mot, le Roi ne donnerait pas d'ordres pour qu'il s'accomplît en son nom ». Les ordres ne furent point donnés, en effet, mais ce fut tout ; pour le reste, on prit le parti de laisser faire, si bien qu'au bout de quelques jours, le même Talleyrand déclarait lestement qu'il n'avait plus à s'occuper de « ces questions de tableaux à garder ou à rendre », et que tout cela, en réalité, « n'était pas une affaire » (1).

Comme bien d'autres à Paris, mais naturellement avec des motifs de regret tout particuliers, les artistes appartenant à l'Institut ressentirent vivement la perte de ces chefs-d'œuvre dont plusieurs d'entre eux, y compris

---

(1) M. de Talleyrand à cette occasion ne manqua pas, suivant sa coutume, de se dédommager de sa défection par des sarcasmes et par un dédain affecté pour ceux-là mêmes dont il était devenu l'allié ou le complaisant. Canova, chargé de reprendre les objets d'art qui avaient appartenu à l'Italie, était arrivé en France avec le titre d'ambassadeur, et c'est comme tel qu'il s'était fait annoncer à l'une des réceptions de M. de Talleyrand. « Ambassadeur ! murmura celui-ci à l'oreille d'un de ses voisins en comptant bien que le mot serait répété, c'est sans doute M. l'Emballeur qu'on a voulu dire. »

Denon lui-même, avaient jadis désapprouvé le transport en France, mais que tous, après ce qui s'était passé en 1814, avaient dû y croire installés pour jamais. Ils en voulaient d'autant plus au Roi et à ses ministres de leurs concessions aux exigences de l'ennemi, que les assurances données par eux d'abord avaient été plus formelles et leurs essais de résistance en apparence plus sérieux. Tout était désormais bien fini. Après la démission et le départ de Denon, les galeries du Musée étaient devenues à la fois un entrepôt où des experts de hasard faisaient leurs choix sans surveillance et sans contrôle, et une caserne où des soldats, sur l'ordre de leurs chefs, empilaient dans des caisses fabriquées à la hâte les tableaux et les statues, au risque, — comme cela eut lieu pour plusieurs œuvres de l'art italien et de l'art antique, — de les lacérer ou de les briser. Il y avait là pour les membres de la classe des Beaux-Arts un sujet d'indignation de plus, et les sentiments que leur avaient fait éprouver les procédés employés s'ajoutant à la douleur causée par la spoliation même, ce fut avec des applaudissements unanimes qu'ils accueillirent, dans la séance publique du 28 octobre 1815, les paroles de leur secrétaire perpétuel flétrissant hautement ces excès.

« Nos pertes sont irréparables, disait Lebreton ; ne pas les déplorer ici serait d'une insensibilité honteuse ou une lâcheté. Sans doute, c'est à l'histoire qu'il appartiendra de prononcer sur la justice ou sur l'injustice qui les a produites, de juger les formes qui les ont accompagnées ; mais nous sommes déjà fondés à croire qu'elle ne dira point que notre nation, qui s'était enrichie de tant de chefs-d'œuvre, se soit montrée indigne de les posséder. Ennoblissons au moins notre malheur par la persuasion qu'il ne fut point mérité..... » Et plus loin : « On ne dira pas non plus que la France ait manqué de magnificence pour ouvrir à ces chefs-d'œuvre un temple digne d'eux, ni de générosité pour en faciliter l'accès à tous les étrangers amis ou ennemis ; il semblait ne plus exister dans son auguste enceinte de haines ni de rivalités nationales. Nous jouissions peut-être davantage, parce que nous faisions jouir les autres..... Personne n'osera nier que Paris n'ait paru retenir ces richesses qu'à titre de dépôt, pour le plus grand avantage de l'Europe et non pour l'orgueil d'une propriété exclusive.

« Telle est, si je ne me trompe, la vraie morale des beaux-arts, et cette morale, nous l'avons pratiquée. Ce n'était donc pas de cela qu'il convenait de prendre texte pour nous donner de dures leçons (1); car, en les invoquant, ces beaux-arts que nous avons respectés, cultivés et propagés, nous aurions le droit d'exercer à notre tour de sévères récriminations. En effet, pour éviter ce qui pourrait sembler nous être personnel, et nous réduisant à un seul fait, ce ne sont pas des Français qui ont arraché par lambeaux les sculptures de Phidias des monuments d'Athènes et mis en ruine les portiques des temples violés (2). »

Un pareil langage et le retentissement qu'il eut dans le public n'étaient pas faits pour plaire au gouvernement du Roi, encore moins aux représentants à Paris des puissances étrangères, à ceux de l'Angleterre en particulier. Aussi Lebreton ne tarda-t-il pas à porter la peine de sa

(1) Allusion à ces paroles de lord Wellington : « Il faut donner aux Français une grande leçon de moralité. »
(2) On sait l'acte de vandalisme commis peu auparavant au Parthénon par lord Elgin et les vains efforts tentés pour le justifier dans un ouvrage publié à Londres en 1811 sous ce titre : *Antiquités grecques, ou Notice et Mémoire des recherches faites par le comte d'Elgin*.

patriotique hardiesse. Même avant le jour où il fut officiellement exclu des deux classes auxquelles il appartenait, par l'ordonnance royale qui réorganisa l'Institut en 1816, il dut, au grand regret de ses confrères de la quatrième classe, abandonner ces fonctions de secrétaire perpétuel qu'il remplissait depuis près de treize années avec un zèle et une exactitude exemplaires, pour les céder à un membre de la section d'architecture, Dufourny, nommé secrétaire perpétuel par intérim. Trois ans plus tard (le 9 juin 1819), Lebreton succombait, âgé seulement de cinquante-neuf ans, à Rio-Janeiro, où il était allé, en compagnie de Taunay et de quelques autres, essayer de fonder une colonie française de lettrés et d'artistes qui, d'ailleurs, ne réussit point, et qui se dispersa immédiatement après sa mort.

L'inertie dans laquelle le gouvernement de la seconde Restauration avait cru devoir se réfugier, après ses velléités de résistance à des menaces si tôt et si complètement réalisées, n'était pas, au surplus, le seul grief que la classe des Beaux-Arts eût contre lui. Elle restait profondément blessée de la mesure qui, dès les premiers jours, avait réduit le nombre de ses membres, et du fâcheux prétexte invoqué pour opérer cette réduction. Une lettre, en effet, datée du 2 août 1815 et signée du nom de M. Pasquier, ministre de la justice, chargé provisoirement du portefeuille de l'intérieur, avait informé le président de la quatrième classe que, « vu l'augmentation du chiffre des dépenses en proportion du nombre des membres de cette classe, porté par le décret impérial du 27 avril de vingt-huit à quarante », le gouvernement du Roi se trouvait obligé de remettre les choses dans l'état où elles étaient à l'époque de la première Restauration. « En conséquence, disait en terminant le ministre, vous voudrez bien, Monsieur le président, prévenir les membres nommés par suite du décret du 27 avril, que, quant à présent et jusqu'à ce qu'il en ait été autrement ordonné, ils ne doivent point se considérer comme faisant partie du corps de l'Institut, ni par conséquent se présenter comme membres aux séances particulières ou générales, ou pour toucher les indemnités auxquelles les autres membres peuvent avoir droit. »

Ainsi, pour échapper à la nécessité de maintenir au budget de l'Institut une somme qui ne pouvait excéder dix-sept mille francs, on ne se faisait pas conscience d'expulser de la quatrième classe des peintres tels que Gros, Guérin et Girodet, un musicien comme Chérubini, d'autres artistes encore diversement considérables, et, sous le même prétexte, on supprimait la section de *Théorie et d'histoire de l'art,* presque au lendemain du jour où elle avait été créée. Le vrai motif, est-il besoin de le dire? se cachait sous ce besoin d'économie apparent. Ce qu'on voulait au fond, c'était effacer, à l'Institut comme ailleurs, tout souvenir, même le plus légitime, des faits accomplis dans le cours des mois précédents, et peut-être, en ce qui concernait particulièrement la classe des Beaux-Arts, la préparer à subir bientôt des réformes plus radicales encore, plus directement contraires à l'esprit et aux conditions dans lesquels elle avait été établie. Voilà du moins ce que permettrait de supposer une correspondance échangée entre M. de Vaublanc, alors ministre de l'intérieur, et le secrétaire par intérim de la quatrième classe : correspondance qui fournissait à celui-ci les occasions d'exposer ou de rappeler, tantôt dans des mémoires développés, tantôt dans de simples lettres, « l'organisation de la classe, ses fonctions relatives à l'enseignement, l'utilité de ses travaux, et les inconvénients graves que sa suppression ne manquerait pas d'entraîner ». Une de ces lettres même semblerait indiquer que sur ce dernier point le danger était imminent. « La classe, écrivait Dufourny, me charge expressément de témoigner à Votre Excellence qu'elle se verrait avec la plus vive douleur séparée du corps illustre dont elle a fait partie jusqu'à présent, et qu'elle désire être conservée dans l'Institut royal avec son régime et ses attributions actuelles. Ce vœu, vous le savez, Monseigneur, est aussi celui des trois autres classes, et cette unanimité de sentiments ne peut manquer d'être d'un grand poids auprès de vous. » Il fallait donc, pour que Dufourny tînt ce langage, qu'il y eût menace d'un retour aux idées dont l'entourage de l'abbé de Montesquiou s'était naguère fait le défenseur, et que la question fût remise sur le tapis d'une restauration de l'ancienne Académie royale ou de quelque chose d'approchant.

Quoi qu'il en ait pu être, et pour nous en tenir à ce qu'il y eut de public dans les résultats de ces pourparlers, ce fut en 1816 seulement qu'une ordonnance royale, en date du 21 mars, mit fin à la situation précaire où la classe des Beaux-Arts se trouvait depuis la suppression du décret aux termes duquel douze membres complémentaires avaient été élus, et que la plupart de ceux-ci purent, grâce à la nouvelle mesure, reprendre les sièges dont ils étaient dépossédés depuis huit mois.

Au moment où parut l'ordonnance royale qui réorganisait, — et, cette fois, irrévocablement, — l'Institut, la classe des Beaux-Arts était donc, quant au nombre de ses sections et de ses membres, telle qu'elle était avant le décret impérial des Cent-jours; c'est-à-dire que les artistes dont elle se composait se trouvaient être ceux-là mêmes qui y avaient été admis entre les années 1795 et

1815, et dont le nombre ne dépassait pas vingt-huit, répartis dans cinq sections seulement. La section de *Théorie et d'histoire de l'art* venant d'être supprimée, Denon, Visconti et Grandménil avaient repris leurs anciennes places, les deux premiers dans la section de peinture, le troisième dans la section de composition musicale ; quant aux neuf autres membres que la classe s'était attachés en 1815 parmi les artistes du dehors, ils avaient cessé, nous l'avons dit, de faire partie de la compagnie.

L'ordonnance de 1816 réparait cette injustice en rétablissant le chiffre de quarante pour le nombre des peintres, des sculpteurs, des architectes, des graveurs et des compositeurs de musique, pouvant désormais appartenir à l'Institut, et en fournissant ainsi aux vingt-huit membres actuellement en fonction les moyens de rouvrir leurs rangs aux confrères dont on les avait séparés. La réintégration de ceux-ci devenait d'autant plus facile, que la section de *Théorie et d'histoire* demeurant supprimée dans l'organisation nouvelle, comme elle l'avait été dès l'année précédente, le nombre des membres des autres sections se trouvait accru en proportion, sans que pour cela le chiffre de quarante dût être dépassé (1). Aussi l'ordonnance royale désignait-elle pour occuper les douze fauteuils qu'elle reconstituait, les artistes déjà choisis par la classe dix mois auparavant, sauf pourtant Berton qui dut attendre, pour rentrer dans la section de composition

(1) Aux termes de l'ordonnance du 21 mars 1816, ce chiffre se décomposait ainsi : quatorze peintres, huit sculpteurs, huit architectes, quatre graveurs, six compositeurs de musique. Telle est encore aujourd'hui la répartition dans les cinq sections des artistes qui, avec la classe des académiciens libres, les associés étrangers et le secrétaire perpétuel, forment l'ensemble des membres de l'Académie des beaux-arts.

musicale, que la mort de Grandménil, survenue d'ailleurs au bout de deux mois, eût rendu vacante la place où le vieux comédien avait été relégué une fois de plus ; sauf encore Thibault et Castellan, réintégrés au reste peu après dans la compagnie, le premier à titre d'architecte, le second comme académicien libre. Enfin, par cette même ordonnance de 1816, le Roi nommait directement quatre membres qui n'avaient pas figuré parmi les élus de 1815. C'étaient, dans la section de peinture, Le Barbier, que l'on dédommageait ainsi de l'échec définitif des tentatives poursuivies par lui en vue d'une restauration de l'ancienne Académie de peinture ; dans la section de sculpture, Bosio et Dupaty; dans la section de gravure, Boucher-Desnoyers, auteur, entre autres planches d'un grand mérite, de la *Belle Jardinière,* d'après Raphaël, et de la *Vierge aux rochers,* d'après Léonard.

A bien peu d'exceptions près, la quatrième classe de l'Institut ou plutôt l'Académie des beaux-arts, — car tel était le titre légal qu'elle devait porter désormais, — se trouvait donc en 1816 dans des conditions semblables, quant au personnel, à celles qui lui avaient été faites en 1815 par Napoléon et que le gouvernement de la seconde Restauration avait si fâcheusement refusé d'abord de ratifier. Toutefois, cet acquiescement tardif aux mesures prises par le gouvernement précédent n'avait pas été si complet, au point de vue de l'organisation même, que de ce côté aucune réforme n'eût paru nécessaire.

On a vu que la section de *Théorie et d'histoire de l'art,* supprimée dès le mois d'août 1815, n'avait pas été rétablie par l'ordonnance qui, en 1816, maintenait les cinq anciennes sections. En revanche, une nouvelle section, ou, suivant la dénomination consacrée par cette ordonnance, une « classe » de dix membres libres, distincts des quarante membres artistes de profession, devait représenter dans la compagnie quelque chose d'analogue aux genres de mérite ou à l'ordre des influences que les « honoraires amateurs » personnifiaient autrefois dans l'Académie royale de peinture. Il y avait là, en réalité, sous l'apparence d'une innovation, un retour aux usages du passé, comme le nom d'académie donné à chacune des quatre classes avait pour objet de faire revivre, tout en les appropriant aux institutions actuelles, les exemples d'un autre temps et les souvenirs d'un autre régime. C'est ce qui ressort des termes mêmes précédant le dispositif de l'ordonnance royale par laquelle l'Institut était réorganisé.

« La protection, disait Louis XVIII, que les rois nos aïeux ont constamment accordée aux sciences, aux lettres et aux arts, nous a toujours fait considérer avec un intérêt particulier les divers établissements qu'ils ont fondés pour honorer ceux qui les cultivent. Aussi n'avons-nous pu voir sans douleur la chute de ces académies..... dont la fondation a été un titre de gloire pour nos augustes prédécesseurs. Depuis l'époque où elles ont été rétablies sous une dénomination nouvelle, nous avons vu avec une vive satisfaction la considération et la renommée que l'Institut a méritées en Europe. Aussitôt que la divine Providence nous a rappelé sur le trône de nos pères, notre intention a été de maintenir et de protéger cette savante compagnie; mais nous avons jugé convenable de rendre à chacune de ses classes son nom primitif, afin de rattacher leur gloire passée à celle qu'elles ont acquise, et de leur rappeler à la fois ce qu'elles ont pu faire dans des temps difficiles et ce que nous devons en attendre dans des jours plus heureux.

« Enfin, nous nous sommes proposé de donner aux

académies une marque de notre royale bienveillance, en associant leur rétablissement à la restauration de la monarchie et en mettant leur composition et leurs statuts en accord avec l'ordre actuel de notre gouvernement. »

La création d'une classe d'académiciens libres, composée « d'hommes distingués soit par leur rang et leur goût, soit par leurs connaissances théoriques ou pratiques dans les beaux-arts, soit par les écrits remarquables qu'ils auraient publiés sur ce sujet », était une de ces modifications aux « statuts » qui tendaient à renouveler dans le présent, au moins en partie, des habitudes disparues jadis avec la royauté. Depuis le règne de Louis XIV, en effet, jusqu'à la fin du règne de Louis XVI, il y avait eu dans l'Académie royale de peinture, d'abord sous le titre de « conseillers honoraires amateurs », puis sous celui « d'honoraires amateurs et d'associés libres », un certain nombre de personnages de haut rang que les artistes membres de la compagnie s'étaient adjoints avec un empressement qui s'explique par cela même qu'ils trouvaient en eux des intermédiaires officieux entre l'Académie et le Roi ; il y avait aussi, — nous l'avons dit au commencement de ce livre, — des érudits comme le comte de Caylus, Mariette et plusieurs autres, dont le goût et les connaissances spéciales justifiaient amplement les suffrages qui leur avaient été donnés. Rien de mieux, sans doute, que de reprendre, au profit de la nouvelle Académie, des traditions qui dans l'ancienne avaient eu ce double avantage d'associer aux artistes des hommes familiarisés de longue main avec les beaux-arts et des personnages assez influents pour en servir, le cas échéant, les intérêts auprès du pouvoir. Toutefois, il eût été désirable que, contrairement à ce qui se passa en 1816, la part accordée à ceux-ci ne restreignît pas outre mesure la part laissée à ceux-là. Des dix membres choisis originairement pour composer la classe des académiciens libres, deux seulement, le sculpteur Gois et le peintre-écrivain Castellan (1), pouvaient être considérés comme des praticiens émérites ou des experts; les huit autres étaient des grands seigneurs ou des gentilshommes, amis plus ou moins éclairés des arts, — le duc de Blacas, le comte de Vaudreuil, le comte de Choiseul-Gouffier, le comte Turpin de Crissé, le vicomte de Sénonnes, — ou de hauts fonctionnaires, le comte de Vaublanc, alors ministre de l'intérieur; le comte de Pradel, ministre de la maison du Roi, et le comte de Forbin, directeur général des musées royaux. Ce ne fut que beaucoup plus tard que l'on commença à user avec moins de parcimonie du droit d'appeler à l'Académie des historiens de l'art ou des écrivains techniques, et que, — pour ne parler que des morts, — des archéologues comme le comte de Clarac, des théoriciens comme M. Charles Blanc, purent y entrer aussi bien, et quelquefois plus facilement, que des amateurs opulents ou d'anciens ministres.

En résumé, l'ordonnance royale de 1816 consacrait la majeure partie des mesures décrétées par l'Empereur en 1815, et en même temps elle introduisait quelques modifications importantes dans l'organisation même et dans le mode de recrutement de la compagnie. Elle laissait subsister l'ancienne distribution en sections (sauf la section de *Théorie*) de la quatrième classe devenue l'Académie des beaux-arts : mais elle ajoutait dix membres

---

(1) Des cinq membres ayant fait partie de cette section de *Théorie et d'histoire de l'art* dont l'existence avait été si éphémère, Castellan fut le seul admis à prendre place parmi les académiciens libres. Il mourut à Paris le 2 avril 1838.

libres, formant une classe spéciale, aux quarante membres artistes répartis dans ces diverses sections. Le nombre des correspondants nationaux ou étrangers avait été en 1803 fixé à trente-six : il était maintenant porté à quarante. Enfin, au lieu de la faculté, déjà passablement large, qui lui avait été attribuée jusque-là d'élire six de ses membres parmi ceux des autres classes de l'Institut, l'Académie des beaux-arts avait le droit de choisir ses éligibles en nombre illimité dans les différentes Académies.

Nous avons cru devoir insister sur ces faits de détail parce qu'ils ne concernent pas seulement l'époque où ils se produisirent et qu'ils se rattachent aussi à l'organisation actuelle de l'Académie, cette organisation, contrairement aux fréquents changements qui avaient précédé, étant restée la même depuis 1816. Aussi n'aurons-nous plus dans la suite à revenir sur les modifications apportées alors au régime de la compagnie et sur les conditions désormais fixées de son existence légale. Notre tâche consistera uniquement à résumer l'histoire de l'Académie des beaux-arts dans un récit débarrassé une fois pour toutes des complications relatives à la revision des statuts ou aux formes de la procédure.

Sans compter les dix académiciens libres, qui tous, excepté Castellan, avaient été choisis en dehors de l'Institut, les quarante membres dont se composait en 1816 la nouvelle Académie des beaux-arts y figuraient dans l'ordre que voici : onze nommés à l'époque même de la fondation de l'Institut (les peintres van Spaendonck, Vincent, Regnault, Taunay, les sculpteurs Roland, Houdon, Dejoux, les architectes Gondoin et Peyre, les compositeurs de musique Méhul et Gossec) ; — sept, dans le cours des années suivantes, antérieurement à l'établissement de l'Empire (Denon, Visconti, Dufourny, Heurtier, Bervic, Jeuffroy et Grandménil); — neuf élus sous le règne de Napoléon (Ménageot, Gérard, Lemot, Cartellier, Lecomte, Percier, Fontaine, Duvivier et Monsigny); — neuf élus pendant les Cent-jours et dont le gouvernement royal avait d'abord annulé l'élection (Girodet, Gros, Guérin, Meynier, Carle Vernet, Rondelet, Bonnard, Chérubini et Lesueur); — enfin, quatre directement nommés par le Roi (Le Barbier, Bosio, Dupaty et Desnoyers).

Le nom d'un artiste plus célèbre qu'aucun autre à cette époque, le nom de David, cessait, on le voit, d'être inscrit sur la liste des membres de l'Institut. Tout, d'ailleurs, pour l'ancien député de Paris, pour l'ex-premier peintre de l'Empereur, ne devait pas se borner à cette exclusion du corps auquel il avait appartenu depuis l'origine. Dès le mois de janvier de l'année 1816, une loi votée par les deux Chambres malgré l'opposition de M. de Serres, de M. Royer-Collard et de quelques autres généreux esprits, condamnait au bannissement à perpétuité du royaume « ceux des régicides qui, au mépris d'une clémence sans bornes, avaient adhéré à l'acte additionnel du 22 avril 1815, accepté des fonctions ou des emplois de l'usurpateur, et qui par là s'étaient montrés ennemis irréconciliables de la France et du gouvernement légitime ». Les hommes que cette condamnation atteignait étaient, « sous peine de déportation, tenus de sortir du royaume dans le délai d'un mois ».

Aussitôt que cette loi, si malencontreusement intitulée « loi d'amnistie », eut été promulguée, David s'occupa des préparatifs de son départ. Il avait songé d'abord à aller s'établir à Rome, au milieu de ces chefs-d'œuvre de l'art antique étudié par lui dans sa jeunesse, et à la lumière desquels, disait-il, il lui avait été donné de reconnaître sa voie ; mais, malgré le souvenir bienveillant que le pape Pie VII gardait du peintre qui avait fait à Paris son portrait, l'autorisation de résider à Rome lui fut refusée. David se décida alors à chercher un asile en Belgique, où il devait bientôt être rejoint par quelques-uns des anciens conventionnels bannis avec lui, et, comme le raconte le plus récent et le mieux informé de ses biographes (1), ce parti une fois pris, il se rendit dans les bureaux du ministère de la police pour y retirer son passeport. Ce fut le ministre lui-même, M. Decazes, qui voulut recevoir sa visite ; il s'efforça de le dissuader de tout projet de départ, au moins immédiat. « Cette loi, lui dit-il, n'est pas faite pour vous, monsieur David. Le Roi ne peut consentir à priver la France de celui qui, aux yeux de l'Europe entière, tient le sceptre des arts. Restez à Paris ; je puis vous y promettre la sécurité. »

David crut devoir résister à ces témoignages de bon vouloir et à ces promesses. Avec plus de dignité qu'il n'en avait montré dans d'autres circonstances, il ne voulut pas d'une faveur dont il eût, seul de tous les proscrits, profité ; il alla même jusqu'à déclarer au ministre que si celui-ci persistait à lui refuser un passeport pour prendre le chemin de l'exil, il demanderait aux tribunaux de « reconnaître son droit », c'est-à-dire d'assurer l'exécution de la loi qui l'avait condamné. Le matin du jour où il devait quitter Paris, il se rendit, comme à l'ordinaire, à l'atelier de ses élèves (2) ; il examina leurs travaux, leur

---

(1) Voy. *Le peintre Louis David. Souvenirs et documents inédits,* par Jules DAVID, son petit-fils, p. 523.

(2) L'atelier des élèves de David, qui devint plus tard celui des élèves de Gros, occupait à cette époque une salle à rez-de-chaussée du bâtiment à gauche, dans la première cour du palais de l'Institut.

adressa pour l'avenir des recommandations dans lesquelles il entendait résumer en quelque sorte l'esprit de son enseignement : après quoi il se sépara d'eux, en laissant voir une émotion d'autant plus touchante pour ceux qui en étaient les témoins qu'elle contrastait davantage avec la rudesse accoutumée de son caractère et de ses manières. Quelques heures plus tard il partait, accompagné de sa femme, pour Bruxelles, où il devait mourir au bout de neuf ans (29 décembre 1825), sans que le dévouement filial de Gros et ses infatigables démarches auprès des ministres pour faire prononcer le rappel de son ancien maître eussent réussi à obtenir rien de plus que des paroles de courtoisie, et l'acquisition en 1819, pour le musée royal, du tableau des *Sabines* et du tableau, beaucoup plus récemment exécuté, des *Thermopyles*.

L'exil de David enlevait à l'Académie des beaux-arts un de ses membres les plus renommés ; mais, si regrettable que fût le fait, il ne causait pas en réalité à la compagnie un bien grave préjudice au point de vue de ses travaux intérieurs et de la bonne confraternité académique. A force d'orgueil intraitable, d'intolérance dans les opinions et d'aigreur hautaine dans le langage, David s'était aliéné à l'Académie jusqu'aux admirateurs les plus zélés de son talent, jusqu'aux anciens compagnons de sa jeunesse. Il avait fini par le sentir si bien que, depuis un certain nombre d'années déjà, nous l'avons dit, il ne paraissait plus guère aux séances que le jour où il s'agissait de juger les concours pour le prix de Rome et, par conséquent, de soutenir, au profit de sa propre importance, la cause de ses élèves. Pour tout le reste, il affectait

Cette salle, contiguë au vestibule de l'escalier par lequel on monte à la bibliothèque Mazarine, est, depuis quelques années, affectée au service de cette bibliothèque.

de demeurer étranger aux décisions prises par ses confrères, ou il ne s'en occupait que pour les critiquer avec des sarcasmes qu'il n'épargnait pas davantage aux œuvres personnelles de chacun d'eux (1). En un mot, David était resté à l'Institut ce qu'il avait été dans l'ancienne Académie de peinture, un des premiers par le talent, mais un des derniers par le caractère, un artiste hors ligne pour le public, mais, en réalité et à huis clos, le plus fâcheux des académiciens.

Exclu de l'Académie comme David par l'ordonnance de 1816, Lebreton, au contraire, laissait dans la compagnie les souvenirs d'un dévouement sans réserve et, quant aux services journaliers qu'un secrétaire perpétuel peut rendre, un vide qu'il paraissait difficile de combler. On voulut d'abord lui donner pour successeur celui qui avait rempli ses fonctions par intérim, l'architecte Dufourny; mais, quoique les suffrages de l'Académie se fussent à l'unanimité réunis sur son nom, Dufourny déclina, pour des raisons de santé, la tâche que lui proposait la confiance de ses confrères, et M. Quatremère de Quincy, porté en seconde ligne sur la liste de présentation, fut élu, séance tenante.

Le nouveau secrétaire perpétuel avait été choisi parmi les membres de l'Académie des inscriptions; mais, bien qu'il n'eût pas jusqu'alors officiellement appartenu à

(1) Un exemple, entre beaucoup d'autres, pourra donner la mesure de la vanité de David et de la brutalité de ses dédains pour ses confrères. Vers la fin de l'Empire, lui et Regnault avaient été chargés chacun de peindre un portrait de Napoléon en costume impérial. L'Empereur se montra mécontent des deux toiles et défendit qu'on les exposât : « Eh bien, dit David à Regnault en le rencontrant peu après à l'Institut, il paraît que l'Empereur n'est pas satisfait de nos portraits! Cela s'explique : j'ai fait exécuter le mien par mes élèves, tandis que le tien, c'est toi-même qui l'as peint. »

l'Académie des beaux-arts, il se trouvait depuis plusieurs années déjà en commerce habituel avec elle par le concours officieux qu'il prêtait à ses travaux, notamment à la préparation de son *Dictionnaire,* et cette collaboration aussi active qu'éclairée lui avait acquis des droits à la reconnaissance de tous. A un certain moment même, l'Académie avait voulu se l'attacher de plus près encore, en inscrivant son nom parmi ceux des candidats qu'elle jugeait les plus dignes de composer cette section de *Théorie et d'histoire de l'art,* dont l'existence d'ailleurs devait être si courte. M. Quatremère de Quincy eut-il dès le premier moment le pressentiment de cette fin prochaine? Royaliste de longue date, et royaliste plus profondément convaincu que jamais sous le gouvernement des Cent-jours, craignit-il de paraître se démentir en acceptant une place dans une fondation d'origine illégitime à ses yeux? Toujours est-il qu'il se déroba courtoisement, mais résolument, aux offres qui lui étaient faites, et qu'il y répondit par une lettre où l'un de ses anciens confrères de l'Académie des inscriptions a pu voir avec raison « un chef-d'œuvre d'habileté, de délicatesse et de bon goût (1) ». Voici cette lettre, écrite le 15 mai 1815, par conséquent à une époque où Lebreton était encore en fonction :

« Monsieur le secrétaire perpétuel, associé depuis longtemps, par une faveur spéciale de la classe, aux travaux de théorie dont elle est chargée, j'ai dû regarder comme une grâce surabondante de sa part l'admission de mon nom sur la liste des candidats à la section d'Histoire et de théorie des arts qui va se former dans son sein. J'en

(1) M. GUIGNIAUT. — *Notice historique sur la vie et les travaux de Quatremère de Quincy,* lue dans la séance publique annuelle de l'Académie des inscriptions et belles-lettres, le 5 août 1864.

ai fait de sincères remerciements à plusieurs des membres de la classe, et je crois que ce m'est un devoir d'en témoigner ma reconnaissance à la classe entière. Toutefois, quoiqu'il ne me convienne ni de pressentir ses déterminations dans le choix qu'elle va faire, ni de lui présenter aucune considération personnelle, j'ose prendre la liberté de lui faire connaître qu'il n'y a point de faveur nouvelle qui puisse dorénavant ou augmenter mon zèle pour ses travaux ou ajouter aux témoignages de la bienveillance dont je me trouve comblé ; qu'ainsi la classe, en faisant tomber ses suffrages sur des candidats jusqu'ici moins favorisés par elle, accroîtrait ses richesses, sans diminuer en moi les sentiments d'estime, d'attachement et de reconnaissance qui me lient à elle pour toujours. »

C'était pourtant « une faveur nouvelle » que Quatremère de Quincy se décidait à recevoir de l'Académie, lorsque, moins d'une année après celle où il lui avait adressé la lettre que nous venons de transcrire, il succédait à Lebreton dans les fonctions de secrétaire perpétuel ; mais, quelles que fussent les apparences, il n'y avait pas en réalité de contradiction entre les motifs qui lui avaient inspiré ces deux déterminations différentes. En refusant, avec un désintéressement où il entrait peut-être quelque prévoyance, de faire partie de la section récemment créée, l'auxiliaire déjà reconnu de l'Académie avait entendu témoigner par là qu'un titre n'ajouterait rien au privilège qu'il tenait d'elle de participer à ses travaux dans le champ tout spécial où son érudition personnelle lui permettait d'agir utilement : en acceptant en 1816 les fonctions de secrétaire perpétuel, il acquérait le droit de diriger ou d'expédier les affaires de l'Académie, sans pour cela cesser de la servir dans ce qui intéressait l'histoire même ou les progrès actuels de l'art proprement dit.

Quatremère de Quincy était mieux que personne en mesure de satisfaire à cette double obligation. Les études théoriques et pratiques auxquelles il était voué depuis sa jeunesse, ses longs séjours en Italie, les écrits publiés par lui à partir d'une époque antérieure à la Révolution (1), lui avaient assuré dans toutes les questions relatives aux beaux-arts, y compris même la musique, l'autorité la plus sérieuse. En outre, la place qu'il avait eue et le rôle qu'il avait joué dans les assemblées politiques, — dans le Conseil de la Commune de Paris en 1789, comme plus tard à l'Assemblée législative et au Conseil des Cinq-Cents, lui avaient donné une expérience des affaires et une habitude de la parole qui semblaient le désigner de préférence à tout autre pour les fonctions dont il venait d'être revêtu. Encore faut-il ajouter que la droiture et la fermeté de son caractère avaient été assez rudement mises à l'épreuve aux jours les plus sombres de la fin du dernier siècle, pour garantir de reste ce qu'elles seraient

(1) Un des premiers en date est le mémoire couronné en 1785, à la suite du concours ouvert par l'Académie des inscriptions et belles-lettres sur cette question : « *Quel fut l'état de l'architecture chez les Égyptiens, et en quoi consiste ce que les Grecs paraissent en avoir emprunté ?* » Parmi les nombreux ouvrages de Quatremère de Quincy qui suivirent, il suffira de citer : le *Dictionnaire d'architecture,* devenu bientôt et resté aujourd'hui un livre classique sur la matière (le premier volume parut en 1788) ; les *Considérations sur les arts du dessin en France* (1791); ces *Lettres sur le déplacement des objets d'art appartenant à l'Italie,* dont nous avons eu déjà l'occasion de parler (1791) ; enfin une série de dissertations archéologiques lues dans les séances de la classe d'histoire et de littérature anciennes entre les années 1804 et 1812, et dont plusieurs devaient trouver place dans *Le Jupiter olympien,* une des œuvres principales, sinon le chef-d'œuvre du savant écrivain.

dans des temps moins périlleux et dans des circonstances moins difficiles.

Quatremère de Quincy en effet avait eu, pendant tout le cours de la Révolution, des dangers de plus d'une sorte à affronter, des persécutions sans cesse renaissantes à subir. Décrété d'abord d'arrestation au mois de septembre 1793, à la suite d'une dénonciation rédigée par Marat lui-même sous le nom d'un de ses séides, il avait excipé d'une décision de la Convention relative aux fonctionnaires publics déclarés suspects pour réclamer, en sa qualité d'administrateur du Panthéon, sa « mise en surveillance sous la garde », à ses frais, de « deux citoyens ». On lui avait provisoirement accordé cette « faveur »; mais, au commencement de l'année suivante, un nouveau mandat d'arrêt lancé contre lui cette fois par le Comité de sûreté générale de la Convention et portant, entre autres signatures, celle de David, avait eu pour résultat son incarcération aux Madelonnettes. Là, il avait attendu la mort dont, heureusement, la chute de Robespierre le préserva, en employant son temps avec un singulier calme d'esprit à modeler un groupe de l'*Amour et l'Hymen* et quelques figurines, — sur des sujets aussi peu de circonstance, à ce qu'il semble, en pareil lieu, — pour lesquelles il se servait d'une terre relativement propre à la plastique qu'il avait découverte dans le préau de la prison (1). Survinrent en 1795

(1) Quatremère de Quincy s'était laissé absorber si complètement par le travail, il s'était si bien épris de sa tâche, que lorsque après le 9 thermidor les portes de la prison lui furent ouvertes, il demanda comme une grâce de prolonger son séjour aux Madelonnettes, afin de pouvoir terminer sur place une de ces statuettes que son départ eût laissée inachevée. Il resta donc plusieurs jours volontairement emprisonné, au risque d'attendre indéfiniment le nouvel ordre d'élargissement que son refus de mettre à profit le premier avait rendu nécessaire.

les journées du 13 et du 14 vendémiaire. Quatremère, qui venait d'être élu président de la section de la Fontaine de Grenelle, marcha à la tête de cette section parmi ceux que le jeune général Bonaparte allait mitrailler sur les degrés de l'église de Saint-Roch. Condamné à mort comme contumace, pour cet essai de résistance à la domination tyrannique de la Convention, il s'était, en se cachant à Paris même, dérobé aux perquisitions décrétées contre lui ; mais lorsque, devenu membre du Conseil des Cinq-Cents en avril 1797, il se vit, six mois après, inscrit sur la liste de proscription dressée par La Réveillère-Lépeaux et ses deux complices du Directoire, il se décida à aller chercher hors de France un asile qu'il eût été au moins imprudent d'essayer de trouver une seconde fois à Paris. Il ne revint qu'après le 18 brumaire, contrecoup naturel et inévitable du 18 fructidor, et, reprenant alors pour ne plus les abandonner désormais les études et les travaux qui avaient d'abord honoré son nom, il méritait en 1804 d'être admis à l'Institut dans la classe d'histoire et de littérature ancienne. Nous venons de dire comment et à quelle occasion il était, douze ans plus tard, appelé par l'Académie des beaux-arts à cette place de secrétaire perpétuel qu'il devait si dignement occuper pendant près d'un quart de siècle.

Deux faits de caractères très différents, mais tout nouveaux l'un et l'autre dans l'histoire de l'Académie, coïncidèrent presque avec l'entrée en fonction de Quatremère de Quincy. Pour la première fois depuis la fondation de l'Institut, le droit conféré au chef de l'État de refuser son approbation à l'élection d'un membre récemment appelé à faire partie d'une des classes, fut exercé à la suite d'un vote émanant de l'Académie des beaux-arts ; pour la première fois aussi on vit s'ouvrir, sous la direction de l'Académie, un concours entre les jeunes paysagistes, avec la perspective pour le vainqueur d'un grand prix qui l'assimilerait aux autres pensionnaires de l'Académie de France, à Rome.

Ce fut à l'occasion du remplacement de Ménageot dans la section de peinture, que le gouvernement refusa de ratifier la décision prise par l'Académie. Ménageot était mort au mois d'octobre 1816, et, dans la séance du 16 novembre suivant, la compagnie avait désigné pour lui succéder Guillon-Lethière, très suffisamment recommandé à ses suffrages par le succès du tableau représentant la *Mort des fils de Brutus* et par les services qu'il venait de rendre à Rome pendant les dix années de son directorat. Malheureusement pour Lethière, les preuves de talent fournies par lui, et sa conduite comme directeur dans des moments critiques, n'avaient pas effacé en haut lieu d'autres souvenirs plus anciens et fort étrangers à l'art. Les ministres du Roi et, dit-on, le Roi lui-même n'oubliaient nullement que le nouvel élu avait été dans sa jeunesse un ardent partisan des idées révolutionnaires; que, plus tard, la violence de ses opinions et l'emportement de son caractère lui avaient attiré des duels dont plusieurs avaient eu des suites funestes; qu'enfin il avait accompagné en Espagne Lucien Bonaparte à l'époque où celui-ci s'y était rendu en qualité d'ambassadeur, et que, depuis lors, il n'avait cessé de professer un peu bruyamment pour la personne du frère de Napoléon des sentiments de dévouement difficiles à concilier avec une foi royaliste bien profonde. De là, l'opposition formelle du gouvernement à l'admission de Lethière parmi les membres de l'Académie des beaux-arts.

Tout s'était borné d'ailleurs à une lettre par laquelle le ministre de l'intérieur, M. Laîné, informait, sans explications ni commentaires, la compagnie, qu'il avait « soumis au Roi l'élection de M. Lethière, et que Sa Majesté ne l'avait pas approuvée ». Il fallut donc procéder à un nouveau scrutin, qui eut pour résultat la nomination de celui-là même auquel Lethière avait été justement préféré, M. Garnier, l'auteur, assez généralement oublié aujourd'hui, d'un grand tableau, *La famille de Priam*, qu'on voyait autrefois dans la galerie du Luxembourg. Néanmoins, au bout de deux ans, la mort de Visconti ayant produit un nouveau vide dans la section de peinture, le gouvernement ne crut pas devoir repousser une seconde fois le vœu émis par l'Académie en faveur de Lethière. Plus indulgent qu'il ne l'avait été d'abord pour les antécédents de celui-ci, ou mieux éclairé sur la valeur de ses titres, le Roi approuva de bonne grâce l'élection ou plutôt la réélection faite par l'Académie au mois de mars 1818. Lethière, de son côté, devenu plus circonspect en matière de doctrines ou d'affections politiques, jugea bon, à partir de ce moment, de se renfermer dans ses devoirs d'académicien, et dans les occupations que lui donnait un atelier d'élèves dont il resta jusqu'à sa mort (1832) le chef actif et de plus en plus entouré. La disgrâce qui avait annulé le succès de sa première candidature ne fut donc en réalité pour lui qu'un accident éphémère, accident unique d'ailleurs dans l'histoire de l'Académie, tous les gouvernements qui ont suivi celui de Louis XVIII n'ayant, en aucune occasion, refusé de souscrire aux nominations soumises par la compagnie à leur approbation.

Quant au concours de paysage et aux privilèges conférés aux jeunes artistes qui remporteraient successivement le prix, le tout n'avait pas été établi non plus sans quelques difficultés préalables. La pensée de fonder un prix de « paysage historique » remontait à l'année 1815, et plusieurs fois, depuis cette époque, la question soulevée d'abord par M. de Vaublanc, alors ministre de l'intérieur, avait été discutée dans le sein de l'Académie, renvoyée avec quelques observations sur des points de détail à l'examen de l'administration, à de certains moments même résolue en apparence par celle-ci, sans que néanmoins aucun texte officiel fût venu donner force de loi au projet et en prescrire l'exécution immédiate. D'ailleurs, tout en admettant en principe l'opportunité du concours dont il s'agissait, l'Académie n'entendait pas que ce concours se renouvelât à des intervalles aussi rapprochés que l'aurait voulu le ministre. Dans un rapport adressé en 1816 au successeur de M. de Vaublanc, M. Laîné, elle exposait avec autant de précision que de sagesse les motifs qui la déterminaient à repousser l'idée d'un concours et d'un prix annuels pour les paysagistes.

« L'Académie, est-il dit dans ce rapport, juge nécessaire d'éloigner le retour périodique du concours de paysage historique, de manière qu'il ne revienne que de quatre en quatre années. Elle pense qu'il faut établir une certaine proportion entre les encouragements et les objets auxquels on les applique. Jusqu'ici l'on avait cru qu'en portant exclusivement sur la peinture d'histoire, c'est-à-dire sur la peinture qui renferme en soi tous les genres, les encouragements attribués étaient dans la mesure qui convenait ; qu'accorder des faveurs spéciales à chacun des genres secondaires, ce serait courir le risque de multiplier au delà des besoins de la société le nombre de ceux qui cultivent les arts ; qu'enfin, l'expérience ayant démontré que les plus grands maîtres dans l'ordre du paysage historique ont été aussi les plus grands peintres d'histoire, la peinture de paysage n'aurait besoin, pour être exercée avec plus de succès, que d'un supplément d'occasion : celle d'un prix tous les quatre ans serait pour elle un avantage suffisant. »

Les observations ainsi formulées par l'Académie et les restrictions qu'elles apportaient au projet primitif étaient au fond d'autant mieux justifiées que le genre de peinture auquel on accordait cette sorte de consécration officielle pouvait, en raison de ses conditions mêmes et de son caractère forcément artificiel, mériter de moins en moins la place qu'on lui assignait. Passe encore s'il se fût agi seulement de fonder un prix de « paysage », sans épithète, et de fournir à de jeunes paysagistes les moyens d'aller en Italie perfectionner, en face d'une nature admirable, le talent dont ils auraient donné ici les premiers gages ; mais n'était-il pas au moins dangereux de limiter la tâche de ces débutants à la pratique d'un art plutôt érudit que sincère ; d'exiger d'eux la majesté apprise et l'héroïsme, bon gré, mal gré, dans le style, de préférence à l'expression ingénue de leur sentiment personnel ; en un mot, de les condamner à remplacer, en matière d'interprétation de la nature, l'émotion directe par des calculs scientifiques, la vraisemblance par l'arrangement, et les franchises du langage pittoresque par la soumission absolue aux règles d'une étroite syntaxe ?

Objectera-t-on, pour les besoins de la cause, les glorieuses œuvres de Poussin? Mais, sans parler des modèles que la compagnie de Rome fournissait directement à Poussin, le paysage historique, tel qu'il l'a conçu et pratiqué, ne saurait être envisagé que comme un témoignage de plus des facultés particulières à ce grand maître, comme la continuation sous une autre forme de la méthode appliquée ailleurs par le peintre d'*Eudamidas* et des coutumes de son mâle génie. Il n'y a là ni des exemples qu'il soit raisonnable de prétendre s'approprier, ni une tradition qu'on puisse perpétuer, à moins d'avoir soi-même l'organisation intellectuelle de Poussin. Aussi, depuis Valenciennes et Bidault vers la fin du dernier siècle jusqu'à Victor Bertin au commencement du nôtre, ceux qui tentèrent l'entreprise ne réussirent-ils qu'à installer dans notre école l'esprit de convention et à ériger en doctrine esthétique le dédain pédantesque du vrai. Idéaliser la nature à force de retranchements, épurer la forme au point de l'amaigrir et parfois de l'exténuer, soumettre enfin à certains principes d'économie excessive l'emploi des ressources individuelles et du pur sentiment, — tel était le but que se proposaient ces rhéteurs ou, si l'on veut, ces mathématiciens pittoresques dans les œuvres desquels tout se trouvait aligné, pondéré, réduit à l'état de formule.

Or, au lieu d'avoir pour effet une réaction contre de pareils abus, la récompense instituée sous le titre de prix de « paysage historique » ne tarderait-elle pas à les étendre ou à les confirmer ? Les épreuves mêmes qui devaient précéder l'admission des candidats au concours définitif, cette obligation, par exemple, de peindre un arbre « de mémoire » ou celle d'exécuter l'esquisse d'une scène ayant pour théâtre quelque site de la Grèce ou de la Sicile, de l'Égypte ou de la Judée, c'est-à-dire de pays dont les concurrents n'avaient rien vu de leurs yeux, — tout cela n'entraînait-il pas pour eux la nécessité de suppléer à l'insuffisance de leur expérience propre par la contrefaçon des œuvres d'autrui, et de recourir, pour tout élément d'inspiration, aux souvenirs qu'ils pouvaient garder des tableaux ou des estampes représentant des scènes analogues ? Rien de plus contraire assurément aux conditions exactes de l'art du paysage et aux qualités essentielles d'un peintre paysagiste, la bonne foi et la véracité ; rien de moins fait pour développer chez lui les germes du talent, pour en dégager les instincts ou pour en stimuler la sève. L'événement au surplus l'a bien prouvé. Ce n'est point parmi les douze lauréats du prix de paysage historique, depuis la fondation de ce prix jusqu'à l'époque où il a été supprimé (1863), que se rencontrent les artistes auxquels notre école de paysage au dix-neuvième siècle aura dû le meilleur de ses titres et ses plus durables succès; sauf deux ou trois, — ceux de MM. Achille Bénouville et de Curzon, par exemple, — les noms de ces anciens lauréats, comme les ouvrages sortis de leurs mains, ne sont-ils pas déjà, et au fond sans injustice, presque complètement tombés dans l'oubli ?

Quoi qu'il en soit, lorsque le concours s'ouvrit pour la première fois en 1817, les jeunes artistes qui se présentèrent avec l'intention d'y participer furent en nombre à peu près égal au nombre ordinaire des aspirants au prix de peinture d'histoire. Cet empressement pouvait donc faire croire que la fondation nouvelle répondait à un véritable besoin, qu'elle comblait utilement une lacune. Il convient d'ajouter toutefois que, parmi les concurrents, plusieurs, en tentant l'aventure, ne songeaient qu'à prendre en quelque sorte un chemin de traverse et d'un accès relativement facile, pour essayer d'arriver à Rome, sans avoir eu à surmonter les obstacles qui les eussent infailliblement attendus à l'entrée même de la grande route. Paul Delaroche, alors élève de Gros, était, soit dit en passant, un de ceux-là. Il échoua d'ailleurs, heureusement pour lui et pour l'avenir de son talent. Ce fut Michallon qui sortit vainqueur de la lutte, mais pour profiter pendant bien peu de temps des fruits de sa victoire, puisque en 1822, presque au lendemain de son retour de

Rome, il succombait, à peine âgé de vingt-six ans (1).

A l'époque même où l'Académie s'occupait de régler les conditions du concours de paysage, ou pendant les années qui suivirent, il lui était arrivé fréquemment, sur l'invitation du ministre de l'intérieur, de donner son avis ou de fournir des programmes à propos de monuments en cours d'exécution déjà ou encore à l'état de projets, — depuis le *Tombeau de Bossuet* dans la cathédrale de Meaux et une *Fontaine monumentale* à Perpignan, jusqu'aux peintures destinées à la décoration intérieure de l'église de la Madeleine, à Paris. Elle avait en outre, conformément à la demande officielle qui lui en avait été faite, signalé au ministre, parmi les peintures et les sculptures exposées au Salon de 1817, les ouvrages les plus dignes d'être acquis ou récompensés au nom du Roi : les tableaux d'histoire entre autres peints par MM. Abel de Pujol et Couder et un tableau « de genre secondaire », — pour employer les termes mêmes du rapport, — l'*Abdication de Gustave Wasa,* par M. Hersent (2). Bref, l'intervention des membres de l'Institut dans tout ce qui concernait l'art national et ses pro-

---

(1) De tous les paysagistes qui se sont succédé à la Villa Médicis, Michallon est celui dont le nom est resté le plus en crédit, tant à cause de la mort prématurée de l'artiste qu'en raison de l'indépendance relative et de certaines aspirations, assez exceptionnelles pour l'époque, de son talent. Le sujet du tableau qui avait valu à Michallon le grand prix de paysage historique était : *Démocrite et les Abdéritains.* Des ouvrages qu'il produisit ensuite, pendant les quatre années de son séjour à Rome comme pensionnaire de l'Académie de France, le plus important et aussi le plus généralement connu est la *Mort de Roland,* aujourd'hui au musée du Louvre.

(2) On sait que ce charmant tableau, si habilement gravé par M. Henriquel, a péri dans l'incendie qui, en 1848, anéantit tant d'autres œuvres de l'art moderne réunies au Palais-Royal par le duc d'Orléans, depuis le roi Louis-Philippe.

grès, la dignité ou les intérêts matériels des artistes, avait été, suivant les cas, provoquée ou acceptée par le gouvernement, mais, comme il convenait de part et d'autre, sans préoccupations étrangères aux questions toutes spéciales qu'il s'agissait de résoudre, sans aucune arrière-pensée politique. Jamais, quoi qu'on en ait dit, le concours de la compagnie dans la direction des affaires de l'art ne fut plus habituellement recherché qu'alors, ni prêté de meilleure grâce; jamais sa juste influence ne fut mieux respectée par l'administration, comme par le public. Le temps était loin encore où, sous prétexte d'affranchir l'art, on essayerait de transformer en despotisme la tutelle exercée par l'Académie; où, de peur d'être à bon droit gêné par elle, on feindrait de se défier de son indépendance et de confondre sa prudence avec l'inertie, les hautes doctrines et les traditions qu'elle personnifie avec les résistances de l'esprit rétrograde.

Quoi de plus naturel, d'ailleurs, que la confiance dans les lumières d'un corps composé, au temps de la Restauration comme il l'était auparavant, comme il l'a toujours été depuis lors, de l'élite des artistes appartenant à notre pays? Et quant à l'étendue de ses attributions mêmes, quoi de moins équivoque que les termes des statuts qui lui prescrivaient d'encourager les talents de tout âge et de toute origine, d'appeler l'attention du gouvernement sur les améliorations à introduire dans l'organisation des établissements d'art ou dans l'enseignement, sur les découvertes pouvant devenir profitables aux progrès des arts ou des industries qui s'y rattachent, etc.?

L'Académie, par exemple, était assurément dans son rôle lorsque, avant la fin de l'année 1816, elle adressait au ministre de l'intérieur un rapport détaillé sur les procédés alors tout nouveaux de la lithographie; procédés à l'examen desquels elle venait de consacrer plusieurs séances, que quelques-uns de ses membres même avaient personnellement expérimentés et dont, entre autres avis utiles, elle recommandait particulièrement l'emploi pour l'exécution des modèles de dessin à répandre dans les collèges. Bien que, à l'époque où l'Académie prenait auprès du pouvoir cette initiative officielle, certains dessinateurs français, — Denon entre autres, et un ancien élève de David, Bergeret (1), — eussent déjà pour leur propre compte essayé de la lithographie, le moyen n'était encore ni apprécié à sa valeur, même par ceux-là qui s'en étaient servis, ni, à vrai dire, connu du public. Sa popularité date donc du moment où les avantages qu'il comporte furent signalés par l'Académie, et les entreprises que tentaient alors l'imprimeur Engelmann et M. le comte de Lasteyrie formellement encouragées par elle (2).

Ce fut aussi d'accord avec l'Académie que la décision fut prise de transférer l'École des beaux-arts, alors établie dans une partie des bâtiments de l'Institut, sur l'em-

---

(1) Il existe de la main de Bergeret quelques croquis sur pierre dessinés dès l'année 1804 et dans le cours des deux années suivantes ; mais ce ne sont que des essais presque informes, de simples *charbonnages,* comme ceux que deux ou trois autres peintres ou dessinateurs traçaient un peu plus tard, à l'aventure en quelque sorte, et sans paraître même soupçonner les vraies ressources du procédé dont ils usaient.

(2) Par une lettre en date du 9 novembre 1816, M. Engelmann, directeur à Paris de la Société lithographique de Mulhouse, exprimait aux membres de l'Académie des beaux-arts sa gratitude pour « l'appui qu'ils voulaient bien lui prêter ». Et M. Engelmann ajoutait : « En entrant dans une carrière toute nouvelle où j'ai à surmonter des obstacles sans nombre, il m'est bien doux, Messieurs, de voir mes efforts approuvés et encouragés par des maîtres tels que vous. Convaincu par votre assentiment de l'utilité de l'art que je viens d'introduire dans notre patrie, et soutenu par vos conseils, j'espère approcher de plus en plus de la perfection... »

placement de l'ancien couvent des Petits-Augustins. On sait que, depuis la Révolution, un homme dont la mémoire mérite le respect et la reconnaissance de tous, Alexandre Lenoir, avait réuni en ce lieu, pour en former le *Musée des monuments français,* les œuvres les plus précieuses de notre art national arrachées par lui, tantôt de haute lutte, tantôt à force d'adresse, aux mains stupides des iconoclastes sans-culottes ou aux mains avides des pillards ; mais, à l'époque de la seconde Restauration, une ordonnance royale ayant prescrit la réintégration dans les églises, ou dans les palais qui les avaient autrefois possédés, de tous les monuments recueillis par Lenoir, l'ancien couvent des Petits-Augustins ainsi dégarni dut recevoir une destination nouvelle. Le projet, conçu à ce moment, d'y installer l'École des beaux-arts semblait d'autant mieux justifié que celle-ci, lors de l'attribution à l'Institut de l'ex-collège des Quatre-Nations, avait été reléguée sous le même toit, dans quelques salles basses à peine éclairées et notoirement insuffisantes, tant à cause de leur exiguïté que de leur petit nombre (1). En outre, la translation des classes de l'École des beaux-arts hors des bâtiments où siégeait l'Académie avait cet avantage de faire cesser toute confusion apparente entre les deux établissements et de bien marquer leur indépendance réciproque, conformément aux lois qui, depuis la fondation de l'Institut, régissaient chacun d'eux.

(1) Ces salles à rez-de-chaussée, s'ouvrant sur la grande cour de l'Institut parallèle à la rue Mazarine, ont servi depuis les dernières années de la Restauration et servent encore aujourd'hui d'ateliers à quelques artistes autorisés par le gouvernement à les occuper leur vie durant ou à y réunir leurs élèves. Houdon, Bosio et Duret, parmi les sculpteurs ; Ingres, Paul Delaroche, Horace Vernet et, plus récemment, M. Robert-Fleury, parmi les peintres, ont été au nombre de ces privilégiés.

Tant que l'ancienne Académie royale de peinture et de sculpture avait existé, — c'est-à-dire depuis la seconde moitié du dix-septième siècle jusqu'aux dernières années du dix-huitième, — elle avait été un corps enseignant, une Faculté des arts, si l'on veut, en même temps qu'une sorte de sénat dont les membres, par le fait même de leur élection, se trouvaient élevés au-dessus des autres artistes à titre de pères conscrits ou de patriciens. Outre des leçons de peinture et de sculpture données par vingt « académiciens professeurs », dont douze peintres et huit sculpteurs, les élèves admis à suivre les cours de l'Académie y recevaient gratuitement des leçons d'anatomie, de perspective, etc. De son côté, l'Académie royale d'architecture n'avait pas cessé de fournir aux élèves architectes des enseignements réguliers ; mais lorsque, deux ans après la suppression de toutes les Académies, les fondateurs de l'Institut eurent, en 1795, réuni dans une seule classe les trois sections de peinture, de sculpture et d'architecture, les fonctions de professeurs dévolues aux anciens académiciens n'appartinrent plus aux membres de cette nouvelle classe, et, vers la fin de cette même année 1795, la constitution d'une École spéciale des beaux-arts fut décrétée; sauf, chez les auteurs de la mesure, assez peu d'empressement, à ce qu'il semble, à aller au delà de cette innovation théorique et à aviser aux moyens pratiques d'en tirer le meilleur parti. Pour la peinture et pour la sculpture, tout ou presque tout se réduisit d'abord au maintien de l'ancienne « école du modèle », c'est-à-dire de la classe de dessin d'après nature qui, grâce au dévouement de quelques professeurs volontaires, n'avait jamais été fermée, même pendant les jours les plus terribles de la Révolution; pour l'architecture, aux leçons libéralement données dans son atelier par le savant David Leroy, et, un peu plus tard, à des concours pour lesquels il avait obtenu du Directoire la concession d'une salle au Louvre, de quelques-uns de ses confrères l'engagement de juger les travaux des concurrents et de décerner les prix, qui consistaient en ouvrages tirés par lui de sa propre bibliothèque (1).

Sous le Consulat et sous l'Empire, l'École des beaux-arts, sans être encore bien solidement organisée, eut cependant un commencement de vie légale et indépendante, mais une vie assez nomade, puisque, après avoir à l'origine quitté le Louvre pour l'hôtel de Brion, — une des annexes du Palais-Royal, — puis cet hôtel pour se réinstaller momentanément au Louvre, elle avait suivi la quatrième classe de l'Institut lorsque celle-ci, en 1806, était venue, avec les trois autres classes, prendre possession des bâtiments occupés jadis par le collège des Quatre-Nations. Elle s'y trouvait donc depuis dix ans logée tant bien que mal lorsque, aux termes de l'ordonnance dont nous parlions tout à l'heure, Louis XVIII lui assigna pour demeure, — et, cette fois, pour demeure définitive, — les locaux affectés naguère au Musée des monuments français. De plus, par une nouvelle ordonnance en date du 4 août 1819, le Roi lui donnait un règlement complet et prescrivait les travaux d'appropriation nécessaires pour que l'École des beaux-arts reconstituée pût fonctionner « dans le plus bref délai » là

---

(1) David Leroy, qui avait fait partie de l'ancienne Académie d'architecture et que l'Académie des inscriptions s'était associé en 1770, appartenait à l'Institut depuis l'époque de sa fondation, comme membre de la section des « Antiquités et Monuments », dans la troisième classe. Il mourut en 1803. Un petit monument dédié à sa mémoire par « ses élèves architectes » et supportant son buste sculpté par Chaudet est conservé aujourd'hui à l'École des beaux-arts.

où elle devait être irrévocablement établie. Malheureusement, ces travaux, entrepris sous le gouvernement de la Restauration avec une incertitude et une lenteur inexplicables, ne furent sérieusement conduits, — on sait d'ailleurs avec quel succès, — qu'à partir du moment où M. Duban en eut pris la direction, après la révolution de Juillet; en sorte que, tout en ayant été transportée sur l'emplacement qu'on lui avait concédé, tout en s'accommodant, faute de mieux, pour les classes et pour les concours, de ce qui restait des bâtiments de l'ancien couvent des Petits-Augustins, la nouvelle École des beaux-arts dut attendre pendant près de vingt ans l'achèvement des constructions dont Louis XVIII avait posé la première pierre, et que sous le règne du roi Louis-Philippe seulement il fut possible de sortir du régime des installations partielles et des aménagements provisoires auxquels, par la force des choses, il avait bien fallu se résigner.

Cependant, quelles que fussent, pour tout ce qui tenait aux arrangements matériels, ces difficultés de chaque jour, les mesures réglementaires relatives aux études des élèves et à la fonction des professeurs avaient été immédiatement mises en pratique dans l'école, sans obstacles d'aucune sorte. Nous n'avons pas, au surplus, à entrer ici dans des détails d'organisation intérieure et de discipline qui ne se relient qu'indirectement à notre sujet; ce qu'il convient simplement d'indiquer, ce sont les relations que le nouvel ordre de choses maintenait ou créait entre l'Académie et l'École, tout en laissant à l'une et à l'autre leurs attributions propres et leur rôle distinct.

L'enseignement pratique qu'il avait appartenu à l'ancienne académie royale de donner aux apprentis de l'art était devenu, nous le répétons, le lot tout spécial des professeurs attachés à l'École. Seulement, ceux-ci devaient être choisis, sinon parmi les membres de l'Académie exclusivement, au moins parmi des candidats portés sur une liste formée, dans certains cas, en totalité par l'Académie, dans certains autres, concurremment avec les professeurs déjà en exercice. Or, comme ces fonctionnaires de l'École appartenaient eux-mêmes à l'Académie pour la plupart, il en résultait que les présentations faites par eux avaient le même caractère et en réalité la même origine que les propositions émanant des académiciens leurs confrères. En d'autres termes, le personnel enseignant de l'École se trouvait, à quelques rares exceptions près, tout naturellement composé de membres de l'Institut; mais l'Académie, en tant que corps, n'intervenait pas dans la direction des études. L'action exercée par les académiciens professeurs était tout individuelle, tout indépendante de l'influence collective de la compagnie, et d'ailleurs, en raison même des très libéraux règlements de l'École, cette action se trouvait assez prudemment limitée pour rendre bien impraticable le prétendu « despotisme » dont on a si injustement accusé et dont on accuse encore l'Académie d'imposer le joug aux élèves.

Telle qu'elle avait été constituée sous le règne de Louis XVIII et telle qu'elle continua d'être organisée jusqu'à la fin de l'année 1863, l'École des beaux-arts, en effet, n'offrait rien de plus qu'un terrain neutre où les talents en formation, de quelque ordre ou de quelque provenance qu'ils fussent, s'essayaient librement à la lutte; une sorte de gymnase où de jeunes artistes, préparés par les leçons qu'ils avaient reçues au dehors, apportaient un commencement d'expérience et des forces déjà exercées. Ici, point d'ateliers ouverts par l'État à ceux qui n'en étaient encore, dans l'apprentissage de leur art, qu'à la période d'instruction primaire; point de classes confiées chacune à un maître, avec l'obligation pour lui de ne s'occuper que de ses propres disciples. Tous les élèves admis, après certaines épreuves préalables, à l'École, recevaient au même titre les conseils de différents maîtres choisis parmi les artistes les plus éminents et se succédant de mois en mois pour examiner chaque jour, pendant deux heures, pour corriger, au besoin, les dessins exécutés ou les figures modelées sous leurs yeux d'après nature. En fait d'enseignement pratique, tout se bornait à ces avis donnés à tous venants, pour ainsi dire, par des hommes présentant au point de vue du talent le plus de titres et, en raison même de la diversité de leurs inclinations personnelles, le plus de garanties contre l'esprit de système et la routine.

Sauf ces exercices de dessin et de modelage d'après nature, ou, suivant l'ancienne dénomination, sauf cette « école du modèle », les programmes de l'École ne comprenaient que des concours auxquels participaient, à des intervalles périodiques, les élèves fréquentant d'habitude l'établissement et les jeunes artistes du dehors, quels qu'eussent été jusque-là leurs maîtres et leurs travaux. Les concours, par exemple, ouverts annuellement pour les grands prix de Rome, ou du moins les épreuves précédant le concours définitif, étaient, comme elles le sont encore aujourd'hui, accessibles à tout artiste français âgé de moins de trente ans. L'unique condition exigée pour l'admission d'un concurrent au nombre des « logistes », — c'est-à-dire des dix jeunes peintres, sculpteurs ou architectes, autorisés à travailler isolément en loges pour se disputer le Grand Prix, — était qu'il eût dans les épreuves d'essai montré plus de talent que les autres : après quoi, l'Académie, qui seule avait été juge de la valeur relative des œuvres produites lors de ces concours préliminaires, était seule aussi appelée à se prononcer sur les résultats du concours définitif. Bien qu'il s'exerçât dans les murs mêmes de l'École, le pouvoir dont elle se trouvait ainsi investie n'en demeurait pas moins complètement indépendant et personnel. L'Académie ne faisait, — et elle ne fait encore à notre époque, — que « déléguer à l'administration de l'École des beaux-arts le soin de surveiller l'exécution des règlements dans les concours pour les grands prix de peinture, de sculpture, etc. » (1), mais au même titre et dans la même mesure qu'elle délègue aujourd'hui au Conservatoire de musique la discipline des concours pour le Grand Prix de composition musicale. En un mot, tout en installant hors de chez elle les aspirants à certains prix qu'elle avait la mission de décerner, tout en tenant à l'École des beaux-arts les séances consacrées au jugement des concours ouverts en vue de ces prix, l'Académie, pour cela, n'abdiquait rien de ses privilèges ; de même que, à l'exception de cette hospitalité momentanée, l'École, de son côté, n'était tenue envers l'Académie à aucune redevance, ni, dans son fonctionnement intérieur, à aucun acte de subordination. C'est là ce que l'ordonnance royale de 1819 avait pour objet de bien établir ; c'est ce qu'il importe de faire remarquer ici, contrairement au préjugé assez général qui attribue à l'Académie et à l'École des beaux-arts une connexité légale et une action commune.

En réorganisant ainsi l'École des beaux-arts, comme il avait peu auparavant réorganisé la quatrième classe de l'Institut elle-même, le gouvernement de Louis XVIII introduisait, dans le régime auquel toutes deux jusqu'alors avaient été soumises, des innovations très notables sans doute, mais dont la première pensée en réalité ne lui appartenait pas. Les unes, il est vrai, étaient restées sous

(1) Règlements de l'Académie des beaux-arts. Chap. II, art. 24.

l'Empire à peu près à l'état de projet, les autres avaient été tentées au dernier moment, mais l'entreprise ne s'en trouvait pas moins commencée : elle ne devenait l'œuvre du gouvernement royal que par la consécration qu'elle recevait de celui-ci, à quelques différences près dans les formes. Au fond, sous son nouveau titre d' « Académie », la quatrième classe de l'Institut gardait la constitution que Napoléon, dans les derniers jours de son règne, avait entendu lui donner. Tout en changeant le nom, Louis XVIII conservait donc la chose ; il procédait, en ce qui concernait l'Académie des beaux-arts, à peu près de la même façon qu'à l'égard de la Légion d'honneur, dont il décrétait le maintien, sauf à feindre d'en oublier les origines et à substituer sur les croix des légionnaires l'effigie de Henri IV à celle du fondateur de l'ordre. Ajoutons toutefois que le rétablissement de l'ordre de Saint-Michel, dont plusieurs membres de l'Académie des beaux-arts avaient été aussitôt nommés chevaliers, — la date de la séance annuelle des cinq académies fixée au jour de la fête du Roi, — l'usage, renouvelé du dix-huitième siècle, de convoquer ce jour-là les académiciens à Saint-Germain-l'Auxerrois pour y entendre le panégyrique de saint Louis prononcé par un des aumôniers de la cour, — quelques autres traditions du même genre remises en honneur au temps de la seconde restauration ne laissaient pas de compenser dans une certaine mesure les emprunts qu'il avait fallu faire forcément au Consulat et à l'Empire, et de rattacher le présent aux souvenirs d'un passé moins récent. Toujours est-il que la réorganisation de la quatrième classe, opérée en 1816 et confirmée par la pratique dans les dernières années du règne de Louis XVIII, devait demeurer définitive. Depuis cette époque jusqu'à nos jours, aucune modification n'a été apportée aux statuts de la compagnie, tandis que, dans le laps de temps qui s'était écoulé à partir de la fondation de l'Institut, elle avait passé par une succession de tâtonnements et de réformes tantôt générales, tantôt partielles.

Ce qu'on pourrait appeler dans l'histoire de l'Académie la période initiale (1795-1824) prend donc fin avec le règne de Louis XVIII. Pendant les soixante-six années suivantes, malgré le nombre et la diversité des gouvernements tour à tour imposés à la France, l'Académie des beaux-arts, comme les autres classes de l'Institut, a pu poursuivre ses travaux sans subir le contre-coup des révolutions politiques, sans être troublée non plus par aucun changement de régime intérieur. Les hommes qui l'honoraient il y a un demi-siècle, aussi bien que ceux qui l'illustrent encore, n'ont eu, pour en continuer la gloire, qu'à en appliquer invariablement les lois.

CHAPITRE VI

L'ACADÉMIE DES BEAUX-ARTS
DEPUIS L'AVÈNEMENT DE CHARLES X
JUSQU'AUX PREMIERS JOURS DU RÈGNE DE
LOUIS-PHILIPPE.

Situation de l'Académie au commencement du règne de Charles X.
— Le mouvement romantique, ses partisans et ses adversaires.
— Le Roi anoblit plusieurs membres de l'Académie des beaux-
arts. — Dernières nominations dans l'ordre de Saint-Michel.
— Premiers jours du règne de Louis-Philippe.

Au moment où le comte d'Artois, devenu le roi Charles X, succédait à son frère, le nombre des membres de l'Académie des beaux-arts élus antérieurement à l'époque de la Restauration se trouvait déjà réduit à treize ; et, parmi ces treize représentants des premiers temps de la compagnie, quatre seulement, — Regnault, Taunay, Houdon et Gossec, — appartenaient à l'Institut depuis 1795. Ainsi, pendant les dix années du règne de Louis XVIII (mai 1814, — septembre 1824), vingt-sept académiciens, sans compter un secrétaire perpétuel et dix académiciens libres, avaient été choisis par leurs confrères, ou nommés par ordonnance royale. En d'autres termes, au bout d'un quart de siècle, plus de la moitié de l'Académie se trouvait déjà renouvelée, et des artistes relativement jeunes occupaient maintenant les places réservées d'abord aux vétérans de l'art. Gros, Guérin, Gérard, le sculpteur Dupaty, Boieldieu, d'autres encore étaient entrés à l'Académie lorsqu'ils avaient à peine atteint ou dépassé l'âge de quarante ans. Dès le commencement du règne de Charles X, Horace Vernet, David d'Angers, Pradier, se voyaient appelés, encore plus jeunes, à faire partie d'un corps qui venait déjà de s'attacher Ingres (juin 1825) par un acte d'autant plus hardi d'indépendance et de justice que, dans le public, les mérites du nouvel académicien étaient alors moins généralement reconnus.

Jusqu'à cette époque, en effet, Ingres, raillé par les uns à la suite des expositions où ses œuvres avaient figuré, traité par les autres avec une indifférence que l'administration des beaux-arts semblait elle-même partager, — Ingres n'était guère apprécié à sa valeur que par un petit nombre d'hommes assez clairvoyants pour discerner ce qu'il y avait d'originalité saine dans la prétendue bizarrerie de son talent, de science robuste et de sincérité dans sa manière, qualifiée à tout hasard par les critiques du temps de « chinoise » ou de « gothique ». Le beau tableau, *le Vœu de Louis XIII,* exposé au Salon de 1824, avait, il est vrai, eu raison jusqu'à un certain point des distractions accoutumées de la foule et même trouvé grâce auprès des détracteurs habituels du peintre de l'*Œdipe* et de l'*Odalisque*. Toutefois, malgré ce succès relatif, Ingres n'en demeurait pas moins en dehors du groupe des artistes auxquels l'opinion attribuait une importance principale ; à peine commençait-il à n'être plus relégué dans la classe des rêveurs ou des impuissants. En appelant à elle un peintre si peu populaire, si résolument contraire aux traditions et aux doctrines du faux classicisme longtemps en honneur, l'Académie des beaux-arts prenait donc une initiative qu'allaient bientôt justifier de reste l'*Apothéose d'Homère* et le *Martyre de saint Symphorien,* mais qui, dans les circonstances présentes, avait tout l'à-propos d'une leçon donnée à l'esprit de routine et presque le caractère d'un coup d'État.

Par un contraste étrange au premier aspect et qui pourrait paraître un impardonnable déni de justice, si l'insuffisance des informations fournies aux juges ne l'expliquait tout naturellement, un peu avant le jour où l'Académie accueillait Ingres avec cet empressement, elle avait sans hésitation refusé de s'adjoindre un des plus grands, sinon le plus grand parmi les artistes du siècle, un maître aujourd'hui glorieux entre tous. Il s'agissait alors de pourvoir dans la section de musique au remplacement d'un correspondant étranger. La commission chargée, suivant l'usage, de dresser une liste de candidats, avait inscrit les noms de trois compositeurs italiens : Fioravanti, l'auteur, entre autres spirituels ouvrages, de l'opéra bouffe les *Cantatrici villane,* représenté à Paris vers la fin de l'Empire; un autre compositeur dramatique, Portogallo; enfin un savant contrepointiste, le père Mattei, de qui Rossini s'honorait d'avoir reçu les leçons. A ces trois noms un académicien, qui avait apparemment voyagé en Allemagne ou plutôt en Autriche, proposa d'ajouter celui de « Monsieur Beethoven ». L'Académie agréa la proposition de confiance; mais, l'heure du scrutin une fois venue, le père Mattei n'en fut pas moins élu presque tout d'une voix. Certes, la préférence accordée à celui-ci a de quoi nous faire sourire, maintenant que les incomparables productions de son compétiteur nous sont devenues familières; personne pourtant n'aurait le droit de s'en scandaliser. A l'époque où ce semblant d'iniquité était commis, aucun des chefs-d'œuvre du Michel-Ange de la musique n'était connu en France; il fallait encore que plusieurs années s'écoulassent avant qu'ils nous fussent révélés par la *Société des Concerts* du Conservatoire. Si, au lieu d'être exécutées pour la première fois à Paris au mois de mars 1828, c'est-à-dire un an après la mort du maître, les *Symphonies* de Beethoven eussent, de son vivant, trouvé chez nous la publicité que recevaient à la même époque les opéras de Rossini, nul doute que l'Académie n'eût été unanime pour ouvrir ses rangs à l'homme de génie qui les avait écrites, comme dans un tout autre ordre d'art elle s'était hâtée de consacrer par ses suffrages la gloire de l'auteur du *Barbier de Séville*. On serait donc bien mal venu à s'indigner, à s'étonner même de la froideur que rencontra la candidature de Beethoven à l'heure où elle se produisit. Ce qui, quelques mois plus tard, eût été de la part de l'Académie un aveuglement sans excuse, n'était alors qu'une méprise tout involontaire, la simple conséquence de l'impossibilité pour chacun d'apprécier des titres qui n'apparaissaient qu'à distance et, en quelque sorte, hors de portée.

Quant aux membres de l'Académie qui, au commencement du règne de Charles X, personnifiaient avec le plus d'éclat les progrès de l'art français accomplis dans le cours des années précédentes, ils confirmaient chacun la réputation acquise par l'importance de leurs nouveaux ouvrages et faisaient ainsi justice, comme leurs successeurs continuent de la faire aujourd'hui, de ces plaisanteries traditionnelles sur l'engourdissement fatal où tombe quiconque s'assied dans le fauteuil académique (1). Gros

---

(1) L'usage a consacré ce mot, mais, soit dit en passant, sans qu'il se trouve justifié en fait. Les prétendus *fauteuils* réservés aux membres des diverses classes de l'Institut sont en réalité de

venait d'achever ses vastes peintures de la *Coupole de Sainte-Geneviève,* et Gérard son portrait en pied de *Charles X,* revêtu de ses habits royaux ; Cherubini avait écrit pour les solennités du sacre à Reims cette célèbre *Messe* classée, comme sa *Messe de Requiem* pour l'anniversaire de la mort de Louis XVI, parmi les plus purs chefs-d'œuvre de la musique religieuse ; Boieldieu faisait représenter sa *Dame blanche,* un chef-d'œuvre aussi dans son genre ; avant de partir pour Rome, où il allait succéder à Guérin dans les fonctions de directeur de l'Académie de France, Horace Vernet justifiait sa nomination à ce poste d'honneur par l'exécution de son brillant tableau, la *Bataille de Fontenoy,* qui devait remplacer, au plafond d'un des salons des Tuileries, la *Bataille d'Austerlitz* de Gérard. Enfin, depuis les architectes chargés d'approprier les salles du premier étage du Louvre à leur double destination de siège du Conseil d'État et de musée pour les collections d'antiquités récemment acquises par le Roi (1), jusqu'aux peintres et aux sculp-

---

simples chaises, renouvelées de celles dont s'étaient contentés à l'origine les membres de l'Académie fondée par Richelieu. Vers la fin du règne de Louis XIV, il est vrai, en 1713, l'Académie française, qui tenait alors ses séances au Louvre, reçut du Roi le don de « quarante fauteuils », soit, tout uniment, comme on l'a dit, pour « les plus grandes aises » de la compagnie, soit, comme le rapporte d'Alembert, pour consacrer matériellement l'égalité entre les académiciens, et condamner ainsi les prétentions de certains prélats qui s'étaient crus en droit de réclamer des sièges où ils pussent trôner à part et au-dessus de leurs confrères. Toujours est-il que, de nos jours, les « fauteuils du palais Mazarin » ne sont plus qu'une forme de langage, un pur symbole de la dignité académique.

(1) Installé en 1827 au Louvre, qu'il devait quitter peu après la révolution de Juillet, le Conseil d'État occupait, dans l'aile dont le pavillon de l'Horloge forme le centre, la partie comprise entre ce pavillon et l'aile en retour, parallèle à la rue de Rivoli, plus la moitié de cette seconde aile jusqu'à la salle consacrée, depuis le

teurs auxquels on avait confié le soin de compléter la décoration intérieure ou extérieure du palais, d'autres membres de l'Académie des beaux-arts travaillaient activement à soutenir, en même temps que leur renommée personnelle, la gloire collective du corps auquel ils appartenaient.

Cependant, en regard de ces représentants officiels d'un art beaucoup moins uniforme déjà dans ses manifestations, beaucoup moins « académique », au sens fâcheux du mot, qu'il ne l'avait été sous l'influence de David, certains artistes, les uns fort près encore de leurs débuts, les autres avant même d'avoir publiquement fait leurs preuves, commençaient à afficher d'étranges prétentions au rôle de réformateurs, à prendre tout au moins vis-à-vis de la foule des engagements assez peu réfléchis, et, vis-à-vis de l'Académie, des attitudes d'opprimés passablement ridicules. Il va sans dire qu'en relevant ici les premiers symptômes du mouvement qui, sous l'étiquette romantique, allait bientôt éclater avec la turbulence que l'on sait, nous n'avons garde de confondre dans la même réprobation les jactances des révolutionnaires de rencontre et les hardiesses légitimes de quelques talents hautement inspirés. Ceux-ci d'ailleurs n'avaient pas attendu, pour se produire, que les docteurs de la foi nouvelle eussent publié leurs manifestes et proclamé, comme un droit à conquérir, la liberté de l'art et de l'esprit modernes.

---

second Empire, à l'exposition des pastels. En d'autres termes, les locaux attribués au Conseil d'État étaient ceux-là mêmes où sont réunis aujourd'hui les dessins des maîtres de toutes les écoles. Quant aux salles composant l'ensemble de ce qui s'appelait à l'origine le « Musée Charles X », c'est-à-dire celles qui se succèdent, dans l'aile du midi, depuis le salon dit « des sept cheminées » jusqu'au palier du grand escalier à l'angle de la colonnade, elles ont changé de nom, sans pour cela changer de destination.

Géricault avait exposé son *Radeau de la Méduse* en 1819, Delacroix son *Dante* au Salon de 1822, et au Salon suivant (1824) son *Massacre de Scio*. C'était donc en réalité après coup que l'on s'avisait de déployer le drapeau de l'indépendance et d'entrer bruyamment en guerre. En tout cas, c'était bien à tort que l'on s'en prenait à l'Académie des résistances que l'on pouvait rencontrer et des étroites doctrines où s'entêtaient, en dehors d'elle, quelques disciples d'une tradition surannée.

Lequel des membres de la compagnie, en effet, s'était montré hostile aux tentatives faites, avant la fin du règne de Louis XVIII, pour renouveler les conditions et pour vivifier les procédés de la peinture française? Plusieurs d'entre eux, au contraire, n'avaient-ils pas ouvertement reconnu l'opportunité de l'entreprise et les mérites de ceux qui s'y dévouaient? « Un peintre nous est né! » s'était écrié Gérard en face du tableau de Géricault, et Gros, en signalant à ses confrères certaines parties du *Massacre de Scio*, — notamment la figure nue de jeune fille attachée au cheval qui se cabre, — n'avait pas hésité à qualifier de « Rubens châtié » l'auteur de ces remarquables morceaux de peinture. Bien plus, ce même Gros dans ses propres ouvrages, — comme à sa manière Prudhon dans les siens, — n'avait-il pas, longtemps avant les novateurs de l'heure présente, cherché et réussi, au milieu des servilités de l'école de David, à faire la part, et une large part, à la libre expression du sentiment personnel, à réhabiliter dans la peinture la verve de l'exécution, l'animation du coloris, la franchise ou la poésie de l'effet? Certes les *Pestiférés de Jaffa* et la *Bataille d'Aboukir*, le *Champ de bataille d'Eylau* et l'esquisse du *Combat de Nazareth*, n'ont rien de commun avec les toiles où la plupart des peintres d'histoire contemporains se contentaient de grouper, suivant la formule, un certain nombre de statues coloriées. Par un sentiment de naïve vénération pour son maître, Gros pouvait bien, de la meilleure foi du monde, déclarer qu'il n'aspirait à être que « le reflet » de celui-ci, et, de son côté, David pouvait, avec une bonne foi égale, mais avec un singulier aveuglement, ne tenir qu'assez peu de compte des aptitudes particulières de son ancien élève et du genre de mérite dont il avait fait preuve (1) : toujours est-il que, consciemment ou non, Gros avait donné des exemples d'émancipation dont Géricault et Delacroix s'étaient sans doute autorisés pour agir conformément à leurs propres instincts et dans la mesure de leurs forces.

Les survenants, à leur tour, trouvaient donc le terrain bien préparé. Il leur suffisait, pour avoir raison des erreurs ou des préjugés qui pouvaient subsister encore, de les combattre par des œuvres, par des témoignages positifs de leurs talents personnels, sans recourir aux programmes ambitieux, encore moins au dénigrement

---

(1) Gros avait, depuis plusieurs années déjà, produit tous les ouvrages qui honorent le plus son nom lorsque, dans une lettre qu'il lui écrivait en 1820 de Bruxelles, David lui reprochait « de n'avoir pas fait encore ce qu'on appelle un tableau d'histoire » et de s'en être tenu « à des sujets futiles, à des tableaux de circonstance... Vous convient-il d'attendre toujours ? ajoutait-il. Vite, vite, mon bon ami, feuilletez votre Plutarque... et produisez du grand pour vous mettre à votre juste place. » Malheureusement pour le peintre des *Pestiférés de Jaffa*, et d'autres scènes « futiles » de cette espèce, les exhortations de David n'eurent d'autre résultat que d'énerver en le détournant de sa voie le beau talent qu'elles prétendaient stimuler. Loin d'ajouter à la gloire de Gros, les tableaux peints par lui sur des thèmes mythologiques ou antiques courraient le risque aujourd'hui de la compromettre, s'il était possible, en face de ces ouvrages plus ou moins débiles, d'oublier les chefs-d'œuvre sur des sujets modernes sortis antérieurement de la même main.

systématique des travaux antérieurs. En un mot, tout se réduisait au fond à une question de rénovation par des exemples pratiques. Une levée en masse d'artistes consultants pour ainsi dire, de théoriciens improvisés et de discoureurs par incapacité de produire, ne pouvait aboutir qu'à une agitation stérile. Tel fut en effet le résultat le plus clair du mouvement que les doctrinaires du romantisme s'efforçaient d'opérer dans notre école, il y a environ soixante ans.

Lorsqu'on pèse aujourd'hui de sang-froid les promesses faites alors et les prétendus progrès célébrés par les bruyants avocats de la cause romantique, lorsqu'on rapproche du langage tenu par les journaux du parti les œuvres qui devraient le justifier, il est difficile de ne pas être frappé de l'insuffisance de celles-ci, eu égard à la signification esthétique qu'on leur attribuait et à la portée des intentions qu'elles étaient censées traduire. Qui sait même ? Sauf Delacroix, qui d'ailleurs déclina toujours soigneusement le rôle de chef d'école qu'on prétendait lui imposer et la responsabilité attachée à ce titre (1), — sauf encore Eugène Devéria, quoique son tableau la *Naissance de Henri IV* ait du premier coup épuisé sa veine et donné une fois pour toutes la mesure de son talent assez superficiel, — enfin, sauf Ary Scheffer, quelque contraires à sa première manière qu'aient été les efforts tentés par lui dans la seconde moitié de sa vie, — peut-être n'est-il pas

---

(1) Entre autres témoignages du dédain intime qu'inspiraient à Delacroix les entreprises de ces soi-disant sectateurs, il suffira de citer ces lignes écrites par lui sur un cahier de notes : « Les romantiques modernes sont restés fanfarons, avec la prétention de revenir à plus de naturel. En littérature, ils sont descendus jusqu'à la trivialité, et ils n'ont pas cessé d'être ampoulés. » Voy. *Eugène Delacroix, sa vie et ses œuvres* (par son ami M. PIRON). Paris, 1865, p. 411.

un seul des représentants les plus prônés jadis du dogme et de la peinture romantiques dont la grande majorité d'entre nous n'ait aujourd'hui oublié jusqu'au nom.

Quoi qu'il en soit, à mesure que se multipliaient les entreprises de la nouvelle école en face des essais de résistance et des protestations de l'ancienne, les sentiments divers qu'elles provoquaient se manifestaient avec une vivacité croissante. Engagée dans le domaine littéraire avec autant d'ardeur pour le moins que dans le domaine de l'art, la lutte en se généralisant ne tarda pas, — nous avons eu l'occasion de le rappeler ailleurs, — à dégénérer en aventure, à n'être plus qu'une mêlée confuse, ou plutôt un vain tumulte de paroles : si bien que les qualifications mêmes dont on s'était servi d'abord pour définir deux ordres de doctrine n'avaient déjà plus d'autre objet que d'étiqueter les inclinations, réfléchies ou non, de certains esprits et les affections ou les aversions personnelles de certains hommes.

On sait quelle est la puissance des mots dans notre pays, et avec quelle facilité la foule se dispense d'en scruter le sens pour s'accommoder naïvement de ce que les intéressés leur font dire. Dans un autre champ que celui de l'art, les exemples ne manqueraient pas de concessions ou d'abus de cette sorte, et l'on pourrait citer tel terme courant du vocabulaire philosophique ou politique dont l'emploi, à force d'interprétations arbitraires, est devenu aujourd'hui bon à toutes fins. A l'époque où elles étaient le plus usitées, les épithètes de « classique » et de « romantique » avaient, suivant les besoins de chaque cause, une semblable élasticité. Si, pour se donner raison à peu de frais, bon nombre d'adversaires du classicisme faisaient purement et simplement de ce mot le synonyme de l'esprit de routine, combien de classiques, sans y regarder de plus près, ne voulaient voir dans le romantisme que l'extravagance érigée en système, et dans les affiliés à la nouvelle secte que des paresseux ou des fous ! Il arrivait même parfois que les questions se trouvaient plus simplifiées encore et les solutions plus radicales : témoin certaine comédie, *le Classique et le Romantique,* représentée un peu avant 1830 sur la scène de l'Odéon. Dans cette pièce, dont la moralité, si peu convaincante qu'elle fût, avait au moins le mérite de se formuler sans équivoque, le classique, c'était l'honnête homme; le romantique, c'était le fripon. Et, comme ces procédés de justice distributive étaient pratiqués avec un égal empressement dans les deux partis, comme de chaque côté l'on se croyait à peu près tout permis contre l'ennemi dont il s'agissait de se défaire, les spectateurs de la querelle ne savaient trop à qui imputer de préférence les excès qui la signalaient de jour en jour.

Sans avoir peut-être les mêmes incertitudes, l'Académie des beaux-arts éprouvait les mêmes dégoûts en face des violences auxquelles on ne craignait pas de recourir et des injurieuses attaques qui parfois s'étendaient jusqu'à elle. Naturellement, dans ce conflit d'ambitions effrénées et de tentatives rétrogrades, elle s'était abstenue de toute intervention directe ; de là son impopularité dans les deux camps, sauf cette différence toutefois que les classiques lui reprochaient d'abandonner, en se désintéressant de leur cause, la défense des hautes traditions, tandis que les accusations du parti adverse portaient sur son opposition systématique aux aspirations les plus légitimes de l'esprit moderne, à la moindre velléité d'innovation et de progrès.

A la vérité, le progrès, tel que l'entendaient les artistes et les critiques de la nouvelle école, n'était pas de nature à séduire facilement des hommes convaincus que, en matière d'art, la fantaisie ne saurait dispenser de l'étude et de l'expérience technique ; que la volonté de remettre en honneur telle époque oubliée de l'histoire ou tel ordre de sentiments particulier n'affranchit nullement du respect de certaines lois immuables. Pour opérer utilement une réforme, il ne suffisait pas à leurs yeux de remplacer tant bien que mal sur la toile les dieux de l'Olympe par des personnages empruntés aux fabliaux ou aux chroniques, les Grecs et les Romains par les seigneurs ou les truands du moyen âge : encore fallait-il que, sous l'imprévu des apparences, se retrouvât ce qui constitue le fond nécessaire de l'art, et que, sous prétexte de renouveler le style pittoresque, on n'en arrivât pas à sacrifier délibérément la grammaire. Mais, — cela n'est pas moins certain, — ces mêmes hommes d'origines d'ailleurs et de talents si divers, ces membres d'une compagnie qui, en dehors de tout système préconçu, venait d'admettre dans son sein Ingres et Rossini, Horace Vernet et David d'Angers, ne pouvaient, sans démentir les doctrines libérales du corps et leur propre passé, faire cause commune avec les apôtres de l'immobilité à outrance. Aussi les professions de foi opposées par ceux-ci aux défis de leurs adversaires ne trouvaient-elles pas plus d'écho dans l'Académie que les prédications tapageuses des romantiques. Quatremère de Quincy lui-même, en qui semblait se personnifier l'esprit de dogmatisme et de réglementation esthétique, ne faisait-il pas une juste part aux influences relatives de la théorie et de la pratique, lorsqu'il écrivait à la première page de son livre sur *l'Imitation dans les beaux-arts :* « Je pense que les beaux ouvrages doivent plutôt donner naissance aux théories que les théories aux beaux ouvrages » ? Le tort des classiques, comme celui des romantiques, dans le combat qu'ils soutenaient les uns contre les autres, était de renverser les deux termes de la proposition et de subordonner l'action des talents à l'autorité préalable des conventions et des préceptes.

Entre les belligérants, au surplus, tout ne se bornait pas, il faut le redire, à ces attaques ou à ces résistances sur le terrain de la spéculation pure. De la guerre aux idées on en était venu assez vite aux outrages envers les personnes. Même avant les scandales de la première représentation d'*Hernani,* où les admirateurs par anticipation de la pièce accueillaient avec des quolibets injurieux l'entrée de ceux qu'ils soupçonnaient d'apporter des dispositions hostiles, les insultes par la voie de la presse aux corps académiques, à l'Académie française en particulier, étaient entrées dans les procédés quotidiens de discussion. Un article de journal, dont Sainte-Beuve était l'auteur et qu'on a bien fait de ne pas réimprimer dans ses œuvres, dénonçait à l'indignation publique « cette poignée d'hommes médiocres et usés,... obéissant à un triste esprit de rancune littéraire ou philosophique » et tout prêts, lors de la prochaine élection, « à laisser encore une fois le génie sur le seuil, pour s'attacher à quelque candidat bénin et banal qui fait des visites depuis quinze ans ». Ces violences de langage et ces accusations passionnées jusqu'à la calomnie, qui rappellent les moyens employés, une quarantaine d'années auparavant, pour battre en brèche les anciennes Académies, ces appels à la révolte contre les représentants légitimes de l'aristocratie dans les lettres et dans les arts, — tout cela sans doute était excessif et au fond très blâmable; mais, au moins en ce qui concerne les assauts livrés alors à la grande « citadelle littéraire », les assiégeants ne trouvaient-ils pas un prétexte, et à la rigueur une excuse, dans quelques-uns des procédés de défense dont les assiégés avaient fait choix; dans certaine démarche, par exemple, tentée au commencement de l'année 1829 et à laquelle plusieurs membres de l'Académie française n'avaient pas craint de s'associer ?

Jusqu'alors les plus ardents champions de la cause classique s'étaient contentés d'opposer à l'invasion des « barbares » leur intrépidité personnelle, et de répondre aux entreprises de la nouvelle école, tantôt par des vers satiriques, comme ceux qui sortaient de la plume naïvement irritée de M. Viennet, tantôt par des brochures plus ou moins didactiques, comme celles qu'avaient publiées coup sur coup M. Jay et quelques autres croyants invétérés à la toute-puissance de la tradition. Un moment vint pourtant où de telles armes parurent insuffisantes aux combattants mêmes qui les avaient maniées, puisque, pour mettre fin à la lutte, ils crurent devoir recourir au Roi lui-même et le conjurer formellement d'intervenir. Par une pétition au bas de laquelle figuraient les noms de MM. Arnault, Étienne, de Jouy, tous les trois membres de l'Académie française, et les noms, — y compris, bien entendu, celui de M. Viennet, — de quatre autres écrivains appartenant à la même religion littéraire, Charles X était en quelque sorte mis en demeure d'user de son autorité souveraine pour « écarter la tempête dramatique dont la scène française se voyait de plus en plus menacée »; pour « repousser les incursions anglaises ou allemandes au delà de cette scène, illustrée depuis deux siècles par les chefs-d'œuvre du génie national »; en d'autres termes, pour en interdire l'accès à quiconque, dans notre pays, ne se montrerait pas observateur fidèle des lois en vigueur ou des usages établis, au temps de Racine comme au temps de Voltaire, et même au temps des plus pâles continuateurs de celui-ci.

En demandant au Roi de restaurer par ordonnance le culte de la tragédie traditionnelle et de sévir contre les auteurs dramatiques coupables de manquement à la règle des trois unités, les signataires de cette étrange requête ne se donnaient pas seulement un ridicule ; ils commettaient une assez vilaine action, puisqu'ils en appelaient du droit à l'exercice arbitraire de la force, et, de plus, ils se heurtaient à une impossibilité. Que serait-il arrivé, en effet, si leur appel eût été entendu et si, d'un autre côté, l'opinion eût résisté ? Aurait-on envoyé la garde royale contre les spectateurs applaudissant au Théâtre-Français le drame d'Alexandre Dumas, *Henri III et sa cour* (1), et, quelques mois plus tard, l'*Hernani* de Victor Hugo ? — ou bien, pour remettre en honneur les théories conformes au *Cours de littérature* de La Harpe, se serait-on, avec une confiance suffisante dans le succès, décidé à les faire appuyer par les gendarmes ?

Beaucoup mieux inspiré que ceux qui s'adressaient à lui, Charles X comprit qu'il n'avait pas plus le pouvoir de briser le romantisme d'un coup de son sceptre que le devoir de se déclarer le patron officiel de la doctrine contraire. Aux doléances des pétitionnaires sur les périls que courait la dignité de notre théâtre, comme aux exhortations par lesquelles ils le pressaient de la sauvegarder, il répondit avec autant de bon goût que de bon sens : « Que voulez-vous que j'y fasse, messieurs ? Je n'ai, comme chacun de vous, que ma place au parterre. » Il n'y avait donc plus pour les réclamants et pour ceux qu'ils représentaient qu'à continuer la guerre à leurs propres risques, faute de ces lettres de cachet, pour ainsi dire, au moyen desquelles

---

(1) *Henri III* fut représenté pour la première fois le 13 février 1829, quelques jours après celui où les signataires de la pétition avaient été reçus aux Tuileries.

CHAPITRE VI.

ils avaient rêvé de se débarrasser commodément de l'ennemi.

D'ailleurs, le « vandalisme romantique » ne tendait pas seulement à envahir le théâtre ; ses ravages, — et même c'était par là qu'ils avaient commencé, — ne désolaient pas moins douloureusement, aux yeux des classiques, le champ de la poésie proprement dite. Aussi la nécessité semblait-elle urgente de porter de ce côté des efforts tout spéciaux de résistance, c'est-à-dire des efforts tentés par ceux que, en raison de leurs antécédents, on jugeait, ou qui se jugeaient eux-mêmes, les plus autorisés pour cela. Si les succès passés de *Germanicus,* de *Sylla,* et de quelques autres tragédies taillées sur le vieux patron consacré, avaient paru à MM. Arnault et de Jouy les qualifier suffisamment pour le rôle, qu'ils s'étaient attribué, de vengeurs de la saine littérature dramatique, n'était-il pas tout naturel qu'un autre académicien, poète lyrique du même temps et de la même école, M. Baour-Lormian, se crût de la meilleure foi du monde dans l'obligation de prendre à partie le poète des *Odes et Ballades* et des *Orientales,* et de le condamner, lui et les siens, au nom d'Érato ou de Calliope, comme d'autres intraitables nourrissons des Muses condamnaient, au nom de Thalie et de Melpomène, les modernes réformateurs de la comédie et du drame ? La satire en vers publiée sous ce titre : *Le canon d'alarme,* n'était pas, il est vrai, de nature à servir fort utilement la cause chère à l'auteur et à ses amis, ni à jeter beaucoup d'effroi dans le camp des séditieux : toujours est-il que ce petit écrit, si suranné dans le fond et dans les formes qu'il puisse nous paraître aujourd'hui, montre, aussi bien que les pamphlets romantiques, à quel degré d'intolérance, on dirait presque de fureur, on était arrivé de part et d'autre, et, — pour parler la langue des coreligionnaires de M. Baour-Lormian, — quelle Némésis littéraire agitait jusqu'aux esprits naguère les plus calmes et, d'habitude, les plus inoffensifs.

Nous sommes loin maintenant de ces controverses enfiévrées et de ces luttes : si loin même, que la plupart d'entre nous en ont à peu près perdu le souvenir ou n'en gardent plus qu'un souvenir désintéressé. Chacun sans doute honore comme il convient les noms et les talents qui ont mérité de survivre à l'époque troublée dont nous venons d'essayer en quelques mots de résumer l'histoire ; mais qui serait tenté aujourd'hui de reprendre à son compte les prétentions ambitieuses, si bien démenties par l'événement, ou les doctrines rétrogrades de cette époque ? Qui songerait à en épouser après coup les querelles ? Depuis que le classicisme, tel qu'on le définissait il y a soixante ans, est devenu pour tout le monde un non-sens, et que, d'un autre côté, les promesses et les spéculations du romantisme ont abouti à la faillite, le mieux est de s'en tenir aux faits accomplis, de laisser là les questions épuisées et les passions mortes, pour apprécier, sans acception de parti, les œuvres mêmes et les mérites qui peuvent s'y rencontrer.

Or, à ne considérer ici que les productions de la peinture et de la sculpture, celles que nous ont léguées les années comprises entre le commencement et la fin du règne de Charles X ne sauraient en général exiger un bien long examen, ni rendre les choix fort difficiles. Si, parmi les ouvrages exécutés à une date un peu antérieure par de jeunes artistes plus ou moins dociles à la tradition classique, plusieurs gardent une très sérieuse valeur, — l'*Amour et Psyché*, de Picot, par exemple, le *Martyre de sainte Juliette* et le *Martyre de saint Hippolyte*, de Heim, certains tableaux ou portraits de Léon Cogniet et de Drolling, certaines statues de Ramey et de Cortot (1), — pourrait-on, en revanche, trouver rien de plus que des témoignages d'engourdissement et d'impuissance dans les travaux où s'obstinent, aux approches de l'année 1830, quelques disciples vieillis de David, débiles imitateurs de sa manière ? Et quant aux œuvres de ces faux prophètes qui, pour régénérer l'art français, croyaient suffisant d'enchérir sur les audaces et, le plus souvent, sur les défauts de Delacroix, n'accusent-elles pas, aux yeux de quiconque les examine impartialement aujourd'hui, des intentions aussi vaines au fond, des infirmités de jugement et d'imagination aussi radicales que celles dont les œuvres des classiques les plus indigents portent l'empreinte? La différence ne consiste en réalité que dans les formes, ici conventionnelles et mornes jusqu'à l'effacement absolu de la vie, là violentes ou incorrectes jusqu'à l'impertinence.

Il ne sera pas superflu d'ailleurs de faire remarquer que le talent de Delacroix lui-même, si personnel et si vivace qu'il fût, ne semble avoir subi qu'à son propre préjudice l'influence du milieu qui l'environnait alors. Les ouvrages du peintre qui avaient justement attiré sur son nom l'attention publique, — *Dante et Virgile*, le *Massacre de Scio*, — appartiennent à une époque antérieure à celle où se forme la secte romantique; tandis que ses œuvres les plus défectueuses, — la *Mort de Sardanapale, Justinien dictant ses Pandectes, Marino Faliero,* la suite des compositions lithographiées sur le *Faust* de Gœthe, etc., — ont été produites entre les années 1825 et 1830, c'est-à-dire dans la période de temps où le parti révolutionnaire payait le plus ouvertement d'audace pour s'emparer de

---

(1) Ces ouvrages avaient successivement paru aux Salons de 1819, de 1822 et de 1824.

l'opinion. Les œuvres, au contraire, qui constituent les meilleurs titres de Delacroix et qui devaient un jour lui ouvrir les portes de l'Académie, — les peintures du *Salon du Roi* à la Chambre des députés, et de la *Galerie d'Apollon* au Louvre, l'*Entrée des Croisés à Constantinople, Médée,* d'autres encore moins importantes par les dimensions, mais certainement aussi remarquables, la *Noce juive,* par exemple, et le *Naufrage de don Juan,* — n'ont été conçues et exécutées qu'après l'apaisement des querelles et le licenciement des troupes enrôlées pour les soutenir.

On peut donc sans exagération affirmer que le mouvement romantique, impuissant à rien fonder, a eu cet unique avantage de déblayer le terrain au profit d'artistes capables de l'occuper, et de s'y maintenir à égale distance des deux partis qui venaient de s'y livrer bataille. Contrairement à ce qui s'était passé dans le domaine politique, vers la fin du siècle dernier, ce furent les Montagnards de l'art, pour ainsi dire, qui cédèrent la place et procurèrent le succès à des Girondins comme Paul Delaroche et Decamps, ou comme ces jeunes paysagistes dont le talent sincère, affranchi une fois pour toutes du joug de la vieille école et des conventions, quelles qu'elles fussent, a revivifié un genre de peinture qui devait, de nos jours encore, fournir à l'art français une part de ses meilleurs titres.

Quant aux attaques dirigées contre l'Académie des beaux-arts au nom de ses prétendues victimes, quant à ces accusations de despotisme à l'égard des talents incompris, des génies indépendants dont elle prenait à tâche, disait-on, d'entraver l'essor, — tout cela ne réussit guère à compromettre auprès du public la bonne renommée de la compagnie. Ce ne fut qu'un peu plus tard, à l'occasion des salons successivement ouverts après 1830, que l'opinion s'émut ou parut s'émouvoir de certaines exclusions,

CHAPITRE VI.

parfois regrettables en effet, prononcées par l'Académie, constituée alors en jury. Jusqu'à cette époque, personne, excepté les meneurs ou les complices de la sédition, ne fit mine de suspecter l'impartialité d'un corps dont un passé déjà long avait d'ailleurs hautement révélé les coutumes et justifié de plus en plus les privilèges. Enfin, — on ne saurait trop le redire, — les choix faits par l'Académie, avant ou pendant les luttes engagées au dehors entre les partis, n'étaient-ils pas la meilleure réponse à ceux qui lui reprochaient ses doctrines et ses pratiques intolérantes ? S'il fallait aux noms que nous avons cités plus haut en ajouter d'autres d'une signification aussi peu équivoque, nous nous contenterions de rappeler que, en même temps qu'elle donnait pour successeur à Rondelet un architecte de la vieille école, Jacques Molinos (1), l'Académie remplaçait dans la section de composition musicale Gossec par Auber, c'est-à-dire par un artiste fort loin assurément de se montrer hostile à l'esprit d'innovation et aux franchises de l'imagination personnelle.

Gossec, né en 1733, était âgé de quatre-vingt-seize ans, lorsqu'il mourut, en 1829. Il avait donc eu cette singulière fortune d'assister dans sa jeunesse à la renaissance de la musique en France sous la puissante influence de Rameau, peut-être d'approcher le maître lui-même, et, dans les dernières années de sa vie, d'être témoin des succès de Rossini, devenu à l'Académie son confrère. Membre de l'Institut dès la fondation, Gossec était depuis longtemps le doyen de la section de composition musi-

---

(1) Molinos avait, en collaboration avec Legrand, construit la remarquable coupole, renouvelée des exemples de Philibert Delorme, qui s'élevait au-dessus des murs de la Halle au blé.

cale et, depuis la mort de Houdon (15 juillet 1828), le doyen de l'Académie tout entière. C'était maintenant au peintre Regnault que revenait ce titre, mais pour quelques mois seulement, puisque, avant la fin de cette même année 1829, Regnault succombait à son tour, bientôt suivi dans la tombe par Taunay, le dernier survivant jusqu'alors des membres nommés en 1795.

Le titre que Regnault avait dû à sa longévité académique n'était pas au reste le seul qui le distinguât de ses confrères. Avant de parvenir au décanat, il avait été créé baron par le roi Charles X, continuateur en cela d'une tradition fondée au temps de son prédécesseur. Jusqu'au règne de Louis XVIII, en effet, — sauf Vien, nommé comte de l'Empire à l'âge de quatre-vingt-douze ans, et encore parce qu'on entendait sans doute honorer en lui le sénateur plutôt que le peintre, — sauf encore Denon, créé baron à l'époque où il était appelé aux fonctions de directeur des Musées impériaux, — aucun artiste, même parmi les plus célèbres, même parmi les membres les plus éminents de l'Académie des beaux-arts, n'était devenu l'objet d'une décision analogue à celles qui avaient anobli des savants comme Monge, Berthollet, Lagrange et Laplace, par exemple (1). Napoléon avait bien consenti à faire de quelques peintres ou sculpteurs des chevaliers de la Légion d'honneur et, par une exception unique d'ailleurs dans tout le cours de son règne, à élever successivement David aux grades d'officier et de commandeur du même ordre (2); mais, à tort ou à raison, il n'avait pas voulu

---

(1) Monge avait reçu en 1804 le titre de comte de Peluse. Berthollet, Lagrange, Laplace, Bougainville, Chaptal, plusieurs autres membres encore de la première classe de l'Institut, avaient été créés « comtes de l'Empire » en 1808 et en 1809.

(2) Quelques biographes de David ont prétendu que l'Empereur

que les récompenses décernées par lui aux artistes pussent jamais dépasser la mesure de ces distinctions toutes viagères, et qu'un titre transmissible consacrât dans l'avenir le souvenir de leurs talents, comme le titre qu'il conférait à d'autres devait perpétuer la mémoire de grands services militaires ou scientifiques, ou même de services rendus dans l'ordre purement administratif. N'y avait-il pas là en réalité une inconséquence, une sorte de démenti pratique à la pensée qu'avait eue Napoléon lui-même en instituant la Légion d'honneur, où ceux qui avaient honoré leurs noms par des travaux tout intellectuels se trouvaient assimilés aux héros des champs de bataille, et en créant un peu plus tard, pour remplacer l'ancienne noblesse, cette noblesse impériale dans les rangs de laquelle les représentants de tous les genres de mérite devaient également entrer ?

Quoi qu'il en soit, le gouvernement de la Restauration n'avait pas jugé à propos de maintenir, à l'égard des membres de l'Académie des beaux-arts, ce principe d'inaptitude légale à recueillir pour leur propre compte ce qu'il avait paru juste d'attribuer à d'autres membres de l'Institut. Dès l'année 1819, Louis XVIII accordait à Gérard, outre le brevet de « premier peintre du Roi » qu'il lui avait antérieurement donné, le titre de baron. Cinq ans plus tard, Gros recevait le même titre (1824) (1),

lui avait conféré, pendant les Cent-jours, le titre de baron, et que cette nomination fut annulée par le gouvernement de la Restauration. M. Jules David, petit-fils du peintre et par conséquent mieux placé que personne pour être renseigné à ce sujet, déclare que « rien dans ses recherches n'est venu confirmer cette double assertion ». Voy. *Le peintre Louis David*, p. 516.

(1) A l'occasion des peintures récemment achevées de la coupole de Sainte-Geneviève. Quatremère de Quincy rapporte le fait en ces termes dans sa *Notice* sur Gros, lue à l'Académie en 1836 :

et, dans le cours des cinq années suivantes, Charles X le conférait successivement à cinq autres académiciens, dont deux peintres : Guérin et Regnault ; deux sculpteurs : Lemot et Bosio ; un graveur en taille-douce, Boucher-Desnoyers. D'où vient toutefois qu'aucun architecte, aucun compositeur de musique, n'ait été à cette époque traité avec la même faveur? que Percier, par exemple, que Cherubini ou Boieldieu, se soient vus exceptés d'une mesure destinée apparemment à récompenser les plus dignes? Cela semble d'autant moins explicable que le crédit de ces trois maîtres était plus grand auprès du public, et que les fonctions remplies par deux d'entre eux avaient presque le caractère de charges de cour (1). Peu importe, au surplus. Peut-être auraient-ils eu leur tour, si la révolution de 1830 n'était venue abolir, en matière d'anoblissement comme sur bien d'autres points, les traditions de l'ancienne royauté. En tout cas, à défaut d'un titre nobiliaire, propre surtout à faire honneur à l'équité du gouvernement qui l'eût conféré, les trois maîtres dont il s'agit ont amplement laissé de quoi recommander leur mémoire, et, parce qu'elle n'aura pas été, comme d'autres, officiellement sanctionnée par une ordonnance

« Le Roi (Charles X) voulut voir de près le travail, et il consentit à monter à une hauteur de près de trois cents pieds. Après s'être fait expliquer par l'artiste l'ensemble de l'ouvrage et avoir parcouru les détails de la composition : « *Monsieur le baron,* lui dit-il en le « quittant, recevez mes félicitations et mes remerciements ». Et Quatremère de Quincy ajoute : « Peu de titres de noblesse ont été en ce genre acquis par plus de mérite et conférés avec plus de grâce. »

(1) Cherubini, qui d'ailleurs était depuis 1821 directeur du Conservatoire, avait été dès l'année 1816 nommé surintendant de la musique du Roi. Quant à Percier, il avait, comme son collaborateur Fontaine, conservé sous le gouvernement de la Restauration ses anciennes fonctions d'architecte du palais du Louvre et du palais des Tuileries.

royale, leur renommée n'en sera pour cela ni moins solide ni moins durable.

Il n'y a donc pas lieu, à ce qu'il semble, de regretter beaucoup que l'usage d'anoblir quelques-uns des membres de l'Académie des beaux-arts ne se soit pas maintenu après la fin du règne de Charles X ; mais on serait mieux fondé à tenir pour fâcheux l'abandon d'un autre mode d'encouragement pour les artistes que le gouvernement de la Restauration avait adopté. Nous voulons parler de la suppression de l'ordre de Saint-Michel, qui présentait cet avantage, sur l'ordre de la Légion d'honneur, de ne comporter qu'un nombre fixe de dignitaires, et par là de rendre les actes de pure faveur au moins difficiles, le régime de la prodigalité des récompenses, tel qu'on le verrait installé plus tard, absolument impossible. A l'origine, il est vrai, les conditions avaient été tout autres. Non seulement, dans la pensée de Louis XI qui l'avait institué en 1469, l'ordre de Saint-Michel devait rester un ordre militaire, mais le nombre de ceux à qui le Roi se réservait le droit de le conférer ne pouvait excéder trente-six. Les choses changèrent complètement sous les règnes suivants. Le nombre des chevaliers de Saint-Michel étant devenu illimité, l'ordre, à force d'avoir été prodigué, finit par tomber dans un tel discrédit que Louis XIV, préoccupé des moyens de le relever, jugea nécessaire de restreindre pour l'avenir à cent le chiffre des nominations, avec la faculté toutefois pour le Roi de choisir les éligibles non plus exclusivement, comme l'avait voulu Louis XI, dans les rangs de l'armée, mais parmi les magistrats, les gens de cour ou les fonctionnaires de l'État, quels qu'ils fussent.

Aboli en 1789, l'ordre de Saint-Michel fut rétabli d'abord dans les mêmes conditions en 1815, puis, par une ordonnance royale en date du 16 novembre 1816, réformé, sans modification, il est vrai, quant au nombre des membres, mais avec cette destination expresse de récompenser « les hommes qui se seraient particulièrement distingués dans les lettres, les sciences et les arts, ou par des découvertes, des ouvrages et des entreprises utiles à l'État ». Pour ne citer que des artistes appartenant à l'Institut, parmi ceux dont les noms figuraient sur les premières listes de promotion, Gérard, Regnault, Gros, Guérin, Bosio, Cherubini, Lesueur avaient été, sous le règne de Louis XVIII, créés chevaliers de Saint-Michel, en même temps que plusieurs de leurs confrères de l'Académie des sciences et de l'Académie des inscriptions (1). Charles X, à son tour, en accordant dès le commencement de son règne cette haute distinction au sculpteur Cartellier, à Carle Vernet (2), et un peu plus tard à l'architecte Fontaine, Charles X tenait à honneur de respecter, dans sa lettre comme dans son esprit, une institution d'autant plus profitable à la dignité de l'art et des ar-

(1) Aux termes des statuts primitifs, les insignes de l'ordre de Saint-Michel consistaient, comme ceux de l'ordre du Saint-Esprit, dans un collier porté par-dessus l'habit à la cour ou aux cérémonies publiques. Sous le gouvernement de la Restauration, et même avant la Révolution, on avait substitué à ce collier un grand cordon noir, passé en sautoir sur le gilet, et que les chevaliers ne devaient jamais quitter. La plupart d'entre eux pourtant s'affranchissaient de cette obligation en remplaçant, dans l'habitude de la vie, ce grand cordon par un simple ruban noir attaché à la boutonnière ; mais d'autres se montraient plus scrupuleux, et l'on pourrait citer un peintre célèbre qui avait poussé la conscience jusqu'à se faire fabriquer un cordon en métal, pour ne pas se séparer de ses insignes réglementaires, même quand il prendrait un bain.

(2) Dans cette séance royale de la distribution des récompenses à la suite du Salon de 1824, dont le charmant tableau de Heim, aujourd'hui au musée du Louvre, a si bien consacré le souvenir.

tistes que, en raison même du chiffre fixé pour les nominations, elle était plus sûrement défendue contre l'invasion des talents médiocres.

Lorsque la révolution de Juillet eut brisé le trône de Charles X et, du même coup, détruit jusqu'aux institutions les plus inoffensives ou, comme celle dont nous venons de parler, les plus foncièrement libérales de l'ancienne monarchie, on pouvait craindre que les académies elles-mêmes ne fussent au moins ébranlées par des attaques directes, conséquence toute naturelle, en apparence, des assauts livrés, et livrés victorieusement, ailleurs. Il n'y eut cependant rien de bien dangereux, ni même de bien sérieux dans les sentiments d'hostilité témoignés alors et dans les entreprises tentées contre elles. En ce qui concerne l'Académie des beaux-arts, tout à peu près se borna à des articles de journaux, où l'on ne faisait guère que reprendre en les paraphrasant les prétendus griefs formulés, quelques années auparavant, par les romantiques; à des caricatures d'un caractère assez peu blessant au fond et d'un comique déjà passablement usé, sur la caducité intellectuelle et physique des membres de la compagnie; enfin, dans les ateliers, à quelques criailleries sans beaucoup d'écho au dehors, en tout cas sans influence sur le nouveau gouvernement. Celui-ci d'ailleurs, en raison de son origine même, avait, — on le comprend de reste, — trop de difficultés politiques à vaincre, trop de périls extérieurs ou intérieurs à conjurer, pour être en mesure dès les premiers jours d'écouter fort attentivement les plaintes des mécontents, réclamant des réformes dans l'organisation actuelle et dans le mode d'enseignement des beaux-arts, ou les arguments que les hommes d'un avis contraire auraient voulu faire valoir à leur tour. Aussi laissa-t-il de ce côté les choses suivre leur cours accoutumé. On avait bien pu, pour donner d'abord une certaine satisfaction aux aspirations, sinon aux exigences de l'esprit démocratique, supprimer, outre l'ordre de Saint-Michel, quelques fonctions officielles dont le gouvernement précédent avait revêtu des artistes, — celles, par exemple, de premier peintre, de premier sculpteur et de premier graveur du Roi (1); — on avait bien pu pour la forme réunir quelques commissions chargées d'examiner de plus ou moins près des questions de détail ; mais aucune question de fond n'avait été mise à l'ordre du jour, aucun projet relatif aux attributions de l'Académie des beaux-arts, à l'organisation de l'Académie de France à Rome ou à celle de tel autre grand établissement, n'avait été discuté, ni même produit. En un mot, on n'avait rien abordé encore de ce qui pouvait, dans la théorie ou dans la pratique, sauvegarder ou compromettre les intérêts essentiels de l'art français ; on s'était contenté d'en soutenir tant bien que mal la vie présente, en ajournant à des temps plus calmes l'étude des moyens propres à en assurer le renouvellement ou les progrès.

(1) Encore la suppression de ces charges de cour s'opéra-t-elle d'elle-même en quelque sorte, je veux dire par l'abandon spontané des titulaires. C'est ce que prouve, au moins quant à Gérard, la lettre suivante adressée par lui presque au lendemain de la révolution de 1830 à l'un des administrateurs provisoires de la maison du Roi : « Je n'ai pas cru, écrivait-il avec autant de dignité dans les sentiments que de modération dans les termes, devoir signer l'état d'émargement de l'administration du Muséum, qui m'a été présenté aujourd'hui. Le titre de premier peintre du Roi dont Louis XVIII avait bien voulu m'honorer et le traitement qu'il y avait attaché ne me semblent guère en harmonie avec le nouvel ordre de choses. Je n'ai aucune idée du parti qui sera pris à cet égard ; mais j'éprouverais un certain embarras à toucher les honoraires d'une place qui, n'ayant nulle sorte d'attributions, est, plus que tout autre, passible des réformes qui peuvent être projetées. »

CHAPITRE VII

L'ACADÉMIE DES BEAUX-ARTS SOUS LA MONARCHIE
DE JUILLET.

L'Académie de France à Rome sous le directorat d'Horace Vernet et sous celui d'Ingres. — Mort de Gros, de Gérard, de Percier. — Quatremère de Quincy se démet des fonctions de secrétaire perpétuel et est remplacé par Raoul Rochette. — Le jury pour l'examen des œuvres présentées aux Salons annuels est exclusivement composé des membres de l'Académie. — Ouverture des galeries historiques du palais de Versailles. — Restauration de la peinture monumentale à Paris. — Mort de Cherubini. — Premières donations faites à l'Académie des beaux-arts.

Nous avons, dans le chapitre précédent, rappelé le temps d'arrêt que dut subir la marche de l'art français, au lendemain de la révolution de 1830, et la situation incertaine à laquelle les artistes, y compris les membres de l'Académie eux-mêmes, semblaient alors se trouver condamnés. Était-ce donc que le nouveau chef de l'État fût personnellement étranger ou indifférent à des questions de cet ordre ? De tout temps, au contraire, il avait manifesté un goût très vif pour les arts, pour la peinture au moins, et la riche galerie de tableaux modernes que le duc d'Orléans s'était formée au Palais-Royal garantissait assez les dispositions du Roi à l'égard des artistes capables d'honorer notre école. Quelques mesures d'ailleurs, prises de bonne heure par lui, étaient de nature à confirmer sur ce point les espérances. En attendant la généreuse et patriotique création du Musée de Versailles, dont la pensée occupait déjà son esprit, mais que les circonstances ne lui permettaient pas encore d'entreprendre, Louis-Philippe, à la suite de la première exposition ouverte sous son règne (1831), avait décidé de rendre annuels les Salons qui jusqu'alors ne s'étaient succédé qu'à plusieurs années d'intervalle. Il avait de plus prescrit à ses ministres de demander aux Chambres les crédits nécessaires, soit pour hâter l'achèvement de l'École des beaux-arts, de l'église de la Madeleine, de l'Arc de triomphe de l'Étoile, de quelques autres grands édifices dont la construction avait été commencée sous les gouvernements précédents, soit pour décorer la Chambre des députés et l'Hôtel de ville de peintures ou de sculptures relatives à des événements récents de notre histoire. Quant à l'Académie des beaux-arts, lorsque, au commencement de l'année 1831, elle s'était pour la première fois rendue en corps auprès du Roi, elle avait reçu de lui l'assurance formelle qu'aucune modification ne serait apportée aux lois qui la régissaient depuis la réorganisation de 1816 (1); et, comme bon nombre des membres présents avaient eu sous le gouvernement de la Restauration des relations directes avec le prince qui les

---

(1) A partir de cette époque, en effet, jusqu'à la fin du règne de Louis-Philippe, la composition et les attributions de l'Académie des beaux-arts demeurèrent telles qu'elles avaient été réglées par l'ordonnance de Louis XVIII. Il en fut de même pour chacune des trois autres académies. La seule réforme introduite dans l'organisation de l'Institut, — et encore n'y avait-il là qu'un retour à la constitution primitive, — fut le rétablissement, en 1832, sous le titre d'*Académie des sciences morales et politiques,* de l'ancienne deuxième classe fondée en 1795 et supprimée au bout d'un peu plus de sept ans.

accueillait en souverain aujourd'hui, celui-ci avait ajouté à sa déclaration officielle l'expression bienveillante et presque familière des souvenirs qu'il gardait en commun avec eux.

Cependant le membre de l'Académie des beaux-arts dont la présence au milieu de ses confrères eût pu le mieux raviver ces souvenirs, le peintre de qui le Roi, avant son avènement au trône, avait le plus particulièrement apprécié et le plus souvent employé le talent, Horace Vernet, n'assistait pas à l'entrevue. Il était alors à Rome, où depuis deux ans il avait remplacé Guérin, comme directeur de l'Académie de France. Jeune encore et déjà universellement célèbre, — entouré d'une famille dont la distinction et la bonne grâce attiraient à la villa Médicis les Français et les étrangers de passage à Rome, et jusqu'aux membres les plus récalcitrants de la vieille aristocratie romaine (1) ; — enfin, usant avec une libéralité sans réserve des ressources matérielles que lui procurait l'extrême fécondité de son pinceau, Horace Vernet avait donné aux fonctions qu'il remplissait un éclat extérieur qu'elles n'avaient jamais eu avant lui. Rien de mieux : mais dans ses rapports officiels avec l'Académie qui l'avait délégué, il n'arrivait pas toujours qu'il réussît à s'acquitter aussi heureusement de son rôle.

Sans rien abdiquer pour cela de sa juste autorité personnelle, le directeur précédent, Guérin, s'était toujours appliqué à se conformer ponctuellement aux avis de ses

---

(1) On trouvera dans les *Lettres* de Mendelssohn à sa famille, notamment dans celles qui portent les numéros XIX et XXIV, les détails les plus piquants et en même temps les plus exacts sur les habitudes qui régnaient à l'Académie de France sous le directorat de Vernet.

confrères, tant sur les questions générales de règlement ou de discipline que sur la valeur des envois soumis à leur examen. Horace Vernet, au contraire, crut devoir, à la première occasion qui se présenta, non seulement discuter, mais ouvertement réprouver un jugement que l'Académie venait de prononcer. Il s'agissait alors d'un travail sur les *Temples de Pæstum* envoyé en 1829 par un pensionnaire architecte, M. Henri Labrouste, qui, soit dit en passant, devait trente-huit ans plus tard siéger parmi les membres de l'Académie : travail important, dont l'Académie avait dans son *Rapport* constaté les mérites, mais en mêlant aux éloges des réserves sur ce qu'il contenait à ses yeux d'erroné ou de contestable. De là le très imprévu mécontentement de Vernet et, de sa part, des réclamations au moins insolites. Au lieu de se borner, comme il en avait simplement la mission, à donner à l'intéressé communication de ce rapport, il écrivit à l'Académie une lettre dans laquelle il prenait parti contre elle, la sommant en quelque sorte de reconnaître au pensionnaire, auteur du travail, « le droit de réfuter les accusations d'inexactitude qui lui avaient été imputées » ; et il ajoutait : « Je n'ai point hésité à m'assurer par mes propres yeux du degré de confiance qu'on pouvait accorder à l'envoi de M. Labrouste. Je me suis rendu *exprès* à Pæstum, accompagné d'un architecte, les monuments seuls pouvant servir de preuves. J'ai examiné, touché, et même fouillé. Cet examen scrupuleux m'a démontré que les parties jugées douteuses du grand travail de M. Labrouste sont entièrement conformes à la vérité, et que dans l'ouvrage de M. Lagardette », — cité par l'Académie à l'appui de son opinion, — « les incorrections sont sans nombre. »

L'Académie naturellement ne laissa pas de s'émouvoir

de cette mise en demeure d'avoir à discuter après coup l'œuvre d'un pensionnaire avec ce pensionnaire lui-même. Dans une réponse en termes très courtois, mais très nets, adressée au directeur au nom de la compagnie, le secrétaire perpétuel faisait ressortir « le danger qu'il y aurait à autoriser des répliques aux jugements que l'Académie consigne dans ses rapports annuels... Ces jugements sur les travaux des pensionnaires n'étant d'ailleurs, ajoutait Quatremère de Quincy, que des avis transmis confidentiellement, des conseils donnés de professeurs à élèves et dont ceux-ci sont libres d'user à leur gré, il me paraît inutile de dire que toute controverse entamée, surtout d'aussi loin, toute explication fournie par la plume d'un pensionnaire, serait sans objet comme sans résultat. » Le différend n'en continua pas moins entre l'Académie des beaux-arts et le directeur de l'Académie de France, à Rome. Bientôt nouvelles instances de Vernet, nouvelle lettre qu'il eut le tort, cette fois, de faire ou de laisser insérer dans un journal très répandu, comme pour en appeler à l'opinion publique des résistances qu'il rencontrait ; enfin, au bout de quelques semaines, troisième et dernière dépêche ainsi conçue : « S'il est dans les convenances de l'Académie des beaux-arts de refuser d'entendre la justification d'un pensionnaire du Roi à Rome, lorsque cette justification est présentée par le directeur de l'Académie de France, il est de l'honneur de ce dernier de ne pas s'associer à un acte qu'il regarde comme inique. J'ai en conséquence donné ma démission motivée à M. le ministre de l'intérieur. » Les choses toutefois devaient en rester là, fort heureusement pour tout le monde. La révolution de Juillet, qui avait éclaté sur ces entrefaites, coupa court à la correspondance, devenue plus que jamais difficile, sur la question soulevée par Vernet, et celui-ci, justement occupé d'autres soins, oublia vite ses projets de retraite.

Le moment, en effet, eût été mal choisi pour abandonner le poste de directeur de l'Académie de France, et Vernet n'était pas homme à se dérober en pareil cas à son devoir. Les événements politiques qui venaient de s'accomplir dans notre pays avaient eu leur contre-coup en Italie, notamment dans plusieurs villes des États de l'Église, où l'agitation des esprits, parfois des commencements de troubles dans les rues, semblaient présager quelque tentative prochaine de soulèvement à Rome même. Les inquiétudes du gouvernement pontifical à ce sujet étaient vives, mais elles n'allaient pas jusqu'à l'égarer sur les moyens d'écarter le péril et sur les gens du côté desquels pourraient venir les attaques. Aux yeux du peuple, au contraire, ou tout au moins d'une partie du peuple, tout le mal était imputable aux Français établis ou se trouvant passagèrement à Rome, chacun d'eux étant nécessairement un révolutionnaire, et l'Académie de France un foyer permanent de conspiration (1). Déjà, vers la fin du siècle précédent, au lendemain du meurtre de Basseville, les mêmes préjugés, les mêmes

---

(1) « Chose étrange ! écrivait Mendelssohn le 1er mars 1831, toute la populace de Rome concentre sa haine sur les pensionnaires français, qu'elle croit capables de faire aisément à eux seuls une révolution... » Et, à ce propos, Mendelssohn dépeignait en termes singulièrement vifs l'attitude plus que timide suivant lui des artistes allemands qui l'entouraient et qui, après avoir, sur l'ordre de la police, « coupé tous leurs moustaches, leurs favoris, leurs barbiches petites ou grandes, disaient sans vergogne qu'ils les laisseraient repousser dès que le danger serait passé... Ces grands et gros gaillards, ajoutait-il, rentrent chez eux à la nuit tombante et s'y enferment... Ils traitent Horace Vernet de bravache : quelle différence pourtant entre lui et ces tristes sires !... » *Lettres.* Numéro XXIII.

passions aveugles avaient poussé la populace romaine à se ruer sur l'Académie de France, d'où les pensionnaires, dépourvus de tout moyen de défense et menacés de mort, n'avaient pu s'échapper qu'à grand'peine. Le souvenir de ces violences passées et, dans le présent, les sinistres avertissements qu'apportaient chaque jour des lettres anonymes, n'autorisaient-ils pas amplement Vernet à prémunir contre une agression éventuelle le grand établissement dont il avait la garde, et à en mettre le personnel en état, le cas échéant, d'y résister? Le directeur de l'Académie de France entendait d'ailleurs faire assez ostensiblement ses préparatifs pour donner à penser à ceux qui eussent été tentés d'engager la lutte. Aussi, quand il se fut approvisionné en quantité suffisante de poudre et de fusils, ne manqua-t-il pas de rapporter, à travers les rues de Rome, le tout en voiture découverte, de même que les jours suivants, sous prétexte de régime hygiénique, il exerçait publiquement les pensionnaires au maniement des armes dans les jardins de la villa Médicis.

Peut-être, il faut bien le dire, les mesures prises par Vernet, si opportunes qu'elles fussent, n'avaient-elles pas pour principe unique les conseils de la prudence; peut-être s'y mêlait-il quelque chose d'une satisfaction donnée à ce besoin d'activité personnelle si naturel chez lui, à ces instincts militaires qui, jusqu'alors, avaient le plus habituellement inspiré son talent, et qui devaient plus tard le pousser à se faire en Afrique le compagnon de nos officiers dans leurs expéditions, plus tard encore à briguer l'honneur d'être placé comme colonel à la tête d'une légion de la garde nationale. Quoi qu'il en soit, le résultat essentiel fut obtenu. L'Académie de France ne cessa pas un moment d'être respectée dans son indépendance morale, aussi bien que dans ses conditions matérielles. Lorsque, au dehors, toutes les inquiétudes furent dissipées, toutes les agitations de l'esprit public calmées, elle reprit, pour les garder jusqu'à la fin du directorat de Vernet, cette physionomie d'élite, ce caractère de « salon de l'Europe », — comme madame de Staël le disait de Rome même, — qu'elle avait eus au commencement, et dont le souvenir, malgré le temps écoulé, ne s'est effacé encore ni à l'étranger, ni chez nous.

Le contraste, au surplus, allait être grand entre le brillant règne, maintenant achevé, de Vernet, et celui de l'austère successeur que l'Académie des beaux-arts venait de lui donner. Appelé à rentrer en qualité de directeur dans cette Académie de France où il avait fait ses débuts comme pensionnaire plus de trente ans auparavant, dans cette ville de Rome où il avait ensuite passé de longues années, tout entier à ses studieux efforts, à ses luttes contre la pauvreté et, — tâche plus rude encore, — contre les injustes dédains du public, Ingres y rapportait la même opiniâtreté dans sa foi, la même intolérance si l'on veut; il y rapportait aussi des habitudes de vie fort peu mondaines, les goûts les plus modestes là où son art ne se trouvait pas directement intéressé, en un mot les mœurs recueillies d'un solitaire plutôt que les dispositions d'un homme heureux de se montrer sur un grand théâtre et d'y jouer sous les regards de tous un rôle nouveau pour lui.

Il y avait loin sans doute de ces inclinations et de ces habitudes à l'humeur expansive et aux coutumes élégantes d'Horace Vernet. Au point de vue des doctrines, la différence était aussi tranchée entre les deux maîtres, le genre d'influence qu'il appartenait à chacun d'eux d'exercer aussi nettement caractérisé. Si bien fondé qu'il fût à compter sur le facile succès de ses ouvrages, Vernet n'en avait pas moins la passion du travail pour le travail lui-même, le besoin de produire plus encore que le besoin d'être loué. Par là, par cette ardente application à la tâche de chaque jour (1), il donnait aux jeunes artistes qui l'entouraient une leçon de sincérité toute pratique ; il leur enseignait à sa manière, sans nulle arrière-pensée quant au reste, sans la moindre prétention dogmatique, le devoir pour chacun de s'interroger de près, et, la lumière intérieure une fois faite, d'exprimer tout uniment ce qu'il a senti. La doctrine d'Ingres était à la fois moins simple et plus impérieuse. Si Ingres n'exigeait pas absolument des autres qu'ils vissent par ses propres yeux, au moins entendait-il bien les assujettir à ses croyances; s'il pensait que l'imitation pieuse de la nature est la condition première et indispensable de toute œuvre d'art, il pensait aussi que cette imitation ne pouvait avoir son éloquence qu'autant qu'elle procéderait, dans les formes, des souvenirs de Raphaël et de l'antiquité. Hors de là, point de salut : comme, dans le domaine de la musique, tout ce qui ne tendait pas à continuer la pure tradition des maîtres souverains devait, suivant Ingres, être réprouvé sans merci, y compris les ouvrages de Rossini lui-même. Que dans la pratique il lui arrivât fort heureusement de démentir ces principes de subordination à outrance aux exemples du passé, c'est ce que prouvent de reste, entre autres témoignages concluants, les études d'après nature peintes ou dessinées par lui pour ses tableaux, et ces *portraits* au crayon dont on ne trouverait les équivalents dans aucune école. Toujours est-il que, en

(1) « Il tombe sur la besogne comme un affamé sur du pain », écrivait Mendelssohn au sortir de l'atelier où il l'avait vu travailler.

théorie, l'art, aux yeux d'Ingres, était une religion qui avait eu ses prophètes et ses lois révélées, — le beau un article de foi précis, irrévocablement imposé à la conscience humaine, et dont les artistes modernes avaient pour tâche de maintenir et de répandre la formule orthodoxe.

C'était le plus ordinairement sur ce thème, ou sur des questions du même ordre, que la conversation roulait dans les salons de la villa Médicis, ou plutôt qu'Ingres discourait, car il n'était guère fait pour se plaire aux hasards et au laisser-aller de la causerie, encore moins pour s'accommoder de la discussion. Souvent aussi quelque morceau de musique, mais, bien entendu, de musique « vertueuse », comme il disait, quelque fragment de *Don Juan* ou d'*Alceste* exécuté au piano par un des pensionnaires, — M. Ambroise Thomas ou, un peu plus tard, M. Gounod, — lui fournissait une occasion nouvelle de célébrer avec son enthousiasme accoutumé l'inviolable souveraineté du génie et l'excellence du « grand art ». Certes, cette parole si profondément convaincue, si sincère jusque dans l'exagération, cette parole enflammée ne pouvait manquer d'échauffer le zèle des jeunes artistes qui l'entendaient. Si quelques-uns ne l'acceptaient pas sans réserve, tous du moins en subissaient l'empire; tous, quelles que fussent leurs inclinations propres et la différence de leurs aptitudes, se sentaient, au contact d'un tel maître, plus confiants dans la dignité de leur art, plus dévoués à leurs devoirs présents, mieux préparés pour les luttes à venir. Aussi, parmi les pensionnaires qui se sont succédé à la villa Médicis au temps où Ingres en était le directeur, combien n'en citerait-on pas dont la carrière semble s'être ressentie jusqu'au bout de cette haute influence, et dont la gloire personnelle ou la notoriété se rattache par là dans une certaine mesure à la mémoire du grand artiste qu'ils avaient eu l'heureuse fortune d'approcher dans leur jeunesse (1)! Sans parler d'Hippolyte Flandrin, le plus fervent à Rome aussi bien qu'à Paris, le plus fidèle en tout temps comme le plus éminent des disciples directs du maître, combien de ceux-là mêmes qui n'étaient ni peintres ni sculpteurs ont puisé auprès de lui le courage de résister aux mauvaises tentations de l'intelligence, et se sont fortifiés par ses exemples dans le culte du vrai et du beau !

Les six années (1835-1840) qu'Ingres passa à Rome comme directeur de l'Académie de France furent donc aussi profitables aux progrès de ceux qui l'entouraient qu'à la bonne renommée de l'établissement lui-même. Elles marquent dans l'histoire de celui-ci, et par conséquent dans l'histoire de l'Académie des beaux-arts dont on ne saurait la séparer, une période d'autant plus mémorable, que les talents qui la représentent encore parmi nous ont plus largement tenu leurs premières promesses, et que d'ailleurs quelques-unes des œuvres d'Ingres, les plus célèbres aujourd'hui, — la *Stratonice* entre autres, —

(1) Pour plusieurs d'entre eux, d'ailleurs, les relations commencées à Rome devaient se continuer à Paris de plus en plus étroites, et enfin achever de se resserrer un jour par les liens de la confraternité académique. Parmi les pensionnaires de l'Académie de France à l'époque où Ingres la gouvernait, huit se sont vus, dans la seconde moitié de ce siècle, appelés à siéger comme membres de l'Académie des beaux-arts à côté de leur ancien directeur. Ce sont, par ordre chronologique, MM. Ambroise Thomas, Simart, Hippolyte Flandrin, Lefuel, Jouffroy, Signol, Victor Baltard et Gounod. Deux autres, MM. Pils et Hébert, sont entrés à l'Académie dans le cours des années suivantes. En outre, ne conviendrait-il pas d'inscrire, à côté de ces noms, celui d'un onzième académicien, M. Lehmann, qui, sans avoir obtenu le Grand Prix, n'en avait pas moins été rejoindre Ingres à Rome, pour y travailler sous ses yeux ?

appartiennent à la même époque. Ce n'est pas néanmoins que ces années si bien employées par lui et autour de lui n'aient eu, elles aussi, leurs jours difficiles, sombres même ; non plus, comme au temps de Vernet, en raison des circonstances politiques, mais parce que des dangers d'une autre sorte étaient venus menacer les hôtes de la villa Médicis et imposer au directeur un surcroît de préoccupations et de devoirs.

Lorsque, vers le milieu de l'été de 1837, le choléra eut éclaté à Rome, la villa Médicis semblait d'autant plus exposée au péril, que les quartiers environnants étaient déjà plus particulièrement atteints. Dans le couvent de la Trinité des Monts, presque contigu à l'Académie de France, six religieuses avaient succombé dans l'espace de quelques heures ; dans plusieurs maisons voisines, d'autres cas foudroyants s'étaient produits. Ingres, qui se sentait jusqu'à un certain point responsable des inquiétudes que pourraient concevoir les pensionnaires et des conséquences funestes qu'elles entraîneraient peut-être pour eux, n'hésita pas à payer d'exemple en se montrant aussi calme et aussi résigné que sa nature impétueuse lui permettait de l'être (1). Seulement, comme il avait vu dans les journaux que la distraction était le meilleur des moyens préservatifs contre le fléau, il résolut de mettre l'avertissement à profit pour ses subordonnés et pour lui-même. Il informa donc les pensionnaires que dorénavant il les réunirait chaque soir dans son salon, afin de travailler en

---

(1) « Moi et ma femme, nous sommes calmes, écrivait-il alors à l'un de ses amis. Il n'en a pas été de même des pensionnaires, qui d'abord voulaient tous s'éloigner ; mais cela ne leur a pas été possible, attendu que nous sommes traqués et bloqués dans Rome... Enfin, nous et notre nombreuse famille nous vivons serrés les uns contre les autres à la villa, comme des oiseaux qui attendent sous un grand arbre que l'orage soit passé. »

commun à chasser les idées noires et à se tenir en belle humeur par la lecture à haute voix de... « Plutarque ». — Qui sait, au surplus ? Peut-être, en procédant ainsi, Ingres entendait-il reprendre quelque chose de la tradition fondée, cinq siècles auparavant et dans des circonstances à peu près pareilles, par les jeunes Florentins que Boccace a mis en scène. En tout cas, cette tradition d'hygiène intellectuelle, c'était bien à sa manière qu'il la renouvelait, et par le choix d'un moyen pratique dont les héros et les héroïnes du *Décaméron* ne se fussent certes pas avisés.

Tandis qu'Ingres continuait à Rome la tâche que l'Académie lui avait confiée, et dont elle suivait l'accomplissement avec un intérêt croissant d'année en année, à Paris, plusieurs des membres les plus illustres de la compagnie, — Gros, Gérard, Percier, — étaient successivement enlevés par la mort, et l'un d'eux, Gros, par une mort aussi imprévue que tragique. Qui eût dit, au temps où le peintre des *Pestiférés de Jaffa* et de la *Bataille d'Aboukir* rajeunissait sa gloire par ses tableaux de *Charles-Quint à Saint-Denis,* de *Louis XVIII quittant les Tuileries* dans la nuit du 19 au 20 mars 1815, et par ses vastes travaux à Sainte-Geneviève, où ce chef d'une école plus nombreuse qu'aucune autre semblait environné du respect et de l'admiration universels, — qui eût dit qu'un tel maître en viendrait tout à coup à fléchir sous le poids du découragement et à se débarrasser de la vie comme d'un fardeau désormais au-dessus de ses forces ? C'est que l'on ignorait ou que l'on ne voulait pas remarquer qu'une sorte de conspiration s'ourdissait dès lors contre cette gloire, si légitime pourtant et si vaillamment conquise. Cependant, les attaques d'abord essayées dans l'ombre ne tardèrent pas à se produire au grand jour. Plusieurs articles de journaux parurent où des juges de rencontre, en condamnant les plus récents ouvrages de Gros, se donnaient, les uns, le ridicule de se poser en précepteurs d'un homme qui avait tant de fois et avec tant d'éclat fait ses preuves ; — les autres, le tort plus impardonnable encore de le prendre avec lui sur le ton du persiflage. En bonne justice, de pareils actes d'ingratitude ou de sottise n'auraient dû avoir de conséquences fâcheuses que pour ceux qui les avaient commis. Gros eut la faiblesse de se sentir atteint par ces injures, de s'en désoler même et de s'y tromper au point de voir dans ces cruelles paroles d'un journaliste : « Gros est un homme mort », l'expression de l'opinion publique. « Vous venez visiter un mort dans son cimetière », disait-il amèrement à l'un de ses amis, en lui ouvrant la porte de son atelier. Quelques jours plus tard, le chagrin avait achevé d'enivrer et de vaincre cette âme impressionnable à l'excès, et le 25 juin 1835, Gros, qui bien peu auparavant s'était écrié, en apprenant la fin volontaire de Léopold Robert : « Un peintre ne doit pas se tuer ; il n'est jamais sûr d'avoir dit son dernier mot », Gros, se démentant ainsi lui-même, se réfugiait à son tour par le suicide dans le repos qu'il désespérait de trouver ici-bas. Le lendemain, le corps du malheureux maître était retiré des eaux de la Seine et rapporté du bas Meudon à Paris.

Gros n'était âgé que de soixante-quatre ans lorsqu'il se donna la mort. Gérard, son ancien condisciple dans l'atelier de David et, de tout temps, le plus renommé de ses émules, avait à peu près le même âge à cette époque (1) : il ne lui survécut que bien peu, comme s'il fallait que la carrière fournie parallèlement par les deux

(1) Gérard était né le 16 mars 1770, un an presque jour pour jour avant Gros. Il mourut dix-huit mois après lui, le 11 janvier 1837.

artistes aboutît fatalement au même terme et que, presque du même coup, la fin de l'un et de l'autre laissât dans notre école un double vide. Toutefois, en dehors de ce rapprochement des dates et de cette simultanéité des réputations, l'analogie n'existe guère entre la vie des deux rivaux. Plus encore que leurs talents, leurs caractères et leurs habitudes différèrent. Très fier et très timide tout ensemble, ombrageux jusqu'à l'emportement et embarrassé de sa personne jusqu'à la gaucherie, Gros ne subissait qu'à son corps défendant le commerce des hommes, de ceux-là surtout qui cherchaient à l'attirer dans leurs salons pour se parer de lui et de sa célébrité. Presque toujours seul, même aux heures où il ne travaillait pas, assez indifférent, quoique marié, aux obligations ou aux joies de la vie domestique, il l'était aussi, et peut-être plus encore, aux distractions mondaines; en sorte que, une fois hors de son atelier ou de l'atelier de ses élèves, il s'appliquait pour ainsi dire à disparaître avec autant de soin que d'autres à sa place en eussent mis à se montrer.

Même à l'Académie, où il était pourtant et où il se sentait lui-même l'un des premiers par le talent, il semblait qu'il voulût, sinon s'effacer, au moins s'isoler de ses confrères, ne se mêlant presque jamais à leurs discussions ou, quand il lui arrivait par hasard d'intervenir, se bornant à exprimer son opinion en termes brusques, souvent agressifs, comme s'il éprouvait le besoin de faire payer aux autres l'effort qu'il avait dû s'imposer pour prendre la parole. Aussi, malgré les sentiments unanimes de déférence que Gros inspirait d'ailleurs, cette parole irritée, inconséquente, demeurait-elle la plupart du temps sans influence sur les décisions de l'Académie : tandis que par les formes toujours mesurées de son langage, par la prudence de ses avis, par l'habile usage qu'il savait faire en toute occasion du crédit attaché à sa haute situation personnelle, Gérard exerçait sur ses confrères une autorité d'autant plus sûre qu'il évitait plus scrupuleusement de l'afficher.

En outre, et fort contrairement à Gros, Gérard avait toutes les aptitudes, et il avait eu de bonne heure toute l'expérience d'un homme du monde, dans le sens le moins frivole du mot. Même avant que son salon fût devenu ce qu'il devait être pendant trente ans, un centre où se réunissaient à jour fixe les personnages les plus éminents par leurs talents dans tous les genres, les plus considérables par la naissance ou par le rang auquel ils s'étaient élevés (1), celui qu'on appelait, un peu fastueusement, il est vrai, « le peintre des rois et le roi des peintres », avait réussi, à force de tact et d'esprit de conduite, à acquérir comme homme une importance presque égale à la réputation que lui avaient value ses travaux d'artiste. Et pourtant les obstacles, — et des obstacles en apparence insurmontables, — n'avaient pas manqué pour entraver cette marche de Gérard à la conquête de tous les succès et de tous les honneurs. A l'époque, par exemple, où Louis XVIII rétablissait le titre de « premier peintre du Roi », avec l'intention de le conférer à Gérard, certaines gens à la cour s'étaient hâtés de crier au scandale et d'invoquer, comme une objection sans réplique, les antécédents « politiques » du candidat. Celui-ci, en célébrant jadis dans une composition sur le *Dix Août* le triomphe

---

(1) « On a souvent entretenu le public du salon de Gérard, écrivait M. Charles Lenormant en 1846 dans le *Correspondant*... C'était une création admirable et presque une institution pour les arts que ce rendez-vous de toute l'Europe, où la plus exquise politesse ne servait qu'à mieux faire constater la royale indépendance de l'artiste qui se maintient dans son domaine... »

de l'insurrection qui avait chassé Louis XVI des Tuileries, ne s'était-il pas rendu coupable à sa manière du crime de lèse-majesté ? Bien plus, n'avait-il pas, au temps de la Terreur, fait partie comme juré du tribunal révolutionnaire et accepté ainsi, disait-on, l'abominable rôle d'un auxiliaire de Fouquier-Tinville ? Enfin on allait jusqu'à l'accuser formellement d'avoir voté la mort de la reine Marie-Antoinette. C'était là une pure calomnie, puisque Gérard n'avait pas même assisté à ce lamentable procès ; quant au reste, si tout n'était pas strictement exact, rien du moins n'était complètement erroné.

Gérard en effet, dans un dessin très remarqué au moment où il parut, avait retracé la scène dont l'Assemblée législative avait été le théâtre, le 10 août 1792 ; il avait représenté le Roi et la famille royale relégués et déjà captifs dans la loge du journal *le Logographe,* mais, quoi qu'on en ait dit, sans donner pour son propre compte à cette image du fait le caractère d'un outrage à d'augustes victimes (1). Il est également vrai qu'il avait été en 1793 appelé aux fonctions de juré près le tribunal révolutionnaire ; mais ces sinistres fonctions, qu'il n'avait certes pas sollicitées, qui lui avaient été au contraire imposées par David, son maître, comme l'unique moyen pour lui d'échapper à la réquisition militaire dans laquelle il venait d'être compris, ne s'était-il pas soustrait comme il avait pu à l'obligation de les remplir ? Tantôt une maladie feinte dont il obtenait à grand'peine la constatation offi-

(1) On a prétendu, et l'on répète encore quelquefois, que dans ce dessin Louis XVI était représenté mangeant gloutonnement, tandis que les membres de l'Assemblée délibéraient sur sa déchéance. Rien de plus faux, comme on peut s'en convaincre en jetant les yeux sur le fac-simile de la composition dont il s'agit dans le tome III du recueil intitulé : *Œuvres du baron Gérard.* — Paris, 1852-1857.

cielle de la complaisance ou de la naïveté des médecins, tantôt les suites d'une prétendue chute qui le condamnaient à ne marcher qu'avec des béquilles (1) lui avaient servi de prétextes pour se dispenser de paraître aux séances de l'odieux tribunal. Dans deux occasions pourtant il lui arriva de siéger parmi les jurés et de participer aux jugements rendus ; mais, — les procès-verbaux en faisaient foi, — ces jugements concluaient l'un et l'autre à l'acquittement des prévenus.

Gérard se devait à lui-même de réfuter une fois pour toutes les accusations dont il était l'objet. C'est ce qu'il fit avec autant de précision que de dignité dans un mémoire qui fut mis sous les yeux du Roi et dont celui-ci approuva si hautement les termes que les meneurs de la campagne entreprise durent, au moins par prudence, s'arrêter court et désarmer. Le mémoire se terminait par ces mots :
« Les hommes qui me connaissent depuis longtemps, et qui sans doute auront apprécié mes opinions et mes principes, peuvent dire dans quels sentiments j'ai vu arriver l'époque de la Restauration... Me sera-t-il permis d'ajouter que cet événement mémorable m'a présenté des chances aussi flatteuses pour mon amour-propre que favorables à ma tranquillité, et que si quelque pressentiment m'avait averti que la plus légère atteinte pouvait troubler mon avenir, il n'en aurait pas été ainsi ? »

(1) Madame de Wailly, au temps où elle était devenue comtesse de Fourcroy, racontait qu'un jour, en 1793, elle se trouvait dans un des escaliers du Louvre, à quelque distance de Gérard. Celui-ci, se croyant seul, montait lestement devant elle, ses béquilles sous le bras. Tout à coup le faux impotent se retourne et, à la vue d'un témoin qui peut-être dénoncerait sa ruse, il s'arrête effrayé. « Rassurez-vous, lui dit madame de Wailly en le rejoignant, je ne vous trahirai pas ; mais une autre fois, jouez donc mieux votre rôle ! »

CHAPITRE VII.

Il est clair, en effet, qu'on eût été mal venu à traiter après coup en ennemi un homme aux talents duquel, dès les premiers jours de la Restauration, tous les grands personnages de l'époque s'étaient empressés de recourir, — depuis les princes de la Maison de France et les souverains étrangers que les événements avaient amenés à Paris jusqu'aux ministres et aux ambassadeurs (1). Gérard, tant que dura le gouvernement des Bourbons de la branche aînée, continua donc de jouir, auprès de ses clients couronnés et de ceux qui les entouraient, d'un crédit exceptionnel. En pleine faveur aux Tuileries, où Charles X lui commandait le tableau du *Sacre,* comme Louis XVIII l'avait chargé de peindre l'*Entrée de Henri IV à Paris,* — au Palais-Royal, où le duc d'Orléans le consultait sur le choix des artistes auxquels il devait confier des travaux pour sa galerie (2), — le premier peintre du Roi gardait auprès du public une popularité qu'entretenait d'ailleurs incessamment la reproduction par les plus habiles graveurs de tous les ouvrages sortis de son pinceau. Les choses ne laissèrent pas de changer pour lui après 1830. Si ces dernières années ne s'écoulèrent pas, comme celles de Gros, dans un sombre isolement, elles furent du moins attristées par le déclin graduel du pouvoir qu'il avait si longtemps exercé sur l'opinion, et quelquefois par la défection sans vergogne de ceux-là mêmes qui affectaient naguère le plus d'admiration pour ses œuvres et le plus de respect pour sa personne.

(1) Sans compter les tableaux de Gérard appartenant à la même époque, le nombre des *portraits* peints par lui dans le cours des six premières années seulement du règne de Louis XVIII s'élève à vingt-deux, dont quatorze en pied.
(2) Voir à ce sujet les lettres du duc d'Orléans, depuis le roi Louis-Philippe, dans la *Correspondance de François Gérard,* publiée par M. Henri GÉRARD, son neveu. — Paris, 1867.

Gérard soutint jusqu'au bout, et en apparence avec sérénité, une épreuve rendue plus pénible encore par les infirmités, par l'affaiblissement de la vue surtout; mais la mélancolie qui le minait sourdement envahit de plus en plus son âme, et si la fin volontaire de Gros le trouva aguerri contre la contagion de l'exemple, elle fut pour lui comme un avertissement lugubre. Un de ses amis accourt chez lui au moment même où la fatale nouvelle venait de se répandre dans Paris : « Gros et moi, lui dit Gérard, nous avons été condisciples, nous avons été rivaux, nous avons été ennemis (1) : quels souvenirs ravive en moi la mort d'un pareil homme!... La mort! Elle vient aussi pour moi; elle est là, elle frappe à ma porte... » Les pressentiments de Gérard ne le trompaient pas. Encore un peu de temps, et la tombe allait se fermer sur le seul maître qui représentât encore l'ancienne école, sur le dernier de cette génération de peintres à laquelle avaient appartenu Girodet, Gros et Guérin.

C'était aussi, dans son art spécial, un des représentants les plus éminents du passé que ce vieil ami de Gérard, Charles Percier, qui succombait après lui, à une année seulement d'intervalle. Mieux qu'aucun autre parmi les architectes ses contemporains, il personnifiait les idées qui avaient prévalu et le mouvement qui s'était accompli dans notre école depuis la fin du dix-huitième siècle;

(1) Cette inimitié d'ailleurs ne se traduisit jamais, ni d'un côté ni de l'autre, par des actes d'injustice aveugle. Lorsque, en 1815, Gros posa sa candidature à l'Académie des beaux-arts, Gérard, qui faisait partie de la compagnie depuis plusieurs années déjà, s'y montra si ouvertement favorable que Gros, malgré ses anciens ressentiments, ne put s'empêcher d'en être touché et de le lui dire. « Je vous croyais, lui écrivait-il, si mal disposé à mon égard, que j'avais regardé la visite d'usage à vous rendre comme impraticable pour moi. Je désire que mes remerciements sincères réparent cette omission... »

mieux qu'aucun d'eux, — quelle que puisse être la part à faire dans ses ouvrages à son fidèle collaborateur Fontaine, — il avait réussi à renouveler notre architecture nationale en substituant à la pure contrefaçon des monuments antiques ou des monuments de la Renaissance des formes plus discrètement classiques, plus exactement appropriées aux exigences de l'esprit moderne et aux besoins de notre civilisation. Les grands travaux exécutés sous la direction de Percier depuis le commencement du Consulat jusqu'à la fin de l'Empire, ses nombreux projets dessinés, l'influence qu'il exerça sur des élèves dont plusieurs, devenus des maîtres à leur tour, devaient le rejoindre à l'Académie, en un mot ce qu'il a fait personnellement ou ce que ses exemples ont suscité résume presque l'histoire de l'architecture en France à cette époque : comme tous les souvenirs de sa propre vie se concentrent pour ainsi dire dans les murs de ce palais du Louvre où il était né (1), qu'il ne cessa pas d'habiter depuis le jour où il eut entrepris d'en compléter les bâtiments ou d'en transformer les aménagements intérieurs, et dont la mort seule put le séparer.

On se méprendrait fort toutefois si l'on se figurait l'architecte du Louvre installé dans quelqu'une des principales parties de l'édifice qu'il avait si magnifiquement restauré. L'humble logis qu'il s'était réservé et qu'il occupa jusqu'au dernier moment consistait dans quatre ou cinq petites pièces de l'entresol qui s'étend, à la gauche du guichet de la rue de Rivoli, le long de la cour du Louvre, et auquel il n'était possible alors d'accéder que par un escalier en bois, raide et étroit comme une échelle.

(1) Le père de Percier était un des concierges du palais; sa mère, une des femmes attachées à la lingerie de la Reine.

Au point de vue du luxe et du confortable, l'appartement lui-même était à l'avenant. Point de papier de tenture pour recouvrir des murs restés tout uniment dans l'état où le maçon les avait laissés, et, quant au mobilier, force tables de travail composées chacune de deux tréteaux et d'une planche ; mais peu de chaises, et encore moins de fauteuils. En revanche, d'énormes volumes contenant, depuis le premier jusqu'au dernier, les milliers de dessins ou de croquis faits par Percier en Italie, à l'époque où il y avait séjourné comme pensionnaire du Roi (1786-1792), — volumes conservés aujourd'hui pour la plupart dans la bibliothèque de l'Institut à laquelle ils ont été légués en 1882 par le neveu de Percier, M. Villain ; quantité de portefeuilles où le maître avait classé par ordre chronologique toutes les études, tous les documents relatifs aux travaux qu'il avait successivement menés à fin ou projetés ; enfin sur ces murs sans autre revêtement qu'une couche de plâtre, d'admirables dessins ou gravures d'anciens maîtres, des esquisses peintes, des ébauches en bas-reliefs, des estampes offertes à Percier par ses confrères à l'Académie, — tout donnait à ce logement si modeste en lui-même le caractère d'un lieu privilégié, la majesté d'un sanctuaire de l'art.

L'homme, si célèbre au dehors, qui vivait confiné dans cette retraite, n'en sortait guère que pour aller à l'atelier de ses élèves remplir ses devoirs de professeur, ou à l'Institut, ses devoirs d'académicien. Dès les premières années de la Restauration, il avait laissé à Fontaine le soin de diriger sur les chantiers mêmes l'exécution des travaux conçus en commun. Pour lui, tout entier à ses études, désintéressé jusqu'au détachement complet de tout ce qui aurait pu être une satisfaction pour son amour-propre ou une occasion de profit matériel, il passait ses journées à restaurer sur le papier, tantôt les monuments antiques qu'il avait vus à Rome dans sa jeunesse, tantôt les monuments les plus importants de la Renaissance en Italie ou en France : le grand *Hôpital de Milan* par exemple, ou le palais de Fontainebleau, dont il a reproduit ou reconstitué les diverses parties dans une suite de dessins exécutés par la main d'un artiste consommé avec le zèle et la conscience d'un débutant. Il semble que, à mesure qu'il avançait dans la vie, Percier était de moins en moins disposé à se contenter des ressources innées de son talent, et que chez lui le besoin de s'instruire croissait en proportion du vaste savoir dont il s'était approvisionné déjà et de l'expérience qu'il avait acquise. « Jamais artiste peut-être, a-t-on dit de lui justement (1), avec des mœurs plus simples, des manières plus douces, une bienveillance plus sincère, ne montra tant de dignité dans sa conduite, tant de fermeté dans toute la suite de sa vie; jamais homme ne fut à la fois plus modeste et plus indépendant, non pas de cette indépendance hautaine qui s'affiche et qui se prône..., mais de cette indépendance paisible qui se montre égale dans toutes les positions et qui se contente de jouir d'elle-même... M. Percier avait acquis par ses travaux une fortune honorable qu'il eût pu rendre énorme si, avec sa renommée qui était immense, il eût, au lieu de dessiner des restaurations idéales, employé ses loisirs à bâtir sur le pavé de Paris des hôtels ou des bazars. Mais, en devenant riche, il ne fut pas plus esclave de sa fortune qu'il ne l'avait été en d'autres temps de sa pauvreté. Il ne changea jamais rien à ses habitudes; il vieillit avec les mêmes principes et avec les mêmes amis, travaillant

(1) *Notice historique sur la vie et les ouvrages de M. Charles Percier,* lue dans la séance publique annuelle de l'Académie des beaux-arts, 1840.

toujours comme s'il avait toujours eu besoin de travailler pour vivre, et il laissa cent mille francs à cette école gratuite de dessin où les enfants du peuple reçoivent cette première éducation de l'artiste dont il avait lui-même éprouvé le bienfait. »

Le secrétaire perpétuel, qui rendait à la mémoire de Percier cet hommage si bien mérité, n'était plus Quatremère de Quincy. Celui-ci, depuis un an déjà, s'était démis (1ᵉʳ juin 1839) des fonctions auxquelles il avait été appelé en 1816, et l'Académie lui avait donné pour successeur un autre membre de l'Académie des inscriptions, M. Raoul Rochette, élu d'ailleurs à la majorité d'une voix seulement, après un premier tour de scrutin aussi favorable à son compétiteur, l'architecte, M. Lebas, qu'à lui-même, puisque chacun des deux candidats avait obtenu la moitié des suffrages exprimés par les trente-six membres présents. Le nouveau secrétaire perpétuel ne prenait donc pas possession de sa charge dans des conditions aussi encourageantes pour lui que celles qui, vingt-trois ans auparavant, avaient été faites à son prédécesseur (1) ; et, de plus, en raison des mérites personnels de celui-ci, l'héritage à recueillir était assez lourd, le maintien des traditions léguées assez difficile pour déconcerter, au moins au début, la confiance en soi la plus robuste. Peu à peu, cependant, M. Raoul Rochette réussit à se rendre maître de sa tâche. Pendant quinze ans (29 juin 1839-5 juillet 1854), il s'en acquitta, non plus, il est vrai, avec cette autorité particulière qu'avait eue Quatremère de Quincy, mais avec un succès d'autant plus honorable que les souvenirs de l'homme qu'il rem-

---

(1) Quatremère de Quincy avait été élu secrétaire perpétuel, en remplacement de Lebreton, à la presque unanimité des voix.

plaçait étaient, par la comparaison, plus périlleux pour lui-même. Aussi, lorsqu'il est disparu à son tour, son successeur Halévy, dans le premier discours public qu'il prononça, put-il sans excès de complaisance louer, en même temps que « la science étendue de M. Raoul Rochette », le dévouement à l'Académie dont il avait fait preuve et les services qu'il avait rendus.

Quatremère de Quincy avait atteint l'âge de quatre-vingt-quatre ans lorsqu'il se décida à se séparer de ses confrères pour aller passer dans la retraite les derniers jours d'une existence si active jusque-là, si constamment vouée au travail. Nous avons, dans un des chapitres précédents, essayé de résumer les titres qui lui avaient valu les suffrages de l'Académie en 1816. Le zèle, sans démenti d'aucune sorte, avec lequel il remplit à partir de cette époque les fonctions qui lui avaient été confiées ; la haute influence qu'il ne cessa d'exercer sur ses confrères par la sagesse de ses avis aussi bien que par la certitude de son érudition ; enfin, — sans parler des ouvrages publiés par lui en dehors de ses écrits académiques proprement dits (1), — ses savants *Mémoires,* ses *Rapports,* ses nombreuses *Notices historiques* sur des membres de l'Académie des beaux-arts, — tout cela certes explique et justifie de reste les termes d'une lettre par laquelle le président de l'Académie exprimait au secrétaire perpétuel démissionnaire les sentiments d'affection et les regrets unanimes de la compagnie.

« Monsieur et illustre confrère, lui écrivait-il en réponse à l'envoi de sa démission, la lecture de votre

---

(1) L'*Histoire,* entre autres, *de la vie et des ouvrages de Raphaël* (1824), les *Vies des plus célèbres architectes* de tous les temps (1830), *Canova et ses ouvrages* (1834), l'*Histoire de la vie et des ouvrages de Michel-Ange* (1835), etc.

lettre a produit la plus vive sensation. Mais l'Académie, par un mouvement spontané, vous ayant nommé secrétaire honoraire, conserve l'espoir de profiter longtemps encore de ce vaste savoir et de ces sages conseils qui, pendant tant d'années, ont été comme le génie tutélaire de ses travaux.

« La députation, composée du bureau et des doyens de chaque section, en vous priant de vouloir bien accepter le titre que l'Académie s'est fait un devoir de vous conférer, vous a témoigné, Monsieur, tous les regrets de l'illustre compagnie à laquelle vous portez tant d'intérêt et de dévouement.

« Comme je suis chargé dans cette circonstance d'être l'organe de l'Académie des beaux-arts, permettez-moi d'ajouter aux témoignages de la plus sincère reconnaissance l'assurance que votre présence au milieu de confrères qui vous sont si profondément attachés sera encore pour l'Académie un sujet d'orgueil... »

Si les éloges contenus dans cette lettre n'exagéraient nullement l'importance dans le passé de l'homme éminent auquel on les adressait, les espérances qu'elle exprimait devaient être bientôt et bien tristement déçues. La vie de Quatremère de Quincy se prolongea pendant dix ans encore ; mais ce ne fut plus qu'une vie inconsciente, toute de surface en quelque sorte, et ne se continuant que par la résistance d'un organisme physique exceptionnellement vigoureux ; ce ne fut plus qu'une succession de jours stériles et mornes. Cette intelligence si active naguère s'immobilisa peu à peu, et finit par s'engourdir au point de devenir incapable du plus léger effort. De cette mémoire surprenante qui gardait avec une sûreté imperturbable jusqu'au moindre des faits qu'elle avait une fois enregistrés, il ne resta plus rien, — pas même le souvenir des noms que portaient les amis les plus intimes, les visiteurs les plus familiers de l'ancien secrétaire perpétuel. Quelque lueur par moments dissipait-elle un peu de ces ténèbres ; quelque courte suspension venait-elle à se produire dans le cours de ces progrès sinistres, dans cet affaiblissement graduel et implacable des facultés d'un puissant esprit? Celui qui se trouvait ainsi rappelé un instant au sentiment de sa propre déchéance n'en éprouvait que plus amèrement ce besoin d'être oublié, qu'il traduisait un jour par cette tragique parole adressée, presque comme un reproche, à l'un de ses confrères qui était venu le voir : « J'ai le droit d'être mort, faites comme si je l'étais »; après quoi il retombait dans sa torpeur accoutumée, dans un sommeil de la pensée plus profond et plus lugubre de jour en jour.

A Dieu seul appartient le secret de ces mystérieuses épreuves d'une âme qui semble s'être séparée avant l'heure du corps qu'elle animait, et à laquelle on dirait que ce corps survit. Lui seul a le mot de ces sombres énigmes. Ceux sous les yeux de qui elles se posent ne peuvent que les accepter pieusement sans les comprendre et, témoins impuissants de la mort partielle qui atteint ainsi un des leurs, pressentir tristement le moment où ils auront achevé de le perdre, où la mort l'aura pris tout entier. Cette seconde fin pour ainsi dire de Quatremère de Quincy, ce dernier coup porté à ce qui restait encore de lui, se fit attendre jusqu'au 28 décembre 1849, deux mois après le jour où il était entré dans sa quatre-vingt-quinzième année, trente-trois ans après celui où l'Académie des beaux-arts lui avait confié la tâche dont il s'était pendant près d'un quart de siècle si loyalement et si savamment acquitté. — Mais revenons au temps où l'Académie ne se trouvait pas encore privée de son concours, à cette époque précise où, après la mort de Percier (5 septembre 1838), les cinq sections de la compagnie, déjà presque entièrement renouvelées depuis la réorganisation de 1816, ne comptaient plus dans leurs rangs que quatre des membres élus alors ou nommés par ordonnance royale : Bosio, Fontaine, Desnoyers et Cherubini. Des trente-six autres, huit étaient entrés à l'Académie avant la fin du règne de Louis XVIII, treize sous celui de Charles X, et quinze dans le cours des huit premières années du règne de Louis-Philippe.

Si, après la révolution de Juillet, l'esprit et le caractère essentiels de la quatrième classe de l'Institut n'avaient pas changé, si son rôle officiel et ses attributions étaient restés les mêmes, le personnel dont elle se composait présentait, au point de vue des inclinations et des talents, plus de diversité qu'aux époques antérieures. Ainsi, dans la section de peinture il n'y avait guère eu place jusqu'alors que pour les anciens élèves de David ou pour des artistes qui, sans avoir été directement formés par lui, se ressentaient plus ou moins de l'influence qu'il avait exercée. Maintenant, c'est-à-dire parmi les peintres entrés à l'Académie depuis 1830, trois seulement, — MM. Drolling, Abel de Pujol et Picot, — continuaient, sans s'y asservir d'ailleurs et chacun à sa manière, la tradition fondée par le peintre de la *Mort de Socrate* et des *Sabines*. Avant d'accorder ses suffrages à ces « classiques » de la dernière génération, l'Académie avait appelé à elle d'autres peintres « d'histoire » sans doute, mais d'une histoire fort étrangère à l'antiquité grecque ou romaine. Paul Delaroche par exemple, élu dès 1832, à la suite des expositions où avaient figuré ses tableaux de la *Mort d'Élisabeth* et de la *Mort du président Duranti,* de

CHAPITRE VII.

Richelieu et de *Mazarin,* des *Enfants d'Édouard* et de *Cromwell.* Dans des genres secondaires si l'on veut, mais que, en tout cas, personne avant eux ne s'était avisé de traiter, deux autres nouveaux venus à l'Académie, riches d'ailleurs d'un passé déjà long, Schnetz et Granet, représentaient, le premier la robuste sincérité d'un pinceau consacré presque exclusivement à la transcription des scènes rustiques italiennes, le second le sentiment original et profond des effets pittoresques produits, à l'intérieur des monuments, par les contrastes de l'ombre et de la lumière. Enfin, si l'unique place réservée dans l'Académie à la peinture de paysage restait occupée depuis vingt-cinq ans par un homme, M. Bidault, en qui se personnifiaient l'art de convention et les doctrines surannées des anciens émules de Valenciennes, le moment était proche où l'Académie, en lui donnant pour successeur M. Brascassat, se montrerait ouvertement favorable au mouvement des idées et, — bien que le mot n'eût pas cours encore à cette époque, — au *naturalisme* de bon aloi qui tendaient à régénérer notre école de paysage.

Tout en n'étant pas aussi variés peut-être que dans la section de peinture, les talents réunis dans les autres sections n'en contribuaient pas moins, chacun par sa physionomie propre, à rompre l'uniformité qu'avait pu donner naguère à l'ensemble du corps la communauté des origines et des habitudes; mais ces différences individuelles n'avaient nullement eu pour conséquence d'introduire dans le sein de l'Académie des divisions analogues à celles qu'entretenaient ailleurs les mécontentements ou les ambitions des partis. En un mot, il n'y avait à l'Académie ni une gauche, ni une droite; il n'y avait, comme il n'y a encore aujourd'hui, que des hommes travaillant, avec des aptitudes diverses, à soutenir ensemble la cause de l'art et à en encourager loyalement les progrès sous toutes les formes. Quelque dissemblables au fond que pussent être les doctrines d'Ingres et les instincts d'Horace Vernet, le style des sculptures de David d'Angers et celui de l'architecture de Huyot ou de Debret, l'esprit étincelant d'Auber et le caractère des inspirations musicales d'Halévy, — rien ne paraissait plus de ces divergences entre les talents là où il s'agissait pour l'Académie de se prononcer sur des questions de principe ou sur des faits d'un intérêt général. En toute occasion, l'Académie se comportait avec la même indépendance; elle se montrait animée du même esprit sagement libéral. Pour peu qu'on se rappelle aujourd'hui la part qu'elle a prise sous la monarchie de Juillet au développement de l'enseignement des beaux-arts, à l'établissement des conseils ou des comités chargés de pourvoir à la conservation des anciens monuments de l'architecture française ou de réconcilier le goût public avec l'emploi, si longtemps abandonné, de la peinture et de la sculpture monumentales, on ne pourra que lui tenir grand compte des services qu'elle a rendus alors et des progrès de plus d'un genre qu'elle a provoqués ou confirmés.

D'où vient pourtant qu'à cette époque, plus qu'à aucune autre peut-être, plus qu'aux jours les plus fiévreux de la période où s'agitait la secte romantique, l'Académie ait été accusée de s'immobiliser dans la routine et de se refuser obstinément aux plus nécessaires concessions ? Suspecte pour le moins, malgré sa constitution et ses origines, aux journaux d'opinion républicaine, systématiquement dénigrée dans d'autres journaux que le dévouement désintéressé à la cause de l'art n'inspirait pas autant, à ce qu'il semble, que le désir de servir celle de certains artistes amis de la maison, l'Académie était représentée tantôt comme le séjour de l'oisiveté, sinon de la léthargie, tantôt comme le boulevard d'une résistance intraitable aux aspirations légitimes, aux droits reconnus partout ailleurs de l'esprit moderne. Avait-elle eu à remplacer un des siens? Le nouvel élu, quelque sérieux que fussent ses titres, devenait du jour au lendemain pour la presse un homme usé, et le plus justement évincé de ses compétiteurs une victime de l'aveuglement ou de l'envie. Apprenait-on que les premiers résultats de la découverte de Daguerre n'avaient été accueillis à l'Académie qu'avec une réserve prudente, avec le sentiment de la confusion qu'ils risqueraient d'introduire, dans l'opinion publique, entre l'éloquence des moyens propres à l'art et la véracité brute des appareils mécaniques? On ne manquait pas de crier aussitôt à l'obscurantisme; peu s'en fallait qu'on ne vît dans la quatrième classe de l'Institut un tribunal renouvelé de ceux de l'inquisition au seizième siècle, et dans Daguerre un autre Galilée. Mais c'était surtout à l'occasion des jugements rendus avant l'ouverture des salons annuels que l'indignation des opposants se donnait carrière, et qu'elle incriminait avec violence les membres de l'Académie. On sait que ceux-ci composaient alors exclusivement le jury appelé à décider du sort des ouvrages présentés. Comment remplissaient-ils en réalité leur mandat, et jusqu'à quel point méritaient-ils les reproches d'intolérance et de partialité préconçue qu'on leur adressait si bruyamment? C'est ce qu'il convient de rechercher ici et d'examiner avec sang-froid, à la distance où nous sommes des hommes et des faits en cause.

Et d'abord, était-on bien venu en principe à récuser des juges qui, par leur longue expérience, par l'importance exceptionnelle de leurs travaux et de leurs succès passés, par leur situation officielle, la plus haute dans le domaine de l'art qui se pût conquérir, offraient certes plus de garanties d'indépendance que des artistes qui auraient eu encore des ambitions à satisfaire, des intérêts personnels à soutenir ? D'un autre côté, ces juges une fois investis, était-on en droit d'exiger d'eux qu'ils perdissent en quelque sorte la conscience d'eux-mêmes et de leur responsabilité professionnelle, pour accepter indifféremment ce qui pouvait à leurs yeux élever ou abaisser le niveau de l'art contemporain, ou tout au moins celui des œuvres qu'il s'agissait de donner en spectacle au public ? Qu'on leur demandât de reconnaître le mérite sous toutes ses formes, le talent à tous ses degrés, rien de plus naturel ni de plus juste : pourvu toutefois que ces témoignages de talent ne se réduisissent pas à de simples indices, et que ce mérite ne consistât pas uniquement dans les intentions. Les *Salons,* tels que l'Académie et le public lui-même les comprenaient il y a un demi-siècle, ne devaient pas être accessibles à la fois aux maîtres et aux apprentis ; il ne suffisait pas, pour constituer des droits à une place à côté des tableaux ou des sculptures signés de noms justement estimés, qu'il y eût quelques qualités dans une pochade ou des lueurs d'originalité dans l'esquisse d'un bas-relief.

Or, quoi qu'on en ait dit, parmi les œuvres refusées par le jury académique, celles qui se distinguaient des ouvrages absolument plats n'étaient le plus souvent qu'à l'état d'esquisses ou de pochades, souvent aussi à l'état de purs sophismes pittoresques. Si Théodore Rousseau à ses débuts, si Diaz, si Delacroix lui-même, — que d'ailleurs il eût été plus politique peut-être de laisser se montrer au public dans ses mauvais jours, au lieu de le dérober à cette périlleuse épreuve par une mesure qui le transformait en victime, — si quelques autres peintres encore, plus ou moins renommés aujourd'hui, ont eu parfois à subir les rigueurs du jury, est-il bien sûr que ces rigueurs fussent injustes, à ne tenir compte que de la valeur intrinsèque des œuvres écartées, et non de la notoriété déjà acquise ou de la notoriété prochaine de ceux qui les avaient faites?

En admettant même que quelques arrêts fâcheux aient été rendus, que l'exclusion de certaines toiles ait dû paraître aussi inexplicable que l'admission de certaines autres, où trouver la preuve que ces erreurs aient été commises volontairement? Ne saurait-on les attribuer tout uniment à la fatigue, à l'espèce de satiété que finissent par ressentir, à un moment donné, des regards devant lesquels ont passé sans relâche des centaines et des centaines de tableaux? J'en appelle sur ce point aux souvenirs de quiconque a fait partie d'un jury de peinture pour les expositions, à quelque époque et à quelque titre que ce soit; il saura, par expérience, quelles distractions on peut avoir, malgré la meilleure volonté du monde de rester attentif et équitable jusqu'au bout. Comme tous ceux qui ont été après eux chargés des mêmes fonctions, les membres du jury en exercice au temps de la monarchie de Juillet ont pu n'être pas infaillibles; mais ce qu'il faut bien reconnaître, ce qu'il n'y a que justice à proclamer, c'est que, dans la mesure où elles se sont produites, leurs défaillances n'ont jamais été préjudiciables à des œuvres tout à fait importantes par leurs propres mérites ou par les longs efforts qu'elles avaient coûté.

En tout cas, à l'époque où ils composaient seuls le jury officiel, les membres de l'Académie des beaux-arts ne songeaient guère à faire acte de courtisan, puisqu'il leur est arrivé plus d'une fois de refuser d'admettre au Salon des tableaux commandés par le Roi pour le musée de Versailles. Ils condamnaient ainsi implicitement, — ou les choix qui s'étaient portés sur des artistes encore inexpérimentés, — ou l'indulgence, compromettante pour la dignité du nouveau musée, dont l'administration se rendrait coupable, si elle donnait place dans le palais à des ouvrages défectueux en eux-mêmes, bien qu'ils portassent les noms d'artistes recommandés par des succès antérieurs. « Il y a trop d'Autrichiens dans le ciel », disait Horace Vernet pour justifier le rejet d'une certaine *Bataille* dont M. Jules Dupré avait peint le paysage et dans laquelle des nuages figurés par des touches blanchâtres, heurtées, mal à propos violentes, rappelaient en effet le tumulte des troupes autrichiennes engagées sur le terrain et la couleur de leurs uniformes ; mais en même temps Horace Vernet et ses confrères s'empressaient d'applaudir à l'heureuse transformation du talent de M. Couder, qui avait renoncé aux doctrines un peu étroites de sa jeunesse pour peindre des tableaux d'une signification pittoresque aussi franche et d'un faire aussi large que la *Bataille de Lawfeldt*, la *Prise de York-Town en* 1781, et l'*Ouverture des États généraux en* 1789. Enfin, par leurs propres travaux, par les toiles où ils avaient retracé, pour l'ornement du palais de Versailles, soit des événements anciens de notre histoire, soit des faits de guerre récemment accomplis, les membres du jury ne prêchaient-ils pas d'exemple assez éloquemment pour avoir le droit de se montrer sévères à l'égard de ceux qui comprenaient mal leur tâche, ou qui s'en acquittaient négligemment ?

On ne saurait prétendre sans doute que l'influence de l'Académie sur la formation du musée de Versailles ait eu pour résultat de n'en peupler les galeries que de

CHAPITRE VII.

chefs-d'œuvre, ni même d'œuvres toujours dignes d'y figurer. Il est certain que, sur plus d'un point, ce musée se ressent de la précipitation avec laquelle il a fallu agir, afin d'être en mesure d'en ouvrir les portes au public, au bout de quelques années seulement. Le roi Louis-Philippe lui-même, quelque prix qu'il attachât au succès immédiat de son entreprise, reconnaissait tout le premier ce qu'elle avait à certains égards d'insuffisant ou d'inachevé. « Après moi, disait-il, on refera mieux ce que je n'ai pu faire exécuter qu'imparfaitement. » En attendant, l'effet de l'ensemble était assuré, la pensée hautement patriotique qui l'avait préparé assez bien définie déjà pour être comprise de tous. Aussi, lorsque, au commencement de l'été de 1837, quelques jours après le mariage du duc d'Orléans, l'inauguration solennelle eut lieu de ce musée de Versailles dédié, suivant les termes mêmes de l'inscription sur le frontispice du palais, « à toutes les gloires de la France », personne n'accueillit avec froideur un tel hommage rendu aux grands souvenirs de notre histoire, et, — soit dit en passant, — rendu, sans regarder à la dépense, par un prince auquel on ne s'est pas fait faute de reprocher sa parcimonie (1).

Cette fête, donnée à Versailles le 10 juin 1837, et qui dura la journée et la soirée tout entières, avait été, de l'aveu de tous, magnifique ; ceux des assistants qui ont survécu en gardent, encore aujourd'hui, un souvenir

---

(1) Le roi Louis-Philippe, comme les comptes publiés après la révolution de 1848 l'ont irréfragablement établi, avait à cette époque dépensé déjà près de vingt millions, entièrement pris sur sa liste civile, pour la restauration du palais de Versailles et pour l'exécution ou le placement des œuvres d'art qui en décoraient les galeries. Dans le cours des années suivantes, le chiffre de ces dépenses, faites en dehors de tout concours de l'État, s'accrut de plusieurs autres millions.

d'autant plus vif que la majesté historique des lieux qui en étaient le théâtre, et la destination si imprévue qu'ils venaient de recevoir, lui imprimaient un caractère plus particulier. Rien ici de cette physionomie contrainte, de cette dignité un peu artificielle propre en général aux cérémonies de cour ; rien de cette étiquette intraitable qui assigne à chacun sa place fixe sur les banquettes d'un salon royal ou son rang dans la formation d'un cortège. La solennité du 10 juin 1837, au contraire, avait l'aspect animé et, pour tout le monde, la signification émouvante d'une fête vraiment nationale dans laquelle, comme l'a dit un éminent historien (1), « la France du passé et celle du présent paraissaient se rejoindre ». Tous exprimaient l'admiration et le légitime orgueil que leur inspirait le spectacle des magnificences du grand siècle, en regard des œuvres où se déroulait l'histoire si souvent glorieuse du nôtre ; usaient avec empressement de la liberté laissée à chacun d'aller et de venir à peu près à son gré, de s'arrêter de préférence dans telle salle ou devant tel tableau, sans que pour cela la respectueuse réserve qu'imposaient la présence du Roi et celle de la famille royale se trouvât, en quoi que ce fût, compromise.

Le nombre des invités s'élevait à plus de quinze cents personnes, parmi lesquelles les membres des deux Chambres, du Conseil d'État, des cinq classes de l'Institut et, — depuis le plus célèbre jusqu'au plus humble, — tous les artistes qui avaient participé à la réalisation du projet conçu par le Roi. Après une première visite aux nouvelles galeries et aux appartements de Louis XIV, complètement rendus à leur ancienne splendeur, un banquet fut

(1) M. Paul THUREAU-DANGIN, *Histoire de la monarchie de Juillet*, t. III, p. 203.

servi en plein jour dans les salles attenant à la galerie des Glaces ; puis on se réunit dans la salle de spectacle, tout éblouissante de lumières, pour assister à la représentation de quelques actes du *Misanthrope* et d'*Esther,* mis en scène comme ils l'étaient au temps de Molière et de Racine, et, de plus, avec un intermède composé par Scribe et dont Auber avait écrit la musique : intermède où tous les grands Français du dix-septième siècle réapparaissaient pour rendre hommage à la gloire de Louis XIV dans les murs mêmes qui la consacraient de nouveau. La soirée se termina, pour les invités, par une promenade aux flambeaux, à la suite du Roi, dans les salles et dans les galeries qu'ils avaient parcourues aux diverses heures de la journée.

De tous les membres de l'Académie qui, à cette époque, avaient travaillé pour le musée de Versailles ou qui devaient, dans le cours des années suivantes, l'enrichir de nouveaux ouvrages, le plus fécond, comme le plus populaire encore aujourd'hui, était assurément Horace Vernet. Sans parler des mérites mêmes d'un talent dont la prodigieuse facilité ne constitue pas uniquement, quoi qu'on en ait dit, la valeur, cette popularité s'explique de reste par la nature des sujets traités, par l'intérêt tout actuel que présentaient, à l'origine, des scènes reproduites au lendemain en quelque sorte du jour où elles s'étaient passées; par l'authenticité, en un mot, de ces procès-verbaux pittoresques dressés au fur et à mesure de chaque fait d'armes contemporain, depuis le *Siège d'Anvers* ou l'*Assaut de Constantine* jusqu'à la *Smalah d'Abd-el-Kader,* jusqu'à la *Bataille d'Isly.* Toutefois, si fort en faveur qu'elles fussent auprès du public, les œuvres d'Horace Vernet n'absorbaient pas si bien l'attention que d'autres œuvres moins récentes, mais toutes nouvelles aussi pour bon nombre des visiteurs du palais de Versailles, n'eussent leur part, et leur large part, dans le succès de cette exposition.

N'était-ce pas en effet une véritable révélation pour bien des gens que cette série de tableaux épiques où Gros, Gérard, Girodet, Guérin, d'autres encore parmi les prédécesseurs de Vernet à l'Académie, avaient jadis célébré les triomphes militaires de la France au temps de la République ou sous l'Empire ? La renommée de David lui-même ne semblait-elle pas rajeunie par la réapparition du tableau représentant le *Sacre de Napoléon,* et les plus opposés d'ordinaire aux doctrines du maître ne se sentaient-ils pas forcés de s'incliner devant ce témoignage, aussi éloquent qu'imprévu, de son talent ? Toutes les toiles, toutes les statues de l'époque consulaire ou de l'époque impériale, rassemblées maintenant dans les salles du palais de Versailles, avaient disparu depuis les premiers jours de la Restauration : le gouvernement de Juillet, ou plutôt le roi Louis-Philippe personnellement, s'était imposé le devoir de les remettre en lumière. De plus, et fort contrairement aux exemples donnés en pareil cas par Louis XVIII et par Charles X, il avait voulu que, malgré la révolution qui venait de s'accomplir, les souvenirs se rattachant aux règnes de ces deux princes fussent publiquement conservés, et que, — toute proportion gardée d'ailleurs entre l'importance relative des faits ou des personnages, — la *Prise du Trocadéro,* par exemple, et les portraits de tous les Bourbons de la branche aînée figurassent à leur rang historique, aussi bien que la *Bataille d'Austerlitz* et que les portraits des membres de la famille impériale.

L'Académie des beaux-arts, bien entendu, n'avait pas qualité pour féliciter officiellement le Roi de cet acte d'im-

CHAPITRE VII.

partialité politique; mais elle tenait, et elle avait raison de tenir, à le remercier du double service qu'il avait rendu à la cause de l'art moderne en fournissant aux peintres et aux sculpteurs contemporains d'aussi belles occasions de travail, à la mémoire d'artistes justement célèbres au commencement du siècle cette sorte de réhabilitation publique. Quelques jours après l'ouverture du musée de Versailles, l'Académie au grand complet alla donc porter au prince qui l'avait créé, l'hommage de sa reconnaissance et ses félicitations respectueuses. Ce devoir une fois accompli, on en vint de part et d'autre à traiter d'autres questions; on parla des tentatives faites ou à faire pour restaurer le goût de la peinture monumentale, et pour activer en ce sens le mouvement que l'administration municipale cherchait depuis quelque temps à déterminer à Paris. L'entretien devait porter ses fruits, puisque, bien peu après, les grands travaux de Paul Delaroche, dans la *Salle de l'Hémicycle*, à l'École des beaux-arts (1838-1841); de Delacroix, à la Chambre des députés et au palais du Luxembourg (1837-1847); d'Hippolyte Flandrin, dans le sanctuaire de Saint-Germain des Prés (1842-1844), venaient consacrer la renaissance dans notre pays de la peinture monumentale et ouvrir la voie que devaient à leur tour suivre si brillamment des académiciens appartenant à la génération suivante, MM. Lehmann, Alexandre Hesse, Lenepveu, Cabanel, Delaunay, et, avec un éclat particulier, Paul Baudry.

Déjà, il est vrai, sous le gouvernement de la Restauration, la décoration sur place, et par les procédés de la peinture à fresque, de trois chapelles dans l'église de Saint-Sulpice avait été, sinon très heureuse, à n'en considérer que les résultats, au moins plus judicieuse en soi et plus logique que l'usage d'accrocher aux murs, souvent même aux piliers d'une église, des tableaux ayant inévitablement pour effet d'en interrompre les lignes ou d'en fausser la signification architectonique. On s'en était tenu là, toutefois. Il fallut que plus de dix années s'écoulassent avant que l'achèvement de la nouvelle église de Notre-Dame de Lorette permît d'appliquer, et cette fois à l'ensemble d'un monument, le principe qu'on n'avait fait à Saint-Sulpice que mettre partiellement en pratique. Puis, les peintures murales de l'église de la Madeleine, dont l'exécution avait été d'abord confiée à Paul Delaroche et que l'on avait ensuite réparties entre sept artistes différents, avaient été une épreuve insuffisamment concluante encore, mais néanmoins assez peu équivoque pour familiariser le public avec le système de décoration que l'on entendait dorénavant adopter. Nombre de travaux commencés ou menés à fin dans la seconde moitié du règne de Louis-Philippe, soit aux frais de l'État, soit pour le compte de la préfecture de la Seine, vinrent d'année en année convertir en usage ce qui n'avait été au début qu'une mesure d'occasion et un essai. Les murs des plus vieilles églises de Paris, Saint-Germain des Prés, Saint-Germain-l'Auxerrois, Saint-Séverin, Saint-Merry, d'autres encore, se couvrirent de peintures, dont plusieurs méritent d'être comptées parmi les œuvres qui honoreront le plus sûrement l'École française du dix-neuvième siècle.

Ne suffit-il pas, par exemple, de prononcer ici le nom d'Hippolyte Flandrin pour rappeler les progrès accomplis de notre temps dans un ordre d'art qui participe à la fois des traditions consacrées par les anciens maîtres, au point de vue du style et de l'harmonie architectonique, des aspirations de l'esprit moderne, au point de vue de la poésie ou de l'invention ? Si les peintres chargés de décorer les églises ont en réalité mieux à faire que d'emprunter au paganisme des beautés tout extérieures et des formes muettes; si, suivant le mot d'Orsel, « il faut baptiser l'art grec »; si, d'un autre côté, il est tout aussi nécessaire pour eux de ne pas s'en tenir à des imitations archéologiques d'un autre genre, à la pure contrefaçon des procédés pittoresques du moyen âge, — c'est là une tâche, ce sont là des devoirs dont Flandrin s'est acquitté avec plus de succès que personne. A quoi bon insister, d'ailleurs? Les ouvrages de sa main qui ornent les murs de Saint-Germain des Prés et de Saint-Vincent de Paul, à Paris; de Saint-Paul, à Nîmes, et de l'église d'Ainay, à Lyon, précisent trop bien cette heureuse alliance entre l'orthodoxie des intentions et la vraisemblance ou la grâce des moyens d'expression employés, pour qu'il ne soit pas superflu de chercher à faire ressortir des mérites que nul sans doute ne songerait à contester.

Nous avons dit que la révolution opérée, sous le gouvernement de Juillet, dans la décoration des édifices par la peinture avait été due en grande partie à des membres de l'Académie. Un d'entre eux, en effet, l'architecte de Notre-Dame de Lorette, M. Lebas, avait pris l'initiative du mouvement en substituant d'un bout à l'autre, pour l'ornement de cette église, l'emploi de la peinture sur place à l'usage traditionnel des tableaux de simple ameublement. Un peu plus tard, c'était à la sollicitation de la compagnie tout entière que le Roi et le ministre de l'intérieur, chargé alors du département des beaux-arts, avaient prescrit l'exécution de grandes peintures monumentales dans divers bâtiments civils. Enfin, — il n'y aura que stricte justice à le rappeler ici, — pour les travaux du même genre commandés au nom de la ville de Paris, ce fut surtout grâce à un membre de l'Académie, membre aussi du conseil municipal, M. Gatteaux, que les réformes purent être introduites et les entreprises se poursuivre dans le sens le plus favorable aux intérêts de l'art et des artistes.

Sans lui, peut-être, tel peintre, tel sculpteur, tel architecte même, devenu célèbre en quelques années, n'aurait pas trouvé aussi sûrement, ni en tout cas aussitôt, l'occasion de donner pleinement sa mesure ; peut-être, pour ne citer que ces trois noms, Simart, Victor Baltard, Hippolyte Flandrin lui-même, auraient-ils couru le risque de voir leur jeunesse s'écouler dans l'attente de travaux dignes de leurs talents, si, presque au lendemain du jour où ils avaient cessé d'être pensionnaires de l'Académie de France, M. Gatteaux ne s'était spontanément emparé d'eux, en quelque sorte, pour les révéler à ses collègues du conseil municipal, et obtenir successivement de ceux-ci qu'ils leur confiassent des tâches d'une importance croissante. Quelques années plus tard, tous trois devenaient à l'Académie les confrères de celui dont ils avaient été les clients; mais si M. Gatteaux, dès lors, ne voulut plus voir en eux que des égaux, de leur côté ils n'en continuèrent pas moins à le traiter comme si rien n'eût été changé dans leur propre situation, et à garder vis-à-vis de lui, en toute occasion, une attitude de déférence qui marquait assez leur fidélité au souvenir des anciennes obligations contractées.

Cependant, aux pertes que l'Académie avait subies avant la seconde moitié du règne de Louis-Philippe, d'autres étaient venues s'ajouter, qui achevaient de clore, aussi bien qu'une période brillante de son histoire, l'histoire même des progrès accomplis dans notre école à partir du Consulat et de l'Empire jusqu'aux derniers jours de la Restauration. Un des plus glorieux représentants de cette époque, et, parmi les académiciens, le seul, avec l'architecte Fontaine, qui la personnifiât encore, depuis que Gros, Gérard et Percier n'existaient plus, Cherubini était mort le 15 mars 1842 (1). Né à Florence en 1760, il y avait plus d'un demi-siècle qu'il habitait la France, où le succès d'abord contesté du premier ouvrage écrit par lui pour la scène de l'Opéra, *Démophon* (1788), avait été, de 1789 à 1800, suivi des succès de plus en plus retentissants d'ouvrages représentés au théâtre Feydeau, *Lodoïska*, le *Mont Saint-Bernard*, *Médée*, les *Deux Journées*, etc. Enfin, dans les années comprises entre le commencement et la fin de l'Empire, Cherubini avait confirmé par la production de six autres opéras la haute réputation qu'il s'était acquise, et déterminé dans la musique française, au point de vue de la grandeur ou de la nouveauté des combinaisons harmoniques et des dispositions instrumentales, cette révolution que tous les compositeurs contemporains, depuis Grétry jusqu'à Berton, saluaient comme une ère de progrès décisifs. Méhul lui-même, dans une lettre adressée à un journaliste qui avait, bien malencontreusement, il est vrai, reproché à Cherubini de n'avoir guère que des « réminiscences », Méhul se faisait généreusement le champion de la cause de son dangereux rival. « Je le dis et je le prouverais devant l'Europe entière, écrivait-il en 1803, l'incomparable auteur de *Démophon*, de *Lodoïska* et de *Médée*, n'a jamais eu besoin d'imiter

---

(1) Il faudrait à la rigueur joindre aux noms de Cherubini et de Fontaine celui de Spontini, puisque l'auteur de la *Vestale* et de *Fernand Cortez* vécut jusqu'au commencement de l'année 1851 ; mais en 1842 Spontini n'était encore qu'un académicien en service extraordinaire, pour ainsi dire. Bien qu'il eût été élu en 1839, il ne vint prendre possession de son siège que quatre ans plus tard, lorsque, sur l'injonction formelle de ses confrères, il se fut décidé à quitter Berlin, où il était fixé depuis 1820.

pour être le grand artiste qu'il est, pour être ce Cherubini, enfin, que quelques personnes pourront bien qualifier d'imitateur, mais qu'elles ne manqueront pas d'imiter à la première occasion. » Et, de son côté, Beethoven, qui avait entendu à Vienne l'opéra de *Faniska*, écrit en 1806 pour le théâtre de cette ville, n'hésitait pas à en proclamer l'auteur « le premier compositeur dramatique de son temps ».

Si éclatants, toutefois, que fussent les mérites dont Cherubini avait fait preuve en composant ses opéras, c'était dans des œuvres d'un autre ordre qu'il devait déployer plus manifestement encore les mâles qualités de son génie. La seconde moitié de la carrière du maître a été presque exclusivement consacrée à des compositions religieuses, et l'on sait de reste avec quelle supériorité il a traité un genre de musique que, depuis Gossec, Lesueur dans notre pays avait à peu près seul osé aborder (1); mais peut-être ne sait-on pas aussi généralement qu'une circonstance toute fortuite amena ce changement dans la direction de ses travaux, et que, en quittant le théâtre pour l'église, Cherubini obéit bien moins à un calcul de sa volonté qu'à une inspiration suggérée d'abord par autrui.

Malgré tous ses succès dramatiques, malgré même son origine italienne, qui d'ordinaire était, en matière de musique, la recommandation la plus sûre auprès de Napoléon, Cherubini n'avait nullement réussi à se concilier la bienveillance impériale. Fort mauvais courtisan,

---

(1) Quelques-unes des œuvres de musique religieuse dues à Lesueur, sa *Messe de Noël* entre autres, — la plus originale peut-être de ses productions en ce genre, — sont antérieures à l'année 1790, tandis que la première *Messe* de Cherubini, la *Messe à trois voix en fa,* a été composée par lui en 1809.

il est vrai, mais artiste profondément convaincu, il n'avait pas craint, dans quelques conversations avec l'Empereur, de refuser très nettement de souscrire aux opinions musicales émises par celui-ci. Un jour même, où son auguste interlocuteur vantait, à l'exclusion du reste, la musique « capable de le bercer doucement », il lui avait fait cette verte réponse : « Je comprends. Votre Majesté n'aime que la musique qu'elle peut entendre sans s'occuper d'elle et sans cesser de songer aux affaires de l'État. » Napoléon avait puni Cherubini de son indépendance en le tenant obstinément à l'écart des faveurs qu'il répandait sur des musiciens d'humeur plus complaisante ou d'une science moins rébarbative à ses yeux. Non seulement il arriva au terme de son règne sans avoir accordé au compositeur le plus éminent de tous ceux qui survivaient alors à Méhul cette croix de la Légion d'honneur dont il n'avait pas hésité, dès l'institution de l'ordre, à récompenser l'agréable talent de Dalayrac; mais ses préventions à l'égard de Cherubini étaient devenues assez publiques pour que, de peur de quelque disgrâce personnelle, les directeurs de théâtre eux-mêmes s'abstinssent de représenter les ouvrages d'un homme aussi mal en cour.

Ainsi dépossédé sous l'Empire de la situation que ses premiers succès lui avaient acquise, réduit pour toutes ressources au modique traitement d'inspecteur au Conservatoire, Cherubini avait presque renoncé à produire. Pour faire diversion à ses chagrins, il partageait son temps entre la pratique, d'ailleurs assez peu heureuse, du dessin et l'étude de la botanique, dont il avait pris le goût dans un séjour à la campagne chez le prince de Chimay. Or, il était arrivé que, pendant ce séjour, Cherubini, cédant aux instances réitérées de la famille de son hôte, avait consenti à interrompre ses nouvelles occupations pour écrire le *Kyrie* et le *Gloria* d'une messe qui devait être chantée dans l'église voisine du château. Une fois mis en train par ce premier essai, le maître avait poursuivi, en la développant chaque jour de plus en plus, la tâche dont il s'était chargé d'abord à contre-cœur et avec l'intention de ne la remplir que dans la proportion strictement convenue. La musique de la messe, complétée par lui après son retour à Paris, fut exécutée dans l'hôtel de Chimay, d'où l'admiration qu'elle avait provoquée se répandit si bien au dehors que, au bout de quelques mois, l'ouvrage était accueilli dans l'Europe entière non seulement comme un chef-d'œuvre en lui-même, mais comme la révélation d'un art tout nouveau. La pensée qui avait dirigé le compositeur dans ce travail différait en effet de tous points, a dit M. Fétis, « des principes et des inspirations propres à la musique de l'ancienne école romaine. Celle-ci avait été conçue comme l'émanation d'un sentiment dépouillé de toute passion humaine. Cherubini, au contraire, voulut que sa musique exprimât le sens dramatique des paroles, et, dans la réalisation de cette pensée, il a fait preuve d'un si haut talent qu'il est resté, en ce genre, sans rival. La réunion des beautés sévères de la fugue et du contrepoint avec l'expression dramatique et la richesse des effets d'instrumentation, est un fait qui appartient en propre à son génie. »

Encouragé par le succès de sa première tentative, Cherubini ne se détourna plus de la voie où il était entré. Lorsque l'espèce de proscription qui avait pesé sur lui au temps de l'Empire eut pris fin avec le règne de Napoléon, il put d'autant mieux se donner carrière qu'il rencontra en toute occasion plus de faveur auprès du gouvernement de la Restauration. Nommé en 1816 surintendant de la musique du Roi en remplacement de Martini, puis, six ans plus tard, directeur du Conservatoire, Cherubini, dans la période comprise entre le retour de Louis XVIII et la révolution de 1830, composa, outre plusieurs messes et un grand nombre de morceaux détachés pour la chapelle royale, ces quatre *messes solennelles* qui devaient mettre le sceau à sa renommée et rester désormais classiques, au double point de vue de la grandeur dans l'invention et de l'élévation dans le style.

En perdant l'auteur de ces chefs-d'œuvre, l'Académie des beaux-arts se voyait privée d'un des principaux soutiens de sa propre gloire. Aussi, pour signaler le caractère tout particulier du deuil que cette perte lui imposait, voulut-elle recourir à des mesures en dehors de ses règlements et de ses usages. Jusqu'alors, la notification à l'Académie du décès d'un de ses membres était faite sans entraîner rien de plus que l'insertion de la funèbre nouvelle au procès-verbal de la séance : après quoi la séance continuait jusqu'à ce que l'ordre du jour fût épuisé. Le jour où la mort de Cherubini fut annoncée, l'Académie, tout d'une voix, réclama la levée immédiate de la séance, et, de plus, dans une des séances suivantes, elle décida que, au lieu de commencer dès que le délai réglementaire se serait écoulé, c'est-à-dire à partir de la cinquième semaine, les opérations qui devaient aboutir au remplacement du maître seraient ajournées à six mois.

Si bien motivée qu'elle fût en apparence par l'importance exceptionnelle de celui qui en était l'objet, une pareille dérogation aux statuts et aux coutumes académiques n'en était pas moins au fond en désaccord avec l'esprit de l'institution même, avec cette parité légale que constitue entre les académiciens l'unité du titre qu'ils portent et des privilèges qui y sont attachés. Que, au point de vue des mérites relatifs et du crédit personnel des membres de la compagnie, cette égalité soit jusqu'à un certain point extérieure, fictive même, si l'on veut, aux yeux du public; que celui-ci use en toute liberté du droit qui lui appartient de mesurer son admiration ou son respect à la valeur intrinsèque de chaque talent, — rien de mieux : mais convient-il que cette sorte de classement résulte de manifestations émanant de l'Académie elle-même? Convient-il qu'en proclamant la supériorité, si réelle qu'elle soit, d'un des siens, elle semble par là rabaisser d'autant le mérite des autres? Où s'arrêter, d'ailleurs, dans cette voie? Si l'on jugeait nécessaire de reculer l'époque où la succession de Cherubini serait ouverte, pourquoi, le cas échéant, ne pas rendre le même hommage à la mémoire d'un peintre ou d'un sculpteur aussi éminent dans son art; puis, de proche en proche, à des artistes moins célèbres, de telle sorte que ce dont on avait voulu faire à l'origine une exception se convertît par l'usage à peu près en règle?

C'est ce qui arriva en effet. Conformément à l'exemple donné lors de la mort de Cherubini, les candidats au fauteuil d'Horace Vernet et à celui d'Ingres ne furent, sous le second empire, admis à se présenter qu'au bout de six mois. D'autres décès étant survenus peu après, l'Académie se trouva presque forcée d'adopter la même procédure, sous peine d'établir publiquement une gradation fâcheuse, au moins pour les familles, dans les témoignages de ses regrets. Pour couper court à un abus qui menaçait de se perpétuer, l'Académie elle-même décida, il y a quelques années, qu'à l'avenir aucun retard ne pourrait être apporté à la stricte application du règlement, en ce qui concerne la succession des membres décédés ; que tous sans distinction seraient remplacés dans le même délai, et que, de plus, la notification de la mort d'un académicien, quel que fût au dehors le degré de popularité attaché à son nom, serait, en signe de deuil, immédiatement suivie de la levée de la séance. C'est ainsi que les choses se passent aujourd'hui, et qu'il est régulièrement satisfait à de pieuses convenances aussi bien qu'aux lois essentielles de la confraternité académique.

La mort de Cherubini demeure par sa date le dernier événement considérable dans l'histoire de l'Académie, sous la monarchie de Juillet. Durant les cinq années qui s'écoulèrent encore avant la chute de ce gouvernement, aucune difficulté extérieure ne se produisit, aucune question de fond ne fut soulevée qui tendît à modifier l'exercice des droits consacrés de l'Académie ou qui interrompît la marche ordinaire de ses travaux. Tout se borna, dans le sein de la compagnie, aux délibérations sur les affaires courantes et à l'accomplissement des devoirs imposés par le retour périodique des concours. Le nombre de ceux-ci, d'ailleurs, et par conséquent le nombre des jugements à rendre chaque année, n'avaient pas laissé de s'accroître, en raison de certaines fondations destinées soit, comme le *prix Bordin,* à récompenser l'auteur du meilleur mémoire sur un sujet choisi par l'Académie, soit, comme le *prix Maillé-La Tour-Landry* et le *prix Deschaumes,* à secourir des artistes particulièrement dignes d'intérêt. Le premier exemple de libéralités de cette sorte avait été donné en 1817 par un modeste bienfaiteur, M. Alhumbert, qui, dans des termes un peu vagues, s'était proposé, en instituant un prix, d' « encourager les perfectionnements des arts ». Malheureusement, la modicité de la somme léguée à cette époque n'avait pas permis d'en employer utilement les revenus. Ce ne fut que beaucoup plus tard, — à cinquante ans environ d'intervalle, — que, par l'accumulation des intérêts produits, l'Académie se trouva en mesure de réaliser les généreuses intentions du donateur, tandis que d'autres legs ou d'autres donations dont nous aurons plus loin l'occasion de parler venaient augmenter les ressources matérielles mises à la disposition de la compagnie pour stimuler les progrès des jeunes artistes ou pour récompenser leurs talents.

CHAPITRE VIII

L'ACADÉMIE DEPUIS LA SECONDE RÉPUBLIQUE
JUSQU'A LA FIN DU SECOND EMPIRE.

Le jugement des œuvres présentées aux expositions annuelles cesse d'appartenir à l'Académie. — L'Académie de France à Rome pendant le siège de 1849. — Un décret impérial réforme momentanément les règlements et les usages de l'Académie des beaux-arts. — Halévy élu secrétaire perpétuel en remplacement de M. Raoul Rochette. — Publication des premiers fascicules du *Dictionnaire de l'Académie des beaux-arts*. — Mort de Paul Delaroche, d'Horace Vernet, d'Eugène Delacroix. — Le décret du 13 novembre 1863 et ses suites. — M. Beulé secrétaire perpétuel. — L'Académie perd successivement Hippolyte Flandrin, Ingres, Meyerbeer et Rossini.

Au moment où la révolution de février 1848 éclata, l'exposition annuelle des ouvrages de peinture et de sculpture devait, suivant la coutume, s'ouvrir à quelques jours d'intervalle (le 1er mars), et, suivant la coutume aussi, l'Académie constituée en jury venait de procéder au choix des œuvres dignes de figurer à cette exposition. Il ne restait plus qu'à placer celles-ci sur les parois du Salon carré et le long de la grande galerie du Louvre, conformément à ce qui s'était pratiqué chaque année depuis le commencement du règne de Louis-Philippe; l'administration des musées entreprenait cette besogne la veille même du jour où le Roi quittait les Tuileries. On sait ce qui suivit ce départ et de quelles scènes le palais ainsi abandonné devint le théâtre. Peu s'en fallut que les saturnales ne se continuassent, et avec des conséquences bien autrement funestes, dans les salles du musée lui-même, où la tourbe des « vainqueurs des Tuileries », après en avoir mis les appartements à sac, se précipita, ivre et armée, par la porte de communication qui s'ouvrait au fond de la grande galerie. Grâce à la présence d'esprit de quelques fonctionnaires du musée, qui firent mine de se fier au bon sens des envahisseurs pour qu'ils les aidassent eux-mêmes à sauvegarder des richesses « appartenant à la nation », — comme le rappelaient des inscriptions à la craie tracées en hâte sur le parquet, — grâce aussi aux soins que l'on prit, tant que dura le séjour au Louvre de ces étranges conservateurs, de leur distribuer avec une réserve prudente les rafraîchissements fournis par la cave de l'économe de la maison, le danger, si menaçant qu'il eût paru d'abord, fut écarté. Sauf quelques égratignures qui endommagèrent un petit tableau de l'école allemande, tout se borna, de la part des tristes hôtes dont il avait bien fallu subir la présence, à l'échange sans façon par quelques-uns d'entre eux de leurs casquettes sales contre les casquettes galonnées des gardiens, et à des promenades à tour de rôle dans le fauteuil roulant qui avait servi à Madame Adélaïde pour ses visites au musée.

Il serait hors de propos d'insister ici sur les détails, moitié sinistres, moitié grotesques, relatifs à l'invasion et à l'occupation du Louvre dans ces heures néfastes. Ils ont été d'ailleurs rapportés avec autant de précision que de verve par un témoin des faits, bien en mesure d'en faire ressortir à souhait l'odieux ou le ridicule (1). Nous

---

(1) M. de Chennevières, alors attaché à l'administration des

nous contenterons de dire que, dès les premiers jours, le directeur général des musées, M. de Cailleux, membre de l'Académie, se voyait contraint de céder la place au successeur que lui donnaient la révolution triomphante et le bon plaisir du « citoyen ministre » Ledru-Rollin, pressé de pourvoir un de ses anciens camarades. Ce successeur était un peintre, de second ordre tout au plus, mais un républicain militant depuis sa jeunesse et, comme tel, mêlé de fort près sous le gouvernement de Juillet aux menées des sociétés secrètes et aux émeutes. Pourtant, quelque injustifiable qu'ait pu être, au point de vue des droits acquis et des titres, le choix qu'on avait fait de lui, M. Jeanron, pendant les deux années qu'il passa au Louvre, ne laissa pas d'y rendre quelques services, celui entre autres de débarrasser les galeries du musée des expositions annuelles, et par là d'assurer au public le spectacle sans éclipse, aux artistes l'étude sans interruption des chefs-d'œuvre de l'art ancien.

En attendant, qu'allait-on faire des préparatifs entamés pour le Salon de 1848 et des décisions déjà prises par le jury académique? Accepter les unes et continuer tout uniment les autres paraissait un procédé trop peu démocratique. Recommencer les opérations sur nouveaux frais et prononcer les exclusions ou les admissions à ses propres risques, il n'y fallait pas songer, sous peine d'encourir soi-même les reproches d'abus de pouvoir et de favoritisme qu'on avait tant de fois adressés à l'ancien jury. Pour échapper aux difficultés ou aux dangers des jugements à rendre, on prit le parti de ne rien juger; pour être bien sûr de ne

---

musées, aujourd'hui membre de l'Académie des beaux-arts, dans un des curieux et piquants articles publiés par lui de 1883 à 1889 dans l'*Artiste* sous ce titre : *Souvenir d'un Directeur des beaux-arts*.

fournir un sujet de plainte à personne, on résolut d'accueillir tout le monde. En d'autres termes, au lieu d'être comme par le passé un lieu d'élite réservé aux œuvres d'artistes dignes de ce nom, le Salon devint du jour au lendemain un terrain banal, une sorte de champ de foire où chacun avait licence d'exposer ses produits, depuis les maîtres peintres jusqu'aux peintres d'enseignes, depuis les sculpteurs ou les graveurs d'un talent éprouvé jusqu'aux fabricants de statuettes pour les pendules ou d'images pour les livres d'enfants.

Un arrêté ministériel, en date du 29 février, consacrait ainsi qu'il suit ce singulier progrès : « Le citoyen ministre de l'intérieur charge le directeur du musée national du Louvre d'ouvrir l'exposition de 1848 sous le délai de quinze jours. Tous les ouvrages envoyés cette année seront reçus sans exception. » C'était bientôt dit ; mais le moyen d'installer cinq mille cent trente ouvrages, dans des locaux qui jusqu'alors n'en avaient contenu qu'un nombre inférieur de plus de moitié, sinon des deux tiers ? Et, de plus, pour rester fidèle jusqu'au bout à la doctrine de l'égalité absolue des droits entre les artistes, fallait-il placer indistinctement les œuvres de ceux-ci, quels qu'en fussent les mérites relatifs ou les défauts manifestes ? On n'osa pas pousser l'impartialité aussi loin. Seulement, afin de dégager de ce côté encore la responsabilité qu'elle avait déclinée là où il s'était agi de prendre à son compte la tâche qui incombait d'ordinaire à l'Académie, la nouvelle administration appela « tous les artistes » à se réunir « pour nommer une commission de quarante membres chargés du placement des ouvrages à exposer ».

C'était la première application aux affaires de l'art du principe proclamé en matière politique par le gouvernement de l'Hôtel de ville. On eût pu croire que cet essai du suffrage universel aurait pour résultat de déposséder en faveur de nouveaux venus les hommes jusqu'alors en fonction, ou tout au moins d'associer à leurs noms ceux de quelques opposants de la veille, de quelques révolutionnaires en disponibilité : il arriva pourtant tout le contraire. Non seulement Ingres, Paul Delaroche, Horace Vernet, Pradier, David d'Angers, — d'autres membres de l'Académie encore, — furent élus chacun à une très forte majorité, mais parmi les peintres et les sculpteurs qu'on leur donnait pour collègues, il ne s'en trouvait pas un qui ne justifiât par son talent et par son passé la préférence dont il avait été l'objet. Il était fâcheux seulement que l'office de juges aussi autorisés se réduisît au simple rangement de ces milliers d'œuvres de toutes mains et de toute espèce. Quelque bonne volonté qu'ils y missent, ils ne pouvaient empêcher qu'une promiscuité déshonorante ne s'établît entre les meilleures de ces œuvres et les pires, et que le spectacle offert au public n'eût à la fois le caractère d'une tromperie sur les forces réelles de l'école française et celui d'un outrage à la dignité de l'art lui-même.

Quiconque se rappelle aujourd'hui l'exposition de 1848 entend encore les propos indignés ou railleurs de la foule qui la visitait, et les humiliants éclats de rire que provoquaient certaines toiles dont les saltimbanques n'eussent pas voulu pour orner leurs tréteaux. Une pareille épreuve était trop concluante pour qu'on pût songer à la renouveler. Aussi, dès l'année suivante, l'exposition, transportée cette fois aux Tuileries, s'ouvrait-elle dans des conditions plus sagement libérales et avec des garanties mieux appropriées pour l'avenir aux exigences du bon sens. Aux termes d'un arrêté pris par M. Léon Faucher, alors ministre de l'intérieur, il avait été établi qu' « à chaque exposition, un jury serait formé pour statuer sur l'admission des ouvrages présentés », et que ce jury se composerait de membres nommés à l'élection, non plus par « tous les artistes » quels qu'ils fussent, mais seulement « par les artistes exposants ».

Ainsi l'Académie cessait absolument, en tant que corps, d'exercer pour l'organisation des Salons les fonctions dont elle avait eu jusque-là le privilège exclusif. Les membres de la compagnie pouvaient bien être individuellement appelés à faire partie du nouveau jury, si les électeurs jugeaient à propos d'inscrire leurs noms sur les bulletins de vote; mais pour eux, comme pour les autres élus d'ailleurs, il ne devait y avoir là qu'une mission toute temporaire, tout accidentelle, puisque, loin d'engager l'avenir, elle le laissait subordonné aux fluctuations, peut-être aux simples caprices de l'opinion. L'institution d'un tribunal changeant chaque année au gré des justiciables, d'un tribunal sans jurisprudence fixe, sans expérience préalable, sans traditions communes aux membres qui le composeraient, était une innovation radicalement contraire aux intentions qu'avaient eues les fondateurs de l'Institut en attribuant aux membres de ce grand corps une autorité permanente et décisive dans toutes les questions intéressant les arts, les sciences ou les lettres. Elle avait de plus ce danger, — auquel plus tard on n'a pas échappé, — de susciter certaines candidatures dont le succès serait dû aux petites conspirations ou aux manœuvres de l'esprit de camaraderie et compromettrait par là l'indépendance du jury, en même temps qu'au point de vue des mérites personnels il en abaisserait plus ou moins le niveau. Quoi qu'il en soit, malgré des variations successives dans les moyens d'application, malgré, par exemple, l'adjonction pendant un certain nombre d'années de membres nommés par l'administration aux membres choisis par les artistes, le principe d'un jury électif n'a pas cessé de prévaloir. De nos jours encore il a gardé force de loi.

La suppression, en ce qui concernait l'exposition de 1848, des prérogatives attribuées à l'Académie sous les gouvernements précédents avait été l'un des premiers actes ministériels de M. Ledru-Rollin. L'arrêté pris par lui à ce sujet porte en effet, nous l'avons dit, la date du 29 février. Quelques jours plus tard, cependant, l'Institut semblait rentrer en grâce auprès du nouveau pouvoir, puisque l'un des collègues de M. Ledru-Rollin, M. Carnot, alors ministre de l'instruction publique, s'occupait de restituer aux diverses académies des droits dont le corps auquel elles appartenaient avait été investi à l'origine. Par une lettre en date du 4 mars 1848, M. Carnot informait l'Institut « qu'il était dans les intentions du gouvernement » de remettre en vigueur les articles ainsi conçus du titre V de la loi organique de 1795 :

« ART. 1. — L'Institut national nommera tous les ans au concours vingt citoyens qui seront chargés de voyager et de faire des observations relatives à l'agriculture, tant dans les départements de la République que dans les pays étrangers.

« ART. 4. — L'Institut national nommera tous les ans six de ses membres pour voyager, soit ensemble, soit séparément, en vue de recherches sur les diverses branches des connaissances humaines autres que l'agriculture. »

Si le premier de ces deux articles laissait évidemment l'Académie des beaux-arts hors de cause, le second pouvait à la rigueur l'intéresser. Aussi crut-elle devoir donner suite à la communication qui venait de lui être faite, en examinant de près les moyens d'en tirer parti. Plusieurs séances furent consacrées à cette étude, assez infructueuse d'ailleurs puisqu'elle ne pouvait aboutir, et qu'elle n'aboutit, en effet, qu'à des vœux passablement vagues, à des considérations sans application pratique sur les musées ou les écoles d'art en province, sur l'importance des vieux monuments de notre architecture nationale, etc. Cette sorte de fin de non-recevoir s'explique, du reste, par le double emploi que la mesure projetée semblait faire avec certains services organisés sous le gouvernement de Juillet. A quoi bon envoyer des délégués dans les départements pour y constater l'état où se trouvaient les églises du moyen âge ou les châteaux de la Renaissance, alors qu'une commission et une inspection générale des monuments historiques fonctionnaient depuis plusieurs années déjà? Quelles « recherches » restaient à entreprendre dans les musées provinciaux, depuis que l'administration centrale des beaux-arts avait entre les mains les catalogues de tout ce qui y était entré soit à l'époque de la Révolution, soit après la suppression à Paris du musée des Petits-Augustins? Enfin, ne pouvait-on, sans sortir de Paris, aviser aux moyens d'améliorer l'enseignement du dessin ou de la musique dans les écoles de l'État, et une commission dont faisaient partie, entre autres membres de l'Académie, Ingres, Halévy et Paul Delaroche, n'avait-elle pas précisément été chargée de travailler à la solution de ces questions? Néanmoins, si peu justifiée en fait qu'elle pût être, cette évocation du passé ne courait le risque ni de tromper la bonne foi, ni d'éveiller les susceptibilités de personne. Il n'en allait pas ainsi, tant s'en faut, d'un appel à d'autres souvenirs fait un peu plus tard par la commission du pouvoir exécutif elle-même : je veux parler de cette mensongère manifestation du 21 mars 1848, de cette pompeuse mystification renouvelée des fêtes révolutionnaires, dont elle avait pris l'initiative et taillé le programme sur le vieux patron consacré.

Aux termes de ce programme, il est vrai, il ne s'agissait plus de célébrer, comme autrefois, « l'écrasement du despotisme » ou de réhabiliter l'Être suprême. On entendait tout uniment fêter au Champ de Mars « la Concorde et la Paix », symbolisées d'ailleurs par deux cent mille hommes en armes, gardes nationaux, gardes mobiles et soldats ; par ces inévitables « jeunes filles vêtues de blanc » qu'on retrouve dans toutes les solennités publiques, comme dans tous les voyages des personnages politiques, un voile sur la tête et des fleurs à la main ; par le « Char » non moins prévu « de l'Agriculture » attelé de « bœufs aux cornes dorées » ; enfin par des députations de tous les « travailleurs », y compris les membres de l'Institut dont la place avait été marquée, — rapprochement au moins bizarre, — derrière les vainqueurs de la Bastille, les blessés de Février et les décorés de Juillet, et immédiatement avant les délégués des Ateliers nationaux et des noirs affranchis. La place au surplus ne fut pas occupée. Dans cette fête de la « Concorde », que les sanglantes journées de Juin devaient suivre de si près, l'Institut eut pour seuls représentants Arago et Lamartine. Encore n'y figuraient-ils qu'à un tout autre titre que celui d'académiciens, et avec des préoccupations fort étrangères sans doute à ce sentiment de « joie expansive » dont un rédacteur du *Moniteur,* un peu plus confiant que de raison, affirmait le lendemain avoir vu « le rayonnement sur tous les visages » et découvert le foyer « dans tous les cœurs ».

Tout en se maintenant soigneusement en dehors des

démonstrations politiques, quelles qu'elles fussent, tout en se renfermant avec plus de scrupule que jamais dans les limites de ses attributions spéciales, l'Académie des beaux-arts, durant les deux premières années de la seconde République, ne réussissait pas toujours à se préserver des tentatives extérieures de l'esprit de propagande ou des méprises sur la fonction qu'il lui appartenait d'exercer. Il arrivait par exemple qu'on s'adressât à elle pour l'associer à des projets de réforme sociale capables d'assurer une fois pour toutes « le bonheur du genre humain » ou, plus modestement, pour l'intéresser à quelque progrès mécanique ou agricole. Un jour, c'était l'inventeur d'un « métier à faire du fil » qui la priait de lui donner à ce sujet son avis; un autre jour, un habitant de la campagne envoyait à l'Académie un long mémoire sur les conditions les plus favorables à l'installation d'une ferme, non sans demander aux membres de la compagnie, en échange de cette communication, le don gracieux « d'une charrue ». Peu à peu cependant, soit que les froideurs ou le silence de l'Académie en pareil cas eussent découragé ses aventureux correspondants, soit qu'on eût mieux compris de quel ordre de travaux elle était le juge naturel, des ouvertures dans le genre de celles dont nous venons de parler devinrent de plus en plus rares et finirent par cesser à peu près complètement. L'Académie eut encore, — et elle aura sans doute dans tous les temps, — à subir les confidences de plus d'un utopiste, de plus d'un soi-disant possesseur de secrets pour faciliter l'étude de l'art ou pour en perfectionner les moyens pratiques : mais au moins les questions, dignes d'un examen approfondi ou non, qui lui seraient soumises rentreraient plus exactement dans sa compétence. En attendant, et à l'époque même où son temps se trouvait en partie usurpé par des communications purement oiseuses ou déplacées, la situation que les récents événements politiques avaient faite en Italie aux pensionnaires de l'Académie de France l'occupait certes à bon droit.

La révolution accomplie à Rome en 1849, et le siège par les troupes françaises qui allait en être la conséquence, ne pouvaient que rendre au moins difficile le séjour à la villa Médicis des hôtes qu'elle abritait ordinairement. Comment ces compatriotes des assiégeants seraient-ils restés dans la même ville que les assiégés, sans paraître presque faire cause commune avec ceux-ci, ou, en cas de scission ouverte, sans s'exposer à leurs vengeances? Et, d'un autre côté, comment, en quittant volontairement la place, renoncer sans d'amers regrets aux travaux entrepris, aux espérances qu'ils semblaient autoriser? Le gouvernement révolutionnaire qui s'était installé à Rome se chargea de mettre fin aux perplexités des pensionnaires de l'Académie de France et à celles de M. Alaux, leur directeur. La villa Médicis ayant été jugée particulièrement propre à servir de point de défense militaire, les soldats cosmopolites de la République romaine l'envahirent à ce titre un beau matin. Il fallut bien céder à la force; mais, grâce aux mesures prises par M. Alaux avec autant de résolution que de prudence, la petite colonie put se réfugier à Florence, où elle vécut pendant deux mois de sa vie studieuse accoutumée. Enfin, le 12 juillet, quelques jours après l'entrée à Rome de l'armée française, le directeur et les pensionnaires reprenaient possession du palais d'où ils s'étaient vus forcés de sortir au commencement du mois de mai, et dont les murs rendus maintenant à leur destination pacifique n'en gardaient pas moins les traces de l'occupation qu'ils avaient subie.

L'Académie des beaux-arts s'était, dès les premiers jours, tout naturellement émue des embarras ou des dangers qui pouvaient résulter pour l'Académie de France et pour son personnel des agitations politiques auxquelles Rome se trouvait livrée. Quelque juste confiance qu'elle eût dans le dévouement et dans la présence d'esprit de M. Alaux (1), elle était impatiente de recevoir de lui des nouvelles que la suspension des moyens de communication ordinaires entre Rome et Paris rendait de jour en jour plus problématiques. Ce ne fut que par deux dépêches du directeur, expédiées de Florence après que les pensionnaires y eurent été installés, qu'elle sut à quoi s'en tenir sur le compte de ceux-ci, en attendant qu'une troisième dépêche, écrite au lendemain de leur retour à Rome, achevât de lever toutes les incertitudes et de dissiper toutes les craintes.

C'était aussi sans doute pour calmer les inquiétudes de l'Académie, mais sur un autre point, qu'un de ses associés étrangers, le savant antiquaire M. Canina, lui écrivait de Rome presque en même temps que le directeur de l'Académie de France. Seulement M. Alaux n'avait parlé de son intervention dans les événements qui venaient de se passer que sous la forme d'un simple récit, sans insister sur les services personnels qu'il avait pu rendre ; l'objet principal de la communication de M. Canina, au contraire, semblait être de faire connaître à l'Académie les soins qu'il avait pris, en sa qualité de membre du conseil communal de Rome, pour assurer la conservation des musées et des monuments de la ville. Passe encore

(1) M. Alaux, à cette époque, remplissait depuis trois ans déjà les fonctions de directeur, auxquelles l'Académie l'avait appelé en 1846, bien qu'il ne lui appartînt pas encore. Il ne fut élu membre de l'Institut qu'en 1851.

s'il se fût contenté de se recommander ainsi à la gratitude des amis des arts et à celle des membres de l'Académie en particulier, ou, — ce qui importait davantage, — de constater l'insignifiance des dommages que quelques-uns de ces monuments avaient subis pendant le siège; mais le signataire de la lettre avait trouvé bon d'ajouter à ces détails un exposé de ses propres idées sur la portée politique de l'expédition même et sur le rôle imposé à notre armée par le gouvernement de la République française. L'Académie jugea au moins superflu l'avis de son correspondant, et elle chargea son secrétaire perpétuel d'en informer celui-ci en termes assez clairs pour prévenir chez lui toute velléité de récidive. C'est ce qui eut lieu en effet; M. Canina apparemment se le tint pour dit, puisque, à partir de ce moment jusqu'au jour de sa mort (1856), il ne soumit plus à l'examen de l'Académie que des questions strictement archéologiques. Tout cela sans doute n'avait rien de bien grave en soi; si nous avons cru devoir rapporter ici ce petit épisode de l'histoire de l'Académie à l'époque qui nous occupe, c'est parce qu'il témoigne des difficultés du temps pour la compagnie elle-même.

Peut-être, il faut bien le dire, dans la confusion des tentatives de toute espèce, dans les démarches, les projets de réforme ou les réclamations qui se produisaient presque chaque jour autour d'elle, l'Académie ne réussit-elle pas toujours à discerner avec une complète exactitude ce qui était en réalité de son ressort et ce dont il ne lui appartenait qu'assez indirectement de s'occuper; peut-être, par exemple, ne laissait-elle pas de sortir quelque peu de son rôle en adressant, au mois de novembre 1850, une lettre au ministre de l'intérieur pour le prier d'intervenir auprès de son collègue des finances à l'effet d'empêcher la vente, annoncée comme prochaine, d'une partie de la forêt de Fontainebleau. En tout cas, dans l'empressement de son zèle pour les intérêts à défendre, elle avait négligé de se renseigner sur l'authenticité du fait qui semblait les menacer. Au bout de quelques jours, le ministre répondait aux inquiétudes exprimées au nom de l'Académie par son secrétaire perpétuel, qu'il n'était nullement question d'aliéner quoi que ce fût de la forêt de Fontainebleau. M. Raoul Rochette, qui l'avait pris d'ailleurs sur un ton un peu plus élégiaque qu'il n'était nécessaire pour soutenir la cause des peintres paysagistes et des autres habitués de la forêt, en fut donc pour ses frais de rhétorique, comme l'Académie pour ses craintes ; celles que lui inspirait peu après une mesure décrétée par le gouvernement du second Empire étaient malheureusement mieux fondées.

Il s'agissait, cette fois, d'une véritable atteinte à la constitution même et à l'indépendance de l'Institut, et, par une coïncidence regrettable, c'était presque au lendemain du jour où il venait d'être admis dans ce grand corps (1) que le ministre de l'instruction publique d'alors, M. Fortoul, entrait en campagne pour déposséder ses confrères de prérogatives consacrées par un usage de soixante années déjà. Au mois d'avril 1855, un décret impérial rendu sur sa proposition enlevait à l'Institut le droit de régler la police intérieure de ses assemblées publiques et de distribuer les places, dont le ministre se réservait de disposer désormais. En outre, c'était directement au choix de celui-ci, et non plus sur la désignation

---

(1) M. Fortoul avait été élu membre de l'Académie des inscriptions et belles-lettres le 16 février 1855 ; le décret soumis par lui à la signature de l'Empereur porte la date du 15 avril de la même année.

faite par les membres de l'Institut eux-mêmes, que les fonctionnaires ou les employés du secrétariat et de la Bibliothèque devaient être nommés, en sorte qu'ils se trouvaient soustraits d'avance au patronage ou à la juridiction de leurs surveillants naturels. Enfin l'article 3 du décret dont il s'agit portait que « les concours des prix à décerner soit par chacune des académies, soit par les académies réunies », au lieu d'être jugés, comme ils l'avaient été jusque-là, par l'ensemble des académiciens, auraient pour seuls juges les sept membres d'une « commission formée : 1° de quatre académiciens désignés par le chef de l'État; 2° des trois officiers composant le bureau » (1).

On conçoit aisément la vivacité des réclamations que ces étranges mesures soulevèrent dans le sein de chaque académie. Le mode de jugement des concours en particulier, déterminé par l'article 3, irrita partout et d'autant plus justement les esprits, qu'une pareille procédure n'allait pas à moins qu'à supprimer en réalité l'autonomie de l'Institut, en même temps que, par la réduction du nombre des juges, elle abaissait singulièrement la valeur des récompenses attribuées. Un prix dû simplement aux suffrages de quelques membres d'une académie, transformés pour les besoins de la cause en commissaires du gouvernement, ne pouvait en effet avoir la même signification publique et la même importance qu'un prix décerné par la compagnie tout entière. Et, d'un autre

(1) On trouvera le texte complet de ce décret et le détail des modifications qu'en subirent successivement les articles, dans l'utile et important recueil publié par M. Aucoc, membre de l'Institut, sous ce titre : *Lois, Statuts et Règlements concernant les anciennes Académies et l'Institut, de 1635 à 1889.* — Paris, 1889.

côté, quels inconvénients n'entraînait pas, au point de vue de la confraternité académique, cette distinction établie de fait entre des hommes égaux en droit, revêtus de la même dignité, élus au même titre par leurs pairs? En ce qui concernait l'Académie des beaux-arts, comment admettre, par exemple, que sur quatorze membres composant la section de peinture, quatre seulement, — c'est-à-dire moins que le tiers de cette section, — fussent appelés à se prononcer à l'exclusion des dix autres, par cet unique motif qu'ils auraient été, mieux que ceux-ci, dans les bonnes grâces de l'Empereur ou de son ministre? Et quant au concours d'essai, quant aux épreuves préparatoires, dont le jugement était laissé à l'ensemble des académiciens, n'était-il pas à craindre que le zèle de ces juges en première instance ne se trouvât fort refroidi par la perspective de leur éviction à l'heure des concours définitifs, les prix attachés à ces concours ne devant être donnés que par des fractions de sections, par la moitié pour les unes, par moins que le tiers pour une autre, par un petit nombre de membres pour toutes?

L'Académie présenta ces graves objections et d'autres tout aussi fortes dans un mémoire destiné à être mis sous les yeux de l'Empereur, et dans un entretien direct avec le ministre : entretien au cours duquel M. Fortoul, un peu déconcerté par l'énergie des résistances qu'il rencontrait, jugea prudent de battre en retraite, en donnant à ses interlocuteurs, — suivant les termes du procès-verbal dressé par l'un d'eux, — « l'assurance formelle que le décret ne serait pas appliqué à l'Académie des beaux-arts, en ce qui pourrait la concerner particulièrement. Rien ne sera changé pour les concours, ajouta-t-il ; ils auront lieu dans la forme actuelle. » C'était au mieux. Toutefois, après que les paroles du ministre eurent été rapportées à l'Académie, un membre fit observer que, quelque confiance qu'elles lui inspirassent, elles ne lui semblaient pas suffisantes pour anéantir un décret existant, et que, tant que ce décret ne serait pas officiellement supprimé, on pouvait craindre de le voir appliquer un jour ou l'autre. De nouvelles démarches furent donc tentées auprès du ministre, qui, serré de plus en plus près, se décida à proposer à l'Empereur de modifier immédiatement plusieurs des dispositions édictées. Seulement, au lieu de réaliser ces modifications par un second décret, il se contenta de les formuler dans un « Rapport à l'Empereur », indiquant l'interprétation qui serait donnée à différents articles du texte primitif. Les réclamations de l'Institut recevaient ainsi satisfaction, mais, en réalité, une satisfaction partielle, puisque, quelque atténuée que fût dès lors la rigueur des prescriptions de détail, l'ensemble du décret n'en subsistait pas moins. Restait la ressource pour le gouvernement, tout en maintenant ce décret en principe, de n'user que très momentanément des droits qu'il lui conférait : ce fut là le parti auquel il s'arrêta. Quelques mois s'étaient écoulés à peine, et déjà, pour la tenue de ses assemblées publiques, l'Institut rentrait sans bruit en possession des privilèges dont on avait prétendu le dépouiller ; peu à peu, des articles qui n'avaient été d'abord que modifiés arrivaient à être formellement abrogés par des décrets successifs. Bref, au bout de cinq ans, le effets du décret du 14 avril 1855 ne consistaient plus que dans l'adjonction de dix nouveaux membres à ceux dont se composait antérieurement l'Académie des sciences morales et politiques, et dans la fondation d'un prix de dix mille francs destiné à récompenser, au nom de l'Empereur, « l'ouvrage ou la découverte que les cinq classes auraient jugé le plus propre à honorer ou à servir le pays ». — Encore ces deux mesures elles-mêmes n'étaient-elles maintenues qu'à la condition de subir un peu plus tard des réformes assez notables. Les dix membres de l'Académie des sciences morales et politiques composant la section complémentaire, créée en 1855 sous ce titre : « Politique, Administration, Finances », devaient, à la suite de la suppression de cette section en 1866, être répartis entre les autres sections de l'Académie. Quant au prix de dix mille francs fondé par l'Empereur, un décret en avait, dès le mois d'août 1859, doublé le chiffre, et un autre décret, rendu l'année suivante, portait que ce prix serait, à partir de 1861, décerné tous les deux ans, à tour de rôle, par chacune des cinq classes de l'Institut, sauf ratification, en assemblée générale de ces cinq classes, du choix fait au préalable par l'Académie compétente (1).

Au temps où les difficultés dont nous parlions tout à l'heure s'étaient élevées entre l'Académie des beaux-arts et le ministre de l'instruction publique, le devoir d'être auprès du pouvoir l'interprète des vœux de la compagnie et le défenseur de ses droits incombait à un nouveau secrétaire perpétuel. M. RaoulRochette était mort le 5 juillet 1854; avant la fin du même mois, Halévy avait été appelé à le remplacer. C'était, depuis la fondation de l'Institut, la première fois que le secrétaire perpétuel de la classe des beaux-arts se trouvait choisi parmi les membres de la classe même : innovation parfaitement légitime à coup sûr, mais qui pourtant ne devait pas se convertir

---

(1) Ce prix biennal de vingt mille francs, dont l'Académie des beaux-arts a eu pour sa part l'occasion de disposer trois fois jusqu'à présent, a été, avec la sanction de l'Institut, décerné par elle : en 1867, à Félicien David ; en 1877, à M. Chapu ; en 1887, à M. Mercié.

en règle, puisque, huit ans plus tard, lorsque le successeur de M. Raoul Rochette eut disparu à son tour, ce fut, comme par le passé, à l'Académie des inscriptions et belles-lettres que l'Académie des beaux-arts emprunta celui à qui elle entendait confier le soin de ses affaires.

Les mérites personnels d'Halévy justifiaient bien d'ailleurs la résolution exceptionnelle prise en sa faveur par ses confrères. Il serait superflu sans doute de rappeler les titres qu'il s'était acquis comme compositeur dramatique et les succès auxquels, avant comme après son entrée à l'Académie, il a dû sa renommée (1) ; mais à ces preuves publiques d'un grand talent s'ajoutaient, aux yeux des membres de la compagnie, des mérites d'un ordre tout intime : un caractère facile et naturellement conciliant, un esprit prompt à sentir le beau ou le vrai sous leurs formes d'expression diverses, enfin le goût et les habitudes d'un lettré unis à l'expérience d'un artiste. Une fois élu, Halévy se mit à l'œuvre avec une ardeur qui ne devait pas se refroidir dans le cours des années suivantes, et, pour commencer par une réforme intérieure aussi hardie qu'utile, — on dirait presque par un coup d'État, — il entreprit de coordonner et de mettre en lumière les résultats d'un travail bien longtemps poursuivi dans l'ombre, vingt fois interrompu, repris et remanié, sans avoir abouti encore à rien de mieux qu'à grossir la somme des matériaux dont on se proposait de faire usage à un moment de plus en plus éloigné. Il s'agissait de ce *Dic-*

---

(1) Halévy n'appartenait pas encore à l'Institut lorsqu'il fit représenter la *Juive* à l'Opéra (février 1835) et, dix mois plus tard, l'*Éclair* à l'Opéra-Comique. A partir de l'année où il fut élu membre de l'Académie des beaux-arts en remplacement de Reicha (1836), il ne produisit pas moins de seize grands ouvrages, parmi lesquels *Guido et Ginevra,* la *Reine de Chypre* et les *Mousquetaires de la Reine.*

tionnaire de l'Académie des beaux-arts mis sur le métier dès les premières années du siècle, mais qui depuis lors, véritable toile de Pénélope, se refaisait toujours et ne paraissait jamais.

Originairement, — nous avons eu l'occasion de le dire déjà à propos d'un rapport sur les travaux de l'Académie lu par Lebreton dans la séance publique de l'année 1806, — le recueil qui se publie aujourd'hui sous le titre de « Dictionnaire de l'Académie des beaux-arts » ne devait être qu'un « Dictionnaire de la langue des beaux-arts », en d'autres termes, un ensemble de définitions ou d'explications toutes techniques, un simple vocabulaire, sans qu'aucune part y fût faite aux considérations relatives à l'esthétique ou à l'histoire de l'art. Et Lebreton ajoutait dans ce rapport de 1806 : « Durant l'année qui vient de s'écouler, la classe a discuté environ la moitié des mots de la lettre A. » On pouvait donc espérer alors qu'un travail maintenu dans ces limites et se continuant avec la même régularité qu'au début n'exigerait guère, pour être achevé, qu'un quart de siècle tout au plus.

Or, non seulement ce délai de vingt-cinq ans se trouvait singulièrement dépassé à l'époque où Halévy entrait en fonction, mais, par suite des changements successivement apportés au plan primitif et des essais en sens divers auxquels ils avaient donné lieu, tout était resté en suspens, aussi bien au point de vue du caractère doctrinal à imprimer à l'œuvre commune qu'au point de vue des moyens à prendre pour assurer la collection méthodique et la cohésion matérielle des éléments dont elle se composerait. Certes, les membres de l'Académie qui, depuis le commencement du premier Empire, avaient à tour de rôle formé la « Commission du Dictionnaire » étaient, à ne considérer que leurs mérites propres, bien en mesure de s'acquitter à souhait de leur tâche. Pour ne citer que quelques-uns d'entre eux, des peintres, des sculpteurs, des architectes aussi expérimentés que Guérin, Chaudet et Huyot, des musiciens et des érudits comme Méhul et Visconti ou, un peu plus tard, comme Lesueur et Quatremère de Quincy, auraient pu facilement, avec plus de fixité dans les programmes et dans l'emploi des procédés d'exécution, arriver à fournir aux artistes et au public une série d'enseignements aussi logiques que précis. Malheureusement, d'une part, la direction incertaine de la voie où il s'agissait pour eux, tantôt de s'engager d'un pas ferme, tantôt de rétrograder, pour la côtoyer ensuite en vue ou à la recherche d'un nouveau but ; de l'autre, les fantaisies personnelles ou, si l'on veut, l'indépendance assez irréfléchie de tel ou tel des collaborateurs, avaient rendu à peu près stériles tous les efforts tentés. On avait, par exemple, adopté en principe l'ordre alphabétique pour la succession des articles ; mais, parmi ceux qui étaient chargés de les écrire, plus d'un, séduit par un sujet particulièrement conforme à ses inclinations ou à ses études, entreprenait de le traiter bien avant l'heure, et s'emparait à tout hasard d'un mot commençant par une des dernières lettres de l'alphabet, alors que sa besogne eût été de procéder suivant l'ordre contraire. De là d'étranges lacunes dans l'ensemble des travaux accomplis et l'impossibilité d'en faire paraître quoi que ce fût, à l'état de spécimen concluant des parties de la publication qui devaient suivre.

En outre, lorsqu'on avait eu la pensée d'élargir le cadre destiné d'abord à ne contenir que les mots strictement spéciaux de la « langue des arts », on s'était laissé aller à l'agrandir démesurément. On avait entendu y donner place à des notices biographiques sur les personnages célèbres de l'antiquité et des temps modernes, à des études descriptives ou critiques sur les œuvres des artistes les plus renommés, à bien d'autres études ou dissertations encore : le tout, au risque de rendre la tâche interminable ou, du moins, de la compliquer de telle sorte que le futur dictionnaire prît jusqu'à un certain point les caractères d'une encyclopédie. Puis, le travail une fois abordé et partiellement exécuté dans ces conditions, l'expérience en avait démontré les inconvénients; on avait, sans plus de succès, essayé tour à tour d'autres combinaisons, et l'on avait fini, de guerre lasse, par se désintéresser à peu près d'une entreprise qui semblait de plus en plus condamnée à rester sans issue. Après tant de tergiversations et d'épreuves contradictoires, après tant d'années dépensées presque en pure perte, le devoir était impérieux, sans doute, de s'arrêter à une résolution ferme et de convertir enfin en actes des projets si longtemps incertains. C'est ce à quoi Halévy, soutenu dans sa tentative de réforme par une commission entièrement renouvelée (1), s'employa avec assez d'activité pour que la première livraison de ce dictionnaire, jusqu'alors problématique, pût paraître dans le cours de l'année 1857, et que, avant la fin de l'année suivante, le premier volume de l'ouvrage, composé de près de quatre cents pages à deux colonnes et

---

(1) Les membres appelés par l'Académie à former cette commission étaient, — avec Halévy qui, comme secrétaire perpétuel, en faisait partie de droit, — pour la peinture, M. Couder; pour la sculpture, M. Simart; pour l'architecture, M. Lebas; pour la gravure, M. Gatteaux, et pour la musique, M. Reber. En outre, un auxiliaire choisi en dehors de la compagnie, M. Vinet, avait été adjoint aux membres titulaires pour les recherches archéologiques et pour la préparation de certains articles sur des sujets de pure érudition ou d'histoire. Plus tard, et même avant l'époque où il appartint officiellement à l'Institut, M. Albert Lenoir fut chargé d'une tâche analogue, au grand profit d'ailleurs de l'œuvre, à laquelle il participa jusqu'à sa mort (17 février 1891).

comprenant plus de la moitié des mots de la lettre A, fût achevé et livré au public.

Était-ce donc que la méthode suivie pour la constitution de ce premier volume engageât si irrévocablement l'avenir qu'aucune modification ne pût être utilement introduite dans la pratique des règles qu'on s'était faites ? A vrai dire, il n'en allait pas tout à fait ainsi. Malgré a décision relative avec laquelle le nombre des sujets à traiter avait été réduit et le plan de l'ouvrage simplifié, plus d'une trace subsistait, dans la publication récente, des hésitations ou des imprudences anciennes. Quelque bonne volonté qu'eût eue l'Académie d'écarter du recueil en formation les questions ne se rattachant qu'indirectement à l'art et aux moyens qu'il emploie, elle n'y avait pas toujours réussi. Certains articles ayant pour objet l'analyse de tel sentiment, de telle passion dont on trouve l'image plus ou moins fidèle dans des œuvres peintes ou sculptées, d'autres articles consacrés à la mémoire de quelques héros de la fable ou de l'histoire, venaient interrompre l'ordre et compromettre l'équilibre des enseignements que l'on s'était proposé de fournir. En réalité, il y avait là trop ou trop peu. Puisqu'on avait jugé opportun, par exemple, de donner la définition du mot *abattement* ou celle du mot *abandon,* sous le prétexte apparemment que les états de l'âme ou de l'esprit exprimés par ces mots peuvent recevoir leur figuration pittoresque ou plastique, pourquoi avoir exclu nombre d'autres mots exprimant aussi des affections morales et, par conséquent, admissibles au même titre : *Allégresse, Anxiété, Attendrissement,* etc. ?

N'y avait-il pas lieu de s'étonner également de certaines préférences, et en même temps de certaines omissions, en ce qui concernait les monuments typiques de l'art aux diverses époques? Ainsi, comment s'expliquer qu'aux yeux des auteurs du « Dictionnaire » la villa Adrienne, la basilique de Sainte-Agnès, à Rome, les monastères du mont Athos, aient paru exiger de longues descriptions, alors que rien ne devait être dit du couvent d'Assise, qui fut pourtant au moyen âge le premier foyer de la peinture italienne régénérée et comme le berceau de sa renaissance? Enfin, là où il s'agissait d'enregistrer les noms des hommes que l'art a immortalisés, pourquoi s'en être tenu à peu près aux souvenirs de la Grèce et de Rome et, avant de nous entretenir d'*Ampelus,* n'avoir pas fait au moins l'aumône d'une mention à *Adam* qui, sans parler de ses autres titres suffisamment connus, a inspiré tant de grandes œuvres de la sculpture et de la peinture, depuis les bas-reliefs de la cathédrale d'Orvieto jusqu'aux fresques de Michel-Ange et de Raphaël au Vatican?

Nous nous sommes cru permis d'insister quelque peu sur les imperfections que le « Dictionnaire de l'Académie des beaux-arts » ne laissait pas de présenter au début, parce que l'Académie elle-même en a, pour ainsi dire, fait justice en renonçant après coup à une partie de la procédure qu'elle avait d'abord entendu suivre. Les noms d'hommes, en effet, et les mots d'une signification presque exclusivement philosophique, ne figurent plus dans les volumes publiés après l'année 1858. Quelques éclaircissements semblaient donc ici nécessaires pour justifier cette sorte d'anomalie (qui n'est, en réalité, qu'un progrès) entre la suite et les commencements de l'ouvrage. D'ailleurs, quoi qu'il en doive être des réserves formulées plus haut et de celles que pourraient autoriser certaines inexactitudes de détail commises çà et là (1), le premier volume du « Dic-

(1) Dans une note, par exemple, de la page 102 du premier volume, où il est fait deux personnages distincts d'un seul homme,

tionnaire de l'Académie des beaux-arts » n'en demeure pas moins dans son ensemble un travail des plus substantiels et, comme chacun des volumes parus postérieurement, un témoignage formel de l'unité permanente des doctrines que la compagnie représente, aussi bien que de sa sérénité invariable en face des paradoxes ou des sophismes.

Quoi de plus naturel, au surplus? L'Académie des beaux-arts n'est ni un parti, ni une école dans le sens limité du mot, encore moins un groupe de talents en rivalité ou en lutte. Arrivés à la plus haute situation que des artistes puissent ambitionner, les membres de l'Académie empruntent de leur élévation même un calme, une modération dans le jugement des opinions ou des choses qu'on ne rencontrerait pas aussi sûrement chez ceux que préoccupent encore les progrès de leur propre réputation et l'incertitude du succès. Confrères par l'esprit qui les anime au moins autant que par l'égalité du rang, ils s'accordent dans le désintéressement personnel, comme ils ont en commun le dévouement aux plus sérieux intérêts de l'art et le sentiment profond de sa dignité. De là, malgré la diversité de leurs origines et de leurs titres, l'ensemble avec lequel ils concourent au maintien des mêmes traditions, à la défense des mêmes principes; de là, la conformité de leurs vues dans l'appréciation des faits particuliers, aussi bien que dans le domaine des idées générales; de là, enfin, ce *Dictionnaire* que d'autres esprits n'auraient pu composer ainsi ni d'autres mains écrire, parce que, outre le fonds d'expérience spéciale

---

Lenormant de Tournehem, surintendant des bâtiments royaux sous Louis XV, et où un autre homme revêtu un peu plus tard des mêmes fonctions, M. de Vandières, marquis de Marigny, subit à son tour le même dédoublement.

qu'exigeait une pareille tâche, il fallait ici une indépendance critique à peu près incompatible avec la condition ordinaire des artistes militants, et, dans l'exécution, un genre d'habileté littéraire en dehors, jusqu'à un certain point, des habitudes propres aux écrivains de profession.

La continuation du grand travail commencé sous l'impulsion d'Halévy était donc devenue, dans l'espace de temps compris entre les années 1858 et 1863, une des occupations principales de l'Académie. Bien plus : le moment approchait où cette occupation allait être presque la seule qu'il lui fût permis de poursuivre officiellement, lorsque, dépossédée du jour au lendemain des prérogatives qu'elle tenait de sa constitution même, l'Académie se verrait, jusqu'à la fin du second Empire, condamnée à rester étrangère à tout ce qui concernait les concours pour les grands prix et les travaux des pensionnaires de l'Académie de France à Rome. Nous dirons tout à l'heure par quel brusque caprice du pouvoir, sinon par quelles intrigues nouées autour de lui, cette injuste dépossession s'accomplit; mais avant de rappeler les faits qui s'y rattachent, il convient d'indiquer sommairement les changements survenus dans le personnel académique depuis que la monarchie de Juillet avait été remplacée par la seconde République, et celle-ci, à son tour, par le gouvernement impérial.

Dans cette période de seize années écoulées entre la fin du règne de Louis-Philippe et le milieu à peu près du règne de Napoléon III, la mort avait successivement frappé trente-deux membres de la compagnie, sans compter six membres associés étrangers. Parmi ceux qui disparaissaient ainsi, quelques-uns, comme Fontaine, l'utile et fidèle collaborateur de Percier, ou comme Debret, l'architecte de l'ancien Opéra, avaient appartenu à une époque et à une école dont ils personnifiaient encore avec honneur les traditions jusque vers la seconde moitié de notre siècle ; d'autres, comme Hersent, le peintre ingénieux de *Ruth et Booz,* de *Daphnis et Chloé* et de l'*Abdication de Gustave Wasa*, avaient représenté dans l'Académie des doctrines intermédiaires entre les théories du « classicisme » intraitable professé par les prétendus continuateurs de David et les témérités du programme qu'affichaient leurs adversaires ; d'autres enfin, tels que David d'Angers et Pradier, s'étaient plus ouvertement déclarés dans le sens des réformes entreprises à côté d'eux. Ils s'y étaient même associés en fait, chacun à sa manière, par une étude plus pénétrante, par une interprétation plus large des exemples antiques, aussi bien que par une franchise plus courageuse dans l'imitation de la nature. Les œuvres sorties de leurs mains avaient puissamment contribué au renouvellement du goût public et acquis à ceux qui les avaient faites une renommée personnelle assez solide pour que la mort même ne la compromît pas. Néanmoins, de quelque juste crédit qu'eussent joui les académiciens dont nous avons cité les noms, la perte d'aucun d'eux ne devait avoir dans le sein de l'Académie même, et au point de vue de son recrutement, des conséquences aussi graves, ni au dehors autant de retentissement que les pertes survenues presque coup sur coup de trois des membres de la section de peinture : Paul Delaroche, Horace Vernet et Eugène Delacroix.

Celui de ces trois peintres diversement célèbres que la mort frappait le premier, Paul Delaroche, était entré relativement jeune à l'Académie, en 1832 (1). Il eût paru

---

(1) Né le 17 juillet 1797, Paul Delaroche n'était âgé que de trente-cinq ans lorsqu'il fut élu en remplacement de Meynier.

assez naturel que ce fût avec l'appui préalable de Gros son maître, et pourtant cet appui lui avait manqué, tandis que Ingres s'était tout d'abord passionnément déclaré en faveur d'un artiste qui, « mieux qu'aucun autre, écrivait-il un jour, l'aiderait à repousser l'invasion des barbares », autrement dit des romantiques. Depuis le jour de son élection jusqu'au jour de sa mort (4 novembre 1856), par conséquent pendant vingt-quatre ans, Paul Delaroche avait exercé à l'Académie une influence considérable : influence qu'expliquent de reste, outre son talent, la dignité de son caractère et la singulière souplesse d'un esprit capable de se mouvoir dans le domaine des affaires proprement dites avec la même aisance que dans le champ de l'art. On avait bien vite pris l'habitude, que l'on conserva jusqu'à la fin, de voir en lui un de ces artistes doublement privilégiés, doublement habiles, comme Gérard l'avait été naguère, et qui, moitié praticiens d'élite, moitié hommes du monde au meilleur sens du mot, font preuve d'une égale expérience dans l'accomplissement de leurs travaux professionnels et dans la conduite de la vie. Aussi, lorsqu'il succombait, avant l'âge de soixante ans, dans la plénitude de son talent et dans tout l'éclat d'une réputation déjà longue, n'avait-il rien perdu auprès de ses confrères de la confiance qu'il leur avait tout d'abord inspirée.

Ajoutons que, comme Gérard encore, par l'élégance de ses mœurs domestiques, par l'hospitalité courtoise que recevaient chez lui les hommes les plus distingués, Paul Delaroche avait réussi à donner un surcroît de relief et, pour ainsi parler, un vernis d'aristocratie à l'importance personnelle qu'il s'était acquise par ses œuvres. Dans ce salon que charmait la présence d'une femme dont le souvenir est resté si cher à quiconque a eu l'heureuse fortune de l'approcher (1), se rencontraient chaque semaine à jour fixe des artistes de tous les rangs, depuis ceux qui, comme Auber et M. Henriquel, étaient en pleine possession de leur renommée, jusqu'à ceux qui, comme Hippolyte Flandrin et M. Ambroise Thomas, destinés à prendre rang, eux aussi, parmi les maîtres, venaient alors de faire leurs premières preuves et de remporter leurs premiers succès. A côté de ces artistes, les uns célèbres, les autres en voie de le devenir, un homme d'État illustre, M. Guizot, de qui Paul Delaroche avait peint le portrait, d'autres personnages politiques fort en vue à cette époque, qu'il avait eus également pour modèles, — des membres de l'Académie française ou de l'Académie des sciences, — des savants étrangers de passage à Paris, — en un mot tout un monde d'élite, en se réunissant périodiquement dans le petit hôtel du peintre, avait fait de cette modeste demeure un centre d'attraction d'autant plus rare qu'il satisfaisait à la fois aux meilleures traditions françaises du savoir-vivre et aux exigences des mœurs modernes.

En venant fermer ce salon, aussi différent des pédantesques salons littéraires du dernier siècle que des cercles politiques de notre temps, la mort de Paul Delaroche ajoutait à la perte d'un artiste éminent la dispersion d'une famille d'esprits, pour ainsi dire, auxquels un lien commun manquerait matériellement désormais.

La mort d'Horace Vernet ne pouvait avoir les mêmes conséquences, ni pour l'Académie, où le brillant peintre se laissait aller parfois à des accès de susceptibilité ou à des fantaisies de parole peu propres à lui assurer une

(1) Madame Delaroche, qu'une mort prématurée devait enlever à la tendresse des siens et à l'admiration de ses amis, était, on le sait, la fille unique d'Horace Vernet.

sérieuse influence sur ses confrères, ni dans le monde, où il s'était toujours contenté des succès assez superficiels que lui procurait l'enjouement de son esprit. Néanmoins les caractères et les mérites bien particuliers de ses œuvres, la faveur dont il avait joui auprès des personnages les plus puissants de tous les régimes et de tous les pays, aussi bien qu'auprès des hommes appartenant aux partis les plus opposés, — la singulière fortune qu'il avait eue, lui le troisième peintre de sa famille, non seulement de soutenir, mais d'accroître l'honneur d'un nom consacré déjà par d'éclatants succès, — enfin la prodigieuse fécondité d'un pinceau dont la gravure, la lithographie, la vulgaire imagerie même, multipliaient à l'infini les productions, — tout avait concouru à donner de bonne heure à Horace Vernet et à lui conserver jusqu'au dernier jour une célébrité universelle. L'Académie des beaux-arts aura compté parmi ses membres des artistes plus savants au fond, plus hautement inspirés que lui : elle n'en aura pas eu de plus populaires.

Eugène Delacroix, dont la mort suivit celle d'Horace Vernet, à six mois seulement d'intervalle (13 août 1863), laissait à l'Académie et au public des souvenirs tout autres. Longtemps et bruyamment discuté, tardivement élu académicien, par suite de la méprise où plusieurs étaient tombés en croyant que son admission dans la compagnie aurait inévitablement pour effet d'y introduire l'esprit de désordre et d'aventure, Delacroix, beaucoup moins heureux à tous égards que Vernet, avait dû depuis ses débuts lutter sans relâche contre les résistances que son talent rencontrait chez les uns, contre les enthousiasmes à faux ou les dangereuses excitations des autres. Ici, on semblait prendre à tâche de le louer de ses défauts autant, et souvent plus, que de ses qualités ; là, on refu-

CHAPITRE VIII.

ait inexorablement d'apprécier à leur valeur ces qualités, si incontestables qu'elles fussent. Partout, — quoique avec des arrière-pensées bien différentes, — on affectait de le regarder comme l'instigateur et le chef volontaire de la guerre déclarée aux traditions, même les plus nécessaires, de notre école.

A aucune époque pourtant, Delacroix n'avait accepté, encore moins pris spontanément un rôle qui eût répugné à son caractère aussi bien qu'aux inclinations de son esprit, trop fin d'ailleurs pour être dupe des hommages ou des dévouements intéressés. On en trouverait la preuve, entre beaucoup d'autres que fournit sa correspondance, dans ces lignes tirées d'un cahier de notes dont nous avons eu déjà l'occasion de parler : « La plupart de ceux qui ont pris mon parti, écrivait-il, ne songeaient en général qu'à prendre le leur et à combattre pour leurs idées, si tant est qu'ils en eussent, en faisant de moi une espèce de drapeau. Ils m'ont enrégimenté, bon gré, mal gré, dans la coterie romantique, ce qui signifie que j'étais responsable de leurs sottises, et ce qui a beaucoup ajouté dans l'opinion à la liste de celles que j'ai pu faire. »

Aussi, en raison même de cette confusion entre les mérites personnels du peintre et les imprudences, pour ne rien dire de plus, de ceux qui s'intitulaient ses sectateurs, l'Académie avait-elle hésité, plus qu'il n'eût été souhaitable sans doute, à accomplir un acte de justice qui, à ses yeux, impliquait un danger. Mais, après que Delacroix eut été élu, les moins bienveillants pour lui de ses nouveaux confrères, ceux d'entre eux auxquels les intentions qu'on lui attribuait avaient inspiré le plus de défiance, reconnurent bien vite, y compris Ingres lui-même, que, loin d'avoir introduit un ennemi dans la place, on n'avait fait en réalité qu'y installer un auxiliaire et, en cas d'attaque, un défenseur. Il se trouva en effet que le prétendu révolutionnaire était ce qu'on appellerait aujourd'hui un « conservateur », et un conservateur profondément convaincu; que, tout en pratiquant l'art à sa manière dans la mesure de ses facultés propres, il n'entendait pas plus en réformer les lois essentielles qu'en renier les hautes traditions. Enfin, par ses goûts et ses habitudes intellectuelles en dehors même des travaux de sa profession, par la singulière sévérité de ses doctrines en matière littéraire, par les dons naturels comme par la culture d'un esprit à la fois très judicieux et très brillant, Delacroix avait achevé non seulement de séduire, mais de s'attacher solidement tous les membres de l'Académie : si bien que, dans certains cas délicats, c'était à lui qu'on s'adressait de préférence pour la rédaction d'un rapport officiel ou pour le compte rendu de quelque ouvrage soumis à l'examen de la compagnie. S'il eût vécu quelques mois de plus, il eût été très probablement un des champions les plus ardents et, en même temps, les plus accrédités de la cause académique, à ce moment, que nous rappelions tout à l'heure, où elle fut si inopinément attaquée.

Jusqu'au jour (13 novembre 1863) où parut le décret impérial qui, en bouleversant l'organisation de l'École des beaux-arts à Paris et celle de l'Académie de France à Rome, enlevait du même coup à la quatrième classe de l'Institut la meilleure part de son influence et ses privilèges les mieux justifiés, rien n'avait pu, ni de près ni de loin, faire pressentir à l'Académie cette étrange déclaration de guerre. Bien plus, c'était un des siens qui semblait l'avoir provoquée, puisque le nom de M. le comte de Nieuwerkerke, alors surintendant des beaux-arts et, depuis plusieurs années déjà, membre de l'Académie, figurait au bas du rapport contenant, à l'état de propositions, la série des mesures adoptées ensuite par M. le maréchal Vaillant, ministre de la Maison de l'Empereur et des beaux-arts, et définitivement sanctionnées par le décret. Comment s'expliquer cette sorte d'entrée en campagne contre ses confrères, de la part d'un homme qui n'avait pas cessé jusque-là de faire cause commune avec eux, et qui d'ailleurs s'était à bon droit acquis leur affection par l'aménité de son caractère ?

Trois ans auparavant, il est vrai, la très vive émotion de l'Académie à la vue des fâcheuses restaurations que plusieurs tableaux du Louvre venaient de subir, et les actives démarches tentées par elle pour arrêter le mal, avaient eu ce résultat d'amener M. de Nieuwerkerke, bien que sa responsabilité personnelle ne se trouvât pas directement engagée, à couvrir, comme directeur général des musées, le fonctionnaire auquel on s'en prenait à juste titre et, par conséquent, à se séparer, au moins en apparence, de ceux qui reprochaient au conservateur des peintures son imprudence ou son impéritie. Néanmoins, il avait rempli avec trop de bonne grâce et de loyauté la tâche que sa situation officielle lui imposait, il s'était trop sincèrement préoccupé des moyens de donner satisfaction à l'Académie et de lui fournir, en vue de l'avenir, des garanties (1), pour qu'on pût être bien venu à soupçonner chez lui, dans le cas présent, quelque arrière-pensée de vengeance ou de rancune. En réalité, il n'avait eu d'autre tort que de prêter une oreille trop complaisante aux exhortations de certains personnages de l'entourage

---

(1) Par une note insérée au *Moniteur* du 10 mai 1860, la direction générale des musées impériaux déclarait que dorénavant « aucune restauration ne serait entreprise sans l'avis préalable d'une commission composée des membres de la section de peinture de l'Institut ».

de l'Empereur, de certains conseillers officieux qu'il croyait animés d'un zèle désintéressé pour le progrès, et qui peut-être, en entreprenant de le gagner à leurs projets de réforme, se proposaient au moins autant de « jouer », — comme l'un d'eux le disait après coup, — « un bon tour à l'Académie » que de régénérer, au profit de tous, l'enseignement des arts dans notre pays.

Quoi qu'il en soit, l'Académie ne pouvait, sans péril pour sa dignité, et surtout sans une véritable désertion de ses devoirs, accepter passivement une spoliation aussi préjudiciable aux intérêts des jeunes artistes qu'offensante pour elle-même. Elle s'éleva donc dès les premiers jours contre des mesures qui lui ôtaient le droit de pourvoir au recrutement des professeurs à l'École des beaux-arts ; de diriger et de juger les concours aux grands prix de Rome ; d'exercer tout patronage sur les pensionnaires de la villa Médicis et d'examiner leurs envois ; en un mot, d'intervenir par ses encouragements, quels qu'ils fussent, dans les études ou dans les travaux que, depuis la fondation de l'Institut de France, elle avait eu la mission de conduire ou de récompenser. Mémoires adressés au ministre de la Maison de l'Empereur et des beaux-arts, au lendemain même de la promulgation du décret, pour en faire ressortir les dangers ou les inconséquences et, plus tard, pour réfuter les arguments produits par le ministre, à l'appui de la décision prise ; — autre mémoire envoyé directement à l'Empereur pour « le supplier de soumettre le décret du 13 novembre à un nouvel examen et d'en suspendre l'application jusqu'à ce que les dispositions édictées aient été mises d'accord avec les lois antérieures et les droits séculaires de l'Académie » ; protestations publiées isolément, soit sous la forme de brochures comme celle que Ingres intitulait : *Réponse au rap-*

port sur l'École impériale des beaux-arts (1), soit dans des proportions plus restreintes, comme la *Lettre de M. Léon Cogniet au ministre,* — l'Académie essaya de tout, elle épuisa avec une persévérante énergie tous les moyens dont elle pouvait user pour la défense de sa cause. Si elle ne réussit pas alors à vaincre en fait ses adversaires, la légitime fierté de son attitude et de son langage lui attira du moins l'attention, bientôt les sympathies déclarées de bon nombre de gens assez indifférents d'ordinaire aux affaires de l'art et aux questions qu'elles soulèvent. De leur côté, les élèves de l'École ne se lassaient pas de réclamer, dans des pétitions collectives (2), le maintien du régime auquel ils avaient été soumis jusque-là, — sans compter les résistances sur place opposées par eux à la

(1) Après la critique, article par article, de toutes les innovations contenues dans le décret, cette *Réponse* se terminait ainsi : « En résumé, je déclare en mon âme et conscience que je blâme les changements projetés, parce qu'ils détruisent la bonne organisation de l'École ; parce qu'ils portent atteinte à des droits acquis, à un enseignement fondé sur les grandes traditions classiques, pour ne mettre à leur place qu'un enseignement de fantaisie et d'aventure, des juges incompétents et une direction fausse dans les études. »

(2) Ces pétitions, successivement adressées à l'Empereur et aux membres du Conseil supérieur de l'École, étaient signées des noms de près de cinq cents élèves, tandis que six d'entre eux seulement avaient joint leurs signatures à celles d'une centaine d'artistes du dehors qui, plus ou moins spontanément, avaient rédigé et fait insérer au *Moniteur* une adresse de félicitations et de remerciements à l'Empereur, — la seule de ce genre au surplus que lui ait value le décret. Aussi Napoléon III ne tarda-t-il guère à regretter la mesure qu'on lui avait fait prendre, sans aucun pressentiment de sa part des difficultés qui en résulteraient et des ennuis personnels qu'elle devait lui causer. J'ai entendu dire d'ailleurs à une personne liée avec lui depuis l'enfance et en présence de laquelle il se plaignait de ces ennuis, que, suivant une superstition qui lui était habituelle, il attribuait les mauvaises conséquences de l'acte du 13 novembre à l'influence fatidique du jour où il l'avait signé.

mise en pratique des nouveaux règlements, à l'installation par exemple du *Cours d'histoire de l'art et d'esthétique,* dont celui qui passait pour le principal instigateur du mouvement antiacadémique, M. Viollet-le-Duc, avait été chargé (1). Enfin, les journaux, par des articles de plus en plus vifs dans un sens ou dans l'autre, ayant achevé d'émouvoir l'opinion, la lutte engagée entre la quatrième classe de l'Institut et l'Administration des beaux-arts était devenue l'objet d'une curiosité à peu près générale et presque un événement public.

Naturellement, dans la guerre défensive à laquelle l'Académie se trouvait contrainte, le secrétaire perpétuel avait un rôle important à remplir. C'était, pour ainsi dire, celui d'un chef d'état-major à qui revenait le soin, non pas de diriger la campagne suivant ses seules inspirations, mais d'assurer l'exécution des plans arrêtés de concert, et, au besoin, de prêcher d'exemple en payant vaillamment de sa personne. Le successeur d'Halévy, mort à Nice l'année précédente (17 mars 1862), M. Beulé, n'était pas homme à s'acquitter incomplètement de ce double devoir. Déjà, et presque au lendemain de son entrée en fonction, il avait, par d'opportuns rappels à la pratique exacte de certaines parties du règlement, bien justifié l'opinion qu'on avait eue, en le choisissant, de la netteté

(1) Après avoir vainement essayé pendant plusieurs semaines de triompher de ces résistances, M. Viollet-le-Duc crut devoir se démettre de ses fonctions de professeur à l'École, mais sans renoncer pour cela à soutenir publiquement la cause qu'il avait embrassée. C'est ce que prouvent deux brochures publiées par lui dans le cours de l'année 1864 et intitulées : l'une, *Intervention de l'État dans l'enseignement des beaux-arts;* l'autre, *Réponse à M. Vitet* qui, dans un article de la *Revue des Deux Mondes* (1er novembre 1864), avait éloquemment signalé les vices ou les dangers des mesures appliquées à l'École des beaux-arts et à l'Académie de France à Rome.

de son esprit et de la résolution de son caractère. En face des difficultés inopinément créées à l'Académie par l'acte du 13 novembre, il se montra prompt à relever le défi les armes à la main et, le combat une fois engagé, très décidé à le poursuivre à toute heure et sur tous les terrains. Aussi, après avoir rédigé les protestations et les autres pièces officielles dans lesquelles il exposait la pensée ou il résumait les délibérations de ses confrères, travaillait-il activement sous son propre nom à instruire le public des antécédents que l'on ne craignait pas de méconnaître et de l'inanité des griefs articulés par les promoteurs du décret. Un mois seulement s'était écoulé depuis le jour où ce décret avait paru, quand M. Beulé publiait dans la *Revue des Deux Mondes* (1) une sorte de dissertation historique où le glorieux passé de l'Académie de France à Rome et les conditions normales de cette noble institution étaient rappelés avec une précision qui ne souffrait guère de réplique. Il y en eut une pourtant, passablement irrévérencieuse pour l'Académie des beaux-arts, très louangeuse en revanche pour l'administration, qui l'avait d'ailleurs directement inspirée, mais en réalité fort peu concluante, puisqu'elle n'opposait aux faits acquis que de très incertaines promesses, et aux arguments tirés des principes que des railleries au moins intempestives sur la « rhétorique » de celui qui les avait produits (2).

(1) Voyez : *L'École de Rome au dix-neuvième siècle*, 15 décembre 1863.
(2) *Le Décret du 13 novembre et l'Académie des beaux-arts*, par M. Ernest Chesneau : brochure de cinquante-sept pages suivies d'un nombre à peu près égal d'autres pages reproduisant le *Rapport* de M. de Nieuwerkerke, celui du maréchal Vaillant et la *Réponse* de ce ministre au mémoire adressé par les membres de l'Académie à l'Empereur, etc.

Cependant, malgré la constance des efforts tentés par l'Académie, malgré le zèle habile et l'infatigable activité de son secrétaire perpétuel, rien n'était survenu encore qui permît d'espérer sérieusement le succès des revendications et l'abandon par le gouvernement des mesures qui y avaient donné lieu. Sur quelques points de détail, il est vrai, des modifications avaient été apportées aux prescriptions primitives. Ainsi, dès le mois de janvier 1864, par un assez singulier démenti à ses décisions de la veille, l'Administration des beaux-arts rétablissait à l'École, aussi lestement qu'elle les avait supprimés, les exercices du soir d'après le modèle vivant et d'après la bosse, les concours dits « d'émulation », les anciennes conditions d'admission imposées aux élèves architectes et la division de ceux-ci en deux classes; mais, ces concessions une fois faites, l'Administration entendait bien s'en tenir là et, comme elle prenait soin d'en informer le public par une note officielle, « ne plus rien changer désormais ni à l'esprit, ni aux termes du décret du 13 novembre ». Par conséquent, la substitution de son bon plaisir ou, si l'on veut, de son action toute personnelle à l'influence exercée jusqu'alors par l'Académie sur la marche des études à Paris et à Rome devenait un acte, au moins en apparence, irrévocable, contre lequel assurément il appartenait à l'Académie de continuer à protester dans l'intérêt de l'art et des artistes, mais qu'il y avait peut-être quelque imprudence à essayer de combattre au nom de la légalité et par des moyens juridiques.

L'Académie toutefois crut devoir pousser ses réclamations jusque-là. Elle en appela au conseil d'État de l'atteinte portée par le décret aux pouvoirs que les gouvernements antérieurs au second Empire lui avaient successivement conférés ou reconnus; mais ces pouvoirs, si justement qu'ils eussent été placés dans ses mains, étaient-ils pour elle un patrimoine inaliénable? constituaient-ils des « droits » proprement dits? En d'autres termes, — et toutes réserves faites sur ce que, au point de vue de l'art et des études, il avait de mauvais en soi, — un décret retirant à l'Académie les privilèges que d'autres décrets ou ordonnances lui avaient accordés, se trouvait-il par cela même illégal? Que l'Académie rappelât, comme elle l'avait fait dans son « Mémoire à l'Empereur », que les statuts ou les règlements lui attribuant le jugement des grands prix et la surveillance de l'Académie de France à Rome n'avaient jamais cessé d'être en vigueur; qu'aucune loi ne les avait abrogés, qu'aucune mesure exceptionnelle ne les avait suspendus depuis la fondation de l'Institut, — rien de mieux. Il y avait là une preuve éclatante du prix qu'on avait, à toutes les époques, attaché à l'intervention de l'Académie dans les concours et, par suite, dans tout ce qui intéressait, à la villa Médicis, les travaux ou les progrès des pensionnaires. L'Académie était-elle aussi bien inspirée, quand, à l'éloquence de ces souvenirs, elle ajoutait la menace, bientôt réalisée, d'un procès? Le plus sage, à ce qu'il semble, eût été pour elle de ne pas dépasser les limites dans lesquelles elle avait agi d'abord, au lieu de s'exposer au risque de subir cette fin de non-recevoir par laquelle le conseil d'État répondit effectivement, quelques mois plus tard, à sa requête.

A partir de ce moment jusqu'à la fin du régime impérial, c'est-à-dire pendant six ans, l'Académie, sans désespérer pour cela d'un retour de la fortune, dut se résigner à voir les intérêts qu'elle avait le plus à cœur de soutenir, confiés à d'autres mains que les siennes. Il lui avait fallu renoncer à sa tutelle traditionnelle de la jeunesse, aux récompenses que, à si juste titre, il lui avait appartenu de décerner, à la joie de couronner chaque année, en plein Institut, sous les yeux de leurs maîtres et de leurs compagnons d'étude, ceux à qui ses suffrages venaient de donner l'Italie, la liberté, l'avenir. Plus de ces nobles fêtes maintenant ; plus de ces consécrations publiques des jeunes talents promis à une réputation prochaine, à la gloire peut-être. C'était dans l'ombre de quelque bureau ministériel que les lauréats de l'Administration devaient désormais aller chercher ces couronnes distribuées naguère au grand jour d'une séance solennelle, par les représentants les plus éminents de l'art français. Aussi, lorsque, à la fin de l'année 1864, le moment fut venu pour l'Académie des beaux-arts de se réunir publiquement, suivant l'usage, mais, cette fois, sans voir devant elle ceux qu'elle avait eu si longtemps le privilège de récompenser, M. Beulé, qui portait la parole en son nom, n'était-il que trop en droit d'exprimer à ce sujet des regrets partagés par tous les membres de la compagnie.

« Pour la première fois, disait-il, depuis que l'Institut existe, votre séance publique sera triste et découronnée. Vous n'avez point, cette année, jugé les concours d'art ;... vous ne verrez autour de vous ni les artistes que vous proclamiez dignes d'être pensionnés à Rome par l'État, ni leurs rivaux qui applaudissaient à un triomphe mérité... Une institution que tant de révolutions avaient respectée a été renversée à l'improviste, et la jeunesse a été non pas détachée de vous (jamais au contraire elle n'a manifesté son attachement avec plus d'éclat), mais soustraite à votre patronage. » Et, comme pour dédommager ses confrères d'une dépossession qu'il croyait, et qui devait être, en effet, temporaire, M. Beulé ajoutait : « Ce que l'on ne peut vous enlever toutefois, ce qui laisse à cette réunion une part de sa grandeur accoutumée, c'est le culte du passé, c'est le droit de célébrer les morts, c'est la douceur de chercher dans le récit d'une vie consacrée au beau des consolations ou des exemples. »

Or, l'artiste dont, cette année-là, le secrétaire perpétuel avait à prononcer l'éloge, était certes de ceux que l'on peut louer sans complaisance et présenter à tous égards comme des modèles. Hippolyte Flandrin, qu'une mort prématurée venait d'enlever à l'affection unanime de ses confrères, ne laissait pas seulement sur les murs des églises ou dans les *portraits* appartenant à quelques familles privilégiées, les témoignages de son beau et chaste talent : il laissait aussi les souvenirs d'une existence menée d'un bout à l'autre avec une rare sincérité, avec une élévation de cœur et une simplicité dans les habitudes qui faisaient de ce peintre si justement célèbre une sorte d'ermite en plein monde, étranger aux intrigues et aux passions du dehors aussi complètement qu'aux calculs de l'amour-propre, ne voulant voir dans tout ce qui s'agitait autour de lui que des entraînements excusables ou des erreurs dignes de compassion.

Pourtant, malgré son indulgence et sa réserve accoutumées, Flandrin n'avait pas hésité à se prononcer ouvertement contre les mesures administratives prises en 1863. C'était à Rome qu'il en avait reçu la nouvelle, et cela au lendemain du jour où il revoyait « avec l'émotion attendrie, écrivait-il, d'un amoureux devant l'ancien logis de sa maîtresse », cette chère Académie de France qu'il avait quittée vingt-cinq ans auparavant « avec larmes », et qui lui apparaissait, maintenant, plus que jamais, comme une institution « belle et généreuse entre toutes ». Même avant de rien savoir de ce que pensaient ou résoudraient ses confrères, il avait écrit à l'un d'eux pour lui exprimer et le charger de communiquer à l'Académie ses sentiments personnels « d'indignation et de douleur ». Un peu plus tard, il refusait, par une lettre fièrement laconique, le poste élevé que le ministre avait cru devoir lui offrir dans la nouvelle organisation de l'École. Enfin, malgré une extrême fatigue physique, présage de la maladie qui allait bientôt l'emporter, il retrouvait dans l'énergie de sa volonté assez de forces pour rédiger, en réponse au *Rapport du surintendant des beaux-arts,* un mémoire dont le texte, d'ailleurs, n'a été publié qu'après lui (1), et qu'il cessa d'écrire dès qu'il eut appris qu'une protestation signée du nom de son maître avait devancé la sienne. « Je ne continuerai pas mon travail, dit-il dans une de ses lettres, parce que M. Ingres ayant parlé, il semblerait outrecuidant d'ajouter quelque chose aux paroles de celui dont l'autorité devrait être décisive. » — Quelques semaines s'étaient écoulées à peine depuis le jour où il avait écrit cette lettre, et déjà Hippolyte Flandrin n'existait plus. Il mourut à Rome le 21 mars 1864, et, le mois suivant, l'église de Saint-Germain des Prés, à Paris, dont les murs, naguère embellis par lui, attendaient de son pinceau de nouveaux chefs-d'œuvre, cette église où il devait, à cette époque même, rentrer pour se remettre au travail, ne s'ouvrait plus que pour recevoir son cercueil.

La mort de Flandrin faisait perdre à la France le peintre de sujets religieux le plus hautement inspiré qu'elle eût vu naître depuis Lesueur, à l'Académie un de ses membres les plus chers, à M. Ingres celui de ses élèves qui représentait avec le plus d'éclat ses traditions et son école : école assez féconde d'ailleurs pour avoir, en moins de

---

(1) *Lettres et Pensées d'Hippolyte Flandrin,* p. 488 et suiv.

CHAPITRE VIII.

douze années, fourni trois des siens à l'Académie (1), sans compter six autres académiciens qui, pensionnaires à la villa Médicis au temps où Ingres en était le directeur, avaient achevé de se former sous l'influence du maître et qui s'honoraient de la subir encore, même depuis qu'ils étaient devenus les confrères de leur ancien chef. Quant à lui, doyen de la compagnie par son âge comme par la date de son élection, illustre entre tous par ses œuvres, respecté de ceux qui l'approchaient avec autant de passion, pourrait-on dire, qu'il en mettait lui-même à défendre en toute occasion ses idées et sa foi, — il devait, pendant plus de deux ans encore, survivre à l'élève auquel, ainsi qu'on l'a fait justement remarquer, il lui eût appartenu de « transmettre son pinceau, comme les rois transmettent leur sceptre (2) », et, jusqu'au moment où il succombait à son tour, garder sans défaillance la vigueur et l'activité de son génie. Bien peu de jours avant celui qui devait être pour lui le dernier, Ingres, malgré son grand âge, travaillait encore avec une ardeur presque juvénile à des répétitions plus ou moins modifiées de quelques-uns de ses anciens ouvrages, sans pour cela renoncer à l'espoir d'en produire de nouveaux, sans se refuser même parfois la réalisation immédiate de cette espérance : témoin un beau dessin représentant *Midas et le barbier,* qu'il exécuta vers cette époque et qui soutiendrait sans désavantage la comparaison avec les œuvres de même espèce sorties autrefois de sa main. Qui sait si, avec les ressources exceptionnelles dont elle semblait rester pourvue, la vie de Ingres n'eût pas pu se prolonger jusqu'aux limites qu'avait

(1) Le sculpteur Simart, élu en 1852, Flandrin en 1853, et Lehmann au commencement de 1864.
(2) *Allocution prononcée par M. Beulé, secrétaire perpétuel de l'Académie, aux funérailles de M. Flandrin.*

atteintes celle de Titien, mort, à quelques mois près, centenaire (1) ?

Ingres était entré dans sa quatre-vingt-septième année lorsqu'il mourut (13 janvier 1867). Il avait appartenu à l'Académie des beaux-arts pendant près d'un demi-siècle, et renouvelé ainsi un exemple de longévité académique que, jusqu'alors, l'architecte Fontaine avait été seul à fournir dans les mêmes proportions ; mais, avant la fin de l'année suivante, un autre grand artiste disparaissait qui, durant une période de temps plus longue encore, avait, en qualité d'associé étranger, figuré sur la liste des membres de la compagnie et, comme autrefois Haydn, ajouté à la gloire de celle-ci l'appoint d'une importance personnelle incomparable et d'une renommée universelle. L'élection de Rossini remontait à l'année 1823, par conséquent à l'époque où l'auteur du *Barbier* n'avait pas encore écrit *Guillaume Tell,* mais où ses titres, aussi nombreux déjà qu'éclatants, justifiaient de reste l'empressement avec lequel on l'avait appelé à occuper la place devenue vacante par la mort de Paisiello. A partir de ce moment, il avait presque continuellement résidé à Paris, où, sans assister régulièrement, il est vrai, aux séances périodiques qui réunissaient ses confrères, il entretenait avec la plupart d'entre eux des relations assez habituelles pour ne pas se montrer indifférent, encore moins étranger, aux événements qui les intéressaient. C'est ce qu'on pourrait dire aussi de Meyerbeer, qui, élu associé onze ans après Rossini, l'avait précédé de quatre ans dans la tombe, après

(1) Dans la nuit du 8 au 9 janvier 1867, Ingres avait quitté son lit pour aller, à demi nu, ouvrir une fenêtre et dissiper ainsi la fumée répandue dans sa chambre par un tison qui venait de rouler de l'âtre de la cheminée sur le parquet. Une fluxion de poitrine se déclara à la suite de cette imprudence et amena la mort, au bout de cinq jours.

avoir passé parmi nous la seconde moitié de sa vie et conquis sur la scène de nos théâtres la meilleure part de sa célébrité.

Les dernières années du second Empire ne s'étaient donc pas écoulées pour l'Académie dans les regrets seulement et dans l'inaction relative auxquels l'application du décret de 1863 la condamnait ; elles avaient été marquées pour elle par bien des deuils, par la disparition successive de ses membres les plus anciens ou les plus illustres, sans compter ceux qu'elle avait vus tomber, comme Simart ou comme Berlioz, à quelques années à peine d'intervalle entre la date où elle se les était attachés et le moment où elle les perdait. Même avant la fin du règne de Napoléon III, la compagnie se trouvait presque entièrement renouvelée. Parmi les membres qui la composaient alors, un seul, Auber, avait été élu avant la révolution de Juillet ; onze, dont quatre académiciens libres, étaient entrés à l'Académie sous le règne de Louis-Philippe. Des trente-neuf autres, — sauf M. Henriquel et M. Léon Cogniet, élus tous deux en 1849, — aucun, à l'époque où commençait la guerre qui devait entraîner la chute du gouvernement impérial, n'avait un passé académique plus long que la durée de ce gouvernement lui-même. Encore faut-il ajouter que plusieurs d'entre eux, tant la mort avait multiplié ses coups durant cette période, étaient devenus les successeurs d'académiciens élus, eux aussi, sous le second Empire. Jamais, depuis la fondation de l'Institut, le personnel de l'Académie des beaux-arts n'avait, dans un pareil laps de temps, subi des changements aussi fréquents, mais, — hâtons-nous de le dire, — sans que pour cela l'obligation se fût produite de pourvoir aux vacances successives par des choix moins profitables qu'autrefois à la gloire de la compagnie. C'est ce dont elle recueille encore aujourd'hui le bénéfice. Si, parmi les nouveaux venus d'alors, quelques-uns, comme Paul Baudry, le dernier dans l'ordre chronologique des académiciens de cette époque, ne devaient honorer que pendant bien peu d'années le corps où ils étaient entrés, d'autres heureusement n'ont pas cessé d'y occuper leurs places. Avec ceux qui, plus ou moins récemment, sont devenus leurs confrères, ils ajoutent dans le présent l'éclat de leurs noms et de leurs talents aux souvenirs légués par leurs devanciers, et continuent ainsi les hautes traditions de l'Académie dans cette partie toute contemporaine de son histoire qu'il nous reste maintenant à résumer.

CHAPITRE IX

L'ACADÉMIE DES BEAUX-ARTS
DEPUIS LES COMMENCEMENTS DE LA TROISIÈME
RÉPUBLIQUE.

L'Académie pendant le siège de Paris et pendant la Commune. — Mort d'Auber. — La direction et le jugement des concours aux grands prix de Rome sont rendus à l'Académie par un décret abrogeant celui du 13 novembre 1863. — Pertes subies depuis la mort de M. Beulé jusqu'aux premiers jours de l'année 1891. — Les donations récentes. — Conclusion.

Lorsque, après les désastres de la guerre entreprise au mois de juillet 1870, le gouvernement impérial eut été renversé et la République proclamée au commencement de septembre, Paris, menacé d'un siège, se préparait à le subir avec une résignation courageuse qui ne devait pas, d'ailleurs, se démentir pendant toute la durée de l'épreuve. L'Institut de France, pour sa part, loin de songer alors à interrompre ou à ralentir ses travaux, tint à honneur, dès les premiers jours, de les associer aux efforts tentés pour la défense de la cause nationale, prouvant ainsi une fois de plus que le dévouement à la science ou à l'art peut être, et est en effet, une des formes du patriotisme.

Le 18 septembre 1870, c'est-à-dire quelques heures après celle où nos murs venaient d'être complètement investis, les cinq Académies dont l'Institut se compose se réunissaient en assemblée générale pour s'occuper, au milieu de toutes les douleurs de la patrie, des intérêts qu'elles ont la mission spéciale de surveiller ou de soutenir. Au lendemain du bombardement de Strasbourg et à la veille peut-être du bombardement de Paris, c'était certes un spectacle ayant sa grandeur que celui de cette Assemblée dont les membres, résignés d'avance aux événements, ne consentaient pourtant à y compromettre que leurs personnes. Représentants de tous les travaux de la paix, ils acceptaient, en face de la guerre, l'éventualité des périls pour eux-mêmes, mais ils repoussaient avec l'ardeur d'un patriotisme indigné les menaces dirigées contre les monuments de l'art français, de nos conquêtes scientifiques, de notre histoire. Que dis-je ? en s'efforçant de préserver ces richesses nationales, ils entendaient aussi défendre la propriété de tous les peuples et, — pour emprunter les termes mêmes de la protestation votée ce jour-là par les cent trente et un membres présents, — mettre sous la sauvegarde du droit des gens « les chefs-d'œuvre de tout genre, produits de tous les temps et de toutes les contrées, que Paris renferme dans ses musées, ses bibliothèques, ses palais, ses églises ». Et les signataires de la protestation ajoutaient : « Nous répugnons à imputer aux armées de l'Allemagne... la pensée de soumettre les monuments dont la capitale de la France est remplie aux chances d'un bombardement destructeur. Si néanmoins cette pensée a été conçue, si elle doit se réaliser, nous, membres de l'Institut de France, au nom des lettres, des sciences et des arts, nous la signalons à la justice de l'histoire ; nous la livrons par avance à la réprobation vengeresse de la postérité. »

La présidence de l'Institut appartenait pour l'année 1870 au président de l'Académie des beaux-arts. C'était donc le nom de celui-ci qui figurait le premier au bas de la pièce dont nous venons de parler, et dont la rédaction, décidée en principe sur la proposition de deux membres de l'Académie française, M. Dufaure et M. Legouvé, avait été confiée séance tenante à un membre de l'Académie des inscriptions et belles-lettres, M. Ravaisson. D'ailleurs, sous l'empire d'un pressentiment qu'autorisait trop bien le souvenir de ce qui venait de se passer en Alsace et que, à Paris même, l'événement allait bientôt justifier, l'Institut ne se contentait pas de tenir ce langage et d'accuser ainsi les projets probables des ennemis qui nous entouraient. Deux commissions, choisies dans son sein et composées en grande partie de membres de l'Académie des beaux-arts, étaient chargées de contrôler les mesures prises par les conservateurs des musées et des bibliothèques pour préserver du danger, pour lui disputer tout au moins les collections inappréciables contenues dans ces grands établissements.

Rien ne fut omis de ce qui pouvait, en cas de malheur, présenter quelque chance de sauvetage; aucune précaution ne fut négligée pour garantir, autant que possible, l'intérieur de chaque corps de bâtiment; mais au prix de quelles concessions pénibles, de quels sacrifices à la nécessité! Ceux que leur devoir appelait alors dans ces lieux consacrés à l'étude et que l'étude avait désertés, dans ces salles de nos bibliothèques où tant de trésors de l'intelligence demeuraient entassés à côté des appareils ou des approvisionnements contre l'incendie, ceux-là savent ce qu'un tel désordre avait de tristement éloquent, et ce qu'étaient dans leurs caractères matériels ces vacances auxquelles l'attente du péril ou de la lutte condamnait hommes et choses. Si en quittant ces salles sans vie et sans lumière, aux fenêtres blindées, aux murs dégarnis, si au sortir de ces établissements scientifiques réduits chacun à n'être plus qu'un champ préparé pour le combat ou un sépulcre, on pénétrait dans les galeries de nos musées, le spectacle n'était pas moins funèbre, ni le sentiment de douleur qu'on éprouvait moins poignant. Même inertie, même silence de mort ; même contraste entre la destination ordinaire des lieux et les mesures prises en vue des scènes terribles dont ils pouvaient, d'un instant à l'autre, devenir le théâtre. Là toutefois la lumière tombant des voûtes vitrées se répandait encore, mais une lumière plus lugubre peut-être, plus navrante encore que la nuit, parce que ses rayons inutiles n'éclairaient plus que des parois nues, des espaces vides. Les chefs-d'œuvre appartenant à tous les siècles et à toutes les écoles avaient disparu de ces galeries du Louvre, de ce grand salon qu'ils illustraient depuis si longtemps. Partout l'aspect de la désolation; partout, jusque dans la splendeur permanente des décorations architectoniques, jusque dans le luxe de ces entablements et de ces voussures destinés naguère à surmonter les merveilles de l'art, et qui, ne couronnant plus maintenant que le néant, semblaient par le contraste ajouter un surcroît de misère à l'aspect de ces murs dépouillés.

Et pourtant, quelles que fussent les douleurs et les anxiétés de cette époque, tous les maux ne devaient pas se borner à ceux que l'on prévoyait alors. Lorsque les délégués de l'Institut, de concert avec le ministre de l'instruction publique, M. Jules Simon, et avec les fonctionnaires des divers établissements, travaillaient à mettre nos plus précieuses richesses à l'abri des obus incendiaires de l'ennemi, pouvaient-ils deviner qu'après avoir échappé à ce péril, elles courraient bientôt d'autres risques plus effroyables encore, que nombre d'entre elles même deviendraient la proie d'autres feux, cette fois allumés sur place, et par des mains qui ne seraient plus celles de l'étranger?

On ne sait que trop par quels actes d'atroce démence les derniers jours du mois de mai 1871 furent signalés à Paris. Tandis que, à la prison de la Roquette et ailleurs, des bandes de forcenés sacrifiaient des victimes humaines à leurs haines aveugles, d'autres entreprenaient de lancer la mort jusque sur les choses. Ils remplaçaient le fusil par la torche, l'arme qui tue en face par la mine sournoise et le pétrole, et, le moment venu, ils livraient à la destruction qu'ils avaient préparée les monuments coupables à leurs yeux de perpétuer les souvenirs de notre histoire, de consacrer l'art de nos pères ou les mérites des artistes contemporains. Parmi ceux-ci, combien de membres de l'Académie des beaux-arts dont les œuvres les plus importantes disparurent dans cette tempête de feu déchaînée d'un bout à l'autre de la ville! M. Lesueur et M. Baltard, qui avaient, le premier construit l'ensemble, le second complété plusieurs parties de l'Hôtel de ville, — M. Lehmann, M. Léon Cogniet, M. Cabanel, qui en avaient orné de peintures les galeries ou les salles, à côté de celles où se trouvaient les plafonds d'Ingres et de Delacroix, — M. Duc, l'architecte du nouveau Palais de justice, presque entièrement détruit à l'intérieur, — M. Lefuel, qui voyait se réduire en cendres, avec les trésors renfermés dans la bibliothèque du Louvre, les murs de cette bibliothèque élevés et décorés par lui, comme ceux des magnifiques appartements que les flammes dévoraient à la même heure aux Tuileries, — d'autres académiciens encore, peintres, sculpteurs ou architectes, expiaient, par la suppression absolue de leurs travaux, leurs offenses à cet évangile du néant dont on prétendait installer le règne.

Cependant, à l'embrasement des édifices publics sur les deux rives de la Seine s'ajoutait l'incendie des propriétés particulières, et, de ce côté encore, la rage de la destruction condamnait l'art et les artistes à plus d'un deuil cruel. Une maison surtout, située rue de Lille, presque en face du palais de la Cour des comptes, et incendiée en même temps que ce palais, laissait en disparaissant des regrets d'autant plus amers à ceux qui en avaient autrefois franchi le seuil, qu'il s'y mêlait le sentiment d'un véritable malheur public : maison chère à l'Académie des beaux-arts dont elle semblait être la succursale, tant les membres de la compagnie s'y rencontraient habituellement; maison bien connue aussi des jeunes artistes, qui trouvaient sous ce toit deux fois généreux, à côté des plus hautes leçons du passé, les conseils et l'appui les plus profitables, la plus efficace protection dans le présent.

C'était là, comme jadis dans la demeure où s'étaient succédé les deux Mariette, que le fils d'un artiste érudit, érudit et artiste lui-même, M. Gatteaux, membre de l'Académie depuis 1845, s'appliquait incessamment à maintenir l'ordre ou à introduire de nouvelles richesses dans la vaste collection d'objets d'art que son père lui avait transmise. C'était là que le plus ancien et le plus fidèle ami d'Ingres avait recueilli d'année en année, pour les conserver à la France, ces belles études, ces dessins admirables dans lesquels le peintre d'*Homère* et de *saint Symphorien* traduisait les émotions de sa pensée en face de la nature avec la puissante sincérité d'un maître, et d'un maître en pareil cas à la hauteur des plus grands; que, en regard de précieux tableaux italiens ou flamands du quinzième siècle, figuraient des tableaux peints par Sébastien del Piombo, par Andrea del Parto, par Poussin, et la seule sculpture connue de la main de ce noble artiste ; que de beaux bronzes antiques et des émaux de la Renaissance, de nombreux dessins dus aux principaux peintres et sculpteurs des diverses écoles, des recueils d'estampes dont plusieurs auraient pu soutenir la comparaison même avec ceux de la Bibliothèque nationale, — qu'en un mot tous les genres d'enseignement se présentaient sous toutes les formes.

Que reste-t-il aujourd'hui de tant de richesses auxquelles la libéralité du possesseur avait d'avance assigné leurs places dans les galeries de nos bibliothèques publiques et de nos musées? De ces mille monuments de l'art que le Louvre, l'École des beaux-arts, la Bibliothèque nationale devaient tenir un jour d'une main si irrévocablement décidée au bienfait qu'elle avait apposé déjà sur chaque objet le timbre de l'établissement auquel il était destiné, le peu qui subsiste ne sert guère qu'à nous rappeler ce qui a péri et à nous faire mesurer l'étendue de la perte. Une merveilleuse peinture de Memling, aujourd'hui au musée du Louvre, le *Mariage mystique de sainte Catherine*, a pu être sauvée, il est vrai, parce que le graveur chargé de la reproduire l'avait chez lui au moment où le feu s'emparait pour l'anéantir du toit qui l'abritait depuis si longtemps ; quelques tableaux plus ou moins avariés, quelques estampes ou dessins, ont pu être arrachés aux flammes ou retrouvés sous les décombres pour aller, après la mort de M. Gatteaux (1), couvrir, à l'École des beaux-arts, les murs d'une petite salle : qu'est-ce toutefois que la réunion de ces rares épaves, au prix de tout

---

(1) M. Gatteaux, qui avait supporté avec une force d'âme admirable le désastre dont il était victime, mourut le 6 février 1881, à l'âge de quatre-vingt-treize ans.

ce qui a été englouti ? La plus belle collection particulière qui existât à Paris, comme la plus variée dans ses éléments, n'est plus qu'un souvenir, mais ce souvenir ne saurait s'effacer. En se confondant avec la reconnaissance due aux plus généreuses intentions, les regrets n'en seront que plus durables, et les *collections Gatteaux* survivront dans la mémoire publique à leur ruine, comme le nom de l'homme bienfaisant qui les avait formées gardera ses droits au respect des artistes, des amis de l'art, et du pays.

Quelles qu'eussent été pendant le siège et pendant la Commune les préoccupations ou les angoisses auxquelles les événements de chaque jour condamnaient les habitants de Paris, quelque suspension forcée qu'eût amenée cette période néfaste dans les travaux et dans les affaires, l'Académie des beaux-arts n'en avait pas moins voulu jusqu'au bout continuer de vivre, ou plutôt de paraître vivre de sa vie accoutumée. Depuis le moment où la ville avait été investie par les armées allemandes jusqu'à celui où l'armée française l'eut délivrée de la tyrannie qu'elle subissait à l'intérieur, pas une fois les membres de l'Académie présents à Paris ne manquèrent de se réunir à l'Institut pour y tenir leurs séances hebdomadaires. Tristes séances d'ailleurs que, faute d'occupations déterminées et de questions à l'ordre du jour, on remplissait tant bien que mal ! mais ces réunions, si stériles en réalité qu'elles fussent, avaient au moins cet avantage de procurer à chacun de ceux qui y avaient assisté une sorte de satisfaction de conscience : l'illusion pour ainsi dire d'un devoir accompli, alors même que ce devoir se réduisait à un simple acte de présence, protestation implicite contre les désordres ou les criminelles folies du dehors.

Cependant, les neuf mois écoulés entre la fin du second Empire et celle de la Commune n'avaient pas été pour l'Académie une époque toute d'épreuves et de souffrances patriotiques. La mort, en frappant deux de ses membres, Duban et Auber, était venue ajouter des deuils de famille aux douleurs qu'elle partageait avec la nation. Retenu loin de Paris, au moment du siège, par une maladie qu'allait de plus en plus aggraver la succession de nos revers, Duban avait suivi avec une anxiété fiévreuse, avec désespoir bientôt, les progrès de l'ennemi sur notre sol. « Je suis à bout de résignation », écrivait-il à l'un de ses amis dès les premiers jours de l'invasion. Qu'eût-il ressenti quelques mois plus tard, en face des ruines faites dans Paris par les incendiaires? Un aussi désolant spectacle lui fut du moins épargné, et lorsqu'il succombait à Bordeaux, le 8 octobre 1870, il pouvait croire encore que les ennemis venus de l'autre côté du Rhin étaient les seuls dont nous eussions à subir les vengeances.

Auber, lui, vécut assez pour être jusqu'au bout témoin de nos malheurs et pour les partager sous toutes leurs formes. Il avait voulu, alors que tant d'autres s'en éloignaient à moins bon droit, demeurer renfermé dans les murs de ce Paris auquel l'attachaient la célébrité même qu'il y avait conquise, et ce qu'il appelait « une dette d'honneur et de reconnaissance ». Et cependant, son grand âge, le soin de sa santé aussi profondément que subitement atteinte, le chômage du Conservatoire de musique dont il n'était plus guère, par la force des choses, que le directeur nominal, tout lui permettait, lui commandait presque d'aller, avant l'investissement de Paris, chercher ailleurs, à défaut du repos de l'esprit, la sécurité matérielle. Auber resta donc là où il avait pendant tant d'années travaillé et reçu la récompense de son travail, là où les souvenirs des temps heureux l'obligeaient à ses propres yeux autant que les adversités présentes et où, disait-il noblement, il ne « reconnaissait qu'à la mort le droit de faire sa place vide ». Il y resta avec un courage sans faste, avec une tristesse sans murmure, retrouvant même parfois, quand il venait à l'Académie rejoindre ses confrères, quelque chose de son amabilité ordinaire et des grâces de son étincelant esprit. Mais quand, aux jours du siège et à des souffrances que rendait du moins supportables le sentiment d'un devoir patriotique à remplir, succédèrent les souffrances sans compensation et les jours désespérants de la Commune, la patience chez Auber fit place à un invicible dégoût. Lui qui avait tant aimé la vie, lui qui, quelques années auparavant, répondait à un ami se plaignant et le plaignant lui-même de vieillir : « Que voulez-vous? Je m'accommode, quant à moi, de la vieillesse, parce que c'est jusqu'à présent le seul moyen que j'aie trouvé pour vivre longtemps », — il en était venu maintenant à maudire cette longévité qu'il avait souhaitée, et, se reprochant comme une faute ses quatre-vingt-neuf ans, il laissait tomber ces paroles découragées : « Il ne faut d'exagération en rien; j'ai trop vécu! »

Auber était mort le 12 mai 1871, par conséquent à une époque où l'aventure démagogique commencée au 18 mars n'avait pas encore pris fin. Peu s'en fallut que ceux dont elle avait fait les maîtres de la ville n'usassent de leurs derniers jours de pouvoir pour associer à leur sinistre triomphe la mémoire de l'illustre artiste, et pour la profaner par leurs hommages. Se souvenant ou ayant appris qu'Auber, dans un de ses ouvrages, avait autrefois célébré Masaniello, ils prétendaient s'emparer de son cercueil et le promener comme un trophée par les rues, à l'ombre du drapeau rouge. Grâce au pieux dévouement d'un ami, d'un membre de l'Académie des beaux-arts, M. Ambroise Thomas, la dépouille mortelle d'Auber put être soustraite à ces injurieux honneurs. Secrètement déposée dans un caveau de l'église de la Madeleine, elle y resta cachée jusqu'au jour où il fut devenu possible de l'entourer des prières chrétiennes et de la conduire au lieu de sa sépulture avec le cortège des représentants légitimes du deuil et du respect publics.

Quelques mois plus tard, lorsque le gouvernement dont M. Thiers était le chef eut rétabli à Paris l'ordre matériel et le fonctionnement régulier de tout ce qui avait été suspendu ou brisé pendant le siège et au temps de la Commune, les cinq classes de l'Institut se réunissaient en séance publique pour renouer la tradition que les événements de la guerre avaient interrompue vers la fin du second Empire, mais pour la renouer dans d'autres conditions et à une autre date que par le passé. Sous le règne de Napoléon Ier, comme sous les règnes suivants, le jour de la séance publique annuelle des cinq Académies avait été celui où se célébrait la fête du souverain. En 1871, il fut décidé que cette séance aurait lieu dorénavant le jour anniversaire de la fondation de l'Institut, et, le 25 octobre de la même année, la mesure qui devait rester réglementaire reçut pour la première fois son application. Outre ce changement de date, la solennité du reste avait cela de particulier qu'elle rassemblait sous la coupole du palais Mazarin, à titre de membres de l'Académie française, les principaux personnages appelés alors au gouvernement du pays : le président de la République, M. Thiers, et quatre de ses ministres, MM. Dufaure, de Rémusat, Jules Favre et Jules Simon, — sans compter un certain nombre d'hommes politiques appartenant aux diverses Académies, y compris même l'Académie des beaux-arts, dont le secrétaire perpétuel, M. Beulé, venait d'être élu député.

Jusqu'à ce moment, le seul membre de la compagnie qui, depuis la chute du gouvernement impérial, eût rempli des fonctions publiques se rattachant à la politique, était un académicien libre, M. Charles Blanc, nommé directeur des beaux-arts presque au lendemain du 4 septembre, par conséquent à une époque et dans des circonstances où le titre qu'on lui conférait ne pouvait imposer une responsabilité fort lourde, ni même des occupations fort suivies. Aussi, tant qu'avaient duré le siège et la Commune, ce directeur à peu près *in partibus* s'était-il contenté d'attendre pour agir des jours plus favorables ; mais lorsque ces jours furent venus, son premier soin fut de travailler à obtenir de qui de droit la réintégration de l'Académie dans les fonctions que le décret de 1863 lui avait si imprudemment retirées. Le ministre de l'instruction publique et des beaux-arts était alors M. Jules Simon. Facilement convaincu de la nécessité d'une pareille mesure, il écrivit, dès le mois d'août 1871, à l'Académie, pour l'informer que « le moment lui semblait arrivé de faire cesser l'état de choses établi par le décret impérial », après examen toutefois par la compagnie elle-même « des modifications qui pourraient être apportées à ce décret et des dispositions qu'il y aurait lieu soit de maintenir, soit de supprimer ».

Au premier aspect, rien de plus simple. L'Académie avait été injustement dépossédée : la seule chose à faire n'était-elle pas de lui restituer, tout uniment, ce qu'on lui avait pris ? Tel était l'avis de plusieurs académiciens ; mais d'autres, en plus grand nombre, estimaient que, sans préjudice pour l'autorité qui devait lui appartenir en fait comme en principe, sans concession périlleuse pour sa dignité, l'Académie pouvait, tout en revendiquant le droit de juger les concours aux prix de Rome, modifier quelque peu dans les formes l'exercice de ce droit et s'adjoindre, au moins pour les opérations préparatoires, quelques artistes choisis par elle en dehors de la compagnie.

L'idée, d'ailleurs, n'était pas absolument nouvelle. Dès l'année 1831, elle avait été émise par le peintre Guérin et proposée par lui à l'examen de ses confrères comme un surcroît de garantie pour les intérêts des concurrents et comme un moyen de plus de prouver au public l'impartialité des juges. Reprise, à près d'un demi-siècle d'intervalle, par la commission chargée de préparer la réponse au ministre, la motion de Guérin, à quelques variantes près dans les détails, réunit à l'Académie la majorité des suffrages. Il fut décidé qu'à l'avenir chaque section s'adjoindrait, pour le jugement des concours aux prix de Rome, un nombre d'artistes égal à la moitié du nombre des membres dont elle se compose : sauf, pour ces juges supplémentaires, à ne participer qu'à l'accomplissement de la tâche préalable assignée à la section, — autrement dit, à ne pouvoir voter que dans le sein de celle-ci, et non avec l'ensemble des académiciens au moment du scrutin définitif. L'innovation admise en 1871, et sanctionnée maintenant par une pratique de plusieurs années, ne changeait donc en réalité les procédés de jugement antérieurs que dans une proportion assez restreinte pour ne pas compromettre le pouvoir supérieur de l'Académie. Aujourd'hui comme par le passé, c'est elle qui décide souverainement du choix des lauréats et qui les envoie à Rome. Seulement, avant de se prononcer, elle recueille et elle apprécie les opinions d'un certain nombre d'artistes dignes de sa confiance et qui, d'ailleurs, par cela même qu'ils sont étrangers à la compagnie, ne peuvent, aux yeux de personne, être soupçonnés d'en partager d'avance les sentiments ou d'en continuer fatalement les habitudes.

Dans le *Rapport* par lequel l'Académie faisait valoir auprès du ministre la convenance du mode de procédure que nous venons d'indiquer, elle n'avait eu garde de discuter des questions, encore moins de réclamer des privilèges en dehors de ses strictes fonctions et de sa compétence légale. Si elle ne faisait que poursuivre le recouvrement de son bien en revendiquant la direction et le jugement des concours, et, par suite, la tutelle des pensionnaires de la villa Médicis, elle s'abstenait, — et elle avait raison de s'abstenir, — en ce qui concernait l'École des beaux-arts, de toute immixtion dans les mesures à prendre. A l'époque où avait paru le décret impérial qui, en même temps qu'il dépossédait l'Académie, réorganisait l'enseignement à l'École, Ingres, Flandrin, d'autres encore, avaient pu protester à juste titre contre le nouveau régime auquel on entendait soumettre ce grand établissement, parce qu'ils agissaient en cela non comme académiciens, mais comme professeurs. L'Académie, en tant que corps, n'aurait pas eu qualité pour combattre avec eux la réforme annoncée, et maintenant que cette réforme était accomplie, il ne lui appartenait pas davantage d'en condamner publiquement les résultats. Aussi, dans son rapport au ministre, l'Académie prenait-elle soin de fixer les limites où elle entendait, et où elle avait entendu toujours, se renfermer. « Jamais, disait-elle, la quatrième classe de l'Institut n'a contesté le droit du gouvernement de régler, sans autre contrôle que celui de l'opinion publique, une école qui lui appartient. Elle ne prétend à aucune ingérence dans l'administration de cette école, pas plus que l'Académie des inscriptions ne prétend diriger l'École normale, ou l'Académie des sciences, l'École polytechnique. »

Le décret rendu par le président de la République le 13 novembre 1871 (1) achevait de consacrer cette distinction entre la mission spéciale de l'Académie et les conditions qui régissent l'École des beaux-arts. Il ne modifiait en rien l'organisation de celle-ci, mais il donnait pleine satisfaction aux vœux de la compagnie pour tout ce qui concernait le règlement et le jugement des concours, aussi bien que le patronage à exercer sur les pensionnaires de l'Académie de France à Rome. Sauf le grand prix de paysage historique, qui demeurait supprimé, et le maintien de la disposition par laquelle la durée du séjour des pensionnaires en Italie avait été réduite de cinq années à quatre, tout était rétabli de ce que l'on avait institué autrefois. En un mot, après une interruption de huit années, l'Académie des beaux-arts rentrait définitivement, il faut l'espérer, dans la possession de sa juste autorité et de ses privilèges fondamentaux.

Naturellement, celui des membres de l'Académie qui, en 1863 et en 1864, avait pris une part principale à la campagne menée contre les « spoliateurs » d'alors, le secrétaire perpétuel, M. Beulé, ne s'était pas montré moins actif, dès que ses confrères et lui avaient vu jour à une réparation. Il avait aussi utilement que personne coopéré à la préparation de ces mesures conservatrices, et lorsqu'elles eurent été officiellement prises, il s'était efforcé avec l'ardeur qu'il apportait en toutes choses d'en

(1) On remarquera que, soit hasard, soit coïncidence voulue, le jour où M. Thiers signait ce décret de restitution se trouvait être précisément le jour anniversaire de celui où le décret impérial avait dépossédé l'Académie.

étendre les conséquences et d'en appliquer, pour sa part, les principes aux questions politiques du moment.

Contrairement d'ailleurs à la marche suivie jadis par deux de ses prédécesseurs dans les fonctions de secrétaire perpétuel, Lebreton et Quatremère de Quincy, qui l'un et l'autre avaient été mêlés aux affaires publiques avant de se dévouer exclusivement aux affaires de l'art, M. Beulé n'était entré dans la carrière politique qu'après avoir fait avec éclat ses preuves et conquis tous ses titres dans celle de l'érudition. Il appartenait depuis dix ans à l'Académie des inscriptions, et depuis huit ans à l'Académie des beaux-arts, lorsque les électeurs du département de Maine-et-Loire le choisirent en 1871 pour les représenter à l'Assemblée nationale. Vingt-six mois plus tard, il devenait ministre de l'intérieur, sans se croire pour cela, même momentanément, dégagé des obligations que lui imposait sa situation académique. C'était avec autant de simplicité que de bonne grâce que, échappé de l'hôtel du ministère, il venait, chaque semaine, reprendre, au jour et à l'heure accoutumés, sa place de secrétaire perpétuel. Aussi, quand, au bout de quelque temps, il dut quitter le pouvoir, préféra-t-il, sans hésitation, aux brillantes compensations qui lui étaient offertes, la calme possession au milieu de ses confrères du siège qu'il semblait devoir occuper encore pendant de longues années. Quelques semaines, pourtant, allaient s'écouler à peine jusqu'au jour où M. Beulé n'existerait plus. Le 3 avril 1874, on le trouvait inanimé dans son lit.

La mort si imprévue de M. Beulé avait pour l'Académie ce double effet de la priver d'un vaillant défenseur dans les circonstances difficiles et, dans ses occupations ordinaires, d'un collaborateur particulièrement utile; si nécessaire même à tous égards et si unanimement apprécié que, quoique un des plus jeunes parmi ses confrères, il semblait aux yeux de ceux-ci être, comme on l'a dit, « l'aîné de la famille » (1). Nul effectivement mieux que lui ne méritait qu'on le tînt pour tel, là où il s'agissait pour la compagnie d'une question délicate à résoudre, d'une ligne de conduite à adopter ; nul non plus, pour tout ce qui se rattachait à l'histoire ou aux monuments de l'art antique, n'était mieux en mesure de fournir des indications générales ou des renseignements précis sur les points de détail. Les études auxquelles M. Beulé avait consacré sa jeunesse, les entreprises archéologiques qu'il avait conduites en Grèce et ailleurs avec la hardiesse sagace et avec le succès que l'on sait, ses écrits, ses leçons dans la chaire d'archéologie à la Bibliothèque nationale, — tout expliquait, tout justifiait de reste le crédit dont il jouissait auprès des membres de l'Académie. Quand la mort vint brusquement briser les liens qui les unissaient à ce conseiller si plein de ressources, à ce savant doublé d'un homme d'affaires si clairvoyant et si actif, comment, avec l'amertume de leurs regrets actuels, n'auraient-ils pas senti les conséquences que pouvait avoir une telle perte et l'incertitude de l'avenir qu'elle ouvrait pour l'Académie ?

Dix-sept années seulement se sont écoulées depuis lors. Les faits qui les ont marquées sont encore trop près de nous pour qu'il semble possible de les apprécier avec la même liberté et le même désintéressement que les faits appartenant à des époques antérieures. Il convient donc de réduire à peu près cette dernière partie de notre travail à la simple énumération des changements survenus dans le personnel de l'Académie et à l'indication

(1) *Allocution de M. Lefuel aux funérailles de M. Beulé.*

de quelques-unes des donations qui ont le plus accru les ressources dont elle dispose pour encourager les jeunes talents ou pour récompenser les talents éprouvés.

Depuis le jour où le successeur de M. Beulé entrait en fonction (23 mai 1874) jusqu'au jour où nous sommes, l'Académie des beaux-arts s'est en grande partie renouvelée, puisque des quarante académiciens titulaires et des dix académiciens libres qui la composent, douze seulement ont été élus avant l'année 1874.

Le nom de M. Barye et celui de M. Henri Labrouste figurent au commencement de cette longue liste nécrologique successivement formée pendant dix-sept ans. Morts tous deux le même jour, presque à la même heure, le célèbre sculpteur et l'architecte de la bibliothèque Sainte-Geneviève et de la Bibliothèque nationale avaient eu de leur vivant des difficultés et des préventions à peu près pareilles à vaincre, avant de trouver dans les suffrages de l'Académie la consécration définitive de leurs talents ; mais pour Barye les épreuves avaient été rudes, surtout dans la période de l'apprentissage. Né à Paris le 24 septembre 1796, celui qui devait devenir un des plus éminents artistes de notre époque ne fut d'abord qu'un modeste artisan. Il était entré tout enfant chez un graveur sur acier chargé de la fabrication des matrices pour les objets de costume ou d'équipement militaire. Après avoir pendant plusieurs années travaillé à pourvoir nos soldats de plaques de ceinturon et de boutons d'habit, Barye, appelé à son tour à porter l'uniforme, servit jusqu'à la fin du premier Empire dans un bataillon du génie ; après quoi, il revint à son métier de ciseleur et l'exerça pour vivre tant que durèrent les études entreprises par lui dans l'atelier de Bosio, et, un peu plus tard, dans celui de Gros. Enfin, à la suite de quelques succès dans les concours pour les prix de Rome, concours où il avait obtenu en 1818 une mention honorable comme graveur en médailles, et, en 1819, un second grand prix comme sculpteur, Barye, se trouva autorisé à prendre confiance dans son double talent d'orfèvre et de statuaire. Il travailla, tantôt au profit des industriels qui l'employaient, tantôt pour son compte personnel, à l'exécution de modèles destinés à la bijouterie ou à l'ameublement, en même temps qu'il s'essayait dans des ouvrages de sculpture proprement dite, dont quelques-uns, exposés au Salon de 1827, valurent à son nom un commencement de notoriété. Ce ne fut toutefois qu'après l'Exposition de 1831, après la sensation produite par l'apparition du beau groupe représentant *Un tigre dévorant un crocodile,* que ce nom, déjà connu des sculpteurs et des peintres, occupa décidément l'attention du public. On sait comment, pendant les quarante années qui suivirent, Barye justifia l'opinion que de bons juges avaient conçue de lui, et par quels énergiques travaux dans l'ordre de la grande sculpture, par quels délicats témoignages de science et d'habileté dans ce qu'on pourrait appeler la sculpture de genre, il a multiplié ses titres à l'estime et à l'admiration de tous.

L'une et l'autre lui sont maintenant irrévocablement acquises ; mais pendant combien de temps ne lui ont-elles pas été marchandées par ceux qui affectaient de confondre la sincère originalité de ce talent avec les audaces de parti pris en usage chez les peintres ultra-romantiques de la même époque, aussi bien que par ceux qui, au nom du grand art, refusaient à ce « sculpteur d'animaux » le pouvoir et presque le droit de traiter des sujets d'un autre ordre ! L'Académie, en ouvrant ses rangs à Barye, le vengeait, autant qu'elle en avait le pouvoir, de ces erreurs ou de ces injustices, comme, — toute proportion gardée,

— elle ne faisait, en accueillant M. Labrouste, qu'absoudre un prétendu révolutionnaire à outrance des torts que certaines gens lui imputaient. Peut-être le mouvement accompli dans une partie de notre école d'architecture, sous l'influence de M. Labrouste, n'a-t-il pas toujours eu le caractère d'un progrès ; peut-être celui-là même qui le déterminait a-t-il dans ses propres œuvres poussé parfois un peu loin le goût des combinaisons inexorablement logiques et la crainte du superflu en matière de décoration ; mais, chez cet artiste profondément convaincu, chez ce croyant, s'il en fut, à sa religion esthétique, l'Académie avait reconnu, outre un fonds de science solide, une singulière force de volonté, et, tandis que les partis au dehors se passionnaient pour ou contre lui, elle s'était contentée à son égard de se montrer simplement juste.

La mort d'un autre membre de la section d'architecture, et, lui aussi, l'un des plus éminents, M. Duc, suivit de près celle de M. Labrouste. Un peu plus tard, c'était M. Lefuel qui disparaissait à son tour, puis M. Lesueur, l'architecte de l'Hôtel de ville incendié en 1871 : enfin, parmi cinq autres membres également enlevés à l'Académie, un des derniers par la date de l'élection, M. André, succombait avant d'avoir eu le temps d'achever ce *Muséum d'histoire naturelle* à la construction duquel il avait employé près de vingt années déjà.

A quoi bon d'ailleurs poursuivre la nomenclature de deuils encore présents pour la plupart à toutes les mémoires ? Qui ne sait, par exemple, que notre école de peinture a perdu naguère plusieurs de ceux qui l'honoraient le plus, MM. Lehmann, Baudry, Cabanel, Robert-Fleury, et, plus récemment encore, M. Meissonier ? que l'Académie a dû également remplacer, entre autres membres de la section de sculpture, M. Dumont, M. Perraud, M. Chapu; dans la section de composition musicale, MM. Félicien David, Reber et Léo Delibes ; enfin, dans la classe des académiciens libres, le plus brillant des historiens contemporains de l'art, M. Charles Blanc, et l'un des plus savants, M. Albert Lenoir ? Il serait aussi superflu, sans doute, de rappeler ici le nom du baron Taylor, mort en 1879, et dont la vie, tour à tour consacrée à la peinture, aux lettres, aux voyages, à l'archéologie, à bien d'autres occupations encore, avait fini par le dévouement, — et un dévouement aussi fécond qu'infatigable, — à une tâche unique, sans précédent dans notre pays.

A aucune époque, on le sait, les amateurs d'élite ou les patrons de tous les rangs n'ont fait défaut en France pour les travaux ou les encouragements à fournir aux artistes. Même sans remonter au delà du siècle où nous sommes, la liste serait longue de ceux qui, de leur vivant, ont utilement secondé les progrès de notre école, ou dont les libéralités posthumes ont enrichi nos collections publiques ; mais quelque appui qu'ils prêtassent à la cause qu'ils avaient embrassée, ces hommes, en réalité, ne la soutenaient que dans un ordre d'idées purement esthétique. Aucun d'eux ne s'était avisé de s'occuper des artistes au point de vue de leurs intérêts matériels, et de prendre la direction de leurs affaires en même temps que le soin de leur réputation ; aucun n'avait songé à leur enseigner, à leur imposer, au besoin, les moyens de se préparer la sécurité pour leurs vieux jours ou de se préserver, en cas d'accident subit, du sort misérable d'un Malfilâtre ou d'un Lantara.

M. Taylor a le premier eu cette pensée, et il l'a mise en pratique avec un sentiment aussi exact des conditions de dignité individuelle à sauvegarder pour ses clients, que des nécessités générales auxquelles il s'agissait de satisfaire. Ce sera l'honneur, le grand honneur de son nom, de rester attaché à une fondation qui n'est pas seulement une institution de bienfaisance, mais qui est aussi, au meilleur sens du mot, une œuvre d'émancipation, puisque, moyennant une rétribution annuelle minime, elle fait, jusqu'à un certain point, de chacun des coopérateurs, l'artisan de sa propre destinée.

La préoccupation de M. Taylor avait été d'assurer des ressources aux artistes condamnés par l'âge ou par les fatigues à l'impossibilité de travailler. Plus récemment, c'était afin de pourvoir aux mêmes besoins et de secourir les mêmes infortunes que les généreux fondateurs de la maison de retraite qui porte leur nom, les frères Galignani, réservaient dans cet établissement dix places gratuites à des artistes au moins sexagénaires, à leurs veuves ou à leurs filles, et qu'ils chargeaient l'Académie de désigner ces pensionnaires, au fur et à mesure des vacances qui viendraient à se produire. C'était, au contraire, aux incertitudes de la situation faite à de jeunes artistes, après des débuts relativement brillants, qu'une femme, bien généreusement inspirée, elle aussi, madame la comtesse de Caen, s'était proposé de remédier par un testament porté à la connaissance de l'Académie des beaux-arts, au mois d'avril 1870.

Le legs magnifique que, suivant le vœu de la testatrice, l'Académie devait appliquer au service de pensions, d'une durée de trois années chacune, aux anciens lauréats des grands prix de Rome, à partir de l'époque où ils auraient quitté la villa Médicis, avait pour objet de les exonérer d'avance des soucis inhérents à leur réinstallation à Paris et aux risques d'une vie sans appui prévu, succédant brusquement à la vie si facile, si sûrement abritée, dont ils venaient de jouir à Rome. Madame la comtesse de Caen avait institué l'Académie sa légataire universelle; mais les difficultés de plus d'un genre qu'entraînait l'exécution des volontés exprimées dans son testament, l'état embarrassé des affaires que la compagnie devait régler avant d'entrer en possession des biens qui lui étaient attribués, — tout exigeait des démarches et une dépense de temps telles, qu'il ne fallut pas moins de six années pour mener les choses à bonne fin. Au commencement de 1877 seulement, la somme de trente-trois mille francs annuellement destinée aux anciens pensionnaires, peintres, sculpteurs et architectes, put être pour la première fois répartie entre les ayants droit (1). Chacun d'eux, depuis lors, a joui régulièrement du bénéfice de la fondation de Caen; en sorte que, pendant les trois années qui suivent celle où ils ont quitté Rome, les anciens pensionnaires, grâce aux dispositions si libéralement prises en leur faveur, se trouvent affranchis de cette obligation, à laquelle leurs devanciers n'avaient que bien rarement pu se soustraire, de chercher des moyens immédiats d'existence dans des travaux de rencontre et non dans des travaux de leur choix. Les peintres d'histoire, au lendemain de leur retour de Rome, n'ont plus à craindre un sort pareil à celui de Léon Cogniet qui, une fois à Paris, en était d'abord réduit, pour vivre, à crayonner, en attendant mieux, des lithographies pour les marchands. Les sculpteurs peuvent, dès le commencement de leur séjour ici, travailler à des œuvres qu'ils signeront de leurs noms, au lieu de se voir, comme cela arrivait souvent autrefois, dans la nécessité d'accepter pour un temps le rôle de simples auxiliaires

(1) Conformément aux volontés de madame la comtesse de Caen, les peintres et les sculpteurs reçoivent chacun pendant trois ans une pension de quatre mille francs, les architectes une pension de trois mille.

d'autrui. Enfin, les architectes eux-mêmes trouvent dans les ressources que la fondation leur fournit, les moyens de confirmer par de nouveaux ouvrages dessinés les preuves de talent antérieurement données et, pour ainsi parler, d'achever en paix le stage au terme duquel ils quitteront leurs cabinets de travail pour les chantiers.

D'ailleurs, soit dit en passant, des cinq classes d'artistes entre lesquelles, en dehors de la fondation de Caen, l'Académie est chargée de répartir les produits de diverses fondations particulières, celle des architectes est en réalité mieux pourvue qu'aucune autre. Le nombre des prix ou des encouragements qui lui sont destinés ne s'élève pas aujourd'hui à moins de dix, tandis que neuf seulement doivent être décernés à des peintres, six à des sculpteurs, cinq à des compositeurs de musique et trois à des graveurs en taille-douce ou en médailles. Il serait inutile sans doute d'entrer ici dans le détail des conditions que comportent ces diverses fondations, dues pour la plupart à des artistes ou à des membres de leurs familles. Il en est une toutefois dont l'origine toute particulière mérite au moins d'être indiquée : c'est celle qui depuis l'année 1877 permet à chacun des vingt concurrents aux grands prix de peinture et de sculpture de recevoir des mains de l'Académie, au moment même de son entrée en loge, sa part dans le produit annuel d'une somme dont le chiffre s'élève à près de deux cent mille francs.

Quel était donc l'homme auquel l'Académie des beaux-arts et les jeunes artistes se trouvent redevables d'un pareil bienfait? Quelle avait été sa situation dans le monde? quel rang y avait-il tenu? Le plus souvent, — nous le disions tout à l'heure, — les donateurs dont l'Académie a la mission de dispenser les largesses ont été ou des artistes célèbres comme Rossini et d'autres membres de la compagnie, ou bien des amis des arts qui, par leur position sociale et par leur fortune personnelle, semblaient prédestinés au rôle qu'ils ont si noblement rempli. Il n'en était pas ainsi, tant s'en faut, de ce nouveau bienfaiteur. Dubosc, — tel est le modeste nom que perpétuera la fondation dont il s'agit, — n'avait de commun avec ses devanciers que la générosité du cœur et l'intelligence des besoins auxquels il pouvait être opportun de pourvoir. Par l'humilité même de ses origines, de ses occupations, par les conditions de toute sa vie, il forme une exception, et certes une exception touchante, dans l'ensemble de ceux qui ont associé l'Académie à leur munificence.

Quelle force de volonté en effet, quelle persévérance extraordinaire dans l'effort, quel industrieux esprit d'économie n'a-t-il pas fallu à cet homme qui, sans autre profession que celle de modèle pour les peintres et pour les sculpteurs, sans autres ressources que son maigre salaire quotidien, est arrivé, à force de privations, d'épargnes faites sou à sou depuis l'enfance, à se mettre en mesure de doter les artistes à leurs débuts et de rendre ainsi aux successeurs de ceux qui l'avaient employé tout ce qu'il avait réussi à amasser pendant plus d'un demi-siècle! A quoi bon d'ailleurs insister? Quelques mots extraits du testament de ce véritable homme de cœur suffiront pour qu'on apprécie à sa valeur ce qu'il a voulu, ce qu'il a fait. « Ayant, dit-il, commencé à poser en 1804, à l'âge de sept ans, et ayant continué à servir de modèle jusqu'à l'âge de soixante-deux ans, j'ai passé ma vie auprès des artistes. Je veux qu'après mon décès la petite fortune que j'ai gagnée avec eux soit consacrée à une fondation qui leur soit utile. » Son vœu a été rempli. Les jeunes peintres et les jeunes sculpteurs qui, chaque année, en profitent, ont le devoir de se souvenir des obligations qu'il leur impose et, comme les membres de l'Académie, d'associer dans leur reconnaissance le nom de Dubosc à des noms tout autrement éclatants sans nul doute, mais qui, par le rapprochement même, font d'autant mieux ressortir la signification intime et la secrète dignité de celui-là.

A toutes les donations spéciales faites à l'Académie des beaux-arts, principalement dans le cours des vingt dernières années, plusieurs sont venues s'ajouter dont elle n'est appelée à bénéficier que de loin en loin, — soit au même titre que chacune des autres classes de l'Institut et, comme chacune de celles-ci, à la condition de soumettre les décisions isolément prises à l'examen et au vote des cinq Académies réunies, — soit, dans certains cas, sans l'obligation pour elle d'obtenir cette sanction du jugement préalable qu'elle aura rendu. Nous avons eu l'occasion déjà de mentionner le décret par lequel Napoléon III établissait en 1860 un prix biennal de vingt mille francs qu'il chargeait l'Institut d'attribuer « à l'œuvre ou à la découverte la plus propre à honorer le pays qui se sera produite, pendant les dix dernières années, dans l'ordre particulier des travaux que représente chacune des cinq Académies de l'Institut de France ». Le prix annuel de dix mille francs que, en 1878, madame Jean Reynaud fondait en mémoire de son mari a un caractère et une destination analogues, sauf cette différence toutefois que le droit de le décerner revient à chacune des cinq Académies « tous les cinq ans », et que c'est aussi dans une période de cinq ans, au lieu de dix, qu'aura dû être produit « le travail jugé le plus méritant » par l'Académie compétente (1). Enfin, d'au-

---

(1) Le *prix Jean Reynaud*, dont l'Académie des beaux-arts n'a

tres prix, tels que le prix Maillé-La Tour-Landry et le prix Monbinne, sont alternativement décernés par l'Académie française et par l'Académie des beaux-arts, sans compter les prix annuels fondés en faveur de celle-ci par des bienfaiteurs qui, comme M. Bordin et M. Lambert, instituaient en même temps des prix équivalents dans une ou plusieurs autres classes de l'Institut.

La nomenclature des libéralités dont l'Académie des beaux-arts a été l'objet jusqu'à ce jour, tant dans la mesure de ses attributions spéciales et de son action propre que pour la part qui lui revient dans la disposition des biens communs à l'Institut tout entier, cette série de fondations diversement importantes se clôt par une donation d'une magnificence incomparable. Il suffira d'en rappeler les termes pour caractériser la grandeur des sentiments qui l'ont inspirée et des intentions qu'elle réalise.

Dans un testament olographe en date du 3 juin 1884, M. le duc d'Aumale s'exprimait ainsi : « Voulant conserver à la France le domaine de Chantilly dans son intégrité, avec ses bois, ses pelouses, ses eaux, ses édifices et ce qu'ils contiennent, trophées, tableaux, livres, archives, objets d'art, tout cet ensemble qui forme comme un monument complet et varié de l'art français dans toutes ses branches et de l'histoire de ma patrie à des époques de gloire, j'ai résolu d'en confier le dépôt à un corps illustre qui m'a fait l'honneur de m'appeler dans ses rangs à un double titre (1), et qui, sans se soustraire aux trans-

---

eu jusqu'à présent à disposer que deux fois, a été décerné par elle, en 1882, à M. Daumet, architecte du château de Chantilly, et, en 1887, à M. Paladilhe, auteur de la partition de l'opéra : *Patrie*.

(1) M. le duc d'Aumale avait été élu membre de l'Académie française en 1871 et membre libre de l'Académie des beaux-arts en 1880. Une troisième élection l'a appelé en 1889 à faire partie

formations inévitables des sociétés, échappe à l'esprit de faction comme aux secousses trop brusques, conservant son indépendance au milieu des fluctuations politiques. »

Deux ans plus tard, en 1886, le projet ainsi formé en secret par le prince se convertissait en un acte public, en une donation immédiate et irrévocable, sous réserve seulement d'usufruit pour le donateur. Bientôt un décret du président de la République, ratifiant l'acceptation provisoire faite par les cinq Académies, autorisait l'Institut de France « à accepter définitivement la nue propriété du domaine de Chantilly et des livres, collections et objets d'art de tous genres rassemblés dans le château ». Ce sera donc à l'expiration de l'usufruit que la fondation instituée par M. le duc d'Aumale aura ses effets pratiques « si avantageux, comme on l'a très bien dit (1), non seulement pour l'Institut, mais aussi et surtout pour la France, car l'Institut n'a que l'honneur d'être l'organe de la généreuse pensée du donateur. Il n'est qu'un dépositaire chargé de faire jouir le public des admirables collections que renferme le château de Chantilly, de distribuer des pensions aux hommes de lettres, aux savants, aux artistes, et de décerner des prix aux jeunes gens qui se vouent à la carrière des lettres, des sciences et des arts. » Et c'est aux applaudissements unanimes des cinq Académies réunies en séance plénière que celui qui leur avait adressé ces paroles ajoutait : « L'Institut de France est aussi fier qu'il est reconnaissant d'avoir été choisi pour

de l'Académie des sciences morales et politiques, comme membre de la section d'Histoire générale et philosophique.

(1) *Rapport fait à l'Assemblée générale de l'Institut dans la séance du 27 octobre 1886*, par M. Léon Aucoc, membre de l'Institut, secrétaire de la commission centrale administrative.

remplir cette mission et pour devenir ainsi le ministre d'une libéralité digne du pays auquel elle est offerte, digne du prince donateur et de sa famille, digne du corps illustre qui en aura reçu le dépôt. »

Nous avons achevé de résumer dans ses traits principaux l'histoire de l'Académie des beaux-arts depuis le jour où elle a commencé de faire partie de l'Institut de France et d'y vivre, tout en gardant son existence propre, de la vie commune aux représentants attitrés des lettres, des sciences et des arts. L'Institut, quelles qu'aient été dans les détails les modifications apportées à son organisation primitive, n'a pas au fond changé de caractère. Si au nom qu'il porte des épithètes officielles différentes ont pu, huit fois en moins d'un siècle, être successivement attachées; s'il s'est appelé tour à tour, à mesure que les événements politiques en décidaient, « national » de 1795 à 1807, « impérial » à trois reprises, « royal » au temps de la Restauration et sous la monarchie de Juillet, pour reprendre enfin, avant comme après le second Empire, la dénomination qu'il avait reçue à l'origine, il n'en a pas moins, sous ces diverses étiquettes, continué de remplir imperturbablement sa mission et de se recruter avec une indépendance digne de tous les respects.

L'Académie des beaux-arts particulièrement est restée de tout temps insensible ou réfractaire aux influences politiques du dehors, aussi bien qu'aux manœuvres plus ou moins habiles employées dans les salons ou dans la presse par certains prétendus représentants de l'opinion. Aussi les critiques dont l'Académie a été l'objet n'ont-elles à aucune époque porté sur ce point. On ne s'est jamais avisé, — et l'on a eu grand'raison de n'en rien faire, — d'accuser ses complaisances pour le pouvoir; en revanche, on ne s'est pas fait faute de reproches à son adresse au sujet de ceux qu'elle jugeait bon de s'adjoindre et de ceux dont elle ne voulait pas. L'esprit de camaraderie d'une part, de l'autre une résistance intraitable aux entreprises tentées en dehors de ses propres habitudes, aux talents formés ailleurs que dans le champ exploité par elle ou par ses adhérents, — voilà le thème passablement banal, singulièrement erroné au fond, sur lequel les détracteurs de l'Académie n'ont pas cessé de vocaliser.

Il suffirait pourtant de parcourir la liste des membres qui l'ont composée ou qui la composent pour reconnaître que l'uniformité des talents n'a jamais été pour la compagnie une condition érigée en principe. Elle a au contraire toujours tenu plus de compte de la valeur personnelle des hommes auxquels elle ouvrait ses rangs que de la similitude matérielle des travaux accomplis par eux. Dira-t-on que les noms de quelques artistes, — en bien petit nombre d'ailleurs, — qui, dans le cours du dix-neuvième siècle, ont puissamment contribué à honorer notre école nationale ne figurent pas sur cette liste? Il est vrai; mais cela prouve-t-il qu'ils en aient été systématiquement écartés? N'est-ce pas en réalité que le temps ou les occasions ont manqué pour qu'ils y fussent inscrits? Si le peintre du *Radeau de la Méduse,* par exemple, mort à trente ans en 1824, avait vécu quelques années de plus, nul doute qu'une des places devenues vacantes ne lui eût été attribuée; si, au lieu de succomber presque au lendemain du jour où le *Pré aux Clercs* venait d'être représenté pour la première fois, Hérold avait eu le temps de recueillir les fruits d'un succès, si bien préparé d'ailleurs par celui de ses précédents ouvrages, se serait-il vu préférer, le cas échéant, un des compositeurs auxquels sa mort laissa le champ libre ? Léopold Robert enfin n'a eu d'autre titre académique que le titre de correspondant; mais, fixé à l'étranger, il ne pouvait devenir membre d'un corps où, aux termes des statuts, on n'a le droit d'entrer qu'à la condition de résider à Paris.

Il serait facile d'expliquer par des raisons analogues l'exclusion à laquelle certains autres artistes éminents semblent avoir été volontairement condamnés. De tous ces absents de l'Académie, le seul peut-être dont on ne puisse justifier l'éloignement est le sculpteur Rude. Sans doute, il aurait mérité d'être accueilli avec plus d'empressement qu'aucun de ses compétiteurs; sans doute, il est très regrettable que dans ses trois candidatures successives il n'ait pu triompher du mauvais vouloir que lui opposaient certains membres de l'Académie, plusieurs membres de la section de sculpture en particulier (1). Néanmoins, si regrettable qu'elle soit, l'exception ici ne saurait infirmer la règle et fournir un argument général contre la clairvoyance habituelle et les coutumes impartiales de l'Académie.

Est-on mieux autorisé à se plaindre, comme on le fait assez souvent, de la répartition exclusive des places dont elle dispose entre les représentants d'un certain ordre d'art, et, par conséquent, de l'infranchissable barrière élevée devant d'autres artistes très distingués pourtant dans leurs genres, et quelquefois plus connus du public? En réalité, il n'y a pas là sujet de s'étonner, encore moins

---

(1) Par un singulier revirement de la fortune, c'est dans la *Salle Rude,* au musée du Louvre, que se trouvent placées aujourd'hui les œuvres de ceux-là mêmes qui jadis avaient le plus obstinément refusé leurs suffrages au maître. Ils n'avaient pas voulu le traiter en égal : ils en sont réduits maintenant à lui faire cortège en quelque sorte dans le lieu qui lui est officiellement consacré.

matière à reproche. En raison de sa constitution même, de sa fonction bien définie, du nombre très limité de ses membres, l'Académie n'a pas à consacrer par ses suffrages les talents des dessinateurs de croquis ou de vignettes, des sculpteurs de figurines ou des compositeurs d'opérettes, si habiles d'ailleurs, si justement populaires qu'ils puissent être. Conformément à la loi organique de l'Institut, elle n'admet et ne peut admettre que des hommes voués à la pratique de l'art dans ce qu'il a de plus sérieux et de plus élevé; elle a ce devoir essentiel de proportionner à la supériorité commune des mérites l'appréciation des titres individuels, et de respecter strictement dans ses choix les conditions que lui imposent son passé même et le caractère de ses attributions. Rien de plus faux assurément que son prétendu parti pris de n'approuver que des œuvres invariablement taillées sur le même patron; en revanche, rien de plus vrai ni de plus sensé en fait que sa volonté persistante de ne pas transiger avec les infractions à certaines lois esthétiques immuables et, tout en acceptant la diversité des manières, de ne pas céder sur les principes. De là ses préférences pour les talents d'un ordre et d'un caractère propres à en maintenir l'autorité; de là l'éviction forcée des talents seulement agréables. Ceux-ci pouvaient être opportunément accueillis dans l'ancienne Académie royale de peinture et de sculpture, dont les membres n'étaient pas en nombre fixe, et qui d'ailleurs avait été fondée en vue de donner droit de cité en quelque sorte aux artistes de tous les genres, aux habiles à tous les degrés; ils seraient aujourd'hui déplacés à l'Institut. S'ils eussent vécu au dix-huitième siècle, Charlet par exemple, Raffet, Gavarni, se seraient vus très légitimement appelés à siéger dans une assemblée dont, — pour ne citer que ceux-là, — Cochin et Moreau faisaient partie : se les figure-t-on à l'Académie des beaux-arts parmi les membres de la section de peinture, c'est-à-dire assimilés, par le fait même de leur élection, aux maîtres qui personnifient l'art contemporain dans sa signification la plus haute et qui le pratiquent le plus sévèrement ?

Quant aux dédains qu'ont affectés ou qu'affectent encore pour la dignité académique quelques esprits un peu plus démocratiques que de raison, — quant à ce libéralisme de principe ou d'occasion qui se traduit par des sarcasmes contre une institution entachée d'aristocratie suivant les uns, simplement surannée aux yeux des autres, — tout cela peut-être ne laisserait pas assez souvent de s'expliquer par la situation personnelle des agresseurs, se sentant eux-mêmes dans l'impossibilité d'entrer en possession des privilèges qu'ils condamnent. N'est-il pas au surplus arrivé plus d'une fois que des artistes hostiles à l'Académie, à l'époque où ils n'avaient pas encore mérité d'y trouver place, aient éprouvé pour elle de tout autres sentiments à mesure que les progrès de leur talent et de leur réputation semblaient les rapprocher des membres de cette compagnie d'élite? Ils sont devenus les confrères de ceux-ci quand leurs titres justifiaient leur ambition, et l'on pourrait citer, même parmi les académiciens actuels, tel ancien ennemi ou, si l'on veut, tel converti qui s'est vu accueilli sans rancune, parce que l'heure était venue de se souvenir avant tout de ses mérites.

En tout cas, il ne semble pas que les attaques plus ou moins désintéressées dont l'Académie des beaux-arts, comme l'Académie française d'ailleurs, a été ou est encore l'objet, aient jusqu'à présent fort sérieusement entamé son prestige. Le nombre et l'émulation des candidats que suscite toute vacance nouvelle permettent au contraire de penser qu'on est sur ce point bien loin encore de la désillusion ou même de la froideur. Quoi de plus explicable après tout? L'honneur d'appartenir à une compagnie composée des représentants les plus éminents de l'art français, et de ne lui appartenir qu'en vertu de son autorité propre et de ses libres suffrages, — un tel honneur est de trop haut prix pour ne pas être recherché par ceux-là mêmes que le succès a le plus favorisés ailleurs : ils ne se regardent avec raison comme absolument consacrés que lorsqu'ils ont acquis le droit d'ajouter à leurs noms le titre de membres de l'Institut.

En résumé, l'Académie des beaux-arts n'est pas seulement, à l'époque où nous sommes, un des derniers et des plus respectables débris de nos vieilles institutions. Elle n'a pas pour office unique de former une sorte de musée où se collectionnent, à mesure qu'ils ont fait leurs preuves, les principaux talents contemporains. Depuis qu'elle est devenue une des classes de l'Institut de France, c'est-à-dire depuis près d'un siècle, l'Académie des beaux-arts a reçu et elle a rempli la mission de participer aux actes de ce grand corps; de concourir dans certains cas aux jugements qu'il prononce ou aux décisions qu'il lui appartient de prendre; en un mot, d'intervenir dans les travaux communs, comme dans les assemblées périodiques, au même titre que les autres classes et, sans préjudice de ses attributions particulières, avec les mêmes droits. Quant à ceux qu'elle exerce isolément, ils ont une application pratique aussi bien qu'un caractère honorifique. Sans doute, ces droits sont loin d'être aussi étendus qu'on le suppose, avec plus ou moins de bonne foi. Rien de moins fondé, par exemple, — nous l'avons déjà fait remarquer, — que les plaintes auxquelles donne lieu de la part de certaines gens la prétendue influence, — plusieurs disent l'autorité despotique, — de l'Académie sur les affaires intérieures de l'École des beaux-arts, puisque, en réalité, les deux institutions sont complètement indépendantes l'une de l'autre; mais si l'Académie, aux termes des lois qui la régissent, doit rester et reste en effet étrangère à la direction des études poursuivies à l'École, elle n'en a pas moins la très importante tâche d'en contrôler chaque année les résultats dans les concours ouverts pour les grands prix de Rome et, par le choix des œuvres qu'elle couronne, de conseiller à la fois les jeunes artistes et le goût public.

En outre, les autres prix qu'elle est chargée de décerner, le jugement des concours sur des questions d'esthétique ou d'histoire de l'art annuellement proposées par elle, les rapports qu'elle adresse au ministre compétent pour lui signaler les mérites d'un ouvrage ou les avantages d'une découverte ; — enfin, et surtout, les rapports sur les « envois » de Rome, dont l'ensemble constituerait à la fois l'histoire des mouvements accomplis dans notre école depuis un siècle et l'histoire des commencements de la plupart des maîtres qui l'ont le plus honorée, — tout cela, certes, prouve suffisamment que l'inertie reprochée à l'Académie n'est qu'un mot, et que ce prétendu asile d'apparat, offert à quelques illustres invalides, est en réalité pour l'art national un foyer de vie et d'action.

Parmi les œuvres produites en France dans le cours des vingt dernières années, les plus remarquables, à de bien rares exceptions près, sont dues à des artistes membres de l'Institut; aussi est-ce de l'Académie et des exemples qu'elle donne que peut venir la résistance la plus efficace aux sophismes esthétiques de ceux qui, sous prétexte de réforme, ne reculent devant aucune bravade, et prennent à tâche d'étaler leur impuissance même comme un témoignage de leur originalité. Les choses, dans le domaine de l'art comme ailleurs, semblent, à la fin de ce siècle, se précipiter avec une singulière violence : l'Académie est une digue capable de refouler le torrent, ou, tout au moins, d'en limiter les ravages au territoire momentanément envahi. Que de fois déjà, en face d'autres périls ou sous le coup d'autres menaces, n'a-t-elle pas réussi à se défendre, et à défendre victorieusement avec elle l'honneur de notre art national !

Les souvenirs attachés au passé de la quatrième classe de l'Institut et le spectacle de sa vitalité présente sont donc de nature à nous rassurer sur l'avenir. Composée comme elle l'est aujourd'hui, l'Académie des beaux-arts ne se montre pas certes près de faillir à ses devoirs, et de démentir en quoi que ce soit les traditions qui l'obligent ou l'esprit de sage progrès dont elle a été de tout temps animée.

LISTE CHRONOLOGIQUE

PAR SECTIONS ET PAR FAUTEUILS

DES MEMBRES DE L'ACADÉMIE DES BEAUX-ARTS

DEPUIS LA FONDATION DE L'INSTITUT.

Nos des fauteuils.		DATE DE L'ÉLECTION.	DATE DU DÉCÈS.
	SECTION DE PEINTURE.		
1	David (Jacques-Louis), nommé par arrêté du Directoire......	6 déc. 1795.	29 déc. 1825.
	Bon Guérin (Pierre-Narcisse), élu par l'Académie le 27 mai 1815, et après l'annulation de cette élection, nommé par ordonnance royale.............	21 mars 1816.	10 juill. 1833.
	Drölling (Michel-Martin)......	31 août 1833.	9 janv. 1851.
	Alaux (Jean).................	22 févr. 1851.	2 mars 1864.
	Lehmann (Charles-Ernest-Rodolphe-Henri-Salem).........	30 avril 1864.	30 mars 1882.
	Boulanger (Rodolphe-Clarence-Gustave)...................	27 mai 1882.	22 sept. 1888.
	Moreau (Gustave).............	24 nov. 1888.	
2	Van-Spaendonck (Gérard), nommé par arrêté du Directoire.....................	6 déc. 1795.	11 mai 1822.
	Hersent (Louis)	29 juin 1822.	2 oct. 1860.
	Signol (Émile)	24 nov. 1860.	
3	Vien (Joseph-Marie)...........	12 déc. 1795.	27 mars 1809.
	Ménageot (François-Guillaume) .	22 avril 1809.	4 oct. 1816.
	Garnier (Étienne-Barthélemy) ..	28 déc. 1816.	15 nov. 1849.
	Cogniet (Léon)................	22 déc. 1849.	20 nov. 1880.
	Bonnat (Léon-Joseph-Florentin).	5 févr. 1881.	

N°s des fauteuils.		DATE DE L'ÉLECTION.	DATE DU DÉCÈS.
4	Vincent (François-André)	12 déc. 1795.	4 août 1816.
	Prud'hon (Pierre-Paul)	21 sept. 1816.	16 févr. 1823.
	Bidault (Jean-Joseph-Xavier)	12 avril 1823.	20 oct. 1846.
	Brascassat (Jacques-Raymond).	28 nov. 1846.	28 févr. 1867.
	Cabat (Louis-Nicolas)	13 nov. 1867.	
5	Bon Regnault (Jean-Baptiste)	15 déc. 1795.	12 nov. 1829.
	Heim (François-Joseph)	19 déc. 1829.	29 sept. 1865.
	Gérôme (Jean-Léon)	2 déc. 1865.	
6	Taunay (Nicolas-Antoine)	15 déc. 1795.	20 mars 1830.
	Granet (François-Marius)	8 mai 1830.	21 nov. 1849.
	Robert-Fleury (Joseph-Nicolas-Robert-Fleury, dit)	19 janv. 1850.	4 mai 1890.
	Français (François-Louis)	5 juill. 1850.	
7	Bon Denon (Dominique-Vivant), nommé par arrêté consulaire	28 janv. 1803.	27 avril 1825.
	Ingres (Jean-Auguste-Dominique)	25 juin 1825.	13 janv. 1867.
	Hesse (Jean-Baptiste-Alexandre).	28 sept. 1867.	7 août 1879.
	Delaunay (Jules-Élie)	29 nov. 1879.	
8	Visconti (Ennius-Quirinus), nommé par arrêté consulaire	28 janv. 1803.	7 févr. 1818.
	Lethière (Guillaume-Guillon), élu une première fois le 16 novembre 1816, mais son élection n'avait pas été approuvée par le Roi	28 mars 1818.	21 avril 1832.
	Blondel (Merry-Joseph)	2 juin 1832.	11 juin 1853.
	Flandrin (Jean-Hippolyte)	13 août 1853.	21 mars 1864.
	Muller (Charles-Louis)	28 mai 1864.	
9	Bon Gérard (François-Pascal-Simon)	7 mars 1812.	11 janv. 1837.
	Schnetz (Jean-Victor)	25 févr. 1837.	15 mars 1870.
	Baudry (Paul-Jacques-Aimé)	21 mai 1870.	17 janv. 1886.
	Breton (Jules-Adolphe)	20 mars 1886.	

LISTE CHRONOLOGIQUE. 363

Nos des fauteuils.		DATE DE L'ÉLECTION.	DATE DU DÉCÈS.
10	LE BARBIER (Jean-Jacques-François), nommé par ordonnance royale...................	21 mars 1820.	7 mai 1826.
	VERNET (Émile-Jean-Horace)....	24 juin 1826.	17 janv. 1863.
	CABANEL (Alexandre)..........	26 sept. 1863.	23 janv. 1889.
	HENNER (Jean-Jacques).........	23 mars 1889.	
11	GIRODET-TRIOSON (Anne-Louis), élu par l'Académie, le 20 mai 1815, et après l'annulation de cette élection, nommé par ordonnance royale............	21 mars 1816.	9 déc. 1824.
	THÉVENIN (Charles)............	12 févr. 1825.	21 févr. 1838.
	LANGLOIS (Jérôme-Martin).......	7 avril 1838.	28 déc. 1838.
	COUDER (Louis-Charles-Auguste).	9 févr. 1839.	21 juill. 1873.
	HÉBERT (Antoine-Auguste-Ernest)	21 mars 1874.	
12	Bon GROS (Antoine-Jean), élu par l'Académie, le 27 mai 1815, et après l'annulation de cette élection, nommé par ordonnance royale...................	21 mars 1816.	26 juin 1835.
	ABEL DE PUJOL (Alexandre-Denis).	8 août 1835.	28 sept. 1861.
	MEISSONIER (Jean-Louis-Ernest)..	30 nov. 1861.	31 janv. 1891.
	LAURENS (Jean-Paul)...........	4 avril 1891.	
13	MEYNIER (Charles), élu par l'Académie, le 3 juin 1815, et après l'annulation de cette élection, nommé par ordonnance royale.	21 mars 1816.	6 sept. 1832.
	DELAROCHE (Hippolyte, dit Paul).	3 nov. 1832.	4 nov. 1856.
	DELACROIX (Ferdinand-Victor-Eugène)	10 janv. 1857.	13 août 1863.
	HESSE (Nicolas-Auguste)........	31 oct. 1863.	14 juin 1869.
	LENEPVEU (Jules-Eugène).......	20 nov. 1869.	
14	VERNET (Antoine-Charles-Horace, dit Carle), élu par l'Académie, le 3 juin 1815, et après l'an-		

N.os des fauteuils		DATE DE L'ÉLECTION.	DATE DU DÉCÈS.
	nulation de cette élection, nommé par ordonnance royale.	21 mars 1816.	27 nov. 1836.
	Picot (François-Édouard).......	31 déc. 1836.	15 mars 1868.
	Pils (Isidore-Alexandre-Auguste).	7 nov. 1868.	3 sept. 1875.
	Bouguereau (William-Adolphe).	8 janv. 1876.	

SECTION DE SCULPTURE.

1	Pajou (Augustin), nommé par arrêté du Directoire..........	6 déc. 1795.	8 mai 1809.
	Lemot (François-Frédéric)......	3 juin 1809.	6 mai 1827.
	Pradier (Jean-Jacques)........	23 juin 1827.	4 juin 1852.
	Simart (Pierre-Charles)........	24 juill. 1852.	27 mai 1857.
	Jouffroy (François)...........	1er août 1857.	25 juin 1882.
	Falguière (Alexandre).........	18 nov. 1882.	
2	Houdon (Jean-Antoine), nommé par arrêté du Directoire......	6 déc. 1795.	14 juill. 1828.
	Ramey fils (Étienne-Jules)......	6 sept. 1828.	29 oct. 1852.
	Seurre aîné (Gabriel-Bernard)..	11 déc. 1852.	5 oct. 1867.
	Barye (Antoine-Louis).........	30 mai 1868.	24 juin 1875.
	Thomas (Gabriel-Jules)........	29 déc. 1875.	
3	Julien (Pierre)...............	12 déc. 1795.	17 déc. 1804.
	Chaudet (Antoine-Denis).......	12 janv. 1805.	19 avril. 1810.
	Cartellier (Pierre)	19 mai 1810.	12 mai 1831.
	Nanteuil (Charles-François Lebœuf).....................	30 juill. 1831.	1er nov. 1865.
	Perraud (Jean-Joseph)........	30 déc. 1865.	2 nov. 1876.
	Dubois (Paul)................	30 déc. 1876.	
4	Moitte (Jean-Guillaume).......	12 déc. 1795.	2 mai 1810.
	Lecomte (Félix)..............	16 juin 1810.	11 févr. 1817.
	Stouf (Jean-Baptiste)..........	5 avril 1817.	30 juin 1826.
	David d'Angers (Pierre-Jean David, dit).................	5 août 1826.	6 janv. 1856.
	Jaley (Jean-Louis-Nicolas)......	23 févr. 1856.	30 mai 1866.
	Bonnassieux (Jean-Marie)......	28 juill. 1866.	
5	Roland (Philippe-Laurent)......	15 déc. 1795.	11 juill. 1816.

LISTE CHRONOLOGIQUE. 365

N°ˢ des fauteuils.		DATE DE L'ÉLECTION.	DATE DU DÉCÈS.
	Ramey père (Claude)............	24 août 1816.	4 juin 1838.
	Dumont (Auguste-Alexandre)...	21 juill. 1838.	28 janv. 1884.
	Barrias (Louis-Ernest).........	29 mars 1884.	
6	Dejoux (Claude)..............	15 déc. 1795.	18 oct. 1816.
	Le Sueur (Jacques-Philippe)....	7 déc. 1816.	4 déc. 1830.
	Roman (Jean-Baptiste-Louis)....	5 mars 1831.	11 févr. 1835.
	Petitot (Louis-Messidor-Lebon).	14 mars 1835.	1er juin 1862.
	Guillaume (Claude-Jean-Baptiste-Eugène)....................	9 août 1862.	
7	Bon Bosio (François), nommé par ordonnance royale..........	21 mars 1816.	29 juill. 1845.
	Lemaire (Philippe-Joseph-Henri).	13 sept. 1845.	2 août 1880.
	Chapu (Henri-Michel-Antoine)...	23 oct. 1880.	21 avril 1891.
8	Dupaty (Louis-Charles-Marie-Henri Mercier), nommé par ordonnance royale..........	21 mars 1816.	12 nov. 1825.
	Cortot (Jean-Pierre)..........	24 déc. 1825.	12 août 1843.
	Duret (François-Joseph).......	30 sept. 1843.	26 mai 1865.
	Cavelier (Pierre-Jules)........	29 juill. 1865.	

SECTION D'ARCHITECTURE.

1	Gondoin (Jacques), nommé par arrêté du Directoire........	6 déc. 1795.	29 déc. 1818.
	Hurtault (Maximilien-Joseph)..	13 févr. 1819.	2 mai 1824.
	Delespine (Pierre-Jules)........	26 juin 1824.	16 sept. 1825.
	Le Bas (Louis-Hippolyte).......	5 nov. 1825.	12 juin 1867.
	Vaudoyer (Léon)	1er févr. 1868.	9 févr. 1872.
	Ballu (Théodore).............	20 avril 1872.	22 mai 1885.
	Daumet (Pierre-Jérôme-Honoré).	18 juill. 1885.	
2	De Wailly (Charles), nommé par arrêté du Directoire........	6 déc. 1795.	2 nov. 1798.
	Chalgrin (Jean-François-Thérèse)	24 janv. 1799.	20 janv. 1811.
	Percier (Charles).............	16 févr. 1811.	5 sept. 1838.
	Huvé (Jean-Jacques-Marie)......	10 nov. 1838.	23 nov. 1852.
	Hittorff (Jacques-Ignace)......	22 janv. 1853.	25 mars 1867.

N^os des fauteuils		DATE DE L'ÉLECTION.	DATE DU DÉCÈS.
	Labrouste (Pierre-François-Henri)............	23 nov. 1867.	24 juin 1875.
	Bailly (Antoine-Nicolas)	18 déc. 1875.	
3	Pâris (Pierre-Adrien)..........	12 déc. 1795.	1er août 1819.
	Dufourny (Léon)	1er août 1796.	16 sept. 1818.
	Thibault (Jean-Thomas), élu par l'Académie, le 27 juin 1815, membre de la section d'histoire et de théorie de l'art, supprimée en 1816, par ordonnance royale.	31 oct. 1818.	27 juin 1826.
	Labarre (Éloi)...............	29 juill. 1826.	20 mai 1833.
	Guénepin (Augustin-Jean-Marie).	29 juin 1833.	5 mars 1842.
	Gauthier (Martin-Pierre)......	23 avril 1842.	19 mai 1855.
	Lefuel (Hector-Martin)	28 juill. 1855.	31 déc. 1880.
	Ginain (Paul-René-Léon)	12 mars 1881.	
4	Boullée (Louis-Étienne)........	12 déc. 1795.	5 févr. 1799.
	Antoine (Jacques-Denis)........	24 avril 1799.	25 août 1801.
	Heurtier (Jean-François)......	26 nov. 1801.	16 avril 1822.
	Huyot (Jean-Nicolas)..........	1er juin 1822.	2 août 1840.
	Caristie (Auguste-Nicolas).....	26 sept. 1840.	5 déc. 1862.
	Baltard (Victor).............	7 févr. 1863.	13 janv. 1874.
	Garnier (Jean-Louis-Charles)...	14 mars 1874.	
5	Peyre (Antoine-François).......	15 déc. 1795.	6 mars 1823.
	Vaudoyer (Antoine-Laurent-Thomas)....................	3 mai 1823.	27 mai 1846.
	Lesueur (Jean-Baptiste-Cicéron).	11 juill. 1846.	25 déc. 1823.
	André (Louis-Jules)...........	1er mars 1884.	30 janv. 1890.
	Pascal (Jean-Louis)...........	3 mai 1890.	
6	Raymond (Jean-Arnaud)........	15 déc. 1795.	28 janv. 1811.
	Fontaine (Pierre-François-Léonard)....................	9 mars 1811.	10 oct. 1853.
	Gilbert (Émile-Jacques)........	26 nov. 1853.	31 oct. 1874.
	Abadie (Paul)................	9 janv. 1875.	3 août 1884.
	Diet (Arthur-Stanislas)	13 déc. 1884.	17 janv. 1890.
	Normand (Alfred-Nicolas)	15 mars 1890.	

LISTE CHRONOLOGIQUE. 367

Nos des fauteuils		DATE DE L'ÉLECTION.	DATE DU DÉCÈS.
7	Rondelet (Jean), nommé par ordonnance royale..........	21 mars 1816.	27 sept. 1829.
	Molinos (Jacques).............	14 nov. 1829.	19 févr. 1831.
	Leclère (Achille-René-François).	2 avril 1831.	23 déc. 1853.
	De Gisors (Alphonse-Henri)....	11 févr. 1854.	17 août 1866.
	Duc (Louis-Joseph, dit Eugène)..	13 oct. 1866.	22 janv. 1879.
	Vaudremer (Joseph-Auguste-Émile)....................	22 mars 1879.	
8	Bonnard (Jacques-Charles), nommé par ordonnance royale.	21 mars 1816.	28 oct. 1818.
	Poyet (Bernard)..............	19 déc. 1818.	7 déc. 1824.
	Debret (François).............	22 janv. 1835.	19 févr. 1850.
	Blouet (Guillaume-Abel).......	13 avril 1850.	17 mai 1853.
	Visconti (Louis-Tullius-Joachim)	23 juill. 1853.	29 déc. 1853.
	Duban (Félix-Jacques)	18 mars 1854.	8 oct. 1870.
	Questel (Charles-Auguste).....	9 déc. 1871.	30 janv. 1888.
	Coquart (Ernest-Georges)......	19 mai 1888.	

SECTION DE GRAVURE.

1	Bervic (Jean-Guillaume Balvay, dit), nommé par arrêté consulaire...................	28 janv. 1803.	23 mars 1822.
	Tardieu (Pierre-Alexandre).....	4 mai 1822.	3 août 1844.
	Forster (François)............	14 sept. 1844.	24 juin 1872.
	François (Louis-Alphonse).....	15 févr. 1873.	7 juillet 1888.
	Blanchard (Auguste-Thomas-Marie)....................	17 nov. 1888.	
2	Dumarest (Rambert), nommé par arrêté consulaire............	28 janv. 1803.	5 avril 1806.
	Duvivier (Pierre-Simon-Benjamin).....................	10 mai 1806.	11 juill. 1819.
	Galle (André)................	4 sept. 1819.	21 déc. 1844.
	Gatteaux (Jacques-Édouard)....	1er févr. 1845.	10 févr. 1881.
	Chaplain (Jules-Clément).......	9 avril 1881.	
3	Jeuffroy (Romain-Vincent), nommé par arrêté consulaire..	28 janv. 1803.	2 août 1826.

N°s des fauteuils.		DATE DE L'ÉLECTION.	DATE DU DÉCÈS.
	RICHOMME (Joseph-Théodore)....	16 sept. 1826.	22 sept. 1849.
	HENRIQUEL dit HENRIQUEL-DUPONT (Louis-Pierre)..............	3 nov. 1849.	
4	Bon DESNOYERS (Auguste-Gaspard-Louis BOUCHER), nommé par ordonnance royale..........	21 mars 1816.	16 févr. 1857.
	MARTINET (Achille-Louis).......	18 avril 1857.	9 déc. 1877.
	BERTINOT (Gustave-Nicolas).....	9 févr. 1878.	18 avril 1888.
	ROTY (Louis-Oscar)............	30 juin 1888.	

SECTION DE COMPOSITION MUSICALE ET (à l'origine) DE DÉCLAMATION.

1	MÉHUL (Étienne-Nicolas), nommé par arrêté du Directoire......	6 déc. 1795.	18 oct. 1817.
	BOIELDIEU (François-Adrien)....	20 nov. 1817.	8 oct. 1834.
	REICHA (Antoine-Joseph).......	23 mai 1835.	28 mai 1836.
	HALÉVY (Jacques-Fromental LÉVI, dit), élu secrétaire perpétuel, le 29 juillet 1854...........	2 juillet 1836.	17 mars 1862.
	CLAPISSON (Antoine-Louis)......	26 août 1854.	19 mars 1866.
	GOUNOD (Charles-François).....	19 mai 1866.	
2	MOLÉ (François-René), nommé par arrêté du Directoire......	6 déc. 1795.	11 déc. 1802.
	CHERUBINI (Marie-Louis-Charles-Zénobie-Salvador), élu par l'Académie, le 20 mai 1815, et après l'annulation de cette élection, nommé par ordonnance royale....................	21 mars 1816.	15 mars 1842.
	ONSLOW (André-Georges-Louis)..	19 nov. 1842.	3 oct. 1853.
	REBER (Napoléon-Henri)........	12 nov. 1853.	26 nov. 1880.
	SAINT-SAËNS (Charles-Camille)..	19 févr. 1881.	
3	GOSSEC (François-Joseph).......	12 déc. 1795.	16 févr. 1829.
	AUBER (Daniel-François-Esprit)..	11 avril 1829.	12 mai 1871.
	MASSÉ (Félix-Marie-Victor)	20 janv. 1872.	5 juill. 1884.

LISTE CHRONOLOGIQUE.

N°s des fauteuils.		DATE DE L'ÉLECTION.	DATE DU DÉCÈS.
	DELIBES (Léo-Clément-Philibert).	6 déc. 1884.	17 janv. 1891.
	GUIRAUD (Ernest)............	21 mars 1891.	
4	GRÉTRY (André-Ernest-Modeste).	15 déc. 1795.	24 sept. 1813.
	MONSIGNY (Pierre-Alexandre)...	16 oct. 1813.	14 janv. 1817.
	CATEL (Charles-Simon)..........	1ᵉʳ mars 1817.	29 nov. 1830.
	PAËR (Ferdinand-François PAR, dit).........................	29 janv. 1831.	3 mai 1839.
	SPONTINI, comte DE SANT'ANDREA (Gaspard-Louis-Pacifique)....	15 juin 1839.	24 janv. 1851.
	THOMAS (Charles-Louis-Ambroise)	22 mars 1851.	
5	PRÉVILLE (Pierre-Louis DU BUS, dit), démissionnaire le 18 janvier 1796....................	12 déc. 1795.	18 déc. 1799.
	GRANDMÉNIL (Jean-Baptiste FAUCHARD DE)...................	1ᵉʳ août 1796.	24 mai 1816.
	BERTON (Henri-Montan), élu par l'Académie, le 3 juin 1815, mais son élection avait été annulée par ordonnance royale.	27 juill. 1816.	22 avril 1844.
	ADAM (Adolphe-Charles).......	22 juin 1844.	3 mai 1856.
	BERLIOZ (Louis-Hector).........	21 juin 1856.	8 mars 1869.
	DAVID (Félicien-César)..........	15 mai 1869.	29 août 1876.
	REYER (Louis-Étienne-Ernest)...	11 nov. 1876.	
6	MONVEL (Jacques-Marie BOUTET, dit)........................	15 déc. 1795.	13 févr. 1812.
	LESUEUR (Jean-François), nommé par ordonnance royale.......	21 mars 1816.	6 oct. 1837.
	CARAFA DE COLOBRANO (Michel-Henri-François-Aloys-Vincent-Paul)........................	18 nov. 1837.	27 juill. 1872.
	BAZIN (François)..............	5 avril 1873.	3 juill. 1878.
	MASSENET (Jules-Émile).......	30 nov. 1878.	

CLASSE DES ACADÉMICIENS LIBRES.

| 1 | Cᵗᵉ DE VAUBLANC (Vincent-Marie-Viennot).................. | 6 avril 1816. | 21 août 1845. |

N^{os} des fauteuils		DATE DE L'ÉLECTION.	DATE DU DÉCÈS.
	DE CAILLEUX (Achille-Alphonse-Alexandre)................	29 nov. 1845.	24 mai 1876.
	PERRIN (Émile-César-Victor)....	22 juill. 1876.	8 oct. 1885.
	B^{on} DE ROTHSCHILD (Mayer-Alphonse-James)..............	6 déc. 1885.	
2	DUC DE BLACAS D'AULPS (Pierre-Louis-Jean-Casimir).........	6 avril 1816.	17 nov. 1839.
	DUMONT (Aristide-Laurent)......	28 déc. 1839.	4 oct. 1853.
	Cte DE NIEUWERKERKE (Alfred-Émilien)..................	19 nov. 1853.	
3	Cte DE VAUDREUIL (Joseph-Hyacinthe-François de Paule DE RIGAUD)..................	6 avril 1816.	17 janv. 1817.
	DUC DE RICHELIEU (Armand-Emmanuel-Sophie-Septimanie)...	22 mars 1817.	17 mai 1822.
	Mis DE LAURISTON (Jean-Alexand^{re}-Bernard LAW)..............	22 juill. 1822.	10 juin 1828.
	Vte SIMÉON (Joseph-Balthasar)...	23 août 1828.	17 sept. 1846.
	Cte DUCHATEL (Charles-Marie-Tanneguy).....................	21 nov. 1846.	5 nov. 1867.
	Cte DELABORDE (Henri), élu secrétaire perpétuel, le 23 mai 1874.	11 janv. 1868.	
	Cte DE CARDAILLAC (Jacques-Étienne-Marie).............	25 juill. 1874.	14 déc. 1879.
	DUC D'AUMALE (Henri-Eugène-Philippe-Louis D'ORLÉANS)....	14 févr. 1880.	
4	Cte DE PRADEL (Jules-Jean-Baptiste-François DE CHARDEBEUF).	6 avril 1816.	20 sept. 1857.
	FOULD (Achille)...............	14 nov. 1857.	5 oct. 1867.
	Bon HAUSSMANN (Georges-Eugène).	7 déc. 1867.	12 janv. 1891.
	ALPHAND (Charles-Adolphe).....	15 mars 1891.	
5	CASTELLAN (Antoine-Laurent), avait été élu le 20 juin 1815, membre de la section d'histoire et de théorie de l'art, supprimée en 1816 par ordonnance royale.	6 avril 1816.	2 avril 1838.

LISTE CHRONOLOGIQUE.

N°s des fauteuils		DATE DE L'ÉLECTION.	DATE DU DÉCÈS.
	Cte DE CLARAC (Charles-Othon-Frédéric-Jean-Baptiste)......	26 mai 1838.	20 janv. 1847.
	Bon TAYLOR (Isidore-Justin-Séverin)........................	6 mars 1847.	6 sept. 1879.
	Mis DE CHENNEVIÈRES (Charles-Philippe)...................	22 nov. 1879.	
6	Cte TURPIN DE CRISSÉ (Lancelot-Théodore)...................	6 avril 1816.	15 mai 1859.
	KASTNER (Jean-Georges)........	9 juill. 1859.	16 déc. 1867.
	Cte WALEWSKI (Alexandre-Florian-Joseph COLONNA)............	8 février 1868.	27 sept. 1868.
	BLANC (Alexandre-Auguste-Philippe-Charles)...............	25 nov. 1868.	17 janv. 1882.
	DU SOMMERARD (Edmond)......	11 mars 1882.	5 févr. 1885.
	HEUZEY (Léon-Alexandre)......	25 avril 1885.	
7	Cte DE CHOISEUL-GOUFFIER (Marie-Gabriel-Florent-Auguste).....	10 avril 1816.	22 juin 1817.
	Cte DE CHABROL-VOLVIC (Gilbert-Joseph-Gaspard).............	30 août 1817.	30 avril 1843.
	Cte DE RAMBUTEAU (Claude-Philibert BARTHELOT).............	17 juin 1843.	23 avril 1869.
	LENOIR (Albert-Alexandre).....	26 juin 1869.	17 févr. 1891.
	DUPLESSIS (Georges-Victor-Antoine GRATET)..............	25 avril 1891.	
8	GOIS (Étienne-Pierre-Adrien)....	10 avril 1816.	3 févr. 1823.
	Mis DE PASTORET (Amédée-David).	22 mars 1823.	18 mai 1857.
	PRINCE BONAPARTE (Napoléon-Joseph-Charles-Paul).........	11 juill. 1857.	17 mars 1891.
9	Cte DE FORBIN (Louis-Nicolas-Philippe-Auguste)..............	10 avril 1816.	23 févr. 1841.
	Cte D'HOUDETOT (Frédéric-Christophe)......................	10 avril 1841.	20 janv. 1859.
	DE MERCEY (Frédéric BOURGEOIS).	12 mars 1859.	4 sept. 1860.
	PELLETIER (Jules-Bernard-Joseph).	27 oct. 1860.	30 janv. 1875.
	GRUYER (François-Anatole).....	6 mars 1875.	

Nos des fauteuils.		DATE DE L'ÉLECTION.	DATE DU DÉCÈS.
10	Vte de Sénonnes (Alexandre de Lamote-Baracé)	10 avril 1816.	21 mars 1840.
	Cte de Montalivet (Marthe-Camille Bachasson)............	9 mai 1840.	4 janv. 1880.
	Barbet de Jouy (Joseph-Henri)..	6 mars 1880.	

SECRÉTAIRES PERPÉTUELS.

1	Lebreton (Joachim), ne fut pas compris dans l'ordonnance royale du 21 mars 1816, réorganisant l'Institut...........	5 févr. 1803.	9 juin 1819.
2	Quatremère de Quincy (Antoine-Chrysostome), démissionnaire le 1er juin 1839	30 mars 1816.	28 déc. 1849.
3	Rochette (Désiré-Raoul).......	29 juin 1839.	5 juill. 1854.
4	Halévy (Jacques-Fromental Lévi)	29 juill. 1854.	17 mars 1862.
5	Beulé (Charles-Ernest).........	12 avril 1862.	3 avril 1874.
6	Cte Delaborde (Henri)..........	23 mai 1874.	

ASSOCIÉS ÉTRANGERS.

1	Haydn (Franz-Joseph), à Vienne.	26 déc. 1801.	29 mai 1809.
	Paisiello (Giovanni), à Naples..	30 déc. 1809.	5 juin 1816.
	Rossini (Gioachino-Antonio), à Bologne...................	13 déc. 1823.	14 nov. 1868.
	Dupré (Giovanni), à Florence...	2 janv. 1869.	10 janv. 1882.
	Millais (John-Everett), à Londres.	4 mars 1882.	
2	Canova, Mis d'Ischia (Antonio), à Rome....................	24 août 1802.	12 oct. 1822.
	Alvarez (José), à Madrid.......	13 déc. 1823.	10 déc. 1827.
	Rauch (Christian-Daniel), à Berlin.......................	15 déc. 1832.	3 déc. 1857.
	Rietschel (Ernst-Friedrich-August), à Dresde	6 janv. 1858.	2 févr. 1861.
	Hess (Heinrich de), à Munich...	15 févr. 1862.	30 mars 1863.
	Kaulbach (Wilhelm), à Munich..	30 mai 1863.	8 avril 1874.
	Matejko (Jan), à Cracovie......	21 nov. 1874.	

LISTE CHRONOLOGIQUE.

N°s des fauteuils.		DATE DE L'ÉLECTION.	DATE DU DÉCÈS.
3	Cte CALDERARI (Ottone-Maria-Nicolò), à Vicence............	23 nov. 1802.	26 oct. 1803.
	MARVUGLIA (Giuseppe-Venanzio), à Palerme................	2 mars 1805.	18 mars 1815.
	ANTOLINI (Giovanni-Antonio), à Milan.....................	17 juin 1820.	11 mars 1841.
	COCKERELL (Charles-Robert), à Londres....................	27 nov. 1841.	17 sept. 1863.
	DONALDSON (Thomas-Leverton), à Londres....................	21 nov. 1863.	1er août 1885.
	ROSA (Pietro), à Rome.........	17 oct. 1885.	
4	APPIANI (Andrea), à Milan......	7 mai 1803.	8 nov. 1817.
	CAMUCCINI (Vincenzo), à Rome..	17 juin 1820.	2 sept. 1844.
	OVERBECK (Johann-Friedrich), à Rome.....................	21 déc. 1844.	12 nov. 1869.
	GALLAIT (Louis), à Bruxelles.....	29 janv. 1870.	20 nov. 1887.
	ANTOCOLSKI (Marc), à Saint-Pétersbourg..................	3 mars 1888.	
5	MORGHEN (Raffaele), à Naples...	7 mai 1803.	8 avril 1833.
	MEYERBEER (Jacob BEER, dit), à Berlin.....................	17 déc. 1834.	2 mai 1864.
	VERDI (Giuseppe), à Busseto....	25 juin 1864.	
6	SERGEL (Johan-Tobias), à Stockholm......................	14 mai 1803.	26 févr. 1814.
	LONGHI (Giuseppe), à Milan.....	13 déc. 1823.	2 janv. 1831.
	TOSCHI (Paolo), à Parme........	15 déc. 1832.	30 juill. 1854.
	FELSING (Jacob), à Darmstadt...	18 nov. 1854.	9 juin 1883.
	MERCURJ (Paolo), à Rome.......	27 oct. 1883.	mai 1884.
	LEIGHTON (Frederick), à Londres.	12 juill. 1884.	
7	GUGLIELMI (Pietro), à Rome.....	14 mai 1803.	19 nov. 1804.
	SALIERI (Antonio), à Vienne....	2 mars 1805.	12 mai 1825.
	Cte DE CAMBRAY-DIGNY (Luigi), à Florence...................	17 avril 1830.	20 févr. 1843.
	CANINA (Luigi), à Rome........	22 avril 1843.	17 oct. 1856.
	MERCADANTE (Saverio), à Naples.	22 nov. 1856.	7 déc. 1870.

Nos des fauteuils		DATE DE L'ÉLECTION.	DATE DU DÉCÈS.
	GEVAERT (François-Auguste), à Bruxelles.		
8	WEST (Benjamin), à Londres....	14 mai 1803.	10 mars 1820.
	SCHINKEL (Carl-Friedrich), à Berlin..................	13 déc. 1823.	9 oct. 1841.
	B^{on} DE KLENZE (Leo), à Munich..	27 nov. 1841.	27 janv. 1864.
	STÜLER (Friedrich-August), à Berlin..................	9 avril 1864.	18 mars 1865.
	STRACK (Johann-Heinrich), à Berlin..................	17 juin 1865.	13 juin 1880.
	FERSTEL (chevalier Henri DE), à Vienne.................	15 oct. 1881.	14 juill. 1883.
	SILVA (Joachim DA), à Lisbonne..	3 nov. 1883.	
9	THORVALDSEN (Bertel), à Copenhague.................	20 déc. 1823.	24 mars 1844.
	TENERANI (Pietro), à Rome.....	21 déc. 1844.	14 déc. 1869.
	DRACKE (Heinrich-Friedrich-August), à Berlin..............	26 févr. 1870.	avril 1882.
	VELA (Vincenzo), à Milan.......	27 mai 1882.	
10	ZINGARELLI (Nicolò-Antonio), à Naples.................	20 déc. 1823.	5 mai 1837.
	CORNELIUS (Peter DE), à Berlin..	15 déc. 1838.	6 mars 1867.
	SCHNORR DE CAROSFELD (Julius-Vict-Hans), à Dresde........	6 juillet 1867.	juin 1872.
	MADRAZO (Federigo DE), à Madrid.	18 janv. 1873.	

LISTE ALPHABÉTIQUE

DES

MEMBRES DE L'ACADÉMIE DES BEAUX-ARTS

DEPUIS LA FONDATION DE L'INSTITUT.

ABADIE, arch.
ABEL DE PUJOL, p.
ADAM, comp. mus.
ALAUX, p.
ALPHAND, ac. lib.
ANDRÉ, arch.
ANTOINE, arch.
AUBER, comp. mus.
AUMALE (duc D'), ac. lib.
BAILLY, arch.
BALLU, arch.
BALTARD, arch.
BARBET DE JOUY, ac. lib.
BARRIAS, sc.
BARYE, sc.
BAUDRY, p.
BAZIN, comp. mus.
BERLIOZ, comp. mus.
BERTINOT, gr.
BERTON, comp. mus.
BERVIC, gr.
BEULÉ, secrét. perp.
BIDAULD, p.
BLACAS D'AULPS (duc DE), ac. lib.
BLANC, ac. lib.
BLANCHARD, gr.
BLONDEL, p.
BLOUET, arch.
BOIELDIEU, comp. mus.
BONAPARTE (prince Napoléon), ac. lib.
BONNARD, arch.

BONNASSIEUX, sc.
BONNAT, p.
BOSIO (baron), sc.
BOUGUEREAU, p.
BOULANGER, p.
BOULLÉE, arch.
BRASCASSAT, p.
BRETON, p.
CABANEL, p.
CABAT, p.
CAILLEUX (DE), ac. lib.
CARAFA, comp. mus.
CARDAILLAC (Cte DE), ac. lib.
CARISTIE, arch.
CARTELLIER, sc.
CASTELLAN, ac. lib.
CATEL, comp. mus.
CAVELIER, sc.
CHABROL-VOLVIC (Cte DE), ac. lib.
CHALGRIN, arch.
CHAPLAIN, gr. en méd.
CHAPU, sc.
CHAUDET, sc.
CHENNEVIÈRES (Mis DE), ac. lib.
CHERUBINI, comp. mus.
CHOISEUL-GOUFFIER (Cte DE), ac. lib.
CLAPISSON, comp. mus.

CLARAC (Cte DE), ac. lib.
COGNIET, p.
COQUART, arch.
CORTOT, sc.
COUDER, p.
DAUMET, arch.
DAVID D'ANGERS, sc.
DAVID (Félicien), comp. mus.
DAVID (Louis), p.
DEBRET, arch.
DEJOUX, sc.
DELABORDE (Cte), ac. lib. et secr. perpét.
DELACROIX, p.
DELAROCHE, p.
DELAUNAY, p.
DELESPINE, arch.
DELIBES, comp. mus.
DENON (B^{on}), p.
DESNOYERS (Bon BOUCHER), gr.
DIET, arch.
DROLLING, p.
DUBAN, arch.
DUBOIS, sc.
DUC, arch.
DUCHÂTEL (Cte), ac. lib.
DUFOURNY, arch.
DUMAREST, gr. en méd.
DUMONT (Aristide), ac. lib.

DUMONT (Auguste), sc.
DUPATY, sc.
DUPLESSIS, ac. lib.
DURET, sc.
DU SOMMERARD, ac. lib.
DUVIVIER, gr. en méd.
FALGUIÈRE, sc.
FLANDRIN, p.
FONTAINE, arch.
FORBIN (Cte DE), ac. lib.
FORSTER, gr.
FOULD, ac. lib.
FRANÇAIS, p.
FRANÇOIS, gr.
GALLE, gr. en méd.
GARNIER (Charles), arch.
GARNIER (Étienne), p.
GATTEAUX, gr. en méd.
GAUTHIER, arch.
GÉRARD (B^{on}), p.
GÉRÔME, p.
GILBERT, arch.
GINAIN, arch.
GIRODET-TRIOSON, p.
GISORS (DE), arch.
GOIS, ac. lib.
GONDOIN, arch.
GOSSEC, comp. mus.
GOUNOD, comp. mus.
GRANDMÉNIL, coméd.
GRANET, p.
GRÉTRY, comp. mus.
GROS (B^{on}), p.
GRUYER, ac. lib.
GUÉNEPIN, arch.
GUÉRIN (B^{on}), p.
GUILLAUME, sc.
GUIRAUD, comp. mus.
HALÉVY, comp. mus. et secr. perpét.

HAUSSMANN (B^{on}), ac. lib.
HÉBERT, p.
HEIM, p.
HENNER, p.
HENRIQUEL, gr.
HERSENT, p.
HESSE (Alexand.), p.
HESSE (Auguste), p.
HEURTAULT, arch.
HEURTIER, arch.
HEUZEY, ac. lib.
HITTORFF, arch.
HOUDETOT (Cte D'), ac. lib.
HOUDON, sc.
HUVÉ, arch.
HUYOT, arch.
INGRES, p.
JALEY, sc.
JEUFFROY, gr. en pierres fines.
JOUFFROY, sc.
JULIEN, sc.
KASTNER, ac. lib.
LABARRE, arch.
LABROUSTE, arch.
LANGLOIS, p.
LAURENS, p.
LAURISTON (Mis DE), ac. lib.
LE BARBIER, p.
LE BAS, arch.
LEBRETON, secrét. perpét.
LECLÈRE, arch.
LECOMTE, sc.
LEFUEL, arch.
LEHMANN, p.
LEMAIRE, sc.
LEMOT, sc.
LENEPVEU, p.
LENOIR, ac. lib.
LESUEUR (Jacques), sc.

LESUEUR (Jean-Baptiste), arch.
LESUEUR (Jean-François), comp. mus.
LETHIÈRE, p.
MARTINET, gr.
MASSÉ, comp. mus.
MASSENET, compos. mus.
MÉHUL, comp. mus.
MEISSONIER, p.
MÉNAGEOT, p.
MERCEY (DE), ac. lib.
MEYNIER, p.
MOITTE, sc.
MOLÉ, coméd.
MOLINOS, arch.
MONSIGNY, compos. mus.
MONTALIVET (Cte DE), ac. lib.
MONVEL, coméd.
MOREAU, p.
MULLER, p.
NANTEUIL, sc.
NIEUWERKERKE (Cte DE), ac. lib.
NORMAND, arch.
ONSLOW, comp. mus.
PAER, comp. mus.
PAJOU, sc.
PARIS, arch.
PASCAL, arch.
PASTORET (Mis DE), ac. lib.
PELLETIER, ac. lib.
PERCIER, arch.
PERRAUD, sc.
PERRIN, ac. lib.
PETITOT, sc.
PEYRE, arch.
PICOT, p.
PILS, p.
POYET, arch.
PRADEL (Cte DE), ac. lib.

LISTE ALPHABÉTIQUE.

Pradier, sc.
Préville, coméd.
Prud'hon, p.
Quatremère de Quincy, secr. perp.
Questel, arch.
Rambuteau (Cte de), ac. lib.
Ramey (Claude), sc.
Ramey (Étienne), sc.
Raoul-Rochette, secrét. perpét.
Raymond, arch.
Reber, comp. mus.
Regnault (B^{on}), p.
Reicha, comp. mus.
Reyer, comp. mus.
Richelieu (duc de), ac. lib.
Richomme, gr.
Robert-Fleury, p.
Roland, sc.
Roman, sc.

Rondelet, arch.
Rothschild (B^{on} de), ac. lib.
Roty, gr. en méd.
Saint-Saens, comp. mus.
Schnetz, p.
Sénonnes (Vte de), ac. lib.
Seurre, sc.
Signol, p.
Simart, sc.
Siméon (Vte), ac. lib.
Spontini, comp. mus.
Stouf, sc.
Tardieu, gr.
Taunay, p.
Taylor (B^{on}), ac. lib.
Thévenin, p.
Thibault, arch.
Thomas (Ambroise), comp. mus.
Thomas (Jules), sc.

Turpin de Crissé (Cte), ac. lib.
Van Spaendonck, p.
Vaublanc (Cte de), ac. lib.
Vaudoyer (Ant. Laurent), arch.
Vaudoyer (Léon), arch.
Vaudremer, arch.
Vaudreuil (Cte de), ac. lib.
Vernet (Carle), p.
Vernet (Horace), p.
Vien, p.
Vincent, p.
Visconti (Ennius-Quirinus), p.
Visconti (Louis-Tullius), arch.
Wailly (de), arch.
Walewski (Cte), ac. lib.

Total : 255 membres (depuis la fondation de l'Institut jusqu'au 1er mai 1891),

    Dont 62 peintres,
        39 sculpteurs,
        54 architectes,
        10 graveurs en taille-douce,
         7 graveurs en médailles ou en pierres fines,
        30 compositeurs de musique (y compris un secrétaire perpétuel),
         4 comédiens,
        45 académiciens libres (y compris un secrétaire perpétuel),
et   4 secrétaires perpétuels, pris en dehors de l'Académie des beaux-arts.

LISTE CHRONOLOGIQUE
DES
PRÉSIDENTS DE L'ACADÉMIE DES BEAUX-ARTS.

3ᵉ CLASSE DE L'INSTITUT.
Classe de la littérature et des beaux-arts.
(1795-1802.)

(Le président n'exerçait alors ses fonctions que durant un semestre.)

1795. Dusaulx, président provisoire.
1796. Camus. — Ducis.
1797. Villar. — Camus.
1798. Bitaubé. — Dupuis.
1799. Andrieux. — Vien.

1800. François de Neufchateau. — Ameilhon.
1801. Le Roy. — Vincent.
1802. Delaporte du Theil. — Mongez.

4ᵉ CLASSE DE L'INSTITUT.
Classe des beaux-arts.
(1803-1815.)

1803. Vincent.
1804. Denon.
1805. Méhul.
1806. Heurtier.
1807. Pajou.
1808. Bervic.
1809. Vincent.

1810. Grétry.
1811. Visconti (E. Q.).
1812. Van Spaendonck.
1813. Ménageot.
1814. Taunay.
1815. Gondoin.

LISTE CHRONOLOGIQUE.

4ᵉ CLASSE DE L'INSTITUT.

Académie des beaux-arts.

(1816-1890.)

1816. Percier.	1842. Leclère (Ach.).	1871. Henriquel.
1817. Dufourny.	1843. Blondel.	1872. Thomas(Amb.)
1818. Lemot.	1844. Boucher-Des-	1873. Signol.
1819. Bervic.	noyers.	1874. Cavelier.
1820. Gérard.	1845. Halévy.	1875. Lefuel.
1821. Le Sueur.	1846. Ramey (E. J.).	1876. Meissonier.
1822. Guérin.	1847. Huvé.	1877. François.
1823. Cartellier.	1848. Vernet (Hor.).	1878. Bazin (mort en fonction).
1824. Garnier (E.B.)	1849. Gatteaux.	
1825. Gros.	1850. Picot.	1879. Hébert (en remplacement de M. Muller, démissionnaire).
1826. Boucher-Des- noyers.	1851. Dumont (Aug.)	
	1852. Caristie.	
1827. Lemot (mort en fonction).	1853. Heim.	
	1854. Forster.	
1828. Thévenin.	1855. Thomas(Amb.)	
1829. Huyot.	1856. Lemaire.	1880. Thomas (J.).
1830. Galle.	1857. Hittorff.	1881. Questel.
1831. Lethière.	1858. Rob.-Fleury.	1882. Lenepveu.
1832. Debret.	1859. Gatteau.	1883. Gounod.
1833. Berton.	1860. Gilbert.	1884. Guillaume.
1834. Cortot.	1861. Réber.	1885. Bouguereau.
1835. Gros (mort en fonction).	1862. Couder.	1886. Garnier (Ch.).
	1863. Jouffroy.	1887. Chaplain.
1836. Richomme.	1864. de Gisors.	1888. Bonnat.
1837. Lebas.	1865. Thomas(Amb.)	1889. Chapu.
1838. Hersent.	1866. Gatteaux.	1890. Thomas(Amb.)
1839. Nanteuil.	1867. Lefuel.	1891. Meissonier (mort en fonction).
1840. Huyot (mort en fonction).	1868. Lehmann.	
	1869. Guillaume.	
1841. Garnier (E.B.)	1870. Baltar (Vᵒʳ).	1891. Bailly.

LISTE ALPHABÉTIQUE

DES

ASSOCIÉS ÉTRANGERS DE L'ACADÉMIE DES BEAUX-ARTS.

ALVAREZ, sc., à Madrid.
ANTOCOLSKI, sc., à St-Pétersbourg.
ANTOLINI, sc., à Milan.
APPIANI, p., à Milan.
CALDERARI (Cte), arch., à Vicence.
CAMBRAY-DIGNY (Cte), archéol., à Florence.
CAMUCCINI, p., à Rome.
CANINA, archéol., à Rome.
CANOVA, sc., à Rome.
COCKERELL, arch., à Londres.
CORNÉLIUS, p., à Berlin.
DONALDSON, arch., à Londres.
DRACKE, sc., à Berlin.
DUPRÉ, sc., à Florence.
FELSING, gr., à Darmstadt.
FERSTEL (Ch^{lier} DE), arch., à Vienne.
GALLAIT, p., à Bruxelles.
GEVAERT, comp. mus., à Bruxelles.
GUGLIELMI, comp. mus., à Rome.
HAYDN, comp. mus., à Vienne.
HESS (DE), p., à Munich.
KAULBACH, p., à Munich.
KLENZE (B^{on} DE), arch., à Munich.
LEIGHTON, p., à Londres.
LONGHI, gr., à Milan.
MADRAZO (DE), p., à Madrid.

MARVUGLIA, arch., à Palerme.
MATEJKO, p., à Cracovie.
MERCADANTE, comp. mus., à Naples.
MERCURJ, gr., à Rome.
MEYERBEER, comp. mus., à Berlin.
MILLAIS, p., à Londres.
MORGHEN, gr., à Naples.
OVERBECK, p., à Rome.
PAISIELLO, comp. mus., à Naples.
RAUCH, sc., à Berlin.
RIETSCHEL, sc., à Dresde.
ROSA, archéol., à Rome.
ROSSINI, comp. mus., à Bologne.
SALIERI, comp. mus., à Vienne.
SCHINKEL, arch., à Berlin.
SCHNORR DE CAROSFELD, p., à Dresde.
SERGEL, sc., à Stockholm.
SILVA (DA), arch., à Lisbonne.
STRACK, arch., à Berlin.
STULER, arch., à Berlin.
TENERANI, sc., à Rome.
THORVALDSEN, sc., à Copenhague.
TOSCHI, gr., à Parme.
VELA, sc., à Milan.
VERDI, comp. mus., à Busseto.
WEST, p., à Londres.
ZINGARELLI, compos. mus., à Naples.

Total : 53 membres associés étrangers (depuis la fondation de l'Institut jusqu'au 1er mai 1891),
    Dont 13 peintres,
         12 sculpteurs,
         10 architectes,
         5 graveurs,
         10 compositeurs de musique
         3 archéologues.

LISTE ALPHABÉTIQUE

DES

CORRESPONDANTS DE L'ACADÉMIE DES BEAUX ARTS.

ABADIE (Paul), à Angoulême.
ADDA (Mis Girolamo D'), à Milan.
AGINCOURT (J.-B. Séroux D'), à Rome.
ALIGNY (Théodore D'), à Lyon.
ALMA-TADEMA (Laurent), à Londres.
AMATI (Carlo), à Milan.
ANDERLONI (Pietro), à Milan.
ANGELINI (Tito), à Naples.
ANTOCOLSKY (Marc), à Saint-Pétersbourg, élu associé en 1888.
ANTOLINI (Giov.-Antonio), à Milan, élu associé en 1820.
ARTAUD (Ch^{lier} Alexis-François), à Rome.
AZEGLIO (Mis Roberto D'), à Turin.
BARDIN (Jean), à Orléans.
BARTOLINI (Lorenzo), à Florence.
BEAULIEU (Martin), à Niort.
BECK (Franz), à Manheim.
BENDEMANN (Eduard), à Dresde.
BENEDICT (Julius), à Londres.
BENVENUTI (Pietro), à Florence.
BLAISE (Barthélemy), à Poissy.
BLAZE (Henri-Sébastien), à Cavaillon.
BODINIER (Guillaume), à Angers.
BOGUET (Didier), à Rome.
BOICHOT (Guillaume), à Autun.
BOISSERÉE (Sulpiz), à Stuttgart.
BOISSIEU (Jean-Jacques DE), à Lyon.
BONNEFOND (Jean-Claude), à Lyon.

BONNET-BEAUVAL (J.-François), à Limoges.
BONUCCI (Carlo), à Naples.
BOUGEREL (Alexandre), à Nantes.
BRULLOFF (Alexandre), à Saint-Pétersbourg.
BURNEY (Charles), à Londres.
CAILLOT (Joseph), à St-Germain en Laye.
CALAMATTA (Luigi), à Milan.
CALMELS (Anatole-Célestin), à Lisbonne.
CAMBRAY-DIGNY (Cte DE), à Florence, élu associé en 1830.
CAMPANA (Mis Giov.-Pietro), à Rome.
CANINA (Luigi), à Rome, élu associé en 1843.
CARAPANOS (Constantin), à Athènes.
CARELLI (Francesco), à Naples.
CASTELBARCO (Cte Cesare), à Milan.
CASTELLAN (Ant.-Laurent), à Coulommiers, acad. libre en 1816.
CAVALCASSELLE (Giov.-Baptista), à Rome.
CHAUVIN (Pierre-Athanase), à Rome.
CHÉLARD (André), à Weimar.
CHENAVARD (Ant.-Marie), à Lyon.
CHENAVARD (Paul), à Lyon.
CHORON (Alexandre), à Caen.
CICOGNARA (Cte Leopoldo), à Venise.
CIVILETTI, à Palerme.

CLODT-JURGENSBURG (B^{on} DE), à St-Pétersbourg.
COCHET (Claude), à Lyon.
COCKERELL (Ch.-Robert), à Londres, élu associé en 1841.
COMBES (Louis-Guy), à Bordeaux.
CONTI (Carlo), à Naples.
CORNÉLIUS (Peter), à Berlin, élu associé en 1867.
COSTE (Xavier-Pascal), à Marseille.
CRUCY (Mathurin), à Nantes.
CUYPERS (P.-J.-Hubert), à Amsterdam.
CZARTORYSKI (le prince Ladislas), à Cracovie.
DANGUIN (Jean-Baptiste), à Lyon.
DANNECKER (Johann-Heinrich DE), à Stuttgart.
DAUBAN (Jules), à Angers.
DAUSSOIGNE-MÉHUL, à St-Pétersbourg.
DEBRET (Jean-Baptiste), à Rio-Janeiro.
DEBUCOURT (Philibert-Louis), à Belleville.
DEFFÈS, à Toulouse.
DIETRICHSTEIN (Moritz, Cte DE), à Vienne.
DONALDSON (Thomas-Leverton), à Londres, élu associé en 1863.
DONIZETTI (Gaetano), à Bergame.
DRACKE (Heinrich-Aug.-Friedrich), à Berlin, élu associé en 1870.
DUCLAUX (Ant.-Jean-Martin), à Lyon.
DUMAS (Michel), à Lyon.
DUPRÉ (Giovanni), à Florence, élu associé en 1869.
DURAND (Pierre-Charles), à Bordeaux.
ENGERTH (Eduard), à Vienne.
ESTÈVE (Rafael), à Madrid.

FABRE (François-Xavier), à Florence.
FABRIS (Giuseppe DE), à Rome.
FACHE (René), à Ribécourt (Oise).
FELSING (Jacob), à Darmstadt, élu associé en 1854.
FERSTEL (Henry DE), à Vienne, élu associé en 1881.
FINELLI (Carlo), à Rome.
FIORELLI (Giuseppe), à Rome.
FIORILLO (Johann-Dominik), à Gœttingue.
FLOTOW (Adolphe DE), à Schwerin.
FOGELBERG (Bengt-Erland), à Rome.
FONSECA (Antonio-Manuel DE), à Lisbonne.
FORTUNY, à Madrid.
FOUCHEROT (Jacques), à Tonnerre.
FRACCAROLI (Innocenzo), à Milan.
FRAIKIN (Charles-Auguste), à Bruxelles.
FRAMERY (Nic.-Étienne), à Vaugirard.
FRANCK (Joseph), à Bruxelles.
FRANEL (J.-E.-Henri), à Genève.
GADE (Nils-Vilhem), à Copenhague.
GALLAIT (Louis), à Bruxelles, élu associé en 1870.
GASPARI (Gaëtano), à Bologne.
GASSE (Luigi-Silvestro), à Naples.
GEEFS (Guillaume), à Bruxelles.
GEEFS (Joseph), à Anvers.
GEYMÜLLER (Bon Henry DE), à Champitet-sous-Lausanne.
GILLES (Antoine DE), à Saint-Pétersbourg.
GIRARDET (Paul), à Moudon, près Lausanne.
GIROUST (Théodore), à Lunéville.
GRANET (François-Marius), à Rome, académicien en 1830.

LISTE ALPHABÉTIQUE. 383

GUFFENS (Godefroid), à Bruxelles.
HAEHNEL (Ernest-Jules), à Weimar.
HERBERT (John-Rogers), à Londres.
HERKOMER (Hubert), à Londres.
HESS (Heinrich DE), à Munich, élu associé en 1862.
HUNT (Richard-Morris), à New-York.
HUNTUMMEL (Johann-Nepomuk), à Weimar.
IESI (Samuele), à Florence.
INGRES (Jean-Aug^{te}-Dominique), à Florence, académicien en 1825.
JACOBY (Louis), à Vienne.
JAY (Louis-Joseph), à Grenoble.
JEANRON (Philippe-Auguste), à Marseille.
KASTNER (Jean-Georges), à Strasbourg, acad. libre en 1859.
KAULBACH (Wilhelm), à Munich, élu associé en 1863.
KELLER (Joseph), à Dusseldorf.
KEYSER (Nicaise DE), à Anvers.
KLENZE (Bon Leo DE), à Munich, élu associé en 1841.
LACOUR (Pierre), à Bordeaux.
LANCRENON (Jos.-Ferdinand), à Besançon.
LANDON (Charles-Paul), à Morangis.
LARIVE (J. MAUDUIT DE), à Montlignon.
LA SALLE (A.-Ét. GIGAULT DE), à Chaumont.
LASINIO (Carlo), à Pise.
LE BRETON (Gaston), à Rouen.
LE CARPENTIER (Ch.-Jacq.-Fr^{ois}), à Lunéville.
LEENHOFF (Ferdinand), à la Haye.
LEIGHTON (Frederick), à Londres, élu associé en 1884.

LEMOYNE (Paul), à Rome.
LENS (André), à Bruxelles.
LETHIÈRE (Guillaume-Guillon), à Rome, académicien en 1818.
LEYS (Henry-Jean-Auguste, B^{on}), à Anvers.
LIMNANDER DE NIEUWENHOVE (le B^{on} DE), à Malines.
LISZT (Franz), à Pesth.
LOUVIER (Antoine-Georges), à Lyon.
MADRAZO (Federigo DE), à Madrid, élu associé en 1873.
MAGAUD (Dominique-Ant.-J.-B.), à Marseille.
MANDEL (Eduard), à Berlin.
MANLICH (Johann-Christian), à Munich.
MARÉCHAL (Charles), à Metz.
MARIONNEAU (Claude-Charles), à Bordeaux.
MASSARANI (Tullo), à Milan.
MATTEI (Francesco), à Bologne.
MAUDUIT (Ant.-François), à St-Pétersbourg.
MAYER (Johann-Simon), à Mendorf.
MELIDA (Arturo), à Madrid.
MELITO (Miot, Cte DE), à Stuttgart.
MERCADANTE (Saverio), à Naples, élu associé en 1856.
MERCURJ (Paolo), à Rome, élu associé en 1883.
MOITTE (Alexandre), à St-Germain en Laye.
MONTEVERDE (Giulio), à Rome.
MOREAU (Charles), à Vienne.
MOREAU (Henri), à Liège.
MOREY (Mathieu-Prosper), à Nancy.
MULLER (Johann-Gothard DE), à Stuttgart.
MUSSINI (Luigi), à Sienne.
NAVEZ (François-Joseph), à Bruxelles.

NEWTON (Charles-Thomas), à Londres.
NIBBY (Antonio), à Rome.
NYSTROM (Per.-Axel.), à Stockholm.
OLPERS (Ignaz-Maria, B^{on} D'), à Berlin.
OMMEGANCK (Paul), à Anvers.
OVERBECK (Johann-Friedrich), à Rome, élu associé en 1844.
PARIS (Pierre-Adrien), à Besançon, académicien démissionnaire en 1796.
PÉCHEUX (Laurent), à Turin.
PENCHAUD (Michel-Robert), à Marseille.
PERKINS (Charles-Callahan), à Boston.
PERNE (François-Louis), à Bruxelles.
PISTRUCCI (Benedetto), à Londres.
PITTAKIS (Cyriaque), à Athènes.
PODESTI (Francesco), à Rome.
POLITI (Raffaele), à Agrigente.
PONCE (Nicolas), à Sartrouville.
PORPORATI (Carlo-Antonio), à Turin.
POUCKE (Charles VAN), à Gand.
PRUD'HON (Pierre-Paul), à Dijon, académicien en 1816.
PYE (John), à Londres.
QUEYLAR (Paul DU), à Aix.
RAIMBACH (Abraham), à Londres.
RÉATTU (Jacques), à Arles.
REGA (Filippo), à Naples.
REICHARDT (Johann-Friedrich), à Berlin.
RENAUD (Charles), à Marseille.
RÉVOIL (Pierre-Henri), à Lyon.
RICHARD (Fleury-François), à Lyon.
RIETSCHEL (Ernst-Friedrich-Auguste), à Dresde, élu associé en 1858.

ROBERT (Léopold), à Rome.
RONOT (Charles), à Dijon.
ROQUES (Joseph), à Toulouse.
ROSA (Pietro), à Rome, élu associé en 1885.
ROSALÈS (Eduardo), à Madrid.
ROSASPINA (Francesco), à Bologne.
ROSS (Ludwig), à Halle.
ROSSI (Giovanni-Gherardo DE), à Rome.
ROUSSEAU, à Clermont-Ferrand.
RUBINSTEIN (Ant.-Grégoire), à Saint-Pétersbourg.
SAINT-MESMIN (Fevret DE), à Dijon.
SAINT-OURS (Jean-Pierre), à Genève.
SALINAS (Antonino), à Palerme.
SARTI (Antonio), à Rome.
SCHADOW (Johann-Gottfried), à Berlin.
SCHADOW-GODENHAUS (B^{on} DE), à Dusseldorf.
SCHLICK (Benjamin-Gotthold), à Copenhague.
SCHNORR VON CAROSFELD (Hans), à Munich, élu associé en 1867.
SERANGELI (Gioachino), à Milan.
SERRADIFALCO (duc DE), à Palerme.
SGAMBATI (Giovanni), à Rome.
SILVA (Joachim DA), à Lisbonne, élu associé en 1883.
SIMONIS (Eugène), à Bruxelles.
SMIERIDAZKI (Henri), à Rome.
SOULZA-HOLSTEIN (Mis DE), à Lisbonne.
SPOHR (Ludwig), à Cassel.
SPONTINI (Gaspare-Luigi), à Berlin, académicien en 1839.
STRACK (Johann-Heinrich), à Berlin, élu associé en 1865.
STROHM (Jean), à Saint-Pétersbourg.

LISTE ALPHABÉTIQUE.

STULER (Friedrich-August), à Berlin, élu associé en 1864.
SUVÉE (Joseph-Benoît), à Rome.
SWERTS (J.-E.-Emmanuel), à Prague.
TAGLIAFICHI (Andrea), à Gênes.
TAUREL (André-Benoît), à Amsterdam.
TAUTENHAYN (Joseph), à Vienne.
TENERANI (Pietro), à Rome.
THÉVENIN (Charles), à Rome. académicien en 1825.
THIBAULT (Jean-Thomas), à Montiérender, académicien en 1818.
TIECK (Christian-Friedrich), à Berlin.
TOLSTOÏ (Cte Théodore), à Saint-Pétersbourg.
VALADIER (Joseph), à Rome.
VALLDEMOSA (Francesco Frontera DE), à Madrid.
VEGA (Francesco DE LA), à Portici.
VELA (Vincenzo), à Milan, élu associé en 1882.
VERDI (Giuseppe), à Busseto, élu associé en 1864.
VERDIER, à Lisbonne.
VIALA DE SORBIER, à Marseille.
VISCONTI (Pietro-Ercole), à Rome.
VYSE (R.-W.-Howard), à Londres.
WAAGEN (Gustave-Friedrich), à Berlin.
WALLACE (Richard), à Londres.
WAPPERS (Bon Gustaf), à Anvers.
WAUTERS (Émile-Charles-Marie). à Bruxelles.
WEBER (Frédéric), à Bâle.
WICHMANN (Ludwig-Wilhelm), à Berlin.
WILKIE (David), à Londres.
ZAMBUSCH, à Vienne.
ZANTH (Carl-Ludwig DE), à Stuttgart.
ZINGARELLI (Nicolo-Antonio), à Naples, élu associé en 1823.

TABLE

DES NOMS CITÉS DANS CE VOLUME.

ABEL DE PUJOL, p. 190, 256.
AGINCOURT (D'), 123.
ALAUX, 289, 290.
ALHUMBERT, 277.
ANDRIEUX, 67, 111.
ANGIVILLER (Cte D'), 25, 29.
ANGOULÊME (Duc D'), 132, 136.
ANSIAUX, 147.
ANTOINE, 55, 60, 130.
APPIANI, 93.
ARAGO (François), 51, 69, 287.
ARGENVILLE (D'), 29.
ARNAULT, 116, 215, 217.
AUBER, 122, 258, 265, 307, 323, 333, 334, 335.
AUCOC, 293, 352.
AUMALE (Duc D'), 95, 351, 352.
AUMONT (Duc D'), 45.

BALTARD (V^{er}), 239, 270, 329.
BAOUR-LORMIAN, 217, 218.
BARÈRE, 52.
BARTHÉLEMY, 69, 70.
BARYE, 122, 342, 343.
BASSEVILLE, 72.

BAUDRY (Paul), 121, 267, 324, 344.
BEETHOVEN, 204, 205, 272.
BELLORI, 12.
BENEZECH, 71.
BÉNOUVILLE (Ach.), 189.
BERGERET, 192.
BERLIOZ, 323.
BERTHOLLET, 59, 84, 222.
BERTIN (V^{or}), 188.
BERTON, 128, 129, 147.
BERVIC, 48, 120, 175.
BEULÉ, 314, 315, 318, 321, 336, 339, 340, 341.
BIDAULT, 188, 257.
BIENAIMÉ, 23.
BLACAS (Duc DE), 173.
BLANC (Charles), 95, 173, 336, 345.
BLUCHER, 161, 162.
BOIELDIEU, 122, 203, 224.
BONNARD, 175.
BONVOISIN, 30.
BORDA, 61.
BORDIN, 277, 351.
BOSIO, 170, 175, 193, 224, 226.
BOUILLY, 127.
BOULLÉE, 61, 87, 130.
BRASCASSAT, 257.

CABANEL, 267, 329, 344.
CAILLEUX (DE), 281.
CALDERARI, 93.
CAMBACÉRÈS, 137.
CANINA, 290, 291.
CANOVA, 93, 162, 163.
CARNOT (Lazare), 69, 137, 146.
CARNOT (Hipp.), 285.
CARTELLIER, 131.
CASTELLAN, 149, 170, 173, 174.
CASTLEREAGH (Lord), 162.
CAUCHY, 56.
CAYLUS (Cte DE), 12, 172.
CHABANON, 20.
CHALGRIN, 80, 130.
CHAMFORT, 19.
CHAMPAGNE, 70.
CHAMPAGNY (DE), 115.
CHAMPAIGNE (Ph. DE), 8.
CHAMPOLLION, 84.
CHAPU, 296, 345.
CHARLES X, 202, 216, 222, 224.
CHARMOIS (DE), 7, 8.
CHASSÉ, 46.
CHATEAUBRIAND (DE), 90.
CHAUDET, 32, 120, 130, 195, 299.

CHAUMETTE, 28.
CHÉNIER (André), 26, 52.
CHÉNIER (M.-J.), 45, 61, 65, 114.
CHENNEVIÈRES (Mis DE), 280.
CHERUBINI, 122, 128, 129, 147, 167, 175, 206, 224, 226, 271, 272, 273, 274, 275, 276.
CHESNEAU (E.), 315.
CHOISEUL - GOUFFIER (Cte DE), 12, 95, 173.
CICOGNARA, 123.
CLARAC (Cte DE), 173.
COGNIET (Léon), 151. 218, 313, 323, 329, 347.
COLLIN D'HARLEVILLE, 45, 67, 111.
CONDORCET, 21, 35.
CORTOT, 219.
COUDER, 190, 262, 300.
COURAJOD (L.), 29.
COYSEVOX, 104.
CURZON (DE), 189.
CUVIER (G.), 56, 84, 114.

DAGUERRE, 259.
DALAYRAC, 273.
DAUMET, 351.
DAUNOU, 35, 59, 61, 63, 64, 67.
DAVID (Louis), 13, 17, 18, 21, 22, 24, 26, 28, 30, 31, 32, 44, 50, 51, 60, 70, 76, 78, 100, 119, 131, 133, 137, 138, 152, 155, 156, 175, 176,
177, 178, 182, 209, 222, 266.
DAVID D'ANGERS, 122, 213, 305.
DAVID (Émeric), 149.
DAVID (Félicien), 296, 345.
DEBRET, 122, 258, 304.
DE CAEN (Ctesse), 346, 347.
DECAMPS, 220.
DECAZES (Duc), 176.
DE COTTE (Robert), 13.
DEJOUX, 76, 174.
DELACROIX (Eug.), 121, 209, 210, 219, 260, 267, 305, 308, 309, 310.
DELAROCHE (Paul), 189, 193, 220, 256, 267, 268, 286, 305, 306, 307.
DELAUNAY (E.), 267.
DELIBES (Léo), 345.
DELILLE, 43, 91, 119.
DELISLE DE SALES, 61.
DENON (B^{on}), 77, 82, 149, 162, 163, 164, 169, 175, 192 222.
DESCHAUMES, 277.
DESEINE, 139, 140.
DESGODETS, 13.
DESNOYERS (Bon BOUCHER-), 122, 170, 175, 224.
DESPOIS (Eug.), 27.
DEVÉRIA (Eug.), 210.
DIAZ, 260.
DORAT-CUBIÈRES, 32.
DORION, 118.
DOYEN, 25, 60.
DROLLING, 219, 256.
DUBAN, 109, 122, 196, 333.
DUBOSC, 348, 349, 350.
DUC, 122, 329, 344.
DUCIS, 43, 91.
DUFAURE, 327, 335.
DUFOURNY, 31, 76, 168, 175, 178.
DUMAREST, 92, 131.
DUMAS (Alex.), 216.
DUMESNIL, 118.
DUMONT (Aug.), 122, 344.
DUPASQUIER, 30.
DUPATY, 170, 175, 203.
DUPRÉ (J.), 262.
DUPUIS, 85.
DURAS (Duc DE), 20.
DURET, 122, 193.
DUSSAULX, 67.
DUTERTRE, 85.
DUVAL (Alex.), 53.
DUVAL (Amaury), 53.
DUVIVIER, 175.

ENGELMANN, 192.
ERARD, 123.
ESPÉRANDIEU, 122.
ÉTIENNE, 215.

FABRE, 25.
FAUCHER (Léon), 283.
FAVRE (Jules), 335.
FÉLIBIEN, 12.
FÉTIS, 274.
FIORAVANTI, 204.
FLANDRIN (Hipp.), 239, 268, 269, 270, 307, 319, 320, 321.
FLEURIOT, 32, 33.
FONTAINE, 77, 131, 175, 226, 271, 304.
FONTANES (DE), 69, 111.
FORBIN (Cte DE), 173.
FORTOUL, 292, 294, 295.

TABLE DES NOMS CITÉS. 389

FOURCROY, 59, 61, 67, 68.
FOURCROY (Ctesse DE), 246.
FRAGONARD (H.), 30.

GABRIEL, 13, 55.
GAILLARD, 43.
GARAT, 91.
GARNIER (E.-B.), 185.
GARRICK, 124.
GATTEAUX, 270, 300, 330, 331.
GÉRARD (B^{on}), 27, 32, 100, 131, 175, 203, 206, 208, 223, 226, 228, 242, 244, 245, 246, 247, 248, 266, 306.
GÉRICAULT, 121, 208, 209.
GIRARDON (Catherine), 11.
GIRODET, 72, 77, 100, 119, 147, 167, 175, 266.
GOIS, 173.
GONCOURT (DE), 30.
GONDOIN, 50, 54, 56, 174.
GOSSEC, 56, 61, 127, 174, 202, 221.
GOUNOD (Ch.), 238, 239.
GRANDMÉNIL, 87, 92, 149, 150, 169, 170, 175.
GRANET, 257.
GRÉGOIRE (L'abbé), 35, 61, 70.
GRENIÉ, 123.
GRÉTRY, 28, 38, 56, 57, 61, 124, 125, 126, 127, 128, 129, 132.

GROS (B^{on}), 60, 147, 167, 175, 176, 177, 203, 206, 208, 209, 226, 241, 242, 243, 248, 266.
GUÉRIN (B^{on}), 73, 74, 147, 167, 175, 203, 224, 226, 231, 266, 299, 337.
GUGLIELMI, 93.
GUIBERT, 20.
GUIGNIAULT, 179.
GUYTON DE MORVEAU, 59.

HALÉVY, 258, 286, 296, 297, 298, 300.
HASSENFRATZ, 32.
HAYDN, 61, 93, 124.
HAZARD, 32.
HÉBERT, 32, 33.
HÉBERT (Ernest), 239.
HEIM, 218.
HENRIQUEL, 122, 190, 307, 323.
HÉROLD, 122, 354.
HERSENT, 190, 305.
HESSE, (Alex.), 267.
HEURTIER, 88, 106, 175.
HITTORFF, 151, 152.
HOUDON, 44, 50, 52, 53, 54, 174, 193, 202.
HUE, 147.
HUGO (Victor), 124, 216.
HUMBOLDT (DE), 123.
HUYOT, 109, 122, 258, 299.

INGRES, 121, 203, 204, 213, 236, 237, 238, 239, 240, 241, 258, 276, 286, 321, 322.

JAY, 215.
JEANRON, 281.
JEUFFROY, 92, 175.
JOUFFROY, 239.
JOUY (DE), 215, 217.
JULIEN, 32, 76, 130.
JUSSIEU (DE), 59.

KLOPSTOCK, 93.
KREUTZER, 127.

LABROUSTE (H^{ri}), 232, 342, 344.
LACÉPÈDE (Cte), 61, 62.
LAGRANGE, 222.
LAHARPE, 216.
LAINÉ, 184, 186.
LAKANAL, 35, 62.
LAMARTINE (DE), 287.
LAMBERT, 351.
LANGLÈS, 85.
LANTARA, 12.
LAPLACE, 59, 61, 222.
LA PORTE DU THEIL, 111.
LA REVEILLÈRE-LÉPEAUX, 69, 183.
LASTEYRIE (Cte DE), 192.
LA TOUR D'AUVERGNE (P^{ce} DE), 12.
LAVOISIER, 52.
LA VRILLIÈRE, 8.
LE BARBIER, 77, 140, 141, 142, 144, 146, 175.
LE BAS (Hipp.), 269, 300.
LEBLANC DE GUILLET, 44.
LEBRETON (Joachim), 106, 112, 113, 114, 124, 142, 143, 164, 165, 166, 178, 298, 340.

390   L'ACADÉMIE DES BEAUX-ARTS.

Lebrun (Charles), 6, 7, 9, 144.
Lebrun (Écouchard), 67, 82.
Lebrun (Mme Vigée-), 11, 25.
Lecomte, 175.
Ledru-Rollin, 281, 282, 285.
Lefuel, 122, 239, 329, 341, 344.
Legouvé (E.), 327.
Legrand, 221.
Lehmann (H^ri), 239, 267, 321, 329, 344.
Lekain, 45.
Lemonnier, 147.
Lemot, 72, 131, 175, 224.
Lenepveu, 267.
Lenoir (Albert), 345.
Lenoir (Alex.), 193.
Lenormant (Ch.), 224.
Leroy (David), 195.
Lescallier, 70.
Lesueur (Eustache), 8.
Lesueur (J.-B.), 122, 329, 344.
Lesueur (J.-F.), 82, 91, 127, 147, 175, 226, 299.
Lesueur (P.-E.), 25.
Lethière (Guillon-), 77, 152, 153, 154, 184, 185.
Letourneur, 67, 98.
Letronne, 56.
Louis, 55.
Louis XVIII, 132, 134, 157, 161, 171, 195, 199, 200.
Louis-Philippe, 230, 263.

Lundberg, 11.

Maillé-La Tour-Landry (de), 277, 351.
Mansart (J.-H.), 13.
Maréchal (Sylvain), 28, 150.
Mariette (J.-Pierre), 12, 172.
Marigny (Mis de), 303.
Marmontel, 43.
Marsollier, 128.
Martini, 128.
Mattei (Le Père), 204.
Mazois, 54.
Méhul, 38, 45, 50, 56, 57, 116, 120, 127, 174, 271, 299.
Meissonier, 344.
Ménageot, 25, 72, 175, 184.
Mendelssohn, 231, 232, 234, 237.
Mercié (Ant.), 296.
Meyerbeer, 322.
Meynier, 77, 147, 148, 175.
Michallon, 189, 190.
Mignard (Pierre), 9, 144.
Mirabeau, 19, 21, 35.
Moitte, 130.
Molé, 45, 50, 57, 92, 130.
Molé - Dallainville, 46, 47.
Molinos, 221.
Monbinne, 351.
Monge, 59, 70, 84.
Mongez, 61, 85, 114.
Monsigny, 128, 129, 130, 175.
Montesquiou (Abbé de), 140, 145.

Monvel, 92, 130.
Moreau jeune, 77.
Morghen, 93.
Muraire, 62.

Napoléon Ier, 56, 69, 74, 84, 89, 90, 114, 115, 116, 122, 123, 131, 146, 155, 159, 183, 222, 223, 273.
Napoléon III, 313.
Neufchateau (François de), 111.
Nieuwerkerke (Cte de), 310, 311, 315.

Pache, 32.
Paisiello, 56, 124.
Pajou, 50, 52, 54, 76, 130, 132.
Paladilhe, 351.
Paris, 130.
Parseval-Grandmaison, 85.
Pasquier (Duc), 166.
Pastoret (Mis de), 69, 70.
Percier, 77, 109, 131, 175, 224, 248, 249, 250, 251.
Perraud, 122, 345.
Perrault (C.), 13.
Persuis, 127.
Peyre, 60, 174.
Philidor, 82.
Picault, 30.
Picot, 218, 256.
Pils, 239.
Portogallo, 204.
Poussin (Nic.), 187, 334.
Pradel (Cte de), 173.
Pradier (J.), 122, 305.
Préville, 87, 92.

TABLE DES NOMS CITÉS.

PRUD'HON, 32, 87, 121, 147, 148.

QUATREMÈRE DE QUINCY, 75, 76, 149, 178, 179, 180, 181, 182, 183, 213, 223, 233, 252, 253, 254, 255, 299, 340.
QUESTEL, 122.

RADONVILLIERS (Abbé DE), 20.
RAMEY (Ét.-J.), 56, 219.
RAOUL-ROCHETTE, 53, 252, 253, 292, 296.
RAVAISSON, 327.
RAYMOND, 130.
REBER (H^{ri}), 300, 345.
REDOUTÉ, 85.
REGNAULT (H.-V.), 54, 56.
REGNAULT (H^{ri}), 54.
REGNAULT (Bon J.-B.), 60, 100, 152, 174, 178, 202, 222, 224, 226.
RÉMUSAT (Abel), 56.
RÉMUSAT (Ch. DE), 335.
RENOU, 15.
RENOUVIER (J.), 27.
REYNAUD (Mme Jean), 350.
RICHELIEU (M^{al} DE), 45.
RICHELIEU (Duc DE), 95.
RIOULT, 137.
ROBERT (Léopold), 136, 354.
ROBERT-FLEURY, 193, 344.

ROBERT-LEFÈVRE, 147.
ROHAN-CHABOT (Duc DE), 12.
ROLAND, 60, 76, 104, 115, 174.
RONDELET, 123, 147, 175.
RONSIN, 32.
ROSLIN, 11.
ROSSI (Cte), 35.
ROSSINI, 56, 204, 205, 213, 322, 348.
ROUSSEAU (Théod.), 260.
ROYER-COLLARD, 175.
RUDE, 122, 354.
RULHIÈRE, 20.

SAINT-AUBIN (Aug. DE), 28.
SAINT-MARCEL (DE), 118.
SAINT-PIERRE (Bernardin DE), 43, 59, 91.
SAINTE-BEUVE, 214.
SARRASIN (J.), 8.
SCHEFFER (Ary), 216.
SCHNETZ, 257.
SCRIBE, 265.
SEDAINE, 128, 129.
SÉGUIER (Le chancelier), 8.
SÉGUIER, 20.
SÉGUR (M^{al} DE), 12.
SÉNONNES (Vte DE), 173.
SÉRANGELI, 147.
SERGEL, 93.
SERGENT, 29.
SERRES (DE), 175.
SICARD (L'abbé), 69, 111.
SIEYÈS, 59, 61.

SIGNOL, 239.
SIMART, 239, 270, 300, 321, 323.
SIMON (Jules), 18, 40, 93, 328, 335, 336.
SOUFFLOT, 13.
SPONTINI, 271.
SUVÉE, 72, 107, 152.

TAILLASSON, 100.
TALLEYRAND (P^{ce} DE), 21, 35, 162, 163.
TARDIEU, 48.
TAUNAY, 137, 166, 174, 202, 222.
TAYLOR (B^{on}), 345, 346.
THÉVENIN, 147.
THIBAULT, 149, 170.
THIERS, 335, 339.
THOMAS (Ambr.), 238, 239, 307, 335.
THOUIN, 79.
TOCQUEVILLE (DE), 56.
TOURNEHEM (DE), 303.
TREILHARD, 62.
TURPIN DE CRISSÉ (Cte), 173.

VALENCIENNES, 77, 188, 257.
VAN OBSTAL, 8.
VAN SPAENDONCK, 50, 174.
VARON, 30.
VAUBLANC (Cte DE), 167, 173, 186.
VAUDOYER (A.-L.-T.), 102, 103.
VAUDOYER (Léon), 122.
VAUQUELIN, 67, 68.

VERNET (Carle), 147, 175, 226.
VERNET (Horace), 193, 206, 213, 231, 232, 234, 235, 258, 262, 265, 276, 305, 307, 308.
VESTRIS, 46.
VIEN, 16, 60, 76, 78, 129, 130, 222.

VIENNET, 215.
VILLAIN, 250.
VILLAR, 61, 111.
VILLEMAIN, 56.
VINCENT, 27, 30, 76.
VINET, 300.
VIOLLET-LE-DUC, 314.
VISCONTI (E.-Q.), 149, 169, 175, 299.

WAILLY (DE), 50, 54, 56, 84.
WELLINGTON (Duc DE), 161, 162, 165.
WEST (Benj.), 93.
WICAR, 25.
WIELAND, 93.
WILLEMIN, 123.

FIN

TABLE DES MATIÈRES

CHAPITRE PREMIER

ORIGINES.

L'ancienne Académie royale de peinture et de sculpture. — Dissidences entre ses membres à partir de 1789. — David provoque et réussit à faire décréter par la Convention, en 1793, la suppression de cette Académie. — Rôle de David pendant la Révolution. — La Commune des arts et la Société populaire et républicaine des arts. — La Commission du Muséum et le Jury des arts. — Fondation de l'Institut.   1

CHAPITRE II

LA CLASSE DE LA LITTÉRATURE ET DES BEAUX-ARTS AU TEMPS DU DIRECTOIRE.

Organisation de la classe. — Quatre sections seulement y sont réservées aux artistes. — Inconvénients de la mesure par laquelle des comédiens sont appelés à faire partie d'une de ces sections. — Premiers membres de la troisième classe choisis parmi les artistes. — Première séance publique de l'Institut. — Rétablissement des concours pour les grands prix de Rome. — Fête pour célébrer l'arrivée à Paris des monuments de l'art recueillis en Italie. — La Commission d'Égypte et l'Institut du Caire.   41

CHAPITRE III

LA CLASSE DES BEAUX-ARTS SOUS LE CONSULAT ET SOUS L'EMPIRE.

Première réorganisation de l'Institut (1803). — La classe de la littérature et des beaux-arts est partagée en deux classes, dont l'une, sous le titre de classe des beaux-arts, forme la quatrième section de l'Institut. — Arrêté consulaire déterminant le costume des membres de l'Institut. — L'Institut est transféré du Louvre à l'ancien collège des Quatre-Nations. — Première séance publique (1806) de la classe des beaux-arts. — Lebreton, premier secrétaire perpétuel de la classe. — Les prix décennaux. — Mort et funérailles de Grétry. — Élection de Monsigny. — Fin du règne de Napoléon.................................. 87

CHAPITRE IV

L'ACADÉMIE DES BEAUX-ARTS AU TEMPS DE LA PREMIÈRE RESTAURATION ET PENDANT LES CENT-JOURS.

Attitude de David à cette époque. — Démarches tentées par les membres de l'ancienne Académie de peinture pour obtenir la suppression de la quatrième classe de l'Institut. — La quatrième classe est supprimée par une ordonnance royale, quelques jours avant le retour de Napoléon. — Napoléon annule cette ordonnance et la remplace par un décret qui augmente le nombre des membres de la classe. — Création d'une nouvelle section sous le titre de : Théorie et histoire de l'art. — Fin du gouvernement des Cent-jours............................... 133

CHAPITRE V

L'ACADÉMIE DES BEAUX-ARTS DEPUIS LA SECONDE RESTAURATION JUSQU'A LA FIN DU RÈGNE DE LOUIS XVIII.

Les objets d'art provenant des conquêtes sont retirés du musée. — Lebreton cesse de remplir les fonctions de secrétaire perpétuel. — Annulation du décret impérial qui avait élevé à quarante le nombre des membres de la quatrième classe. — Ordonnance royale du 21 mars 1816, aux termes de laquelle ce chiffre est rétabli et la quatrième classe de l'Institut devient l'Académie des beaux-arts. — Création dans l'Académie de la classe des Académiciens libres. — Exclusion de l'Académie et exil de David. — Quatremère de Quincy élu secrétaire perpétuel. — Fondation du prix de paysage historique. — Organisation de l'École des beaux-arts et son installation en dehors des bâtiments de l'Institut............................... 158

CHAPITRE VI

L'ACADÉMIE DES BEAUX-ARTS DEPUIS L'AVÈNEMENT DE CHARLES X
JUSQU'AUX PREMIERS JOURS DU RÈGNE DE LOUIS-PHILIPPE.

Situation de l'Académie au commencement du règne de Charles X. — Le mouvement romantique, ses partisans et ses adversaires. — Le roi anoblit plusieurs membres de l'Académie des beaux-arts. — Dernières nominations dans l'ordre de Saint-Michel. — Premiers jours du règne de Louis-Philippe.......... 202

CHAPITRE VII

L'ACADÉMIE DES BEAUX-ARTS SOUS LA MONARCHIE DE JUILLET.

L'Académie de France à Rome sous le directorat d'Horace Vernet et sous celui d'Ingres. — Mort de Gros, de Gérard, de Percier. — Quatremère de Quincy se démet des fonctions de secrétaire perpétuel et est remplacé par M. Raoul Rochette. — Le jury pour l'examen des œuvres présentées aux Salons annuels est exclusivement composé des membres de l'Académie. — Ouverture des galeries historiques du palais de Versailles. — Restauration de la peinture monumentale à Paris. — Mort de Cherubini. — Premières donations faites à l'Académie des beaux-arts.. 229

CHAPITRE VIII

L'ACADÉMIE DEPUIS LA SECONDE RÉPUBLIQUE JUSQU'A LA FIN
DU SECOND EMPIRE.

Le jugement des œuvres présentées aux expositions annuelles cesse d'appartenir à l'Académie. — L'Académie de France à Rome pendant le siège de 1849. — Un décret impérial réforme momentanément les règlements et les usages de l'Académie des beaux-arts. — Halévy élu secrétaire perpétuel en remplacement de M. Raoul Rochette. — Publication des premiers fascicules du *Dictionnaire de l'Académie des beaux-arts*. — Mort de Paul Delaroche, d'Horace Vernet, d'Eugène Delacroix. — Le décret du 13 novembre 1863 et ses suites. — M. Beulé secrétaire perpétuel. — L'Académie perd successivement Hippolyte Flandrin, Ingres, Meyerbeer et Rossini....................... 279

CHAPITRE IX

L'ACADÉMIE DES BEAUX-ARTS DEPUIS LES COMMENCEMENTS
DE LA TROISIÈME RÉPUBLIQUE.

L'Académie pendant le siège de Paris et pendant la Commune. — Mort d'Auber. — La direction et le jugement des concours aux grands prix de Rome sont rendus à l'Académie par un décret abrogeant celui du 13 novembre 1863. — Pertes subies depuis la mort de M. Beulé jusqu'aux premiers jours de l'année 1891. — Les donations récentes. — Conclusion.............. 325

LISTE CHRONOLOGIQUE, par sections et par fauteuils, des membres de l'Académie des beaux-arts depuis la fondation de l'Institut... 361

LISTE ALPHABÉTIQUE des membres de l'Académie des beaux-arts depuis la fondation de l'Institut..................... 375

LISTE CHRONOLOGIQUE des présidents de l'Académie des beaux-arts.. 378

LISTE ALPHABÉTIQUE des associés étrangers de l'Académie des beaux-arts... 380

LISTE ALPHABÉTIQUE des correspondants de l'Académie des beaux-arts.. 381

TABLE DES NOMS CITÉS DANS CE VOLUME............ 387

PARIS. TYP. DE E. PLON, NOURRIT ET Cie, RUE GARANCIÈRE, 8.

En vente à la même Librairie :

INGRES, SA VIE, SES TRAVAUX, SA DOCTRINE, d'après les Notes manuscrites et les lettres du maître, par le vicomte Henri Delaborde, membre de l'Institut, conservateur au département des estampes à la Bibliothèque nationale. Ouvrage orné d'un portrait gravé par Morse. Un volume in-8º cavalier. Prix. . . . . 8 fr.

LETTRES ET PENSÉES D'HIPPOLYTE FLANDRIN, accompagnées de Notes, précédées d'une Notice biographique et d'un Catalogue des œuvres du maître, par le vicomte H. Delaborde. Ouvrage orné du portrait de Flandrin, gravé par Deveaux, d'après un portrait du maître, et enrichi de plusieurs fac-simile de lettres. Un volume in-8º. Prix. . . . . . 8 fr.

LE DÉPARTEMENT DES ESTAMPES A LA BIBLIOTHÈQUE NATIONALE. Notice historique suivie d'un Catalogue des estampes exposées dans les salles de ce département, par le vicomte H. Delaborde. Un volume in-16 elzevirien. Prix. . . . . 5 fr.

LES MAITRES FLORENTINS DU QUINZIÈME SIÈCLE. Trente dessins par le vicomte Henri Delaborde et W. Haussoullier, d'après les peintures et les sculptures originales tirées des collections de M. Thiers, et gravés par W. Haussoullier, avec des notices explicatives et une Introduction par le vicomte Henri Delaborde, secrétaire perpétuel de l'Académie des beaux-arts. Prix de l'ouvrage in-folio colombier. . . . . 300 fr.

LES MAITRES ORNEMANISTES, dessinateurs, peintres, architectes, sculpteurs et graveurs. Écoles française, italienne, allemande et des Pays-Bas (flamande et hollandaise), par D. Guilmard. Un beau volume in-4º, enrichi de 180 planches tirées à part, et de nombreuses gravures dans le texte, donnant environ 250 spécimens des principaux maîtres. Introduction du baron Davillier. Prix. . . . . 50 fr.

Anatomie artistique. DESCRIPTION DES FORMES EXTÉRIEURES DU CORPS HUMAIN AU REPOS ET DANS LES PRINCIPAUX MOUVEMENTS, par le Dr Paul Richer, chef du laboratoire à la Faculté de médecine, ancien interne des hôpitaux, lauréat de l'Assistance publique, de la Faculté et de l'Académie de médecine, lauréat de l'Institut de France. Ouvrage accompagné de 110 planches, renfermant plus de 300 figures dessinées par l'auteur. Deux volumes in-4º jésus. Prix. . . . . 50 fr.

(*Couronné par l'Académie des sciences.*)

PARIS. TYP. DE E. PLON, NOURRIT ET Cⁱᵉ, RUE GARANCIÈRE, 8.

www.ingramcontent.com/pod-product-compliance
Lightning Source LLC
Chambersburg PA
CBHW071947220426
43662CB00009B/1029